福建省高职高专农林牧渔大类十二五规划教材

茶叶加工与审评技术

主　编 ◎ 潘玉华

参编人员 ◎ 黄先洲　陈　銮
刘宝顺　陶湘辉

厦门大学出版社
XIAMEN UNIVERSITY PRESS
国家一级出版社
全国百佳图书出版单位

图书在版编目（CIP）数据

茶叶加工与审评技术 / 潘玉华主编. -- 厦门：厦门大学出版社，2011.9（2022.12 重印）
（福建省高职高专农林牧渔大类"十二五"规划教材）
ISBN 978-7-5615-3750-3

Ⅰ．①茶… Ⅱ．①潘… Ⅲ．①茶叶加工－高等学校：技术学校－教材②茶叶－食品感官评价－高等学校：技术学校－教材 Ⅳ．①TS272

中国版本图书馆CIP数据核字(2010)第246436号

出 版 人　郑文礼
责任编辑　陈进才

出版发行　厦门大学出版社
社　　　址　厦门市软件园二期望海路 39 号
邮政编码　361008
总 编 办　0592-2182177　0592-2181253(传真)
营销中心　0592-2184458　0592-2181365
网　　　址　http://www.xmupress.com
邮　　　箱　xmupress@126.com
印　　　刷　广东虎彩云印刷有限公司

开本　787 mm×1 092 mm　1/16
印张　18.5
字数　448 千字
版次　2011 年 9 月第 1 版
印次　2022 年 12 月第 3 次印刷
定价　55.00 元

厦门大学出版社
微信二维码

厦门大学出版社
微博二维码

福建省高职高专农林牧渔大类十二五规划教材编写委员会

前　言

为了贯彻落实教育部《关于全面提高高等职业教育教学质量的若干意见》(教高[2006]16号)精神,加强教育教学内涵建设,深化校企合作、工学结合人才培养模式改革,进一步加大专业和课程建设与改革力度,加强实训基地建设,树立全新的教育教学质量观,进一步提高教育质量和办学水平,笔者根据21世纪茶叶产业发展的新趋势和高职教学的特点以及目前福建省茶叶生产的实际情况,在汲取以往大中专《制茶学》教材的精华及近年来国内外先进茶叶加工与审评技术理论和方法的基础上编写了本教材。本教材较为系统地介绍了福建省各茶类的初精制与审评技术,并力求做到在理论上够用、实用,突出实践操作技能的内容,突出实用性和可操作性。

本书为高职高专院校茶叶生产加工技术等专业的教科书,也可作为茶业工作者、大中专院校师生学习的参考书。

本书共分上、下两篇,共12章,编写分工:宁德职业技术学院潘玉华编写上篇的第一章、第三章、第四章、第五章的第三节、第六章的第三节、第八章及下篇的第三章;宁德职业技术学院黄先洲编写上篇的第五章的第四、五节,第六章的第一、二、四节,第七章及下篇的第一章;福建省茶叶质量检测中心站陈銮编写下篇的第三章、第四章;武夷山市幔亭岩茶研究所刘宝顺编写上篇的第五章的第二节;福建省农业科学院茶叶研究所陶湘辉编写上篇的第二章。潘玉华对全书进行了统稿。

在本教材编写中参考了大量的同类书籍和相关材料,从中汲取了许多有价值的研究成果和资料。本教材虽然列出了参考文献,但难免疏漏。在此,在对本教材涉及的专家、学者表示衷心感谢的同时,我们深表歉意!

由于时间仓促,水平有限,书中缺点或错误在所难免,望读者阅后指正,并提出宝贵意见,以便今后进一步修改提高。

编者
2011年5月

目　录

上篇　茶叶加工技术

下篇　茶叶审评

茶叶加工技术

第1章

绪 论

* * *

1.1 中国制茶技术的发展

* * *

中国是风靡世界的饮料——茶的故乡。公元前六千多年,仰韶文化时代,已有茶树了。到公元前二千多年神农时期才被劳动人民发现野生茶树的鲜叶,可解七十二毒,就人工加以繁殖。东晋常璩的《华阳国志巴志》说,周武王联合巴蜀少数民族伐商纣时,巴蜀园庭中已有人工栽培的茶树,并作为贡品。

茶,古时也曾叫"苦菜",其性味苦。故饮茶作用的发展大约经历了5个时期:(一)从神农时代到春秋前期,最初作为祭品;(二)从春秋后期到西汉初期逐渐作为菜食;(三)从西汉初期到西汉中期,发展为药用;(四)西汉后期到三国时代,发展为宫廷的高级饮料;(五)从西晋到隋朝逐渐成为普通饮料,至唐、宋为"人家一日不可无"的饮料。茶叶要成为普遍饮料,就需要经过加工,改变它的性质。中国制茶历史至少也有三千多年了,在这漫长的历史发展过程中造就了多种多样、制法品质风格各异的茶类。可以说我国茶叶种类之多、制法之巧、质量之忧、风味之佳都是举世罕见的。纵观茶叶加工的发展过程,大约可分为4个时期:制茶起源时期、制茶变革时期、制茶发展时期、制茶机械化时期。

1.1.1 制茶起源时期

从神农时期(公元前2 000多年)到唐朝末期(公元960年),自野生茶树的鲜叶晒干到唐朝的蒸青团茶。这段时间很长,自发现野生茶树直到唐朝作为普遍饮料,其间经过很复杂的变革。开始生煮羹饮,继而晒干收藏。到了魏朝(公元220—264年)才制饼烘干,饮用时碾碎冲泡。

通过制造饼茶的实践,认识饼茶青草气味很浓,由物质变精神,经过推理,产生了去掉青草味的认识,再实践,发明蒸青制法。即把鲜叶蒸后,捣碎制饼穿孔,贯穿烘干,茶叶品质有了改进。

由制造饼茶去青气的实践,又产生了茶汁苦涩味的认识,再通过实践,鲜叶先洗涤而后蒸青。蒸后压榨,除去叶汁,然后制饼,降低苦涩味。印度现在制绿茶时挤掉一部分叶汁,就是学习我国唐朝的制法。

劳动人民创造了气味良好的团茶,被封建皇帝所"赏识",就强迫广大劳动人民每年生产大量高级团茶,进贡皇室。贡茶制度虽是封建阶级最残酷的剥削,但对茶叶生产技术改革,产生了一定的积极影响。

贡茶制造分蒸茶、榨茶、研茶、造茶、过黄、烘茶等工序，制作精细。茶芽采下来，先放入水中浸泡，然后蒸。蒸后用冷水冲洗，使其很快冷却，保持绿色。冷后先用小榨去水，再用大榨压去叶汁，榨水榨汁的次数有多有少。去汁后，放入瓦盆内兑水研细，造饼烘干。烘干次数根据饼片厚薄而定，10～15 次不等。

这些技术措施，有利有弊。利的方面，用冷水很快冲洗，保持绿色，为现在制蒸青绿茶所采取方法；冷水改为风吹，是在这个基础上改进的。弊的方面，榨水榨汁，夺茶真味，降低茶叶质量。蒸青团茶制法被淘汰就在于此。

1.1.2 制茶变革时期

公元 961—1368 年，蒸青团茶发展到炒青散茶。这个阶段自宋朝至元朝经 300 多年。先是由蒸青团茶改为蒸青散茶，后由蒸青散茶改进为炒青散茶。通过蒸青团茶的实践，得到苦味未能完全去掉，茶香不正的认识，再实践改革。蒸后不揉不压，直接烘干；蒸青团茶改为蒸青散茶，保持茶叶的原有香味。日本现在制造碾茶，就是中国当时的蒸青散茶。所不同的，饮用时，不碾成碎末，而是全叶冲泡。当时著名蒸青散茶，有顾渚紫笋、毗陵阳羡、绍兴日铸、婺源浙源、兴隆双井等。饮用相当普遍，并订立鉴赏的方法，以辨别茶叶品质好坏。蒸青团茶的制法，至此而终结。

经过无数往复循环的实践认识，到 12 世纪末叶，由蒸青散茶改进为炒青散茶。利用干热发挥茶叶优良香味，改掉蒸青香气不高、滋味不浓的缺点，是制茶技术的变革。

1.1.3 制茶发展时期

公元 1368—1700 年前后，自明朝到清朝，这个阶段，虽然也是 300 多年，但发展很快。自炒青绿茶发展到各种茶类，花色齐全。

由炒制烘青绿茶的实践，认识到烘干香气不如炒干。通过炒干的实践，发明了炒青绿茶的制法。通过多次实践，认识往复循环，制茶技术逐步变革，新的发明创造也随之不断出现，制茶花色就越来越多。如松萝、珠茶、龙井、瓜片、毛峰等名茶相继先后出现，都属烘青和炒青绿茶，各有特点，丰富多彩。由此推进，又发明了黄、黑、白、青、红五大茶类。

1.1.4 制茶机械化时期

中国利用水车动力碾磨制造团茶，在唐宋时期早已实行。近代利用机械制茶，国外从 20 世纪初开始，中国则是新中国成立后才开始。中国发明制茶法后，有条件发展茶叶生产的国家，先后来中国学习茶叶生产技术知识，大力发展茶叶生产。根据自然条件的适应，日本最先发展绿茶生产，随后印度（包括现在的巴基斯坦和孟加拉国）和斯里兰卡，以及印度尼西亚先后发展红茶生产。印度茶叶生产都属英国资本家所有，技术改进较快，于 20 世纪初，首先应用机器生产分级红茶，继之，日本应用机械生产蒸青绿茶。

旧中国茶叶生产技术落后，都是小规模手工作业。新中国成立后，大力发展茶叶生产，实行技术革新。最初在全国各茶区建立大规模红、绿毛茶加工厂,红、绿茶生产全部机械化。各种制茶机具争相出现,并逐渐推广到乡村,又向电气化、连续化、系列化和自动化前进。

1.2 茶叶分类

1.2.1 茶叶命名

茶叶命名是茶叶分类的重要程序之一。一种茶叶必须有一个名称作为标志。不论作为分类研究还是实际应用,茶叶皆有一专门名称。命名与分类可以联系一起,如工夫红茶,前者是命名,后者是分类;又如白毫银针或岩茶水仙,前者是分类,后者是命名。茶叶名称通常都带有描写性的,名称文雅也是其他商品所不及的。

茶叶命名的依据,除以形状、色香味和茶树品种等不同外,还有以生产地区、采摘时期和技术措施以及销路等不同而得名的。

茶名以形容其形状的为多,如珍眉、瓜片、紫笋、雀舌、毛峰、毛尖和银峰等茶名,都是形容外形的。

茶名形容色香味的为数也不少,如黄芽、敬亭绿雪,形容其干色;如黄汤乃指其汤色;如云南十里香、安徽舒城兰花和安溪香橼乃指其香气;如泉州绿豆绿、江华苦茶、安溪桃仁乃指其滋味。这种茶名古今都有。

各地的茶名,冠以地名为特种名茶,古今这样命名都很普遍。唐代名茶,如寿州黄芽、绍兴日铸;宋代名茶,如六安龙芽、顾渚紫笋,这些今已成为历史上的名茶。又如杭州龙井、洞庭碧螺春和武夷岩茶等,今仍袭用。近代名茶冠以地名也很多,如南京雨花茶、安化松针、信阳毛尖、六安瓜片等。

依采摘时期不同而命名,如古时的探春、次春和现时的明前、雨前;云南现时的春蕊、春尖,过去分春中、春尾、二水、谷花;安溪的秋香、冬片;或以采制季节而分春茶、夏茶、秋茶等。

依制茶技术不同而命名的,如炒青、烘青、蒸青、工夫茶、窨花茶等。依茶树不同而命名的,如乌龙、水仙、铁观音、毛蟹等。依销路不同而命名的,如内销茶、外销茶、侨销茶、边茶等。还有以创制人而命名的,如熙春、大方等。

茶叶种类繁多,名称不一,同一茶叶有 10 多个名目。如各地的内销绿茶名茶,外形内质大同小异,名称不同,古今都有,如毛峰、雀舌、龙芽、莲心等数种名称。茶类不同品质相差很大而茶名相同的,如青茶有莲芯,绿茶也有莲芯;绿茶有银针,黄茶、白茶也有银针;红茶有小种,青茶也有小种;绿茶有贡尖,黑茶也有贡尖。这些混乱的名称在研究分类时,都要加以分别审定,改换俗名,重新定名。

1.2.2 茶叶分类依据

茶叶分类是根据茶叶品质和制法的差异,分门别类,合理安排,对广杂的茶叶群建立起有条理的系统,以便识别品质和制法的差异性,为不断改进制茶技术,提高茶叶品质,推陈出新,创造新茶类奠定基础。

我国茶叶分类历史源远流长。早在唐朝时,就以外形为依据,将茶叶分为粗茶、散茶、末茶、饼茶等。尔后,随朝代更迭,历史变迁,茶叶分类方法逐渐增多。概括起来,有按茶叶品种、茶叶产地、采制季节、鲜叶老嫩、茶叶外形、内质、制法等不同情况的种种分法。这些分法是历史的产物,并在相应的历史阶段上有其一定的地位和作用,但是它们都有各自的局限性和片面性。

到目前为止,较一致地认为,理想的分类方法有三条依据:其一,必须表明茶品质的系统性。比如绿茶类,无论哪种花色,都是汤清叶绿,都属于绿色范畴,只是色度深浅,明亮暗枯不同而已。假使茶叶汤色叶底呈黄色,则不应归属绿茶类了。其二,必须表明制法的系统性。每一茶类都有相似的制法特点,如红茶都有一个共同促进酶的活化,使多酚类氧化程度较深的"发酵"过程;黑茶有一个"渥堆"过程,但是,黑茶"渥堆"是在高温破坏酶的活性的情况下多酚类自动氧化的结果。所以两者不属同一茶类。其三,必须表明内含物变化的系统性。因为制法系统性是内含生化成分变化的动力,品质系统性是内含生化成分变化的外在表现或结果。所以,茶叶内含生化成分是内在根据,制法是外因条件,品质是外因条件作用于内在根据所产生的必然结果。要研究茶叶的正确分类方法,必须将三者加以综合考察。一般地说,制法不同,内含化学成分变化不一,品质也就有了根本差异(表 1-1)。

表 1-1　六大茶类多酚类含量比较(mg/g)

		L-EGC	D,L-GC	L-EC+D,L-C	L-ECG	L-EGCG	总量
绿茶	鲜叶	18.99	8.11	11.61	88.58	31.09	158.38
	毛茶	11.5	4.68	6.35	61.14	25.04	108.71
	减少(%)	51.52	42.29	45.31	30.97	19.46	31.36
黄茶	鲜叶	25.84	7.46	11.92	79.42	25.57	143.39
	毛茶	12.63	3.13	6.75	22.86	10.48	55.85
	减少(%)	51.12	58.13	43.37	71.16	59.01	63.04
黑茶	鲜叶	26.22	10.88	12.50	60.02	32.20	141.82
	毛茶	9.02	3.65	3.92	16.68	7.41	36.68
	减少(%)	73.23	66.45	68.06	72.21	76.09	72.73
白茶	鲜叶	36.7	23.74	24.32	40.62	122.56	247.94
	毛茶	1.83	0.76	7.59	14.77	31.13	56.08
	减少(%)	95.01	96.80	68.71	63.39	74.84	76.83
乌龙茶	鲜叶	34.46	7.03	12.79	24.38	63.91	142.57
	毛茶	5.00	3.60	4.10	8.15	16.97	37.91
	减少(%)	85.48	47.51	69.94	67.49	76.58	73.41
红茶	鲜叶	29.00	11.65	7.43	18.74	81.84	147.93
	毛茶	0.10	无	无	1.10	2.50	3.70
	减少(%)	99.64	100.00	100.00	94.13	96.90	97.59

茶类不同,多酚类氧化程度也不同。绿茶因首先高温杀青,破坏了酶的活性,多酚类氧

化最少;相反,红茶经过萎凋和揉捻,增强酶的活性,经过"发酵",多酚类氧化量多且程度深,其余黄茶、黑茶、白茶、乌龙茶等多酚类氧化程度介于绿茶和红茶之间。依据茶叶初制过程中多酚类氧化程度及其所形成的品质特点,以及形成这些特点的工艺技术,顺序将茶叶分为绿茶、黄茶、黑茶、白茶、乌龙茶、红茶六大茶类。

1.2.3　加工茶叶分类依据

茶叶分类以制法与品质的系统性为"纲"。品质的不同,取决于制法不同,各种茶类制成毛茶,品质大致已稳定。在毛茶加工过程中,品质变化不大。再加工茶类,如各类花茶的品质虽稍有变异,但品质基本上未越出该茶类的系统性。再加工茶类应该是"目",而不是"纲"。

再加工茶叶的分类,应以毛茶为依据,茶类品质的形成主要决定于鲜叶加工。再制绿花茶,内质虽然起了一些变化,但品质还是以绿茶品质为主,仍属绿茶类;青花茶还是以青茶品质为主。压造过的黑砖茶,还是靠近黑茶的品质;压造过的红砖茶(或名米砖茶)还是红茶的品质。哪一类毛茶再加工,就归哪一类。云南沱茶、饼茶和小圆饼茶是属晒青绿茶加工的,不经过堆积和"发花"过程,色香味变化不大,制法和品质靠近绿茶,应归入绿茶类。

再制后,内质变化很大,与原来的毛茶品质不同,则以变成靠近哪个茶类,改属哪个茶类。如云南的紧茶、大圆饼茶是晒青绿茶加工的,但是压造前必先堆积促进变色,在干燥过程中"发花",色香味变化很大,与绿茶不同,从再制方法和品质上都靠近黑茶,应归入黑茶类。

1.2.4　茶叶分类方法

我国六大茶类对原料的要求标准各异,工艺技术各有千秋,品质风格,个个独具特色。然而在同一类茶中,品种花色之间虽有一定差异,但在原料、工艺、品质上的共同点却明显突出,构成系统。

1. 绿茶类

鲜叶经杀青、揉捻、干燥三个工序。因首先采用高温杀青,破坏了酶的活性,制止多酚类的酶性氧化,形成了汤清叶绿的品质特点。根据杀青方法不同,分为蒸青(蒸汽杀青)和炒青(锅式杀青、槽式杀青、滚筒杀青)两种;再根据干燥的方法不同又分为炒干、烘干、晒干三种,然后依外形不同分为长条形、圆珠形、针形、片形等。另外按再加工方法分窨花、蒸压绿茶等。

(1)蒸汽杀青

长条形　日本眉茶

圆珠形　玉绿茶

针　形　玉露、煎茶等

片　形　碾茶、秀眉

不定形　贡熙、副熙

椎脊形　广西巴巴茶

(2)锅炒杀青

炒干

长条形　眉茶(精制后分:珍眉、雨茶、特针、贡熙、秀眉等)、松萝、碧螺春

圆珠形　珠茶、泉岗辉白、涌溪火青等

针　形　雨花茶、安化松针、庐山云雾（特级）

扁　形　西湖龙井、旗枪、大方、花大方（大方窨制花茶）

不定形　贡熙、特贡、熙春

烘干

条　形　各种毛峰、江西茗眉、敬亭绿雪、烘青条茶、烘青花茶（烘青条茶窨制花茶，如珠兰烘青、茉莉烘青、白兰烘青等）

片　形　六安瓜片

尖　形　太平猴魁、魁尖

花　形　菊花茶

针　形　信阳毛尖

晒干

晒干的绿茶称为晒青，均为条形茶。如滇青、川青、湘青、鄂青、桂青、黔青、赣青、陕青、粤青等。晒青是蒸压茶的原料，经再加工成蒸压茶，依形状不同分：

碗　形　沱茶

方块形　云南普洱茶

饼　形　云南饼茶

（3）窨花绿茶

条　形　茶烘青、毛峰花茶

扁　形　茶大方花茶

片　形　茶三角片花茶

（4）蒸压绿茶

方　形　普洱方茶

圆团形　沱茶

圆饼形　小饼茶

2. 黄茶类

制法基本上与绿茶相同，只是揉捻和初干后经过特有的闷黄工序，促进多酚类自动氧化，形成黄叶黄汤的独特品质。根据闷黄的先后分：

杀青后湿坯堆积闷黄沩山毛尖、台湾黄茶、苏联黄茶。

揉捻后湿坯堆积闷黄平阳黄汤、北港毛尖、蒙顶黄芽、远安鹿苑。

毛火后干坯堆积闷黄黄大茶、黄芽、君山银针。

3. 黑茶类

鲜叶经杀青、揉捻、渥堆、干燥四个工序。渥堆时间较长，多酚类自动氧化程度较黄茶更充分，加上微生物作用，从而形成色泽油黑或暗褐，茶汤褐黄或褐红的特征。根据渥堆法不同分：

（1）湿坯渥堆

篓包形　天尖、贡尖、生尖

砖　形　黑砖、花砖、茯砖

（2）干坯渥堆

散　茶　老青茶、散庄六堡茶

饼　形　大七子饼茶、云南紧茶

篓包形　六堡茶

（3）成茶堆积

砖　　形　茯砖、青砖

篓包形　方包茶

枕头形　金尖等

4. 白茶类

白茶品质特点是白色茸毛多，汤色浅淡或初泡无色。要求多酚类缓慢轻度自然氧化，既不破坏酶促作用而制止氧化，也不促进氧化，任其自然变化。一般制法是经过萎凋、干燥两道工序。根据萎凋程度分：

（1）全萎凋

芽　　形　政和白毫银针

叶花形　政和白牡丹等

（2）半萎凋

芽　　形　白琳银针、白云雪芽、土针

叶花形　水吉白牡丹、贡眉、寿眉、仙台大白

5. 乌龙茶类

鲜叶经萎凋、做青、炒青、揉捻、干燥等工序。它的制造特点在于先适当促进多酚类的酶性氧化，达到一定程度后，再采用高温炒青制止多酚类的酶性氧化，使茶叶形成绿叶红镶边、汤色金黄、香高味醇，兼具红、绿茶的品质特征。根据做青轻重和产区分为：

（1）闽北乌龙　武夷岩茶、闽北水仙、闽北乌龙、岩水仙、龙须茶、大红袍、铁罗汉、单枞奇种、名枞奇种

（2）闽南乌龙　铁观音、乌龙、色种、梅占、奇兰、乌龙花茶（乌龙窨花）

（3）广东乌龙　水仙、浪莱、凤凰单枞、色种

（4）台湾乌龙　乌龙、包种

6. 红茶类

鲜叶经萎凋、揉捻、发酵、干燥四道工序。鲜叶经萎凋工序提高酶的活性后揉捻，在发酵适宜的条件下，加速多酚类的酶性氧化，形成红叶红汤的品质特点。红茶初制过程中多酚类的氧化较其他任何一个茶类深刻得多，依制法和品质上差异分为：

（1）小种红茶

条　　形　正山小种、人工小种（坦洋小种、政和小种）

（2）工夫红茶

条　　形　祁门工夫、白琳工夫、坦洋工夫、台湾工夫、宁州工夫

芽　　形　勐海金芽、九曲红眉

片　　形　正花香、副花香

（3）红碎茶

短条形　白毫、橙黄白毫

颗粒形　碎白毫、碎橙黄白毫、碎1、碎2、碎3

片末形　花香、碎橙黄白毫花香、白毫花香、碎末

（4）窨花红茶

散　　形　玫瑰红茶、茉莉红茶

(5)蒸压红茶

砖　形　米砖茶、小京砖茶

团　形　红珠茶

1.3　茶叶加工与审评技术的任务与内容

茶叶加工与审评技术是依据技术上的先进、经济上的合理的原则,探讨茶叶加工原料、茶鲜叶初加工、精加工过程和方法以及茶叶品质审评方法的一门应用技术。

茶叶加工与审评技术的任务,是培养具有一定理论水平的高技能型茶叶专业人才。

发展制茶工业,提高制茶品质,是发展国民经济的重要措施之一。当前,随着社会生活水平的提高人们对茶叶的需求越来越优质化和多元化,茶叶加工技术日新月异,为适应这种变化,必须把传统的优良的制茶技术融入到现代制茶技术中去,提高茶叶品质,以满足人们对优质茶叶日益增长的需求。

茶叶加工与审评技术是一门注重科学理论,同时又十分强调实践技能的课程。不断探讨茶叶内含化学成分的存在状态和特性,以及适量配比,深入研究制茶过程中由于内外因素相互作用引起的物质变化规律,以及这些变化对品质的影响和在感官审评中的表现,并正确而灵活地运用这些规律,为提高制茶品质和效率提供科学的理论依据。

本章小结

中国是茶叶原产国,制茶技术也起源于我国。茶叶加工技术不断革新和演变,经过相当长的历史时期,历代千千万万劳动人民辛苦实践和研究改进,才逐步提高品质。制茶工业的发展,大约可分为制茶起源时期、制茶变革时期、制茶发展时期、制茶机械化时期4个时期。中国最先发明绿茶制法,通过炒制绿茶的实践而发展到黄茶、黑茶、白茶、青茶、红茶制法,明清以后才逐渐形成了现在的六大茶类。在茶叶漫长的发展过程中,制茶技术不断向外传播。

茶叶命名是茶叶分类的重要程序之一。茶叶命名的依据,除以形状、色香味和茶树品种等不同外,还有以生产地区、采摘时期和技术措施以及销路等不同而得名。茶叶分类是根据茶叶品质和制法的差异,分门别类,合理安排,对广杂的茶叶群建立起有条理的系统,以便识别品质和制法的差异性,为不断改进制茶技术,提高茶叶品质,推陈出新,创造新茶类奠定基础。

思考题：

1. 茶叶分类的依据是什么？
2. 简述六大茶类鲜叶加工工艺的基本工艺流程。
3. 我国制茶技术的发展经历了哪些阶段？
4. 发展制茶工业的意义是什么？
5. 茶叶加工与审评技术研究的内容和任务是什么？

第2章

鲜 叶

　　鲜叶,是指从茶树上采摘下来专用为制茶的茶树新梢,包括新梢的顶芽以及顶端以下的第一、二、三、四叶以及着生嫩叶的梗。鲜叶又俗称为"茶青"、"生叶"或"茶草"。鲜叶的规格有:芽、一芽一叶、一芽二叶、一芽三叶、一芽四叶。依据鲜叶的展开程度不同,有一芽一叶初展、一芽二叶初展和一芽三叶初展。嫩梢生长成熟,出现驻芽的鲜叶称为"开面叶";根据第一叶的生长程度,还可分为小开面、中开面和大开面。另外,还有一种驻芽早的不正常新梢,节间短,两片叶对生,叫作"对夹叶",是一类早熟新梢。

　　鲜叶是茶叶品质的物质基础,优质的鲜叶才能制出兼具"色、香、味"的优良茶叶。为此,只有充分地了解鲜叶的形态特征、特性及内部主要的化学成分,才有可能科学地利用鲜叶,并采取正确的制茶技术,以充分发挥鲜叶的经济价值,茶叶生产才能迅速发展。

2.1　鲜叶的主要化学成分与茶叶品质关系

　　茶树鲜叶中,水分约占75%,干物质为25%左右。茶叶的化学成分由3.5%~7.0%的无机盐和93.0%~96.5%的有机物组成。构成茶叶有机化合物或以无机盐形式存在的基本元素有30余种,主要为碳、氢、氧、氮、磷、硫、钾、钙、镁、铁、铜、铝、锰、锌、钼、铅、氯、氟、硅、钠、钴、镉、铋、锡、钛、钒等。到目前为止,茶叶中经分离、鉴定的已知化合物有700多种,其中包括初级代谢产物蛋白质、糖类、脂肪以及茶叶中的二级代谢产物——多酚类、色素、茶氨酸、生物碱、芳香物质、皂苷等。

　　茶叶品质是各种化学成分和物理性状对茶叶色、香、味和外形的综合反映。茶叶品质的优次,取决于有效化学成分的多少,及其比例是否合适。有些化学成分的一定质量在某一茶类上品质好,在另一茶类上则表现欠佳。

　　制茶品质的高低与鲜叶关系很大。一般来说,鲜叶品质好,制茶技术高,成茶品质也好。鲜叶的采摘标准,也依茶类不同而异。如龙井要求越嫩越好,乌龙茶以中小开面的鲜叶原料最佳,黑茶需要发花的茯砖茶,原料则要求适当老些,更容易"发花"。

　　茶叶所含的化学成分很复杂,除了含有较多的水分之外,干物质中以多酚类物质、碳水化合物、含氮化合物类(蛋白质、氨基酸、生物碱等)含量最多。现将各类化合物与茶叶品质的关系作简要介绍。

2.1.1　水分

水分是鲜叶的主要成分之一,含量一般占鲜叶总重量的75％左右。但它随着芽叶着生部位、采摘季节、气候条件、管理措施及茶树品种的不同而有差异。芽叶嫩度高,含水量也高;反之,老叶含水量低。茎梗是输导器官,含水量较高,芽叶部位下降,含水量减少(表2-1)。

表 2-1　茶树新梢各部位含水量的变化(占总量％)

新梢部位	芽	第一叶	第二叶	第三叶	第四叶	茎梗
含水量	77.60	76.70	76.30	76.00	73.80	84.60

鲜叶水分可分为表面水和组织水。表面水是只黏附在叶片表面的露珠和雨水等;组织水分为自由水和束缚水。自由水又叫游离水,主要存在于细胞液和细胞间隙中,呈游离状态,能自由流动,易通过气孔向大气扩散,调节体内水分平衡,里面溶有可溶性有机物质和无机盐。自由水在鲜叶中占绝大部分,在制茶过程中,容易转移,在大量蒸发的同时,可引起一系列物理变化。束缚水又叫结合水,主要存在于细胞原生质中。由于原生质胶粒表面带有负电荷,水分子具有偶极,故能发生水合作用。水分子与胶粒紧密结合,在胶体外围形成水膜,因此,它不能自由移动,也不能溶解其他物质,比自由水难蒸发。只有当原生质变性、亲水性能丧失时,结合水才能脱离原生质体,游离为自由水,而后被蒸发。

水分是一切生物化学反应的介质。在制茶过程中,叶内化学成分只有以分子或离子状态分散在水中,才能通过有效碰撞发生化学反应。如黑茶渥堆要保湿;红茶"发酵"不但要茶叶本身含水量较高,而且空气相对湿度也要接近饱和等,都是基于上述道理。同时,水分也是某些发生反应的基质。如蛋白质、糖、叶绿素、多酚类的水解或发生某些氧化—还原反应,水则参与产生物组成。

鲜叶水分含量是确定制率和成本核算的依据之一。例如鲜叶含水量75％,则干物质为25％,假定成茶达绝对干燥,其制率为4∶1。一般水的汽化热为293.3～326.1 kJ/kg,假使绿茶杀青减重40％全系水分,则1 kg鲜叶需消耗热能117.4～130.4 kJ,从而可大体进行燃料核算。

鲜叶的含水量以及在制造中减少的速度,与茶叶品质形成具有相关性。故在茶叶初制过程中,将水分减少的速度和程度,作为控制工艺适度的指标。如眉茶初制各工序水分变化,假定鲜叶含水量为75％,杀青叶则为55％～60％,毛火叶降到25％～40％,足火后干茶含水量为6％左右。

水分还是茶叶储藏的指标之一。毛茶要求含水应在6％左右,精茶含水应控制在4％～6％。假若茶叶储藏环境空气相对湿度超过70％,茶叶含水量达12％,则引起霉菌滋生,茶叶劣变,不堪泡饮。

2.1.2　灰分

茶叶经过高温灼烧后残留下的物质叫灰分。灰分一般占干物质总量的4％～7％,它主要由一些金属元素和非金属氧化物组成。除氧化物外,还含有碳酸盐等,统称为粗灰分。

茶叶中灰分一般含有铁、锰、铝、钾、钙、镁、磷、硫、氯等元素,其中以铁、锰、铝较多。因此,灰分往往是呈棕黄色或灰绿色。另外,尚有一些微量元素,如氟、碘等。茶叶灰分可分为水溶性灰分、酸溶性灰分和酸不溶性灰分三部分。水溶性灰分主要是钾、钠、磷、硫等氧化物和部分磷酸盐、硫酸盐等,一般占茶叶总灰分的50%～60%,除酸不溶性灰分硅酸盐、二氧化硅和杂质灰分外,绝大部分都溶于酸。含量如表2-2所示:

表2-2 茶叶中矿质元素的一般含量

单位:μg/g

成　分	含　量	成　分	含　量
氮(N)	35 000～58 000	铝(Al)	200～1 500
磷(P_2O_5)	4 000～9 000	氟(F)	20～250
钾(K_2O)	15 000～25 000	锌(Zn)	20～65
钙(CaO)	2 000～8 000	铜(Cu)	15～30
镁(MgO)	2 000～5 000	钼(Mo)	4～7
钠(Na)	500～2 000	硼(B)	8～10
氯(Cl)	2 000～6 000	镍(Ni)	0.3～3
锰(MnO)	500～3 000	铬(Cr)	2～3
铁(Fe_2O_3)	100～300	铅(Pb)	6～7
硫(SO_4^{2-})	600～12 000	镉(Cd)	1.5～2

灰分的含量与茶叶品质有密切关系。水溶性灰分与茶叶品质呈正相关,鲜叶越幼嫩,含钾、磷较多,水溶性灰分含量越高,茶叶品质越好。随着新梢生长,叶片老化,钙、镁含量逐渐增加,总灰分含量增加,水溶性灰分含量减少,茶叶品质下降。因此,水溶性灰分含量高低是区别鲜叶老嫩的标志之一(表2-3)。

表2-3 茶树新梢各部位灰分含量变化(占干物质总量%)

芽叶部位	芽	第一叶	第二叶	第三叶	第四叶	梗
总灰分	5.38	5.59	5.46	5.48	5.44	6.07
水溶性灰分	3.50	3.36	3.33	3.32	3.03	3.47
水溶性灰分占总灰分比例(%)	65.1	60.1	61.0	60.6	55.7	57.1

茶叶的总灰分含量不能完全表明茶叶的老嫩和品质的高低。因为鲜叶经过加工之后,应该说灰分含量变化不大,但往往总灰分含量增加,可溶性灰分含量有所降低。这种现象主要是由于鲜叶在采制过程中沾染一些杂质,如灰尘、机械金属粉末以及吸附一些矿物质等。因此在茶叶的采制过程中,应注意环境卫生。在茶叶商品检验上测定茶叶总灰分的含量,只是作为茶叶卫生标准的一项量度。

茶叶灰分的含量是茶叶出口检验项目之一。在国际贸易上对总灰分的含量、可溶性灰分含量、酸不溶性灰分含量,都要求符合一定的标准。如埃及和法国要求进口红茶的规格是:总灰分不超过8%,其中水溶性灰分必须占总灰分的45%以上,酸不溶性灰分不得超过1%。

2.1.3 多酚类

茶树新梢和其他器官都含有多种不同的酚类及其衍生物(原称茶单宁、茶鞣质,现简称为多酚类),它是一类苦涩程度不同的物质,与茶叶品质的关系最为密切。鲜叶中的多酚类物质含量因茶树品种、季节、鲜叶老嫩等的不同而有很大差异,其在鲜叶中的含量一般为20%~40%(干重)。在茶树新梢中发现的多酚类分属于儿茶素类、黄酮及黄酮醇类、花青素、花白素类,酚酸及缩酚酸等。其中最重要的是以儿茶素为主体的黄烷醇类,其含量约占多酚类总量的70%~80%,是茶树次生代谢的重要成分,也是茶叶保健功能的首要成分,对茶叶的色、香、味品质的形成有重要作用。

1. 儿茶素类

儿茶素属于黄烷醇类化合物,在茶叶中的含量为12%~24%(干重),通常占多酚类物质总量的70%~80%,是茶叶多酚类物质的主体成分。儿茶素是2-苯基苯并吡喃的衍生物,根据连接基团的不同,儿茶素可分为表儿茶素(简称EC)、表没食子儿茶素(简称EGC)、表儿茶素没食子酸酯(简称ECG)、表没食子儿茶素没食子酸酯(简称EGCG),其中表儿茶素(EC)及表没食子儿茶素(EGC)称为非酯型儿茶素或简单儿茶素,表儿茶素没食子酸酯(ECG)和表没食子儿茶素没食子酸酯(EGCG)则称为酯型儿茶素或复杂儿茶素。从茶的滋味来看,酯型儿茶素比简单儿茶素的苦涩味重。一般情况下,鲜叶的酯型儿茶素含量占绝对优势,所以鲜叶的滋味是很苦涩的。

儿茶素存在几何异构、立体异构等异构体,几何异构分为顺式儿茶素(也称表儿茶素)和反式儿茶素,从茶叶中所分离、鉴定的儿茶素多为顺式儿茶素,它们约占儿茶素总量的70%。旋光异构则是由于分子的不对称性而引起的旋光异构体。在热作用下,儿茶素发生异构化作用,可转变成对应的旋光异构体或顺反异构体。目前,茶叶中已发现的儿茶素异构体多达12种。

2. 黄酮及黄酮醇类

黄酮类(也称花黄素),是广泛存在于自然界的一类黄色色素。由于结构上的不同,可分为黄酮和黄酮醇两大类。鲜叶中已发现的黄酮及糖苷类约有20余种,绿茶中存在的黄酮及其糖苷类有21种,其中较为重要的有牡荆苷、皂草苷等。黄酮醇类物质有10多种,现今已从鲜叶中分离出山奈素、槲皮素、杨梅素等。黄酮醇多与糖结合形成黄酮苷类物质,茶叶中黄酮醇及其苷类的含量为干物的3%~4%,是绿茶汤色的重要成分。在制茶过程中,黄酮类物质一般呈黄色、黄绿色及绿色,多数能溶于水,对茶汤汤色有一定影响;而黄酮苷在热和酶的作用下发生水解,变成黄酮或黄酮醇,在一定程度降低苷类物质的苦味,对成茶品质的滋味产生影响。

3. 花青素和花白素类

花青素,又称花色素,其重要的组分是飞燕草花青素及其苷、芙蓉花青素及其苷、翘摇紫苷元等,一般占茶叶的干重约为0.01%,而在紫色芽叶鲜叶中可达0.5%~1.0%。花青素具有明显的苦味,而且是水溶性色素,对绿茶的滋味尤其不利。含花青素多的鲜叶加工而成的绿茶,往往汤色深暗,滋味发苦,叶底靛青。花青素常常是茶树遇到寒、旱等异常环境条件时由儿茶素、黄酮醇转化而成,一般幼嫩芽叶含量较多,随芽叶生长,又会转化为儿茶素和黄酮醇,所以叶片长大后,花青素含量就会减少。但是,有些特异品种终年都长紫色芽叶。

花白素类,又称隐色花青素,广泛分布在植物体类,占茶树新梢中的干物质含量约为2%～3%。花白素是一类还原的黄酮类化合物,化学性质比儿茶素更活泼,易发生氧化聚合作用。在红茶发酵过程中,花白素可完全氧化成为有色氧化产物,花白素在热水中可发生立体异构反应。

4. 酚酸和缩酚酸类

酚酸是一类分子中具有羧基和羟基的芳香族化合物。缩酚酸是由酚酸之间缩合而成。鲜叶中的酚酸和缩酚酸类化合物种类很多,主要包括:没食子酸、鞣花酸、咖啡酸、绿原酸、对香豆酸等及其缩合衍生物,约占鲜叶干重的5%。我国南方的大叶种芽叶中含有较多的没食子酸,在红茶加工过程中可参与生成茶黄素,对红茶的品质有利。

2.1.4　蛋白质和氨基酸

鲜叶中蛋白质含量占干物质总量的15%～30%,其中水溶性蛋白质不多。在茶树新梢的幼嫩部分含量较高。随着新梢伸育、蛋白质含量减少(表2-4)。此外,茶树品种、季节、施肥等因素对蛋白质含量有一定影响。

表 2-4　茶树新梢部位蛋白质含量变化(占干物质%)

芽叶部位	芽	第一叶	第二叶	第三叶
蛋白质含量	29.06	26.06	25.92	24.94

蛋白质是一种高分子胶体的亲水性物质,它与水有很大的亲和力。在溶液中,蛋白质靠胶体颗粒表面上一层很厚的水膜和所带的电荷,使胶体处于稳定状态。若蛋白质受到一些物理或化学因素影响,水膜和电荷一旦破坏,则开始粘连在一起,形成蛋白质团,从溶液中沉淀下来,呈不溶性蛋白质。如果蛋白质有规律的分子结构被破坏,其性质也随之改变,失去亲水性而发生凝固,就称为变性蛋白质。

在绿茶制造中,利用高温使蛋白质变性的性质,破坏酶蛋白,使酶失去活性,多酚类氧化,形成汤清叶绿的品质特征。绿茶初制中蛋白质含量变化较小,如鲜叶的蛋白质含量为21.95%(干物量),制成绿毛茶含量为17.62%(干物量)。在红茶制造过程中,一般要求多酚类含量丰富、蛋白质含量低的鲜叶,有利于发酵;如果蛋白质含量高,蛋白质与多酚类结合多,不仅使可溶性多酚类减少,而且使发酵困难,还会产生不良气味,降低红茶品质。

氨基酸是组成蛋白质的基本单位。在一定制茶技术条件下,蛋白质能水解成各种氨基酸,使氮基酸含量有所增加。

目前,在茶叶中发现的氨基酸大约有30种,但游离氨基酸很少,约占干物质的1%～3%。据日本研究资料报道,茶叶中主要的氨基酸有茶氨酸、谷氨酸、精氨酸、天门冬氨酸,还有丝氨酸、苏氨酸、丙氨酸等。其中茶氨酸、天门冬氨酸、谷氨酸3种含量较多,占茶叶中氨基酸总量的80%。而茶氨酸占60%,它是组成茶叶鲜爽香味的重要物质之一,对绿茶品质影响较大。

茶叶中所含的氨基酸大部分是在制茶过程中由蛋白质水解而来的。氨基酸是一种有鲜味的物质,对提高茶叶香味鲜爽度有重要作用。特别是氨基酸与多酚类、咖啡碱协调配合,增强茶叶香味的浓强、鲜爽度。在红茶制造过程中,氨基酸被儿茶素的氧化产物醌,氧化脱氨后形成相应的醛,氨基酸与糖互相作用,生成具有糖香的物质等,对茶叶香味都有一定影响。

氨基酸在茶叶新梢的分布和蛋白质一样,幼嫩芽叶含量高。

2.1.5 酶

酶是一种特殊蛋白质,是生物体内进行生化作用的催化剂。茶树和其他生物体一样,体内也存在多种酶。在鲜叶内的酶,对茶叶品质形成影响较大的主要有水解酶和氧化还原酶。水解酶有:蛋白酶、淀粉酶等。氧化还原酶有:多酚氧化酶、过氧化物酶、过氧化氢酶、抗坏血酸氧化酶等。这些酶在制茶过程中的化学变化具有重要作用,特别是多酚氧化酶、过氧化物酶是形成茶叶品质的决定因素。

酶具有催化专一性。酶催化作用和无机催化剂一样,只能催化既有化学反应,不能创造新的反应,但酶的催化作用又有它的特殊专一性,一种酶仅能催化某一种化学反应,如蛋白酶只能参与蛋白质的水解合成反应。酶对外界条件反应十分敏感,特别是对温度更为敏感。各种酶都有它本身所要求的温度范围,在最适宜温度下,催化作用可以达到最大限度。超过要求范围,酶的活性便逐渐下降,到一定程度,催化性能便消失。在通常室温下,温度每增加10 ℃,酶的活性约增加1倍。40~45 ℃以上,温度再高活性逐渐下降,70 ℃以上酶失去活性。此外,酶还受pH值的影响。在一定pH值时,酶的活性最大,称之为酶的最适pH值。在此范围之外,酶的活性都逐渐下降,以致失去催化能力(表2-5)。

表2-5 鲜叶中主要几种酶适应性能

范围\种类\适应性能	最适pH值	最适温度(℃)	钝化温度(℃)
多酚氧化酶	5~5.5	35~55	75
过氧化物酶	7	15~35	55
过氧化氢酶	—	52	55
抗坏血酸氧化酶	—	35	65

各种茶类品质特征形成的关键均在制茶过程中,采用一定温度和酸碱度控制酶的活化程度,从而使内含化学成分变化达到适宜的广度和深度。

2.1.6 生物碱

茶叶生物碱是茶叶活细胞所产生的对人和动物有强烈生理作用的含氮杂环化合物。茶叶中的生物碱有咖啡碱($C_8H_{10}N_4O_2$)、茶碱($C_7H_8N_4O_2$)、可可碱($C_7H_8N_4O_2$),合称生物碱,其中以咖啡碱含量最多。其他两种含量甚微,在鲜叶中的含量一般为2%~4%(干物重)。所以茶叶中生物碱常以测定咖啡碱为代表。

咖啡碱在茶树新梢中、芽中含量高,随着芽叶伸育,含量逐渐下降(表2-6)。咖啡碱的含量还与品种、地区及施肥种类有关。因此,咖啡碱含量高低是鲜叶老嫩的标志之一。

表 2-6　咖啡碱在茶树新梢中的分布(占干物重%)

部位	芽	一叶	二叶	三叶	四叶	茎梗
咖啡碱	3.98	3.71	3.29	2.68	2.38	1.64

茶叶中咖啡碱含量高低与品质呈正相关。品质好的茶叶,一般咖啡碱含量也很高。

咖啡碱是一种无色针状结晶微带苦味的含氮化合物,直接对咖啡碱加热至50℃时成为五色结晶体,至120℃时开始升华,一般不溶于冷水而溶于热水呈弱碱性。它是构成茶汤滋味的主要物质之一。

咖啡碱的化学性质比较稳定,同时,它存在于叶组织内,故在制茶过程中,不发生氧化作用,含量变化不大,只有在干燥中,若温度过高,因升华而损失少部分。咖啡碱能与多酚类,特别是茶黄素、茶红素形成络合物。该络合物不溶于冷水而溶于热水。当茶汤冷却之后,便出现乳酯浑浊,俗称"冷后浑"。

咖啡碱含量虽不多,但它是一种兴奋剂,能刺激中枢神经系统,特别是刺激支配高级神经活动的大脑,从而促进人的感觉灵敏,增进肌肉的伸缩能力,具有迅速消除疲劳、加强心脏活动、改善血液循环等生理功能。

茶碱和可可碱互为同分异构体,在茶叶中含量极少。茶碱和可可碱具有刺激肾机能和利尿扩张血管等作用。因为茶叶中既含有咖啡碱,又含有茶碱和可可碱,所以对人体生理起到综合作用。

总之,茶叶中生物碱对人体生理功能有多方面的影响。因而茶叶作为一种日常的饮料,深受饮者欢迎。

2.1.7　糖类

糖类物质也叫碳水化合物,在鲜叶中约占干物重的20%～30%。可分为:单糖、双糖和多糖三种。

鲜叶中单糖包括葡萄糖、半乳糖、果糖、甘露糖等。双糖有麦芽糖、蔗糖、乳糖等,这两类糖均溶解于水,具有甜味,是构成茶汤浓度和滋味的重要物质,能形成茶叶板栗香、焦糖香、甜香等香气。

多糖是由多个分子的单糖缩合成的高分子化合物。主要包括淀粉、纤维素、半纤维素及果胶质、木质素等。这类糖在性质上与单糖双糖有很大的区别。多糖没有甜味,是非结晶的固体物质,大多数都不溶于水,除部分果胶质可溶于水之外,都是以支持或贮藏物质的形式存在于茶叶中。

淀粉是由许多α-葡萄糖分子缩合而成的、作为贮藏的营养物质。在制茶过程中可以水解为麦芽糖、葡萄糖,使单糖增加,增进茶叶滋味。

纤维素、半纤维素是由许多β-葡萄糖分子组成的链状高分子化合物。由于分子间以丝状结合非常牢固,其理化性质十分稳定。纤维素、半纤维素不溶于水,仅能吸水膨胀,是组成细胞壁的主要成分,起支持作用。其含量随着叶子老化而增加。因此,含量高低是鲜叶老嫩的重要标志之一。

果胶质是糖类物质的衍生物,可分为水溶果胶素、原果胶素、果胶盐三部分。果胶是具有黏稠性的胶体物质。在细胞中与纤维素等结合在一块,构成茶树的支持物质。果胶质能将相邻细胞黏合在一起,对形成茶条紧结的外形有一定作用。水溶性果胶溶解于茶中能增进茶汤浓度和甜醇滋味。

糖类物质是生物体生命活动的物质基础,除水溶性果胶质外,它随着新梢伸育而增加(表2-7)。

表 2-7　新梢各部位糖类含量分布(%)

芽叶部位	可溶性糖			淀粉	粗纤维	水溶性果胶
	单糖	双糖	总和			
第一叶	0.99	0.64	1.63	0.82	10.87	3.08
第二叶	1.15	0.85	2.00	0.96	10.89	2.63
第三叶	1.40	1.66	3.06	5.27	12.25	2.21
第四叶	1.63	2.06	3.69	—	14.48	2.02
老叶	1.18	2.52	4.33	—	—	—
嫩叶	—	—	—	1.49	17.10	2.62

2.1.8　芳香物质

茶树鲜叶所含的芳香物质是赋予成茶香气的主体物质。它在鲜叶内含量很少,一般只占0.02%。它的组成极为复杂,在鲜叶中主要有:醇、醛、酸、酯、酮、萜烯类等芳香物质。在它们的分子结构中含有羟基(—OH)、酮基(C═O),醛基(—CHO)、酯基(—COOR)等芳香基团。每一个基团均对化合物的香气有一定影响。如大多数酯类具有水果香,醛类具有青草气。它们在茶叶中的含量虽然少,但对茶叶香气都起着重要的作用。

醇类物质含量占芳香物质的大部分,主要有正己醇、青叶醇、苯甲醇,芳樟醇、苯乙醇等,其中以青叶醇为主,占芳香物质总量的60%,占低沸点芳香物质的80%。

醛类物质有正丁醛、异丁醛、异戊醛、春甲醛、青叶醛等,其中以青叶醛为主,占低沸点芳香物质的15%。

酸类物质有醋酸、丙酸、正丁酸、异丁酸、异戊酸、正己酸、软脂酸、水杨酸等。

酯类物质有苯乙酯、水杨酸甲酯等。

酚类物质有苯甲酚、苯酚等。

芳香物质中,青叶醇、青叶醛含量最高,乙醛、甲醛、正己醛等含量较低:这些芳香物质的沸点都在200℃以下(青叶醇为156~157℃,青叶醛为140℃),属于低沸点芳香物质,具有强烈的青草气。鲜叶具有的青气就是这类物质的少量挥发。这些芳香物质在高温杀青中随着水分蒸发,大量逸出刺激人的嗅觉,使人感到一种强烈的青气。通过杀青和干燥后,便形成绿茶的清香。

鲜叶芳香物质还有一类沸点高(在 200 ℃以上)、具有良好香气的芳香物质。如苯乙醇具有苹果香,苯甲醇具有玫瑰花香,茉莉酮类具有茉莉花香,芳樟醇具有特殊的花香等。当低沸点芳香物质大量逸散后,高沸点芳香物质的良好香气便透露出来,构成绿茶香气。

鲜叶中还含有棕榈酸和高级萜烯类,它们本身没有香气,但都具有很强的吸附性,能吸收香气,也能吸收异味。这种性质,一方面利用来窨制花茶;另一方面,告诫人们在鲜叶加工和成品茶贮运过程中,必须特别注意防止茶叶与有异味的物体堆放在一起。

不同的茶树品种,香气成分的组成有很大的差异。如铁观音、乌龙、水仙等适制乌龙茶的茶树品种,富含萜烯类物质,成茶具有明显的花香,又如福鼎白毫制成炒青绿茶具有明显的熟栗香,而用龙井种所制成的龙井茶,则具有明显的清香。此外,因气候、季节和土壤栽培条件的不同,香气组分也会发生变化。有些地区,每到秋高气爽的秋茶季节,由于苯乙醇、苯甲醛等花香物质含量提高,因而容易产生季节性高香茶。施肥较多的茶园,鲜叶吲哚的成分比例增大,茶叶香气往往较浓郁;施肥少的茶园,茶叶香气虽低,但沉香醇较多,香气较鲜爽。

2.1.9 色素

鲜叶内含有多种色素,对茶叶品质影响较大的有叶绿素、叶黄素、胡萝卜素、花黄素、花青素等,鲜叶中的色素约占总干物重的 1%。

叶绿素的含量一般为 0.24%~0.85%(干物重),它随着新梢伸育老化而逐渐增加(表 2-8)。

表 2-8　不同芽叶叶绿素含量(占干物重%)

芽叶	第一叶	第二叶	第三叶	第四叶
叶绿素	0.223	0.378	0.615	0.653

此外,叶绿素还因季节、茶树品种、施肥种类、遮阴等条件不同,其含量也不同(表 2-9)。

表 2-9　不同采摘时期的叶绿素含量(占干物重%)

叶绿素含量＼日期	6月12日	7月9日	8月5日	9月10日	10月16日	11月25日
叶绿素 a	0.627	0.850	1.165	1.257	1.732	1.287
叶绿素 b	0.379	0.433	0.780	0.676	0.710	0.735
叶绿素总量	1.006	1.283	1.945	1.933	2.442	2.022

叶绿素是影响绿茶干茶和叶底颜色的重要物质,对汤色的影响是次要的。叶绿素可分两种类型:一种是叶绿素 a($C_{55}H_{72}O_5N_4Mg$),呈墨绿色;另一种是叶绿素 b($C_{55}H_{70}O_6N_4Mg$),呈黄绿色。这两种叶绿素均属脂溶性色素,不溶于水,在鲜叶里含量不同,叶子就呈现出深浅不同的绿色。叶绿素是以镁为核心,联结四个吡咯环组成的。这个镁原子在酸性和湿热的条件下很容易被氢取代,形成黑脱镁叶绿素(或称去镁叶绿素),从而使原来具有光泽的鲜绿色变成褐绿色。叶绿素受热分解为叶绿酸(溶于水的一种绿色色素)和叶绿醇(无色油状液体),由亲脂性变为有一定的亲水性。

在鲜叶中叶绿素含量不同,对制茶品质的影响也不同。叶绿素直接影响干茶、叶底、茶汤的色泽。它对红、绿茶的影响比较大。对红茶来说,浅绿色鲜叶制成的红茶,外形色泽乌褐油润,香气纯正清高,滋味鲜甜,汤色叶底红亮;深绿色鲜叶制成红茶,香味青涩,汤色泛青,叶底较暗,品质较差;紫色鲜叶制成的红茶,外形色泽暗,滋味稍涩,但香气尚正,汤色深红。对绿茶来说,深绿色的鲜叶制成的绿茶,香气高而鲜爽,滋味醇厚,汤色叶底嫩绿明亮;浅绿色的鲜叶制成的绿茶,香气和滋味较深绿色鲜叶差,汤色清澈黄绿、叶底黄绿;紫色鲜叶制成的绿茶,品质较差,香气低,滋味苦涩,叶底呈靛青色。

叶绿素含量高的深绿色鲜叶,由于多酚类含量较少、蛋白质含量较高,所以制成绿茶的品质好;对于红茶来说,因为红茶的色香味主要是在制造过程中,多酚类逐步氧化缩合而成的,所以多酚类含量较少,影响发酵,制出红茶品质较差;如果鲜叶中叶绿素含量过高,也会造成绿茶汤色与干茶死青或菜青色,香味生青,品质不好。

叶黄素(呈黄色)与胡萝卜素(呈浅黄色或橙色)伴随着叶绿素而存在,也是一种脂溶性色素,含量不高(一般 100 g 鲜叶干物重含胡萝卜素量为 17.5 mg,含叶黄素 4.5 mg),在制茶过程中变化不大。胡萝卜素在制茶中减少的部分,有的转化成芳香物质,如紫罗酮等。

花黄素(呈黄色)和花青素(在酸性介质中呈红色,在碱性介质中呈蓝色)这两类色素在茶树体内以糖甙的形式存在,溶于水,属多酚类物质。

鲜叶中所含的色素以叶绿素含量最多,对茶叶品质影响最大。在一般情况下,鲜叶中所含叶绿素足以掩盖其他色素,呈现出深浅不同的绿色。只有在花青素含量特别多的情况下,鲜叶才出现红紫色。

2.1.10 类脂

凡是水解时产生脂肪酸的物质统称为类脂。鲜叶中含有约 8% 的类脂,包括脂肪、磷脂和蜡三部分。鲜叶中的类脂是某些香气物质的先质,类脂经水解和转化后可形成青叶醇和青叶醛,对茶叶香气的形成具有积极的作用。通常在较嫩的鲜叶中含有较多的磷脂,而在粗老叶中以含半乳糖和双半乳糖甘油酯为主。茶树的叶表含有蜡质,蜡质多的一般叶质较硬,幼嫩芽叶中蜡质较少。蜡质多少与茶树品种的抗性有关,抗寒性强的品种蜡质较厚。

2.1.11 维生素

茶叶中维生素可分为脂溶性维生素和水溶性维生素两类。脂溶性维生素有维生素 A(抗干眼病维生素)、维生素 K(抗出血维生素),不溶于水。水溶性维生素有维生素 B_1(硫胺素抗神经炎维生素)、维生素 B_2(核黄素)、维生素 C(抗坏血酸维生素)、维生素 PP(即烟碱酸抗癞皮病维生素)、维生素 P(黄酮类衍生物)。

鲜叶中维生素以维生素 C 含量最多。它随着鲜叶的老化而增加。维生素 C 是还原性基质,很容易被氧化破坏。虽然维生素 C 受热也被破坏,但比被氧化破坏的要少得多。因此,鲜叶中的维生素 C 在制茶的过程中被破坏,其含量减少。由于各种茶类的制法不同,维生素 C 被破坏的程度也不同。如红茶在发酵过程中,维生素 C 被大量氧化,受到破坏;绿茶不经过发酵过程,只是在加热过程中被破坏一些,所以绿茶中维生素 C 的含量比红茶多 3~4 倍(表 2-10、表 2-11)。

表 2-10　绿茶制造过程中维生素 C 的含量变化(mg/g)

制茶过程	鲜叶	杀青	揉捻	干燥(绿毛茶)
维生素 C 含量	260.11	247.40	132.69	114.90

表 2-11　红茶制造过程中维生素 C 的含量变化(mg/g)

制茶过程	鲜叶	萎凋	揉捻	发酵	干燥(红毛茶)
维生素 C 含量	260.11	139.21	65.5	44.23	32.51

茶叶中的维生素对人体具有特殊的生理作用。维生素 P 可增强人体微血管壁的弹性，维生素 B_1，可防止脚气病，维生素 C 有防治坏血病等药理功能。

2.2　鲜叶的物理性状与茶叶品质的关系

鲜叶的物理性状，是鲜叶内含物质在外部的反映所表现出来的特征。在同一品种或同一植株的不同部位的鲜叶，其特征与变化也不相同，如叶子大小、厚薄、软硬、茸毛多少、色泽深浅等，所以鲜叶的物理性状与毛茶品质有密切关系。我国茶叶种类很多，各种茶类可以由同一鲜叶制造而成，但各种茶叶各自要求有其不同的品质特征，对鲜叶标准和品质的要求上也就不相同。因此，我们一方面根据鲜叶反映出不同的物理性状，来辨别出鲜叶的嫩度和品质好坏；另一方面，根据鲜叶的适制性合理利用，制出不同的茶叶，或采取相应的技术措施，制出符合不同茶类所要求的品质特征的茶叶，保证其优良品质。

2.2.1　鲜叶色泽

鲜叶色泽的变化与茶树品种、施肥、日照长短都有关系。一般正常生长的鲜叶色泽呈绿色，但由于上述因子的影响，常有深绿、浅绿、黄绿、紫色等不同色泽(表 2-12)。鲜叶色泽不同，内在化学成分含量组成也不同，对制茶品质有不同影响。据湖南省茶叶试验站资料，将深绿色、浅(黄)绿色和紫色的鲜叶分别测定所含化学成分含量，分别制成红茶和绿茶，结果不但茶汤和叶底色泽不一样，而且香味也有较大差异。

表 2-12　不同色泽的鲜叶主要成分含量比较(%)

成　分	深绿色叶	浅绿色叶	紫色叶
叶绿素	0.73	0.53	0.50
多酚类化合物	28.54	31.37	30.84
水浸出物	48.89	44.56	49.21
咖啡碱	2.27	2.31	2.28
粗蛋白质	31.78	30.95	30.97

一般深绿色叶的粗蛋白质含量高，多酚类化合物、水浸出物、咖啡碱的含量低；浅绿色叶则相反，粗蛋白质的含量低，多酚类化合物、水浸出物、咖啡碱的含量高；紫色叶的各种成分

介于两者之间。而制茶品质的好坏与各种成分的含量有关。一般地说,多酚类化合物含量高,粗蛋白质、叶绿素含量低的,宜于制红茶;多酚类化合物含量低,粗蛋白质、叶绿素含量高的,宜于制绿茶(表2-13)。

表 2-13　鲜叶不同色泽与红、绿毛茶品质的关系

茶叶色 / 项目	深绿色		浅绿色		紫色	
	红毛茶	绿毛茶	红毛茶	绿毛茶	红毛茶	绿毛茶
香气	青气	浓厚新鲜	纯正	纯正	略带青气	低淡
汤色	尚红亮	黄绿明亮	红亮	黄绿明亮	深红	暗发黑
滋味	苦涩	浓厚微涩	尚醇欠厚	苦涩	平淡微涩	苦涩
叶底	乌暗花青	黄绿欠匀	尚红欠匀	黄绿	乌暗花青	靛青色

从表2-13看出,用深绿色鲜叶制成的红茶,品质较差,有青气,汤色浅,叶底乌暗,夹有花青。若用以制成绿茶,则香气浓烈鲜爽,滋味醇厚,汤色叶底黄绿明亮,品质优。用浅绿色鲜叶制成的红茶,品质优良,香气纯正清高,味甜而醇厚,汤色叶底红亮;如制成绿茶,香味都不如深绿色鲜叶的浓烈,但汤色清澈明亮,叶底嫩绿匀齐,比深绿色鲜叶好。用紫色的鲜叶制成红茶,品质中等,略有青气,味稍苦涩,叶底不如浅绿色鲜明;制成绿茶,品质较差,香气低淡,味苦涩,汤色浑浊发黑。叶底春茶为暗绿色,夏茶、秋茶呈靛青色或紫蓝色,很不适宜。

2.2.2　鲜叶的白毫

鲜叶背面着生许多白色的茸毛,称之为白毫。同一品种茶树上的鲜叶,白毫的多少,标志着鲜叶的老嫩。鲜叶愈嫩,白毫愈多,制出的茶叶品质越好。特别是红、绿茶表现更为明显。品质好的红、绿茶,一般嫩度高。嫩度的高低反映在白毫的多少上,俗语说:烘青看毫,炒青看苗。在烘青制造中,由于白毫脱落很少,干茶白毫显露较多,说明品质好。在炒青制造中,通过炒干工艺白毫已基本脱落,干茶只有从锋苗的多少,反映嫩度的高低和品质的好坏。在红茶制造中,由于揉捻时茶汁黏附在白毫上,经过发酵作用,使白毫显现金黄的色泽。因此金黄色白毫的多少反映出红茶品质的高低。

对不同品种的茶树来说,鲜叶嫩度相同而白毫的多少是不同的。如广西凌云白毛茶,不仅嫩叶背面的茸毛如雪,而且老叶背面也有很多白毫。不同茶类要求白毫的多少也是不同的,有的茶类要求白毫多而显露,如福建的白茶银针、绿茶毛峰,江苏的洞庭碧螺春等,都是选择白毫多而肥大的芽叶;有的要求白毫多但隐而不显,如西湖龙井、南京雨花茶等,这些茶在炒制过程中,用磨光或搓揉的动作,使茸毛脱落或紧贴在茶身上。

2.2.3　鲜叶的大小、厚薄、弹性

鲜叶的大小、厚薄、弹性,与制茶品质都有一定关系,而且互相联系。同一茶树采下的鲜叶,小的细嫩而柔软,大的叶片比较粗老而稍硬。前者可塑性较好,制出的茶叶条形紧细,品

质也好;后者无论是外形还是内质都较差。不同茶树品种,同样的芽叶标准,则有大有小,如云南大叶种比小叶种的芽叶大得多、重得多,制出的茶叶品质也好。因此,对不同茶树品种的芽叶,就无法以小而嫩、大而老来比较。

不同的茶类,对鲜叶大小、厚薄、弹性,都各有特殊的要求。如龙井茶以外形小、薄而软者为优。过大的芽叶厚而硬或薄而硬,都达不到高级龙井光、扁、平直、细匀成条的外形要求。青茶要求较大而柔软,以叶肉肥厚者为优,鲜叶小而嫩就不符合做青的要求。大叶种制出的切细红茶,就比小叶种在同样的技术条件下制出的切细红茶品质优,色泽红艳,滋味浓强鲜爽。

鲜叶的厚薄,指叶肉肥厚或瘦薄而言。对同一茶树品种,同样嫩度,肥水管理好,树势生长旺盛,叶肉肥厚,叶质柔软多汁,制出茶叶条形紧结、重实、品质优佳;肥水管理差,鲜叶薄而硬的,制出茶叶,无论外形还是内质都不好。

2.2.4 形状

鲜叶的形状可分为近圆形、卵形、椭圆形、长椭圆形和披针形五种,可根据不同茶类的要求而异。条形茶如珍眉、红茶以长椭圆形、披针形最好,易成形且条索紧细,身骨重实;近圆形、卵形做成的条形茶不紧结欠匀整。珠茶外形为圆形,也以长椭圆形为好;因珠茶必先成条,而后卷紧,方能浑圆,否则成团块茶。片状茶如六安瓜片,特级龙井,尖状如猴魁、毛尖,这些以卵形或椭圆形的鲜叶为好。六安瓜片,叶片像瓜子形,要求椭圆形为好。特级龙井,长形叶做成韭菜形,近圆形会做成鲤鱼形,都不符合特级茶形状要求。贡熙是块状茶,以近圆形的比较好。

2.3 鲜叶的质量与茶叶品质的关系

鲜叶质量包括鲜叶嫩度、匀度、新鲜度三方面,其中任何一方面对鲜叶质量都有一定的影响。嫩度是鲜叶质量的主要指标。平时说鲜叶质量好坏往往指的是嫩度和匀度,而把新鲜度因素作为鲜叶采收和运输过程的失误所造成,只要引起重视、认真操作是可避免的。

2.3.1 鲜叶嫩度

鲜叶的嫩度是指芽叶伸育的成熟度。芽叶是从营养芽伸育起来,随着芽叶的叶片增多,芽相应的由粗大变为细小,最后终止为驻芽。叶片自展开到成熟定型,叶面积逐渐扩大,叶肉组织厚度相应增加。除乌龙茶外,一般说,同一品种、同样环境条件和栽培措施所采鲜叶,一芽一叶比一芽二叶嫩,一芽二叶初展比一芽二叶开展嫩,对夹二叶比对夹三叶嫩。嫩度高的鲜叶制出的茶叶形质兼优,嫩度低的鲜叶采用同等技术制出同等茶叶品质则较次。

鲜叶的嫩度是鲜叶内含各种化学成分综合的外在表现。随着鲜叶嫩度的下降,一些主要化学成分含量相应改变。多酚类含量大体呈下降趋势,蛋白质含量也相应降低,氨基酸和水浸出物含量变化规律性不明显,还原糖、淀粉、纤维素、叶绿素含量相应增加,但中等嫩度的含量高,随着芽叶老化,含量逐步减少(表2-14)。

表2-14 新梢不同叶位主要化学成分的含量

单位:%

化学成分	芽	一芽一叶	一芽二叶	一芽三叶	一芽四叶	老叶	嫩茎
水分	—	76.70	76.30	76.00	73.80	—	84.60
水浸出物	47.74	47.52	46.90	45.59	43.70	—	—
茶多酚	—	22.61	18.30	16.23	14.65	14.47	12.75
儿茶素	—	14.74	12.43	12.00	10.50	9.80	8.61
氨基酸	—	3.11	2.92	2.34	1.95		5.73
茶氨酸	—	1.83	1.52	1.20	1.10		4.35
咖啡碱	—	3.78	3.64	3.19	2.62	2.49	1.63
蛋白质	29.06	26.06	25.62	24.92	22.50		17.40
叶绿素	—	0.223	0.378	0.615	0.653		
类胡萝卜素	—	0.025	0.036	0.041	—		—
水溶性果胶	—	3.08	2.63	2.21	2.02	—	2.62
还原糖	—	0.99	1.15	1.40	1.63	1.81	
蔗糖	—	0.64	0.85	1.66	2.06	2.52	
淀粉	—	0.82	0.92	5.27	—	—	1.49
纤维素	—	10.87	10.90	12.25	14.40		17.08
总灰分	5.38	5.59	5.46	5.48	5.44		6.07
可溶性灰分	3.50	3.36	3.36	3.32	3.02		3.47

注:引自程启坤主编的《茶叶优质原理与技术》。

芽叶组成与嫩度有着密切关系。除采摘名茶外,一批鲜叶很难做到由一种芽叶组成,绝大多数由各种芽叶混杂而成。评定嫩度进行鲜叶定级,一般是根据各级鲜叶芽叶组成比例,用芽叶机械分析方法,现将祁门茶厂鲜叶分级标准列入表2-15,供参考。

表2-15 祁门茶厂鲜叶分级标准

级别	芽叶标准	参考规定	占总量(%)
特级	一芽一叶,一芽二叶为主	一芽一叶,一芽二叶	10~20,50~60
一级	一芽二叶,一芽三叶为主	一芽二叶	36~50
二级	一芽二叶,一芽三叶为主	一芽二叶	21~35
三级	一芽二叶,一芽三叶为主	一芽二叶	12~20
四级	一芽三叶为主	一芽三叶	37~46
五级	一芽三叶为主	一芽三叶	30~35

芽叶组成分析方法,虽然简单易行,终究要花不少时间,收购鲜叶评级时难以应用。目

前生产上仍以感观评定方法为主,芽叶组成分析方法作为参考,有争议时采用。即使这样,有时芽叶组成分析结果还是难以解决问题。如同是一芽二叶,留鱼叶采的和留二叶采的芽叶成熟度就大不相同;生长旺盛和衰老茶树所生长的鲜叶,同是一芽二叶嫩度又有很大差别。皖南茶区根据十几年来的鲜叶感观评级经验,总结出三条标准:一看芽头,即芽头大小、数量多少;二看叶张,即第一叶和第二叶开展度;三看老叶,即单片叶和一芽三四叶老化程度和数量。抓住芽头这个主要因素,再结合观察叶片开展度和老叶数量。这三者结合起来评定鲜叶嫩度,一般比较符合客观因素。

中国茶区还有用手摸鲜叶的感觉,如硬、刺手为老叶,柔软如绸为嫩叶,结合前面所述"三看"来评级。鲜叶柔软度是测定鲜叶质量的重要项目之一。一般说,柔软度好的鲜叶嫩度也好,柔软度硬的鲜叶嫩度差。鲜叶柔软度与制茶技术关系很大,制茶技术有造型过程,造型要加压力,加压力大小要依据鲜叶柔软度来决定。

2.3.2 鲜叶匀度

评定鲜叶质量的另一个重要指标就是匀度。鲜叶匀度指同一批鲜叶质量的一致性。无论哪种茶类都要求鲜叶匀度好,这是因为合理的制茶技术要根据鲜叶质量来决定。鲜叶质量混杂,制茶技术就无所适从。

为了使鲜叶质量均匀一致,可以采取以下措施:

1. 采用同一品种茶树的鲜叶

目前中国广大茶区茶园品种混杂,从叶形大小就能看出,大的叶子长度达 15~16 cm,小的连 5 cm 还不到,叶形参差不同,在这种茶园里采的鲜叶就难以达到质量一致。只有茶品种相同,采下的鲜叶质量才有可能一致,这是鲜叶匀度的前提。

2. 茶树生长的生态环境基本相同

有经验的茶农、技术人员都能将生长在山南(阳山)、山北(阴山)、山坞、平地、乌沙土、粘盘土等的鲜叶(或者制成的茶叶)区别开来。日照短、有遮阴的鲜叶,叶绿素含量多,叶色深绿,叶质肥厚,持嫩性好。乌沙土的鲜叶,叶色也呈深绿。说明在不同生态环境生长的鲜叶质量大不相同。应将采自不同地区的鲜叶分开,才能使鲜叶匀度一致,其中也包括了把同一地区的新、老茶园的鲜叶分开。

3. 采摘标准基本相同

有的采取见新梢就采的"一扫光"法,它的采摘标准范围很大,从一芽一叶到一芽五六叶,也包括开面叶、对夹叶,小的叶长 2 cm 左右,长的可达 10 cm 以上。这种鲜叶一看就知道其质量是不均匀的。通常说采摘标准基本相同,指的是一芽某叶(或一芯某叶)占整个鲜叶的绝大多数。如一芽二叶初展占 70% 以上。这个比例数值越大,说明鲜叶匀度越高。采摘的芽叶标准除此以外,还应包含第二个内容,即芽叶全长。同是一芽二叶有的长仅 2 cm,有的长 4 cm,两者相差一倍,有的长度差距超过一倍。造成这种差异的原因很多。如果茶树品种和生长的生态环境等条件相同,则芽叶长度与伸长程度直接相关,即与鲜叶的开展度有关,一般初展的鲜叶其芽叶长度最短,而后随着伸长到半开展、全开展至成熟叶。芽叶长度逐渐增大。所以,在一定条件下,芽叶长度可以作为芽叶开展度的量度,作为芽叶嫩度的一个指标。芽叶长度的一致性是采制名茶的重要技术措施之一,是高级鲜叶质量的重要指标。

2.3.3 鲜叶新鲜度

鲜叶保持原有理化性状的程度称为新鲜度。新鲜度是鲜叶质量的重要指标之一。

鲜叶失鲜的品质变化与鲜叶摊放、轻萎凋的品质变化,从制茶角度来说有所不同。鲜叶开始失去新鲜感,鲜艳的色泽消失,清新的兰花香减退,以及内含物的分解,这些变化与鲜叶摊放、轻萎凋是相似的。但是,鲜叶失鲜的这些品质变化是在失控条件下产生的,而鲜叶摊放、轻萎凋是制茶工业中的一个工序,是受到制茶技术的控制,有意使鲜叶完成一定的内质变化,为下一个工序准备物质基础。鲜叶失鲜则会沿着鲜叶劣变的方向发展下去,直到失去制茶的价值,变成一堆废物。

鲜叶失鲜的变化速度,在正常条件下开始比较慢,保持 1 d 是不成问题的。但是,如果操作上失误,将鲜叶紧实地装在布袋里,弄伤了芽叶,叶堆内部升温,受伤芽叶加速氧化,升温也加速,温度的升高,反过来又加速了芽叶的氧化,如此产生恶性循环,不用多久,鲜叶便变红,出现酒味和腐败气味,有效物质被消耗殆尽,鲜叶成了一个空壳,即使制成茶叶也是淡而无味,还有怪气味。

鲜叶失鲜在采制过程中可分为三个阶段:第一是采收阶段,不按照操作规程规定操作,抓伤了芽叶。第二是运输阶段,鲜叶从茶园运送到茶厂的途中,没有遮阴设备受到日晒;没有专用鲜叶筐而用袋装,不透气引起叶子升温;没按照装叶厚度规定,超载造成芽叶受伤升温;没按规定及时送到厂,而在途中停留,时间延长,造成严重失鲜;等等。第三是保管阶段,鲜叶进厂验收后,不能及时付制,又没有采取合理的保鲜技术而使大批鲜叶失鲜。

第一、二阶段是前提,如果已经失鲜在进厂验收时按失鲜程度另堆处理,这种情况只要引起重视,照章办事,问题好解决。而第三阶段,由于目前制茶工业规模不断扩大和茶叶生产高峰期的特点,鲜叶保管技术和设备跟不上,极容易造成失鲜,甚至大批鲜叶变质,所造成的经济损失是严重的。

2.4 鲜叶的保鲜技术

2.4.1 鲜叶变质的主要因素

鲜叶采摘脱离茶树母体之后,在一定时间内仍然继续进行呼吸作用。随着叶内水分不断散失,水解酶和呼吸酶的作用逐渐增强,内含物质不断分解转化而消耗减少。一部分可溶性物质转化为不可溶性物质,水浸出物减少,使茶叶香低味淡,影响茶叶品质。

导致鲜叶变质的主要因素有温度升高、通风不良、机械损伤三个方面。

1. 温度

离株的鲜叶因呼吸作用,使叶内糖类物质分解消耗,产生 CO_2,放出大量的热量。

因此,在摊放的过程中,要求通风散热处理得当,使放出的热量大部分随着水分蒸发扩散到空气中,以降低叶温,减少干物质的消耗,但摊放时间也不可太长,如果时间过长,随着叶温升高,干物质消耗愈多。当糖类物质因消耗而剩余量不多时,其他有机物质,如蛋白质、脂肪、有机酸等被作为基质分解,甚至多酚类也开始氧化缩合,使鲜叶发生红变,一般鲜叶放置 24 h 后,多酚类含量由 18.06%(占干物重)下降为 9.5%,对制茶品质有极不利的影响。

2. 通风

鲜叶如果堆积得过厚、过紧、过久,通气不良,就会使鲜叶因呼吸作用所释放的热量不能及时散发出去,叶温升高,内含物质的分解更快,消耗愈多。在氧气供应不足情况下,引起无氧呼吸作用,使糖类分解为醇,而产生酒精气。如果摊放的时间过久,还会产生酸馊味,叶子发热变红,霉烂变质。

据实验,未红变的鲜叶乙醇含量为 0.017%;红变程度达 5%,乙醇含量上升到0.073%;红变程度达 48%,乙醇含量增到 0.097%,为未红变时的 5.7 倍。

3. 机械损伤

机械损伤的叶片,因叶细胞组织受到破坏,茶汁溢出,不仅加速叶内水分向空气中扩散,易出现萎蔫现象,而且机械损伤的叶子,呼吸强度比正常的叶子要大得多。正常呼吸受到破坏,原生质的性质发生改变,叶内含物质暴露于空气中,酶的活性加强,有机质的分解加剧,特别是茶叶多酚类的氧化缩合,致使叶片极易发热红变和遭到微生物的感染,耐藏力下降,制出的成茶品质降低。因此鲜叶进厂,要求做好鲜叶摊放工作。

2.4.2　保鲜技术措施

保鲜技术的关键主要是控制两个条件:一是保持低温,二是适当降低鲜叶的含水量。特别是低温条件尤为重要。如果鲜叶运送和鲜叶摊放贮存中管理不当,就会引起鲜叶劣变,影响茶叶的品质和产量。

1. 鲜叶的运送

采下的鲜叶要及时运送进厂,保持鲜叶的新鲜度。在运送中必须注意:

(1)根据老嫩不同、品种不同及表面水含量多少不同分别装篓。

(2)装篓时不能压紧,防止机械损伤和烈日曝晒。

(3)鲜叶不宜久堆,否则,篓内叶子易发热,引起红变,装好篓立即运进厂。

(4)鲜叶篓应是硬壁,有透气孔,每篓装叶不超过 20 kg。

2. 鲜叶的贮存管理

鲜叶进厂验收分级后,应立即进行付制。因为从采摘到初制,相隔时间愈长,鲜叶新鲜度愈差,内含有效成分损失愈多,所以,要尽量做到现采现制。若受到客观条件限制,不可能及时付制时,就必须采用低温贮存。

鲜叶贮存应选择阴凉、湿润、空气流通、场地清洁、无异味污染的地方。有条件的可设贮青室。

贮青室面积一般按 20 kg/m² 鲜叶计算,房子要求坐南朝北,防止太阳直接照射,保持室内较低温度,最好是水泥地面,并有一定倾斜度,以便于冲洗。

鲜叶摊放不宜过厚,一般为 15～20 cm,雨露水叶要薄摊通风。鲜叶摊放过程中,每隔 1 h 翻拌一次,每隔 65 cm 左右开一条通气沟。在翻拌时,动作要轻,切勿在鲜叶上乱踩,尽量减少叶子机械损伤。

鲜叶存放时间不宜过久,一般不超过 12 h。要求先进厂先付制,后进厂后付制。雨水叶表面水多,可以适当多摊放一些时间,然后付制。对已发热红变的鲜叶,应迅速薄摊,立即分开加工。

3. 透气板贮青设备

在普通的摊叶室内开一条长槽,槽面铺上用钢丝网制成(或粗竹篾编成)的透气板,透气板每块长 1.8 m,宽 0.9 m,可以连放 3 块、6 块或 12 块,还可以几条槽并列,间距 1 m 左右(也可以根据具体情况设计尺寸)。槽的一头设一个离心式鼓风机。鼓风机功率、大小,按板的块数、槽的长短选用。鼓风机的电动机设定时间,可按需要每隔一定时间自动启动电动机进行鼓风。鲜叶可堆放 1~1.5 m,每平方米可贮存鲜叶 150 kg 左右。不需人工翻拌。摊叶和付制送叶,采用皮带输送或气流运送。这种方法既节省人工,又减少厂房面积,是解决贮青困难的一个比较行之有效的办法。

2.5 鲜叶适制性

鲜叶质量标准,除了匀度和新鲜度要求一样外,其他质量指标依各种茶类不同而异。同一质量的鲜叶既可制成红茶,又可制成绿茶,也可制成其他各种茶类,但是,制茶品质就有差别。同是一芽二叶初展,有的鲜叶制红茶比制绿茶的品质好,有的鲜叶相反,制绿茶比制红茶的品质好。有的鲜叶制红、绿茶品质较优,但制青茶就不适宜。因为制青茶的鲜叶要求开面的二三叶,且嫩度中等,柔软度适中。人们将这种具有某种理化性状的鲜叶适合制造某种茶类的特性,称为鲜叶适制性。根据鲜叶适制性,制造某种茶类,或者要制造某种茶类,有目的地去选取鲜叶,这样才能充分发挥鲜叶的经济价值,制出品质优良的茶叶。

2.5.1 鲜叶叶色与适制性

鲜叶颜色与制茶品质关系很大。高桥茶叶试验站资料显示,不同叶色的鲜叶适制性不同。深绿色鲜叶制绿茶比制红茶的品质优。浅绿色的鲜叶制红茶比制绿茶的品质好。紫色鲜叶制红茶的品质比深绿色鲜叶的好,但不如浅绿色鲜叶制的红茶品质。不同叶色鲜叶的主要化学成分含量不同(表 2 16)。

表 2-16 不同叶色化学成分比较(%)

化学成分 \ 叶色	浅绿色	深绿色	紫色
叶绿素	0.53	0.73	0.50
多酚类化合物	31.37	28.54	30.84
水浸出物	44.56	48.89	49.21
咖啡碱	2.31	2.27	2.28
粗蛋白质	30.95	31.78	30.97

福安茶场李述经资料显示,福鼎大白茶品种,叶色黄绿,叶质稍硬,芽叶肥厚而重。"制白茶、红茶、绿茶等茶类均甚适宜,可得品质优越的产品。"但制青茶"独不适宜",尽管在制茶技术上采取了种种措施,均难得到优良品质的产品,成品"香低味浊"。而政和大白茶品种,叶色也黄绿,但夏、秋茶多紫色芽叶,叶质软润,芽叶肥壮,制白茶、红茶品质均优,制青茶品质尚佳。制绿茶则色香味较差,特别是味苦涩较重,因其花青素含量较多。上述资料充分证明,鲜叶适制性与品种有极大关系,有目的地培育和推广优良品种是提高茶叶品质的重要措施。影响鲜叶颜色的除了品种外,生态环境条件、培植管理、采摘标准和采摘季节等都是重要的影响因素,在生产上要加以综合研究,才能达到预期效果。

2.5.2 地理条件与适制性

地理条件同样是影响鲜叶适制性的一个重要因素。崇安茶场姚月明1978年资料显示,生长在武夷山中心地带的正岩竹窠水仙、生长在武夷山边缘地带的半岩水仙和生长在靠近武夷山的赤石洲水仙,同是水仙品种,因生长地理条件不同,三种鲜叶的主要化学成分含量有很大差异。制成青茶品质相差悬殊。正岩茶香高长,味醇浓,岩韵突出;半岩茶,香平正,味醇和,岩韵不明显;洲茶则香较低,味醇淡,无岩韵。这是在很小的一个武夷山地区,仅仅由于山上、半山和山下平地之分,就造成了这么大的制茶品质上的差异性。地理上距离远的差别影响鲜叶质量的差异性就更大了。

从世界产茶国来说,热带地区的斯里兰卡、印度、印度尼西亚等国,生产的红茶品质较好;温带地区的日本,制绿茶比制红茶的品质好。这是由于气候条件影响茶树生长,使鲜叶理化性质不同所造成的。

祁门槠叶种引种到广州地区,叶形变大,制红茶品质优良,而同一品种引种到江淮之间的滁县地区,叶形变小,制红茶品质,味淡香较低,不如制绿茶的品质好。一般来说,中国南方亚热带地区生产的鲜叶,适宜制红茶;北方温带地区的鲜叶,适宜制绿茶。具体到某一地区生产的鲜叶,适制何种茶类,要具体研究分析。茶区辽阔,地跨不同气候地带,作鲜叶适制性的普遍调查研究,对规划不同茶类产区,合理地、有计划地发展茶叶生产有着重要意义。

2.5.3 鲜叶化学成分与适制性

鲜叶主要化学成分含量与鲜叶适制性的相关性,曾经有过许多研究。福建省茶业科学研究所资料显示,多酚类化合物和水浸出物含量高的适合制红茶,不适合制绿茶(表2-17)。

表 2-17 云南大叶种、福鼎大白茶化学成分与适制性

品种	多酚类化合物(%)	水浸出物(%)	咖啡碱(%)	灰分(%)	红茶品质			绿茶品质		
					香气	滋味	叶底	香气	滋味	叶底
云南大叶种	18.18	42.20	3.65	6.48	浓厚香甜	醇浓刺激	红匀亮嫩	浓有熟味	厚涩苦	黄熟
大白茶种	14.66	40.25	4.07	6.12	浓香	醇厚淡薄	嫩匀叶薄	嫩清香	厚带苦	黄粗大

杭州茶叶实验场1973年资料(表2-18)显示多酚类化合物含量高的制红茶品质好,制绿

茶品质一般。反之,含量低的制绿茶品质优,制红茶品质一般。但是,并不是绝对的,有的品种如试验中 7—22 品系,其多酚类化合物含量并不高,制红茶、绿茶品质均优。

表 2-18　茶树品种适制性与氯仿检验多酚类化合物含量的关系

品种	氯仿检验得分	多酚类化合物(%)	制茶品质	
			红茶	绿茶
3—29	6.0	34.44	优	一般
11—11	5.7	30.54	一般	优
福鼎大白茶	5.3	28.87	一般	优
7—22	4.7	30.18	优	优
1—3	3.7	31.53	一般	优

注:1. 氯仿检验得分分 6 个等级,最高为 6 分。

　　2. 表中数据均为全年平均数。

在中国某些茶区的一些茶树品种,均有这种情况,既适合于制红茶又适合于制绿茶、青茶,其中以祁门槠叶种较为典型,是个适制性广的好品种。

更值得注意的是,试验中 1—3 品系,虽然多酚类化合物含量较高,但是制绿茶品质优,而制红茶质一般化。依一种化学成分含量的多少来确定鲜叶的适制性是不可靠的。有的提出结合水浸出物、含氮量、叶绿素等含量来决定鲜叶适制性,有的提出以酚氨比作为鉴定品种适制红茶或绿茶,有的应用氯仿检验鲜叶的适制性,都还有待实际应用的验证。

目前鉴定鲜叶适制性的可靠方法,仍然是将鲜叶分别按通常制法制成不同的茶类和品质审评鉴定,重复多次,通过分析,然后确定这种鲜叶适合制哪种茶类。目前化学成分鉴定法仍处于试验阶段。

2.5.4　季节与适制性

许多茶场为做到产量与质量兼顾,提高经济效益,根据鲜叶适制性的原理,于茶季初期及时采嫩的芽叶,制少量高级名茶,到芽叶大量生长起来时,采制另一大宗茶类。掌握及时采,就能增产增值。如黄山茶区茶季初期,采制黄山毛峰,中期起采制烘青。南京烈士陵园茶场,清明前后采制雨花茶,往后采制炒青。如在武夷山,由单一制青茶改为春茶前期采嫩叶制烘青(包括高级莲芯),中后期采平面叶制青茶。这一改变,延长了采摘期,由 20 d 左右拉长到 50 d 左右,消除了高峰期,解决了劳力矛盾,又充分发挥了前后期鲜叶的适制性,提高了茶叶品质,增加了收入。

2.5.5　鲜叶形状与适制性

鲜叶形状与茶叶的外形有着密切的关系,但是研究资料较少。一般是长叶形鲜叶,制成的条形茶显得纤细秀长,圆叶形鲜叶制条形茶显得粗壮、结实,风格特点不同。但是,要制成针状茶还是用长叶形鲜叶为好,成茶形状如纤细的绣花针,更能给人以美感。对于珠形、绣球形、腰鼓形以及盘香形等茶采用长叶形鲜叶为好。从它们的造型过程可知,均是先揉成细长条,再弯曲绕紧实而成的。因此,长叶形鲜叶更适合于制造各种圆形茶。而圆叶形鲜叶,用来制瓜子片状、尖形以及如龙井样的扁条形更适合。假如用长叶形鲜叶来制造,则六安瓜片制不成瓜子片状,制出的龙井将成为又窄又长的韭菜状扁条而不是宽而短的碗钉形扁条。

太平猴魁是用柿大叶种制的,其形状犹如伸直的手掌(又称尖形),给人以雄伟的感觉,如用长叶形制造,便成了匕首形,给人的感觉就迥然不同。

在同一制茶技术作用下,由于鲜叶形状的不同,成茶的形状风格也就截然不同。在当前仿制名茶高潮中,假如忽视了这点,不解决鲜叶问题,再好的制茶能手也难以仿真。名茶的内质特征是主要的,外形与内质应是统一的。

形状相同的鲜叶,有大叶种和中小叶种之分。由于大叶种的叶肉较厚,揉成的条索,制造成的各种形状茶均较中小叶种的成品茶粗大,容易给人以粗老的感觉。因此,大叶种鲜叶的造型应与中小叶种不同。如金芽、白毫银针、君山银针等芽形茶能给人以健美感,就是利用大叶种的粗壮芽制成,这是合理地利用大叶种鲜叶特征的例证。目前有将大叶种的条形茶压造成各种形状的蒸压茶,或切成珍珠状的颗粒碎茶,或将其绕制成蜗牛状。至于大叶种鲜叶制成什么形状显得更美观,还有待不断摸索创造。

客观事实证明,对鲜叶质量的好坏,应辩证地理解,结合鲜叶适制性理解,鲜叶质量的几个指标应结合起来,全面地研究。

本章小结

按照一定茶类的标准要求,从茶树新梢上采摘下来供作制茶原料的芽叶,称为鲜叶。鲜叶中的化学成分有 500 种之多。可分为水分、无机成分和有机成分三部分。所含的主要化学元素有碳、氢、氧、氮、磷、硫、钾、钙、镁、钠、氯、铁、硅、锰、氟、铝、铜、镍、锌、钼、碘、铬、锡、钡、铍、钛、钴、溴、铷、锶等。有机成分中主要有多酚类、蛋白质、氨基酸、酶、生物碱、糖类、色素、维生素等。茶叶品质的优劣,首先取决于鲜叶内含有效化学成分的多寡及其配比。制茶的任务就是控制条件促进鲜叶内含成分向有利于茶叶品质的形成发展。

鲜叶的物理性状,是鲜叶内含物质在外部的反映所表现出来的特征。在同一品种或同一植株的不同部位的鲜叶,其特征与变化也不相同,如叶子大小、厚薄、软硬、茸毛多少、色泽深浅等,所以鲜叶的物理性状与毛茶品质有密切关系。我国茶叶种类很多,各种茶类可以由同一鲜叶制造而成,但各种茶叶各自要求有其不同的品质特征,对鲜叶标准和品质的要求上也就不相同。

鲜叶质量包括鲜叶嫩度、匀度、新鲜度三方面。嫩度是鲜叶质量的主要指标。其中任何一方面对鲜叶质量都有一定的影响。

鲜叶采摘脱离茶树母体之后,在一定时间内仍然继续进行呼吸作用。随着叶内水分不断散失,水解酶和呼吸酶的作用逐渐增强,内含物质不断分解转化而消耗减少。一部分可溶性物质转化为不可溶性物质,水浸出物减少,使茶叶香低味淡,影响茶叶品质。导致鲜叶变质的主要因素有温度升高、通风不良、机械损伤三个方面。依据导致鲜叶变质的主要因素,制定相应的保鲜技术。保鲜技术的关键主要是控制两个条件：一是保持低温，二是适当降低鲜叶的含水量。

鲜叶质量标准，除了匀度和新鲜度要求一样外，其他质量指标，依各种茶类不同而异。人们将这种具有某种理化性状的鲜叶适合制造某种茶类的特性，称为鲜叶适制性。根据鲜叶适制性，制造某种茶类，或者要制造某种茶类，有目的地去选取鲜叶，这样才能充分发挥鲜叶的经济价值，制出品质优良的茶叶。

思考题：

1. 怎样做好鲜叶的管理工作？
2. 鲜叶质量指标恒定标准是什么？
3. 季节与鲜叶的适制性有什么关系？
4. 茶树品种与鲜叶的适制性有什么关系？
5. 地理环境与鲜叶的适制性有什么关系？

第3章

绿 茶

3.1 概 述

　　绿茶是中国生产的主要茶类之一。历史久、产区广、产量多、品质好、销区稳,这是中国绿茶生产的基本特点。

3.1.1 发展简况

　　中国茶叶生产,以绿茶为最早。远在1 000多年以前的唐代,中国已采用蒸青方法加工绿茶。日本、印度、前苏联和越南等国的绿茶制法,就是从中国传播过去的。唐代绿茶制法,主要为蒸青团茶;到了宋代,进而改为蒸青散茶;到了明代,又进一步发明了炒青制法,利用干热来发挥茶叶的香味,从此绿茶品质有了更大的提高。在明代的茶书里,炒青绿茶制法已叙述颇详。如明代许次纾所著的《茶疏》中说"生茶初摘,香气未透,必借火力,以发其香,然性不耐劳,炒不宜久,多取入铛,则手力不匀,久于铛中,过熟而香散矣,甚至枯焦"。明代闻龙所著的《茶笺》中,更详细地阐述了绿茶的炒制方法,其中有"炒时须一人从旁搧之,以祛热气,否则色黄,香味俱减。搧者色翠,不搧则黄"。这些制茶经验,至今仍然有着现实意义。新中国成立以来,中国绿茶制法继承和发扬了传统炒制技术,由手工方式,逐步实现了机械化生产,产量有了增加,品质有了提高,历史上名贵绿茶在原有基础上有了新的发展,还创造了不少优质名茶。

　　长期以来,中国绿茶生产在世界绿茶生产上居主导地位。据2007年统计,中国绿茶产量占世界绿茶总产量的78%;绿茶也是我国出口茶类中的主导产品。2008年1—9月,我国绿茶出口19.35万t,出口金额4.19亿美元,出口量和出口额分别占同期出口总量和总额的77%和72%。中国绿茶在世界上有着广大的传统市场,特别是西北非地区对我国绿茶尤为喜爱。

3.1.2 鲜叶要求

　　绿茶产品花色较多,有眉茶、珠茶、烘青、龙井、旗枪、大方以及多种特种名茶。各种绿茶对鲜叶的各项具体指标要求,不尽相同。大宗产品眉茶、珠茶和烘青,一般要求鲜叶具有一定的成熟度,一芽二三叶为其合适标准;而名贵的特种绿茶,均要求芽叶幼嫩,有的要求一芽一叶,有的要求一芽二叶初展,有的则要求只采一个嫩芽。但尽管具体要求不甚一致,各种绿茶对鲜叶仍然有着共同要求。

1. 鲜叶色泽　一般均要求叶色深绿。芽叶色紫,不宜加工绿茶;

2. 叶型　一般以中、小叶为宜;

3. 化学成分的组成　以叶绿素、蛋白质等含量高的为好,多酚类化合物的含量不宜太高,尤其是花青素含量更应减少到最低限度。

叶色、叶型和化学成分组成,是相互有关的。一般叶色深绿的鲜叶,叶绿素、蛋白质含量也是高的。日本著名的玉露茶是采自复下茶园的鲜叶制成的,用人工的方法,使其鲜叶的叶绿素、蛋白质含量增加,而使多酚类化合物的含量减少。叶型大小,与叶内化学成分含量亦有关系,叶型大的通常是多酚类化合物含量较高,加工成绿茶,滋味过于浓烈,干茶外形亦不易制好。

总之,除了鲜叶应具有的嫩度、鲜度、匀度和净度等要求外,对鲜叶的适制性也要考虑。

3.2　烘青绿茶制法

我省绿茶生产,自 20 世纪 70 年代由于特殊历史的原因由红茶改绿茶以来,主要是生产烘青绿茶。烘青毛茶加工精制后为窨制花茶的原料。

3.2.1　品质特征

烘青绿茶为条形茶,其品质特征是"三绿"。即干茶色泽翠绿,汤色碧绿或黄绿,叶底嫩绿,称为"三绿"。一般外形条索紧结、细嫩、白毫多,匀齐;内质香气清纯,汤色黄绿,清澈明亮,滋味醇和,鲜爽,叶底嫩绿,匀整。品质优良。

3.2.2　鲜叶加工技术

烘青绿茶初制工艺程序是:鲜叶杀青→揉捻→烘干三个工序。

1. 杀青

(1)杀青的目的

杀青是绿茶初制的第一道工序,是决定绿茶品质好坏的关键工序。一般在正常的加工条件下,鲜叶经杀青之后,其品质已基本上形成。因此,鲜叶杀青应达到以下的目的要求:

①高温破坏叶内酶的活性,抑制多酚类化合物的酶性氧化,防止梗、叶红变,为形成绿叶清汤的品质特征奠定基础。

②蒸发叶内一部分水分,降低叶细胞膨压,增强韧性,使叶质变为柔软,为揉捻成条创造条件。

③随着水分蒸发,使叶内具有青草气的芳香物质挥发散失,增进茶香。

(2)杀青的机制原理

①高温破坏酶的活性

绿茶具有绿叶清汤的品质特征,是基于完全破坏酶的活性。而绿茶品质的好坏,关键是杀青过程对酶破坏的程度。

鲜叶内含有多种酶类,对绿茶品质影响最大的是多酚氧化酶与过氧化物酶。酶的共同特性,就是对温度反应特别敏感。温度低,酶的活性弱,反应速度慢;随着温度的升高,其活性增强,反应速度也相应加快。当温度达到一定限度时,酶蛋白受热变性遭到破坏,失去催化作用性能。说明温度对酶作用具有两重性。据测定,叶温在 40～45 ℃之间,酶的活性最强(激化);叶温 70 ℃呈"钝化"状态;超过 70 ℃以上,其活性就被破坏了。因此,杀青的机制原理,就是根据酶对温度这一特性,采取高温杀青破坏酶的活性。

②杀青掌握的原则

为使鲜叶杀青程度达到杀透、杀熟、杀匀,防止不足或过度,在杀青中应掌握以下的原则:

"高温杀青"、"温度先高后低"　鲜叶杀青时,叶子受热作用,叶温呈直线上升。但从低到高过程中,其间有酶活化最适叶温(40～45 ℃),为缩短酶激化机会,杀青温度应达 220～240 ℃,使叶温迅速上升到 70 ℃以上。因此,要掌握高温杀青。

杀青开始温度要高,是以破坏酶的活性为主,经 3～4 min 后,酶的活性已基本上被破坏了,温度就要相应地降低,以继续蒸发水分和挥发青气味,达到杀青适度。如果继续保持高温,失水过多就容易出现枯干或焦叶。因此,杀青温度要掌握先高后低。

"嫩叶老杀、老叶嫩杀"　鲜叶老嫩程度不同,其物理性状与内含各种化学成分含量也不一样。一般幼嫩的鲜叶,水分、多酚类化合物含量高,酶的活性强,叶质较柔软,角质层薄,渗透性好,叶温升高快;老叶则相反。因此,在高温杀青的前提下,嫩叶杀青温度相对比老叶低,时间长,失水量多些;而老叶杀青温度要比嫩叶高 10 ℃左右,时间短,失水量少些,使老叶与嫩叶分别达到"嫩而不生,老而不焦"的杀青目的。

"闷炒与透炒结合"　鲜叶杀青操作方法,有闷炒(闷气杀青)和透炒(透气杀青)两种。闷炒、透炒各有优缺点。一般闷炒叶温升高快,杀青程度较均匀,但水分散发少,香气低;透炒叶温升高慢,叶子受热不均匀,易产生红梗红叶或焦边,但水分散发快,香气高。因此,杀青时要根据鲜叶老嫩,水分含量高低等不同,配合杀青温度,采取"闷透结合","多闷少透"或"多透少闷",这样才能达到杀青应有的效果。

③杀青的技术因子

鲜叶杀青的技术因子,最主要是温度、投叶量和时间。这三个因子是互相联系,又互相制约的。在杀青过程中一个因子的改变,其他因子也应随之改变,不然就会影响杀青的质量和效果。

温度　鲜叶杀青以温度为主导,破坏酶性作用为目的,所以温度是杀青的主要因子。鲜叶杀青时,如果温度低,叶温不能迅速达到了 70 ℃以上,叶内酶的活性不能尽快破坏,反而促进酶促氧化作用,产生红梗红叶,失去绿茶品质应有的特色;反之,温度过高就容易产生爆点和焦叶。所以说高温杀青并不是温度越高越好。一般杀青温度掌握在 220～240 ℃为宜。同时,杀青温度高低,对鲜叶内含物质变化是否完善与绿茶品质关系很大。根据不同锅温杀青,叶内化学成分含量变化比较结果见表3-1。

表 3-1 不同杀青温度的杀青叶的化学成分含量比较(%)

杀青温度	最高叶温	多酚类化合物	可溶性糖类	游离氨基酸	咖啡碱	叶绿素(mg%)
220 ℃	85 ℃	18.25	2.49	0.514	3.08	79.80
260 ℃	93 ℃	19.22	2.30	0.495	3.04	68.80

从表3-1中可以看出,杀青温度要在不使叶子发生红变的前提下适度掌握,从而有利于内含物质的变化,提高绿茶品质。

投叶量 在一定的温度条件下,杀青投叶量多少,直接影响到叶温升高的快慢。投叶量多,叶子接触锅面受热机会少,用于蒸发水分的消耗热量也大,叶温升高缓慢;同时叶量过多,翻动不匀,影响杀青均匀度;若投叶量过少,不仅影响生产效率,而且容易产生叶子焦灼。因此,在掌握杀青技术上要根据锅温高低、叶子老嫩度等条件,确定投叶量。一般锅炒杀青的以炒锅容量的60%投叶量为宜。机械杀青的投叶量要均匀,不可忽多忽少,影响杀青质量。

时间 杀青时间长短,应以温度高低、鲜叶老嫩、叶质厚薄、水分含量高低以及投叶量多少等不同而定。鲜叶含水量高的,杀青时间应长些,反之,则较短;温度低,投叶量多,时间则长,反之则短。一般根据杀青机的构造、性能不同,杀青时间一般以 4～6 min 为宜。

④杀青中的理化变化

水分的变化 鲜叶内水分含量平均在75%左右。在杀青过程中,叶内水分在高温热的作用下,由液相转为气相而大量蒸发散失,一般减重率达25%～45%,从而使叶细胞膨压降低,细胞液浓缩,叶质变为柔软;同时,随着水分气化散失,叶内各种化学成分发生了一系列的理化变化。如蛋白质、淀粉水解,水溶性果胶素含量增加,产生黏稠性,这些物质变化,为形成绿茶的外形和内质奠定了物质基础。

酶的变化 在杀青过程中,叶内酶类在高温热作用下,酶蛋白变性,其活性遭到破坏,抑制了催化作用的性能。但酶活性的破坏是随叶温的变化而变化的。根据安徽农学院在屯溪茶厂对酶活性变化测定资料(表3-2),多酚氧化酶抗热性较弱,又很不稳定,容易受热作用而破坏;过氧化物酶抗热性较强,受热作用"钝化"后,还可能复活。

表 3-2 鲜叶在杀青中酶活性的变化

时间(min)	鲜叶	1	2	3	4	5	6
平均叶温	28 ℃	61 ℃	83 ℃	85 ℃	66 ℃	67 ℃	67 ℃
多酚氧化酶	100	54	34	5	0	0	0
过氧化物酶	100	55	43	6	0	0	0

注:锅炒杀青,温度 220 ℃,投叶量 4 kg。

多酚类化合物的变化 鲜叶在杀青中,由于酶的活性被破坏,抑制了多酚类化合物的酶性氧化作用,所以多酚类含量变化不大(表3-1)。对绿茶来说,多酚类化合物含量少,可降低茶汤的苦涩味,有利于提高品质。因此,在生产上鲜叶杀青前进行适当的摊放处理,使叶内游离儿茶素进行自动氧化,能使绿茶汤色、叶底变为嫩黄。多酚类化合物含量略有减少。

叶绿素的变化 鲜叶在杀青过程中。叶绿素受高温蒸热作用而遭到破坏,其中叶绿素a破坏更多。在鲜叶内叶绿素a与叶绿素b的含量比例为2:1;而杀青后叶绿素a只剩下25%左右,叶绿素b还有50%~60%,其含量由原来的2:1变为1:2,因此,在杀青中鲜叶闷炒时间愈长,叶绿素a破坏愈多,叶色变为黄色。

叶绿素是脂溶性色素,不溶于水。而在杀青中由于热的作用,热解为叶绿酸和叶绿醇,由脂溶性转变为亲水性,能溶于茶汤内,形成茶汤的色泽,这可能与叶绿素的变化有关。

芳香物质的变化 鲜叶内芳香物质含量最多的是低沸点青叶醇,约占芳香物质总量的60%,其中94%~96%是顺型的具有很强的青草气,只有4%~6%是反型的具有清香。低沸点的青叶醛占芳香物质总量5%左右,这两种芳香物质在杀青中受热作用都挥发了。而具有良好的芳香物质(高沸点),苯甲醇、苯乙醇、芳樟醇以反型青叶醇等挥发出来,形成绿茶的香气。特别是芳樟醇在鲜叶内含量只有2%,而在杀青后制成的绿茶中含量达到10%,这可能是由其他物质转化形成的。

其他物质的变化 鲜叶杀青后,可溶性糖、可溶性果胶都有所增加,这对茶汤滋味和外形有良好的影响;同时蛋白质水解为氨基酸含量有所增加,对茶汤滋味有利;纤维素受热软化,有利于揉捻成条形。

(3)杀青方法

绿茶鲜叶杀青方法,目前已实现机械化生产。但各地使用的杀青机型号较多,很不一致,主要有锅式杀青机、滚筒连续杀青机、间歇式转筒杀青机,还有槽式杀青机等。现大多茶厂均采用滚筒连续杀青机进行杀青。

①锅式杀青机杀青 目前有双锅连续和三锅连续杀青机,口径都是84 cm的半球形铁锅,一灶双锅或一灶三锅,它是根据杀青温度先高后低的原则设计的。如一灶三锅连续杀青机,第一只锅直接烧火加热,温度可达300 ℃左右;第二三只锅充分利用余热,温度逐渐下降,分别在260~280 ℃和120~160 ℃左右;操作方便,工效高,杀青质量好。投叶量根据鲜叶老嫩,水分含量高低不同而定,一般5~6 kg。杀青时,当第一只锅温达到杀青要求时(白天看锅底里侧10 cm范围内呈灰白,晚上呈微红),投入鲜叶,放下锅腔盖板,先闷炒1~2 min,然后打开盖板透炒2~3 min。第一只锅温高,迅速破坏酶的活性;然后打开第一只锅与第二只锅间的第一道闸门,将第一只锅内叶子自动翻入第二只锅内透炒;再关好闸门,第一只锅再投入杀青叶,方法如上。叶子在第二只锅内翻炒3~5 min后,打开第二道闸门,自动翻入第三只锅内继续透炒,直到适度时,打开出茶门出茶。这样第一只锅投叶、第三只锅出叶连续杀青。杀青时,锅温高,投叶量可适当多些,雨水叶不可过多,杀青时间和闷透炒时间应根据实际情况灵活掌握。三锅连续杀青机比一般杀青机可节约燃料50%,杀青质量效果好。但第三只锅温较低,延长全程杀青时间,因此,有的改为双锅连续杀青,操作方法相同。

②滚筒连续杀青机杀青 滚筒连续杀青机,由铁壳灶、筒体、传动、输送带等部件组成,筒径60~65 cm,筒体长400 cm,筒内有导叶板可以自动翻炒和出叶,操作方便。杀青前10~15 min烧火加热,并启动筒体转动,当筒壁出现微红,或见火星在筒内跳跃时,先投入鲜叶8~10 kg(开始温度高,叶量多些),然后由输送带进叶,根据出叶杀青程度,调节输叶量和温度,即可连续进叶和出叶,时间2~3 min。具有闷透结合的杀青特点,制成的茶叶色泽翠绿,品质好,特别适用于高级茶鲜叶和雨水叶的杀青,台时产量225~250 kg。在杀青过程

中,要经常检查炉温,并保持稳定,不可忽高忽低;根据杀青质量调节输叶量和转速,防止杀青过度或不足,影响制茶品质。

（4）杀青适度的鉴定

鲜叶杀青质量的良好与否,是决定绿茶品质的关键。杀青适度的标志,有外表感官鉴别,测定杀青叶的减重率或杀青叶的含水量,以及酶的活性反应等方法。

鲜叶杀青适度的特征,叶色暗绿,叶面失去光泽,叶质柔软稍带卷缩,梗折不断,手握略有黏性,稍有弹性,无红梗红叶或焦叶,青草气消失,略带茶香。

各级鲜叶的含水量、杀青叶减重率和含水量以及酶性测定反应,如表3-3、表3-4所示。

表3-3　各级鲜叶含水量、杀青叶减重率和含水量(％)

鲜叶级别	高级	中级	低级
鲜叶含水量	76～77	74～76	73～74
杀青叶减重率	40～45	30～40	25～30
杀青叶含水量	58～60	60～62	62～64

表3-4　鲜叶杀青程度与酶的钝化

杀青程度	试液色泽反应	记录代号
充足	翠绿色,液体澄清透明	＋＋＋
尚充足	绿黄色,液体稍浊	＋＋
稍差	黄绿色,液体呈乳状	＋
不足	淡褐色,液体呈乳状	－
鲜叶(对照)	深褐色,液体乳状	

2. 揉捻

（1）揉捻的目的

揉捻是绿茶初制的第二道工序,是形成绿茶外形特征的重要工序之一。杀青叶在外力作用下,揉捻形成条索。通过揉捻要求达到以下的目的:

①把杀青叶揉卷成条索或紧结的条形(烘青),为形成各种绿茶的外形特征打好基础(眉茶、珠茶等)。

②使叶细胞适量破坏,挤出茶汁,附着在茶叶表面,冲泡时溶解于茶汤,增进茶汤的浓度和滋味。

（2）揉捻的机制原理

①揉捻力的作用　杀青叶在揉捻中由于揉捻力作用于叶子,使叶子在形体上和组织上变形。一是使叶片卷成条索;二是使叶细胞膜破裂,挤出茶汁。

叶子在揉桶内受到揉盘、揉盖上下两面之间的压力以及揉盘上内外棱骨作用,在揉捻转动时受到阻力,而产生压力和摩擦力作用,因而使叶子顺着主脉逐渐揉卷成条索。但叶子在坚硬或有弹性的两面压力之间受压,要压破叶细胞需要较大的平压和曲压,通过人为的加压,增强摩擦力,使叶细胞组织受到外应力(拉力)和内应力(挤压)作用,结果细胞膜损伤,挤出茶汁,从而增强叶质的柔软性、黏稠性和可塑性,使叶子逐步揉卷成条形。

叶子在揉桶内运转形式,一是中心部分的叶子呈球形运动,并从下而上由中心散落到四周;二是外围的叶子随着揉桶转动的方向逐步从外部旋转到中心区域,因而处于中心部位的叶子较外围的叶子更为紧结,并有周期性地散落在最大压力区,达到细胞损伤和成条。

叶子揉捻成条形是否紧结,一般与叶子物理性状有关。如叶质柔软,韧性好,受力作用易于变形,不容易断碎;可塑性好,变形后不易恢复原状;黏稠性好的条形紧结,不易松散,所以嫩叶易于揉成紧结条形,老叶则相反。

②绿茶揉捻特点与原则　绿茶揉捻特点是投叶量少,压力轻,时间短,要求芽叶完整,多酚类化合物不氧化,叶细胞破坏率在50%~60%为宜。但不同绿茶品质要求也有差异。一般烘青绿茶要求茶汤滋味醇和,耐于冲泡,揉捻程度宜轻;炒青绿茶要求滋味浓厚,揉捻程度宜重些。

杀青叶在揉捻过程中,为使揉捻程度均匀一致,提高揉捻质量,应掌握以下的原则:

嫩叶冷揉、老叶热揉　所谓热揉,就是杀青叶不经摊凉趁热揉捻;所谓冷揉就是杀青叶出锅后,经过一段时间的摊凉,使叶温下降到一定程度时揉捻。幼嫩的杀青叶,纤维素含量低,叶质柔软,可塑性好;可溶性果胶素含量高,黏稠性好,易于揉成紧结的条形。因此,鲜叶杀青后,要经过一定时间摊凉散热,并散发一部分水分,然后进行揉捻,不仅能保持翠绿的色泽,而且能获优美的外形,称为"嫩叶冷揉"。如果杀青后就进行揉捻,叶温高使色泽变黄,香味黄闷而降低品质。而较粗老的杀青叶,由于纤维素含量高,角质层厚,叶质硬化,弹性强,含水量少,可塑性差,不容易揉成条形。因此,鲜叶杀青后要保持一定的叶温和水分,趁热进行揉捻,较易于成条,称为"老叶热揉"。对于老嫩度不匀的杀青叶,稍经摊凉进行揉捻,能获得较好的品质,称为"温揉"。嫩叶采取冷揉,主要是解决茶叶的色泽与香味问题而老叶采取热揉是解决条形的松紧问题。

分次揉捻,解块筛分　原料细嫩、匀净度高的杀青叶,一般采取一次性揉捻,中间停机解块一次,就可以达到揉捻的目的要求;对于老嫩程度不同的杀青叶,一般采取分次揉捻,解块筛分。使嫩叶已揉捻成条的茶叶,筛分出来;未成条的老叶再次进行揉捻,这样能使老嫩不同的叶子,分别达到揉捻适度,防止嫩叶揉捻过度而条形断碎,老叶揉捻不足条形松散,同时也有利于分别进行烘焙干燥。

揉捻压力、转速调节　在揉捻过程中,为促进叶细胞破裂和叶卷成条索,必须进行加压。加压应遵循"先轻后重,逐步加压,轻重交替,最后不加压"即"轻、重、轻"的原则。一般揉捻开始不宜加压,应先进行轻揉,以增强叶质韧性与渗透性,然后再进行轻压,促进叶子揉卷成条和挤出茶汁,最后松压轻揉,以整理条形和吸收被揉出的茶汁。如果揉捻一开始就加压,就容易使幼嫩的芽叶压扁揉碎,影响茶叶外形的匀整度。同时加压与松压要交叉进行。

揉捻转速,应掌握慢、快、慢的原则。但目前使用的各种揉捻机其转速是固定的,每分钟多少转。一般是在加压轻重和时间长短上加以调节,压力重负荷就重,转速就慢,反之,转速就快。

嫩叶轻压短揉,老叶重压长揉。嫩叶的叶质柔软,白毫多,内含物质含量高,韧性、黏性、可塑性好,容易揉捻成条达到揉捻的目的。在揉捻中一般不加压或加轻压,时间短;如果压力重、时间长,必然使芽叶断碎,白毫脱落,茶汁流失,影响制茶品质。因此,嫩叶要采取轻压短揉;老叶则相反,在压力掌握轻、重、轻的原则下调节压力和时间。因此,老叶要重压长揉。

对于杀青不足的叶子,应掌握轻压短揉;杀青过度的叶子,要重压长揉。

③揉捻中的理化变化 叶子在揉捻中的理化变化,主要是叶子在揉捻机械力作用下,使芽叶解体与梗叶分离,叶片卷成条形,叶细胞破裂,挤出茶汁。当茶汁与空气中氧接触时,使多酚类化合物进行自动氧化,含量有所减少,并使叶色由暗绿转为绿黄;如果叶子杀青不足或不匀,仍有残酶活性存在,引起多酚类化合物酶性氧化,出现红梗红叶,影响绿茶品质。

此外,在揉捻中,低沸点的芳香物质进一步挥发散失,水分含量约减少 2%～3%,其他物质变化甚微。

(3)揉捻方法与技术因子

绿茶揉捻方法,一般应用中小型揉捻机揉茶,我省使用的揉捻机主要有 40—型、50—型55—型。

应用揉捻机揉茶,必须根据揉捻机的性能、叶质老嫩、杀青程度等不同,正确掌握揉捻技术,才能达到揉捻应有的质量和效果。因此,在揉捻过程中,应掌握以下的技术因子:

①投叶量 揉捻投叶量要适当,要根据揉桶大小和规定的投叶量,不宜过多或过少。投叶量过多,叶子在揉桶内翻转不动或不匀,易造成条形松散不紧结;投叶量过少,叶子停留在揉盘上,达不到揉捻的目的。用 40—型或 55—型揉捻机,每次每桶投叶量分别为杀青叶 9～10 kg 与 25～30 kg。

②揉捻时间 绿茶揉捻时间较短,一般以 25～35 min 为宜,但应根据叶子的老嫩和品质要求不同而定。嫩叶一般 20～25 min;老嫩不匀的 25～35 min,中间解块筛分一次;粗老叶不易成条,适当延长揉捻时间,一般为 35～40 min。要求茶汤浓厚的绿茶,时间长;要求滋味醇和的,时间则短些;对芽毫多的品种,为防止白毫脱落,揉捻应短,一般为 10～15 min。

③揉捻压力与时间调节 一般嫩叶采取一次性揉捻,其加压与时间调节,揉捻开始不加压轻揉 5～10 min,中间轻压 5 min,再加压 5 min,松压轻揉 5 min,全程 20～25 min。揉后解块进行干燥。老嫩不匀的叶子,分两次揉捻,开始不加压轻揉 10 min,中间加轻压 5 min,再加压 5 min,松压 5 min,下机解块筛分,筛下茶进行干燥,筛上茶再进行复揉 10～15 min,全程 35～40 min。

(4)揉捻适度的鉴定

揉捻叶外形要求五要五不要:一要条索,不要叶片;二要圆条,不要扁条;三要直条,不要弯条;四要紧条,不要松条;五要整条,不要碎条。同时要求叶色翠绿,不泛黄,香气清高,不低闷。

揉捻适度:揉捻程度要均匀,茶汁黏附茶条表面,手触有滑润黏手感觉。三级以上叶子,成条率应达 80% 以上;三级以下成条率应达 60%。叶细胞破坏率以 45%～55% 为宜。

3. 烘焙

(1)烘焙的目的

烘焙是烘青绿茶初制的最后一道工序。揉捻叶通过烘焙干燥,形成绿茶特有的色、香、味和紧结的条形。因此,烘焙应达到以下的目的要求:

①在热的作用下,继续破坏叶内残酶活性,防止残酶复活进行氧化,固定已形成的物质。

②在热的作用下,蒸发叶内水分,达到一定的干度,便于贮存,并进一步挥发青气,发展良好的香气。

③紧缩条形,使外形更加紧结,芽毫显露,色泽翠绿。

(2)烘焙的机制原理

①分次干燥、温度先高后低 揉捻叶必须及时进行烘焙干燥,防止堆积叶色变黄而降低品质。烘焙分初烘(毛火)、摊凉、复烘(足火)三个步骤,烘焙过程温度应掌握先高后低的原则。

初烘采取高温烘焙,目的是利用高温继续破坏叶内残酶活性,散发水分和青气。如果初烘温度低,不能抑制残酶活性,引起多酚类化合物酶促氧化;水分气化散发缓慢,叶内形成热蒸状态,使叶色变黄,香味低闷而影响品质。因此,初烘温度要高。

复烘采取低温慢焙,目的是进一步散发水分,紧缩条形,发展香气,温度不宜太高。因果胶质、蛋白质受高温热作用而硬化,影响内部水分向外扩散,形成外干内湿,干燥程度不匀,同时容易使茶叶烘焦,因此,复烘温度要低。初烘后的茶叶,要经过一定时间的摊凉散热,使梗、脉中的水分向叶面扩散,便于复烘。

②烘焙的技术因子 绿茶烘焙的因子有温度、时间、烘叶量等因子。

温度 温度是茶叶烘焙的主要因子。烘焙时温度高低与水分蒸发速度快慢有密切关系。温度高,空气中相对湿度低,水分蒸发速度快;但温度过高,叶子梗、脉中水分来不及向外扩散,易造成条形卷缩,表层干硬,干燥程度不匀,制成的茶叶组织粗松,吸湿性强,冲泡时叶底不开展。

烘焙温度高低,要根据叶子老嫩、烘叶量多少不同而定。一般嫩叶温度宜低,老叶温度略高。因嫩叶在高温热作用下,叶内有效化学成分易损失,如芳香物质挥发,咖啡碱升华,维生素C遭受破坏,对绿茶品质不利。老叶因本身具有粗气味,在高温热作用下充分散发与转化,温度略高可形成较好的香味,对品质有利。

时间 烘焙时间长短与温度高低,空气流通有密切关系。一般温度高,空气流动速度快,烘焙时间短,反之时间则长。在保证茶叶品质的前提下,采用高温短时的烘干法,是提高制茶品质和生产效率的有效技术措施。

烘叶量 茶叶烘叶量应根据温度高低,叶子水分含量多少,决定摊叶厚度。一般嫩叶空隙性小,宜薄摊;老叶粗松,空隙性大宜厚摊。初烘茶坯水分多,宜薄摊;复烘水分少,宜厚摊。

③烘焙中的理化变化

水分变化 茶叶在烘焙过程中,由于热的作用,促使叶内水分大量的气化散失。在整个烘焙中水分变化的规律是呈现慢、快、慢的规律性。烘焙开始叶温低,水分蒸发速度缓慢;随着叶温逐渐升高,水分蒸发速度加快;而当水分蒸发到一定程度,速度又缓慢下来。一般揉捻叶含水量在60%左右,初烘后约为30%,复烘后为6%,说明茶叶在烘焙过程中,含水量变化是很大的。

芳香物质变化 在烘焙过程中,由于高温湿热作用,使芳香物质挥发散失,特别是低沸点的芳香物质,容易被80℃水蒸气携带而挥发散失,如果水蒸气停留叶层内闷蒸时间愈久,则损失量愈多。因此,在烘焙中要及时翻拌,散发热气和水蒸气的闷积时间。如炒青绿茶在炒干过程中,采取高温排湿的技术措施,制成绿茶香气比烘清香气高长。

其他物质变化在烘焙中由于高温湿热作用的影响,叶绿素、维生素C进一步遭受破坏,咖啡碱升华,可溶性含氮化合物的含量都有所减少,这些可溶性物质的变化,都是随着温度的变化而发生变化的。

(3)烘焙方法与技术

绿茶烘焙方法,主要有焙笼烘焙和烘干机烘焙两种。

①焙笼烘焙

初烘　一般采取高温、薄摊、勤翻、短时的技术措施。在上叶前焙笼先预热温度达 90～100 ℃时,取下摊叶 1～2 kg(依焙笼大小而定),中间部分稍厚,四周薄些,然后置于烘窑上进行烘焙,每隔 5 min 左右取出翻拌一次,烘至 6～7 成干时(手触略有刺手感觉)即可下烘摊凉散热,调节水分,避免外干内湿(俗称回潮),时间 0.5～1 h。

复烘采取低温慢焙技术措施,上叶温度 70～80 ℃,摊叶量为初烘茶 2 倍,每隔 5～10 min 取出翻拌一次,烘至足干,茶叶含水量 6％左右为宜。

在焙笼烘焙过程中,上叶、翻拌都要取出离开烘窑进行,防止碎末茶落在烘窑上燃烧产生烟味而影响制茶品质。

②手拉百页式烘干机烘焙

初烘一般在茶叶上烘前 1 h 生火加热,并启动鼓风机,使热空气进入烘箱内,当进风口温度达到 120～130 ℃时,先在第一层百页板上摊叶,厚度 1～2 cm,摊放要均匀,约经 4～5 min 后,拉动把手,使第一层的茶叶落在第二层百页板上,第一层再继续摊叶,方法同上,一般茶叶经过 6 层烘焙后,落入出茶口,即可移出摊凉散热。

复烘　温度控制在 100～110 ℃,摊叶厚度 2～3 cm,操作方法同初烘。如果温度太高,可以进风口调节冷空气,使烘箱内温度降低。烘至足干,茶叶含水量 6％左右。

③自动烘干机烘焙

茶叶自动烘干机结构原理与手拉百页式烘干机相同。主要是上叶和出茶由输送带自动进入烘箱内烘焙,不用人工拉动,操作方便。温度可达 120～140 ℃,转速有快速 10 min,中速 15 min,慢速 20 min;可以根据需要进行调节。摊叶厚度由拨茶器进行控制,茶叶在烘箱内经 6 层烘焙后自动送出机外,烘焙程度均匀,品质优良。在烘焙时,一般初烘温度 120～130 ℃,快速烘焙 10 min;复烘温度 100～110 ℃,慢速烘焙 20 min。初烘后经摊凉 0.5～1 h 后再进行复烘。

(4)烘焙适度的鉴定

烘焙适度的毛茶,条索紧结,色泽翠绿,细嫩的茶叶,白毫显现,香气清鲜,手握干茶有刺手感,梗折易断,茶叶能碾成粉末,含水量控制在 6％左右。烘干后茶叶,即为烘青绿毛茶。

3.3　炒青绿茶制法

3.3.1　概述

炒青绿茶传统的制法,都是在锅里炒干的,制成的毛茶,称为"炒青",又因其外形是长条形的,又叫"长炒青"。炒青绿茶目前以安徽、江西、浙江三省的产量最多,品质最好,其产品有"屯绿"、"舒绿"、"婺绿"、"饶绿"、"杭绿"、"遂绿",其他各省生产的炒绿,品质各有差异。但炒青绿茶品质特征共同的要求是外形条索紧直、匀整、有锋苗、不断碎,干茶色泽翠绿鲜润,调和一致,净度好;内质要求香高持久,具有板栗香,纯正,汤色清澈,黄绿明亮;滋味浓醇爽口,忌苦涩;叶底嫩绿明亮,忌红梗红叶、焦斑、生青及闷黄。

炒青绿茶对鲜叶品质要求,具有一定的成熟度,采摘标准为一芽三、四叶,而以一芽二、三叶为佳。鲜叶进厂的验收、分级、处理与烘青绿茶基本相同。

3.3.2 鲜叶加工技术

炒青绿茶初制工艺程序,是鲜叶杀青→揉捻→炒干三个工序。

1. 杀青

炒青绿茶鲜叶杀青的目的、机制原理、方法等基本上和烘青绿茶一样。但由于鲜叶比烘青稍为粗老,杀青的温度比较高,投叶量多些,时间稍长。一般在正常情况下,锅温在220～280 ℃之间,但应根据鲜叶老嫩、含水量等不同而定。如晴天嫩叶为220～230 ℃;老叶为230～240 ℃;雨水叶和露水叶表面水分多,锅温必须在260～270 ℃以上。杀青投叶量一般掌握在5～7 kg;杀青时间嫩叶7～8 min;老叶5～6 min。鲜叶下锅后,嫩叶先闷炒1～2 min,然后透炒;老叶先闷炒3 min后进行透炒;雨水叶表面水分多,应先透炒2～3 min后进行闷炒1～2 min,以达到杀匀、杀透、杀快的目的。

2. 揉捻

目前各地生产上使用的揉捻机,类型很多,揉桶大小、投叶量多少都不甚一致。但在揉捻过程中,压力掌握"轻、重、轻"、"分次揉捻、解块筛分"、"嫩叶轻压短揉、老叶重压长揉"的原则是相同的。其揉捻压力、时间的调节是:

嫩叶:揉捻20～25 min。轻揉10 min,加压5～10 min,松压5 min,下机解块后干燥。

中等嫩叶:揉30～40 min。轻压10 min,重压15～35 min(中间松压几次),松压5 min后,下机解块干燥。

老叶:揉40～50 min。轻压10 min,重压25～35 min(中间松压几次),松压5 min后,下机解块干燥。

对老嫩度不同的叶子,先按嫩叶进行揉捻,下机解块筛分后,筛上未成条的叶子,再按老叶进行揉捻,分别达到揉捻的目的要求。

揉捻程度,嫩叶要求成条率达80%～90%;粗老叶为60%以上;叶细胞破碎率达45%～60%;匀整度70%以上。

3. 炒干

炒干是形成炒青绿茶特有的形状、色泽、香味的关键工序。目前在生产中分全炒干和半烘炒两种,并有锅式炒干和机械炒干等方法。

(1)锅式炒干

初炒:一般应用锅式炒干机,锅温掌握120～130 ℃,每锅投叶量5 kg左右,叶子下锅后进行翻抖炒法,使茶叶接触锅面受热作用,水分气化散失,随着水分含量的减少,锅温逐渐降低(即温度先高后低),炒到手握茶叶有刺手感时,起锅摊凉,时间需30 min。

在初炒中,由于揉捻叶受热作用,黏性大,易黏结在锅壁上而产生"锅巴",使茶叶产生焦味,因此,目前在生产上有采取以烘代炒的方法(与烘青绿茶初烘相同),解决了揉捻叶直接初炒存在的缺点。

筛分摊凉:初炒或初烘后的茶叶,需进行一次筛分和摊凉。尤其在初炒中由于茶叶与锅面摩擦作用,产生的碎末茶应筛分出来,防止炒焦;同时细嫩已成条的茶叶也应筛分出来,然后进行摊凉,使水分重新分布均匀,便于分别进行复炒。

复炒:又叫"辉锅"。复炒锅温掌握在 90～100 ℃,投叶量 5～7.5 kg(初炒或初烘茶),复炒的目的有两方面,一是继续蒸发水分,达到一定的干度,二是整形做色,发展香气。随着水分的减少和茶叶逐渐干燥,锅温应随之降至 60 ℃左右,炒至色泽翠绿或银灰色、条形紧直时起锅摊凉,即为炒青毛茶。

(2)机械炒干

机械炒干有转筒炒干机和自动烘干机(以烘代初炒)两种。

初炒:应用转筒炒干机,一般采取高温排湿的技术措施。操作时温度掌握在 140～150 ℃,每筒投叶量 10～15 kg,上叶滚炒 5 min 后开动排湿器,将筒内水蒸气排出机外,炒至茶叶达 3～4 成干度时下叶,时间 15～20 min。如应用自动烘干机烘焙,采取高温、快速、薄摊的技术措施,温度 120～130 ℃,烘至 3 成干度,时间约 10 min。

复炒:采取低温慢炒的技术措施。操作时温度控制在 100～110 ℃左右,投叶量为初炒或初烘叶 20～25 kg,炒到筒内有大量水蒸气时,开动排湿器,将水蒸气及时排出筒外,一直炒至茶叶足够干时下叶,全程需 25～30 min。

3.4 特种绿茶制法

3.4.1 概述

我国茶区辽阔,茶叶生产历史悠久,制茶经验丰富。劳动人民在长期的生产实践中创制了形质优异的各种茶叶,尤以绿茶最多。论形状,有的卷曲成螺形,有的浑圆如宝珠;论色泽,有的嫩黄如象牙,有的翠绿似青松;论香味,有的馥郁似栗子,有的高雅胜兰花。著名的如狮峰龙井、洞庭碧螺春、黄山毛峰、蒙顶甘露、庐山云雾等,花色品种繁多。特种绿茶不仅是我国茶叶宝库的珍品,也是中华民族灿烂历史文化的一个重要组成部分。

特种绿茶的共同特点:

1. 得天独厚的宜茶环境

我国特种绿茶多产在南方茶区风景优美,气候温和,土壤肥沃,海拔较高的名山大岳之间,具有特别适宜茶树生长的自然环境。如黄山毛峰产地安徽的黄山,是我国著名的游览胜地。茶园多分布在海拔 700～1 200 m 的云谷寺、松谷庵、慈光阁及半山寺一带,年降雨量 2 000 mm 以上,年平均气温 14～17 ℃。茶芽硕壮、形似雀舌,柔嫩多毫,色翠带黄。正是:"高山多雾出好茶"。因为,从生态环境来看,我国茶区分布在北纬 20～35°的暖温带和亚热带气候区,气候温和,雨量充沛,无霜期较长。但在海拔较高的地方,气候凉爽、日照很少,空气稀薄,云雾特多。茶树在生长发育中,受到高山气候的影响,芽叶的理化性质发生某些特殊变化。例如,凉爽的气温和较低的光照度对茶叶香气形成产生良好的影响。J. M. Gangdli 认为:"海拔高度对茶叶香气肯定有影响","大气环境和品种都能在产生香味的过程中起决定性的作用"。例如同一阿萨姆种在大吉岭地区生长的鲜叶,就较在阿萨姆鲜叶制成的红茶香气更高。大吉岭海拔高达1 087 m,阿萨姆只有200多m。后者较前者含有更多的多酚类化合物及其氧化产物,阿萨姆制的茶叶,基本香气及物质转化后所得到的香气成为潜伏和被掩盖。我国狮峰龙井产地海拔较高,群山环抱,光照较少,所制龙井茶香气清高持久,有兰花香韵,品质特好,梅家坞、西湖等地海拔较低,所制龙井色泽翠绿,但香气远不如前者。又如贵州黔南自治州产毛尖茶,但以海拔最高的云雾山(1 200 m)毛尖,香气最高。分析化学成分,水浸出物含量和氨基酸以它最高(表3-5)。

表 3-5 贵州各种毛尖化学成分比较表

茶叶样品名称	水浸出物(%)	咖啡碱(%)	多酚类化合物(%)	儿茶多酚类(mg%)	氨基酸(mg%)	备注
贵定团山种毛尖	40.01	3.3	33.81	240.74	189.44	当地品种
都匀湖南群体毛尖	22.06	5.7	28.86	174.83	200.89	都匀茶场从湖南引种
都匀羊艾群体毛尖	37.58	4.4	35.74	239.38	204.19	都匀茶场从羊艾引种
云雾山仰王种毛尖	41.51	3.2	35.31	227.63	219.00	当地品种

海拔较高山区,还有空气稀薄、气压较低的特点。茶树在系统发育中为了减少叶面蒸发,其叶细胞化学成分中具有较平地茶更多的抵抗素——芳香油,因而增加高山茶叶的香气成分。

高山空气新鲜,有利于紫外线的辐射,进一步促进芳香物质的积累。加之高山多雾,太阳直射光被雾气吸收形成漫射光,在较低的温度条件下,茶树光合作用较缓慢,使茶芽不致迅速变为粗纤维,增加了茶叶持嫩性。并有利于糖类、蛋白质、芳香油的可溶部分形成和积累。

高山茶区天然植被保存较好,水源涵养充分,土壤有机质丰富,肥力较高,有利于茶树新梢生长,茶树长势较平地更旺,故能有健壮的树体提供大量优质鲜叶。

2. 悠久驰名的生产历史

著名的特种绿茶多出产在我国古老茶区。如西南、江浙及皖、闽等地区。这里,产茶历史悠久、文化发达、交通方便,茶叶的生产、加工、传播与当时的历史文化紧密联系,历代的文人墨客多有大量赞颂的诗、词、歌、赋流传于世。唐宋以来,"贡茶"制度流行,许多古代历史典籍和"地方志"中也有大量关于特种绿茶产销概况的叙述,都为保留我国传统绿茶制法提供了极大的便利。如四川既是我国特种名茶"蒙顶甘露"的产地,也是我国较早发现和利用茶叶作为饮料的地区。东晋常璩所著《华阳国志》就记叙了公元前1 000多年武王讨伐四川少数民族部落首领用茶叶作为"贡品"的史实。西汉时四川雅安人吴理真改称"普慧",削发五顶(指蒙山顶上的上清、菱角、毗罗、甘露、井泉五峰)开建蒙山,并在山上种茶制茶。当地《府志》上就有普慧禅师"随携灵茗之种,植于五峰之中,高不盈尺,不生不灭,迥异寻常,称为仙茶"之记载。唐、宋诗人白居易、文同等人更写有许多称赞四川茶叶的诗。如白居易写道:"蜀茶寄到但惊新,渭水烹来始觉珍,满瓯似乳堪持玩,况是春深酒渴人。"宋代文同在《谢人寄蒙顶新茶诗》中赞谓:"蜀土茶称圣,蒙山味独珍。"文彦博有"旧谱最称蒙顶味,露芽云液胜醍醐"之句。其他如西湖龙井,顾诸紫笋等传统特种绿茶和蒙顶甘露一样,由于得到广泛的称赞,致使其制法流传至今,品质驰名中外。

3. 严格精细的采制技术

特种绿茶品质之佳,除了优越的自然环境条件孕育出内含物质特别丰富的幼嫩鲜叶外,更重要的是劳动人民在长期实践中辛勤研制、不断改进、精益求精。如龙井、蒙顶甘露、碧螺春等的鲜叶都选用一芽一叶初展的嫩叶,碧螺春每年春分采茶、谷雨为止,采得早、采得嫩、采得净、要求芽叶长度不超过 2～2.5 cm,每斤茶叶需要芽头 5～6 万个,一个熟练的采茶工人,每天仅能采鲜叶 0.5～1 kg,并要经过严格选择拣剔始能付制。六安瓜片虽然对鲜叶嫩度要求不高,采"初开面",但采下鲜叶要经过细致的"扳片"技术,把嫩枝梢上的芽、叶一片片摘下,分别摊放、分别炒制,制成不同规格的瓜片。每当采制瓜片时节,茶区男女,废寝忘食,日夜操劳,正如梅尧臣在《茗赋》中所述:"当此时也,女废蚕织、男废农耕,夜不得息,昼不得停,取之一叶而至一掬。输之若百谷之赴臣溟。"

在制法上,都有特殊技术,由能工巧匠精心焙制而成。如龙井从青锅开始,在特制的电锅里迅速变换各种手势动作,其手势有抖、带、挤、甩、挺、拓、捺、抓、压、摩十种之多,制造时依鲜叶老嫩和锅中茶坯软硬程度而随时变化,制法的考究实不多见。又如安徽涌溪火青,因具特殊的腰圆形,制造时使用特制的"鼎锅",经过七道工序,一锅茶要炒 18～20 h。可见我国历代劳动人民是经过艰辛的劳动,才留下这些宝贵遗产的。

4. 琳琅满目的各种外形

各种特种绿茶,除色、香、味出众外,都有精巧别致的各种外形,百花争艳,美不胜收。有的挺拔,有的卷曲,有的扁直,有的肥硕,有的纤细如雀舌,有的滚圆似绒球。例如驰名中外的碧螺春,条索紧结、卷曲如螺、白毫满身、雪里隐翠。西湖龙井扁平挺秀、光滑匀齐、匀嫩成朵,泡在杯中,芽芽直立,栩栩如生。有的外形还富有特殊的意义,如南京雨花茶,是南京雨花台烈士陵园园林工人为表达人民群众对革命先烈的纪念而专门精心创制的一种形质皆美的特种绿茶,外形挺直如松针,象征革命志士的刚强不屈,内质碧绿而清澈,象征先烈们精神高尚无瑕。

以上各种优美独特外形,是我国茶农在实践中正确运用水、热、力的综合作用,使幼嫩的芽叶在一定温度条件下,在水分不断挥发的过程中,既使内含有效化学成分如蛋白质、氨基酸、芳香油、可溶糖等得到较好的保存,又使芽叶塑造成精致美观的形状,使饮茶不仅得到消除疲劳、止渴生津等有益于健康的各种好处,也是一种高尚的艺术享受。

几千年来,我国劳动人民在制茶工业上的独创虽获盛誉,但由于旧中国历代政府的腐败和狂征暴敛,茶区人民过着饥寒交迫的生活,茶叶生产凋零破败,有的特种绿茶甚至失传。新中国成立后,在党和政府的大力支持和指导下,许多传统绿茶得到恢复和发展。1958 年以来,各地还创制了许多新的特种绿茶,如南京雨花茶,湖南的韶山韶峰、安化松针,四川峨眉峨蕊,重庆永川银峰等,丰富了我国名茶宝库。

特种绿茶花色种类很多,按其特点大致可以分为三种类型:一是历史上著名的绿茶,代代相传,沿袭下来的,如西湖龙井;二是历史上多有记载,但久已失传,新中国成立后重新发掘整理、恢复生产的,如:蒙顶甘露、徽州松萝;三是新创制的,如南京雨花、安化松针、四川省茶叶科研所的川秀、湖北果树茶叶研究所的金水翠峰。特种绿茶的命名方法,有的以形状命名;有的以香味珍异而名;形形色色,不胜枚举,但多在前面冠以产地名称。由于独特的形状是区别特种绿茶的主要标志,现按外形将其分为扁片形、条形、针形、圆形、卷曲形五大类。

1. 扁片形绿茶　著名的有西湖龙井、杭州旗枪、徽州大方、敬亭绿雪。其次如云南宝洪(云南宜良)、峨眉龙门(四川峨眉)、贵州湄江(贵州湄潭)。

2. 条形绿茶　著名的有黄山毛峰、太平猴魁、韶山韶峰、高桥银峰、蒙顶甘露、峨眉峨蕊、南安石亭绿(福建南安)、婺源茗眉、凌云白毫(广西凌云)、雁荡毛峰(浙江乐清),其次,如江华毛尖、古丈毛尖、龟山岩绿(湖北麻城)、天山烘绿(福建宁德)、桂平西山茶(广西桂平)、华顶云雾(浙江天台)、云南宜春(云南宜良)。

3. 针形绿茶　著名的有庐山云雾、信阳毛尖、南京雨花、安化松针(湖南安化)。其次如恩施玉露(湖北恩施)、巴岳玉露(四川铜梁)、云针(云南墨江)、银峰(四川永川)等。

4. 圆形绿茶　著名的有涌溪火青(安徽泾县)、前冈辉白(浙江嵊州)等。

5. 卷曲形绿茶　著名的如洞庭碧螺春、都匀毛尖(贵州都匀)等。

3.4.2　石亭绿采制技术

1. 产销概况

石亭绿,又称"石亭茶",为炒青绿茶。主要产于福建省南安市丰州乡桃源的九日山、莲花峰一带。气候温和,雨量充沛,茶叶开采期早,上市也早,海外侨胞誉为"石老亭首春名茶"。远在 1 000 多年前的晋朝与阿拉伯的贸易中,南安石亭绿就以名茶运销国外,成为我国最早出口的名茶产品。目前主要销往东南亚及我国港、澳地区。

2. 品质特点

石亭绿品质主要特点,是"三绿"、"三香",驰名中外。外形条索紧结,成品茶色泽银灰绿,汤色黄绿,叶底嫩绿,称为"三绿";内质香气芬芳馥郁,带有兰花香,绿豆香,杏仁香,称为"三香",清高持久,滋味浓厚甘鲜,回甜生津,有"极度提神"之说。

3. 鲜叶品质要求与处理

鲜叶开采期早,生产季节长,每年从春分到冬至,可采春、夏、暑、秋、冬五季茶。鲜叶采摘标准为一芽二叶,掌握"春粗夏幼"的原则,芽叶幼嫩匀整,芽叶满披浓厚白毫。鲜叶采收后,及时摊放于竹篓内,置于通风阴凉处,并经常翻动,但动作要轻,防止机械损伤变红,散发一部分水分,经 3～4 h 摊放后,即可炒制。

4. 鲜叶加工技术

石亭绿初制工艺程序是:鲜叶杀青(初炒、复炒)、揉捻(初揉、复揉)、拣剔、墩雾(辉锅)、筛簸等工序,连续进行不中断,其中两炒两揉是形成"三绿"、"三香"的关键。

(1)初炒、初揉　杀青利用平锅,温度掌握在 200 ℃左右,每锅投叶量 1.5 kg,鲜叶下锅后,迅速翻炒抖散、捞净,翻炒要均匀,防止生熟不匀,炒至叶质柔软,青气减退,略具茶香,迅速起锅,时间需 8～10 min。杀青叶起锅后稍经摊凉散热进行初揉。初揉应用揉捻机揉茶,揉至初步成条,时间 8～10 min 下机。

（2）复炒、复揉 复炒温度较低，一般掌握 130～150 ℃，投叶量 1～1.5 kg，翻炒 3～4 min，使叶子受热软化，炒至约 5～6 成干时，起锅复揉 5～7 min，即可下机解块。

（3）拣剔 茶坯经解块后进行拣剔，主要把粗老叶、黄片、夹杂物拣剔干净。复揉叶不能堆积，防止多酚类化合物在湿热作用下氧化缩合，使汤色变黄。但也有炒干后进行拣剔的。

（4）墩雾（炒干） 利用复炒锅的余热进行炒干，锅温 80 ℃左右，投入已拣剔的茶叶边炒边降低温度，当温度下降到 50 ℃时改变炒法，即将茶叶贴锅磨炒，俗称"磨锅"，炒时动作要轻巧，防止芽叶断碎，炒至外形色泽呈现银灰色，香气显露，手捏即碎，即可起锅。

（5）筛簸 茶叶全部制完后，再经过筛簸，除去黄片、茶末，即为毛茶。

3.4.3 天山烘绿采制技术

1. 产销概况

天山绿茶产于东南沿海天山山脉，横跨福建宁德、古田、屏南三县。天山是山名，又是地名。天山有主峰七座，海拔都在 1 500 m 以上，山上终年云雾弥漫，气候湿润，自然条件优越，土层深厚肥沃，茶叶自然品质优异。天山绿茶生产历史悠久，远在唐代末（公元 907 年）就有对天山绿茶的记载。所产芽茶列为"贡品"，在明、清改制炒青绿茶，现改烘青绿茶，称为"天山烘绿"，成为高档花茶的优质原料。

天山绿茶历史上外销东南亚和美、英等国家和我国港澳地区；内销上海、天津、温州、厦门、潮汕地区。现多用窨制茉莉花，远销国内外。

2. 品质特征及花色品种

天山绿茶原为炒青绿茶，称为"天山清水绿"，现为烘青绿茶。品质特点素有香高（自然花香）、味浓、色翠、耐泡四大特色。外形条索壮实，色泽翠绿，鲜香持久，汤色碧绿，持久不变，滋味醇厚，回味甘鲜，叶底嫩绿肥厚柔软，耐泡。

历史上，天山绿茶花色品种丰富多彩，而今，除少数花色品种失传外，大多数传统花色品种，如天山雀舌、凤眉、明前、清明等均得到恢复，并创制了新的品种，如清水绿、天山毛峰、天山银毫、四季春、毛尖等，品质各有特点。

3. 鲜叶品质要求与处理

鲜叶品质按不同品质特征要求，分别采摘。天山银毫为一芽一叶初展；天山春毫一芽二叶初展；天山毛峰一芽一叶开展。鲜叶采收后，需经摊放处理，散发一部分水分后进行炒制。

4. 鲜叶加工技术

天山绿茶传统的制法是一凉，二炒，二揉，二焙。改制烘青后，鲜叶摊凉杀青、揉捻、烘焙三个工序。

（1）杀青 目前用锅式杀青机或滚筒杀青机进行杀青。温度 260～300 ℃，时间 5～6 min，炒至叶质柔软，手不粘手，略具清香，叶色暗绿即为适度。

（2）揉捻 应用闽东 40—型揉捻机揉捻。杀青叶起锅后经过摊凉散热后进行。高档茶揉 15～20 min；一般揉 25～30 min；揉至条索紧结，茶汁溢出为适度。

（3）烘焙 应用手拉百页式烘干机烘焙，进口温度掌握 120 ℃左右，采取一次性烘焙，烘至足干，时间需 20～25 min，烘后稍摊凉，即为毛茶。

3.4.4　七境堂绿茶采制技术

1. 产销概况

七境堂绿茶,亦称作七境绿茶,产于福建罗源县西部的七境堂。据传,当时七境堂是由程洋境、长弯境、施灞境、西竹境、延洋境、洪洋境、寿桥境七个境("境"系当时自然村划分的单位)的群众,募资合建的泰山庙,称为"七境堂"。七境堂生产的茶叶称为"正七境堂茶",以七境堂生产的茶叶为主,并入部分红塔、飞竹、霍口的茶叶,称之"七境茶"。

"茶诸山皆有。"(《明崇祯县志》)"罗源茶品第一。"(《明代石刻记载》)可见明代罗源县已盛产茶叶,茶品已负盛名。历史上七境堂茶曾以"福建罗源元明绿"的牌号销售北京、天津等大城市。清光绪年间七境堂茶生产发展迅速,到了 20 世纪 40 年代末,七境堂茶生产几乎濒于绝境,仅在天津老茶庄尚有"七境绿"品名留存。直到 1974 年,这一古老名茶才得到挖掘和恢复,在西兰、石壁下、院前、红山等乡分别生产,品质风格独树一帜,为福建省历史悠久的地方名茶。

2. 产地环境

七境堂四面环山,海拔 400～500 m,七境堂的东南面以笔架山为屏,与罗源湾相隔,受海风的影响,气候温和,春、夏二季晓雾蒙蒙,雨量充沛,年降雨量 1 500～2 000 mm,全年相对湿度平均在 80％以上。土壤多为红壤,唯石壁下茶园为砂质土壤,泉水渗透,土壤湿润,所产七境茶品质更佳。

3. 产品特征

七境堂绿茶的品质特点是条索匀整壮实,有明显爆点,俗称"青蛙皮"或"花斑",此茶叶片短小,形椭圆,肥厚。制成毛茶,条索紧结细短,稍弯曲,形如鞭炮引心,汤汁绿中透黄,有光泽。汤色嫩绿明亮,润滑顺口,色泽绿润有光泽,嫩香持久,叶底黄绿明亮。用以窨制茉莉花茶,吸香力强,成品香高、经饮耐泡,冲泡 3 次,仍有余香。

4. 加工工艺

七境堂绿茶采摘期长,每年清明后开采,白露时封园,一年可采春、夏、秋三季茶,以清明至谷雨间采制的七境茶品质最好。七境茶采用当地菜茶品种的鲜叶为原料,采摘标准为一芽一叶。经过摊放、杀青、揉捻、焙干四道工序。

全程采用高温,保持炒茶锅面洁净光滑,防止产生烟焦味是炒制七境茶的技术要点。具体制法是高温杀青,杀匀杀透,趁温揉捻,揉紧茶条。高温毛焙,散发水分,定色定形。锅温先高后低进行足焙,既生爆点,又不焦灼。炒制手法随各过程技术要求而灵活掌握,交换进行。

3.4.5　西湖龙井采制技术

1. 产地环境

杭州西湖,不仅以"春夏秋冬皆好景,雨雪晴阴各显奇"的绮丽风景闻名于世界,而且环湖群山出产的龙井茶,也以"形美、色翠、香郁、味醇"四绝著称,驰名中外。

唐代(公元 780 年)陆羽《茶经》已有天竺、灵隐二寺产茶的记载。宋朝时,葛岭附近宝云山所产的宝云茶,下天竺香林洞所产的香林芬,上天竺白云峰所产的白云茶,以及宝岩院垂云亭所产的垂云茶,已列为贡品。而龙泓(即龙井)山之茶,到明朝才始负盛名。田衡艺《煮茶小品》:"今武林诸泉,唯龙泓入品,而茶亦惟龙泓山为最……龙泓今称龙井,因其深也。"嘉靖《浙江通志》:"杭郡诸茶,总不及龙井之产,而雨前取一旗一枪,尤为珍品。"清代乾隆皇帝游江南时,曾到天竺、云栖观看采茶制茶情景,《观采茶作歌》云:"西湖龙井旧擅名……倾筐雀舌还鹰爪。漫炒细焙有次第,辛苦功夫殊不少。"但此时的龙井茶仍属半烘炒茶,今天这种外形扁平尖削的龙井茶始创于何时? 当在乾隆游杭州之后,大抵距今 200 多年历史。

龙井茶产地分布在杭州西湖西南面龙井村四周的群山中,包括狮子峰、龙井、灵隐、五云山、虎跑、梅家坞一带,统属西湖乡管辖,故称西湖龙井。其中著名的有梅家坞、龙井、双峰等村。产地山清水秀,气候温和,雨量充沛;土壤肥沃,多为微酸性砂质土,结构疏松,透气透水性能好,有效磷酸含量较多,非常有利于茶树的生长发育。同时,美丽的西湖和奔腾不懈的钱塘江的水汽蒸腾,对茶树生长的滋润作用更是无与伦比。所以茶叶根深叶茂,常年碧绿,鲜叶所含叶绿素、氨基酸、芳香物质、维生素 C 等成分均较多,自然品质优异,这是塑造龙井名茶的物质基础。

过去,龙井茶按产地不同,分为狮、龙、云、虎四个品种,1958 年简化为狮、梅、龙三个品种,1965 年又简化合并为一个品种,统称西湖龙井,但毛茶二级以上仍按狮、梅、龙三个品种分别包装出运。

"狮"字号的狮峰龙井产地包括狮子峰、龙井村(寺)、翁家山、满觉陇、杨梅岭、天竺、灵隐等地,其中狮子峰海拔 $300\sim400$ m,白砂土,鲜叶中含有较多的芳香物质,制成的龙井茶具宝光色(又称糙米色),香气清高持久,滋味醇厚鲜爽,是龙井中的极品。"梅"字号的梅坞龙井产地包括梅家坞、云栖、梵村等地,其中梅家坞东、西、北三面环山、阳光直接照射时间较短,鲜叶中叶绿素含量较多,制成龙井后,色泽翠绿,滋味鲜醇;且做工精湛,条形扁平光滑,逗人喜爱。"龙"字号的西湖龙井产地包括茅家埠、金沙港、九里松、虎跑、六和塔等地,地势比较低平,土壤肥沃,茶树健壮,制成龙井的特点是芽叶肥嫩,芽锋显露,茶味较浓。

2. 品质特点

高级龙井均系幼嫩芽叶制成。成茶形似碗钉,扁平挺秀,光滑匀齐,色泽嫩绿,香高持久,汤绿明亮,滋味甘醇,叶底嫩匀成朵,向以"色绿、香郁、味甘、形美"四绝著称,是闻名中外的名贵绿茶。如特级龙井外形扁平光滑,挺秀尖削,长短大多均匀整齐,芽锋显露,无单叶条与黄片,下段无碎茶,色泽嫩绿,边缘微黄呈糙米色。内质叶底幼嫩成朵,顶叶包芽,无单片,叶色微黄绿,光润一致,汤色杏绿,清澈明亮,香气高鲜,滋味甘醇。

3. 鲜叶采摘

高级龙井的采摘标准是一芽一、二叶,要求芽叶靠拢,叶距短,全长不超过 2.5 cm;芽叶肥壮,芽长于叶或顶端平齐,其中特级龙井要芽长于叶;叶形要尖,叶锯齿细浅,大小均匀。中级龙井采摘标准为一芽二叶,一般长度在 $3\sim3.5$ cm 左右,以芽叶顶端平齐者为佳。根据多年采摘经验,适时开园,早采嫩摘,是保证特级龙井质量的主要环节。一般在春分之后、最迟在清明之前;当新芽萌发,整个茶蓬还是墨绿色时,就要开采,当地称之为"摸黑蓬"。如等到茶蓬呈现嫩绿时开采,势必错过时机,抓不住特级龙井的生产。采摘要大小均匀,保证芽叶完整,不带鱼叶、梗蒂或老叶。要用提手采,不能掐采,否则会产生红蒂头,影响龙井的色、香、味、形。高级龙井采摘细嫩,往往会把鱼叶、鳞片等一并采下,所以采回以后,要拣去鱼叶、鳞片和杂质,以保持芽叶的匀净。

4. 加工工艺

(1)鲜叶摊放

高中级叶适当摊放,蒸发一部分水分,使叶质变柔软,这样不但能节省炒制燃料和做工,而且杀青易透易匀,避免产生红梗红叶,易揉捻成条。摊放时间 8～24 h,摊放程度达到减重率 25%。炒制前,必须用茶叶专用油(或柏油)将锅面润滑,提高光洁度。炒制工序分为青锅→回潮→分筛→辉锅→毛茶整形。

(2)青锅

① 叶量　高级龙井 100～150 g/锅,中级龙井 200～400 g/锅,低级龙井 500～750 g/锅。

② 锅温　炒制高级龙井锅温先期 80～90 ℃,最高不超过 100 ℃,鲜叶下锅有轻微爆声,待水气大量蒸发,芽叶萎软时,即应降温,温度为 70～80 ℃,不再见到爆声为宜。炒制中级龙井宜采用 100～120 ℃,低级龙井 140 ℃。

③ 时间　高级龙井 12～15 min,中级龙井 15～20 min,低级龙井青锅后需揉捻,故时间较短,为 8 min。

④ 炒制手法　炒制手法有带、搭、捺、揿、挺、抖、甩、抓、扣、吐、荡、钩、磨等。

⑤ 青锅操作方法

炒制高级龙井手法分为三阶段:

第一阶段:主要手法是抖。锅温 80～90 ℃,时间 1～2 min,每分钟手抖 40～45 次。若鲜叶含水量较重,需延长抖的时间;摊放程度较高、含水量低的鲜叶,则缩短抖的时间。抖时手法要轻,动作要快,如果抓茶用力不当,擦破叶片细胞,则多酚类化合物与铁起氧化作用,干茶色泽呈降暗褐。具体手势:四指并拢,拇指呈 60°左右叉开,手掌向锅,将茶叶从锅中沿锅壁轻轻整粒扒起,手掌急转向上,再徐徐撒抖到锅内,待茶叶萎瘪不粘手时,改用第二阶段手法。

第二阶段:手势主要是用抖、带、甩交替进行。时间约 2～3 min,手势由轻到重,稍对茶叶施加压力,使之逐渐成压扁后,转入第三阶段。

第三阶段:捺抓。捺抓的手势基本同前一样。茶叶加压后,将茶叶沿锅壁徐徐搭上锅口,茶叶转入手掌,这时,手掌向上,在锅的正上方,将茶叶从手掌两端徐徐抖入锅中约 1/3 的叶量,其余 2/3 的茶叶仍留在手中,以快速的动作,手掌转向锅底,使茶叶跟到锅底,对茶加压,再将茶叶抓起。时间 8～9 min。

茶叶捺搭至 8 成至 8 成半干即可起锅完成青锅阶段,高级龙井青锅含水量 20%,减重 60%～65%;中级 35%,减重 50%～55%。嫩叶宜老,老叶宜嫩。青锅结束后,进行摊凉回潮筛分,30 min 左右。

(3)辉锅

龙井茶炒制的最后一道工序。主要目的是做形和干燥,辉锅的好坏,直接影响龙井茶的光扁平直和色、香、味。

① 叶量　高级 250～350 g 青锅叶,一般五锅左右合并为一锅辉锅。叶质愈嫩,投叶量越少。中级叶每锅投叶为 400～500 g,即三锅左右青锅合并为一锅。低级龙井每锅投叶为 600～700 g。

② 锅温　下锅温度在 60～80 ℃左右,高级茶下锅温度低,低级茶下锅温度高。开始时锅温稍高,高级茶 70 ℃左右,以后降到 60 ℃,起锅时又略升高。中级茶锅温可比高级茶高

5 ℃,低级茶比中级茶高5 ℃。

③时间　高级茶15～20 min,叶子愈嫩时间愈短;中级茶25～30 min。

④炒制手法　辉锅要求手不离茶,茶不离锅,手里的茶叶要边进边吐,不能捏死。如炒高级龙井,开始用搭、捺手势,炒制时,尽可能在手里多抓一些茶叶,使茶叶保持挺而扁的形状,进一步使水分均匀分布,促进茶条回软。这样搭炒5 min左右,即转入推炒。推炒的目的是促使茶叶平整光滑,因此推炒要在茶叶柔软平滑又不刺手的情况下进行的。用力由轻到重。这样推炒15 min左右,茶叶已基本定形,即可转入抓炒。抓炒的手势:四指并拢,并稍加弯曲,拇指张开,将茶叶尽可能多地抓在掌中紧紧贴锅而上,迅速地随手跟茶而下,并在锅中将茶叶整平继续上下动作,用力则由重到轻直炒到茸毛脱落,形状扁平挺直,色泽淡绿,茶叶含水率在6%～7%时即可出锅。

3.4.6　碧螺春采制技术

1. 产地环境

碧螺春原产于江苏省吴县太湖的东、西洞庭山上,现已扩大到建设、石公、全庭等乡。东洞庭山是一个宛如巨舟伸进太湖的半岛,位于苏州西南约30 km;西洞庭山屹立在湖中,与东洞庭山隔水相对,相去仅几千米。太湖是我国五大淡水湖之一,面积2 200多平方千米,烟波浩渺,碧波荡漾。洞庭二山,气候温和湿润,水汽腾腾,云雾弥漫,土壤肥沃,非常适宜于茶树和果树的生长,是我国有名的茶、果间作区。茶树和桃、李、杏、桔、柿、枣、杨梅、枇杷、白果等喷香吐蜜的果木交错种植在一起,枝丫相连,根脉相通,花香、果香与茶香交融一体,陶冶着碧螺春"花香果味"的天然品质。

2. 品质特征

碧螺春条索纤细紧结,卷曲成螺形,幼嫩匀整,茸毛遍布,银绿隐翠;冲泡后,如白云翻滚,雪花飞舞,用温水冲泡,也能沉于杯底;香气鲜嫩芬芳,滋味鲜爽生津,汤色碧绿清澈,品质优异,中外驰名。

3. 鲜叶采摘

碧螺春要求早采嫩摘。春茶从春分(3月21日)前后开始采摘,至谷雨前后结束。采摘必须及时,既反对芽头养大采,也反对过嫩的"剥芽"采。根据多年来的生产实践,抓好早春一、二批标准芽头的早采、细采、清采,是提高整个碧螺春品质和增产的重要措施,只有把早春第一、二批符合一级碧螺春要求的芽头,及时地采清,以后生长的芽头才会大小匀齐,并促进新芽的萌发,为分批采摘创造更有利的条件。如这些已达到标准的早发芽头不及时早采、采清,则茶树上生长的芽头就会大小不匀、长短不齐,这种现象当地茶农称之为"乱","树上乱难采,采下乱难拣",品质必然受到影响。在整个碧螺春采摘过程中,应采取"天天采、采、停、采"的办法,分批及时采摘,保证鲜叶的匀齐度和鲜嫩度。

因为碧螺春的采摘标准过于细嫩,很容易把鱼叶、鳞片和脚叶等一并采下,所以采回以后要经过拣剔,"只只过堂",除拣去鱼叶、脚叶、杂质外,还要根据鲜叶分级标准,拣去不符合标准的芽头。拣剔的净与不净,齐与不齐,匀与不匀,对碧螺春的外形和内质均有密切关系,因此,鲜叶拣剔也是碧螺春采制过程中的一项重要工作。经过拣剔的鲜叶,当地叫"净坯",未经拣剔的鲜叶叫"毛坯"。"毛坯"与"净坯"要注意分开,严防混乱。鲜叶要边采、边拣、边制,注意保持鲜叶的新鲜与完整,严防发红变质。

4. 加工工艺

碧螺春初制经过杀青、揉捻、搓团、干燥四个过程,这四个过程都在茶锅内完成,从"净坯"投入茶锅时起,到"连续操作,一锅到底,制成干茶"为止,全程时间约半个多小时。

茶锅口径一般为 60 cm,平装,俗称"平锅"。制茶时,3 人一组,2 人炒制,1 人烧火。锅温必须密切配合制茶要求,要高能高,要低能低,升降迅速。

(1)杀青 投叶前锅温 120 ℃左右。投叶量 500 g 左右("净坯")。鲜叶入锅后,即用双手或单手迅速旋转翻抖,要抖得散,翻得匀,使水汽散发,杀青均匀,不留生叶,不产生焦叶和红茎红叶。杀青时间 2.5~3 min。

(2)揉捻 杀青适度后,将锅温降到 70 ℃左右,在锅内进行揉捻。将杀青叶用单手或双手握住,沿锅壁滚动翻转,使叶子在手心下沿着锅壁滚转,方向要一致,不能倒转。用力要轻、重、轻,根据叶子的嫩度灵活掌握,防止茶叶断碎,或茶汁揉出过多,粘锅结焦,影响品质。边揉边抖散,每揉 3~4 周,解块抖散一次,散发水汽,防止郁闷。揉至基本成条卷曲,叶不粘手,约七成干到七成半干时即可。这一过程历时 15~20 min。

(3)搓团 这是碧螺春造型的关键性工序。锅温 50~60 ℃,先高后低。一锅揉坯分成两团,将茶团握在手掌心中,沿同一方向团转搓揉,促使茶条卷曲。每团搓揉 4~15 转,放入锅中定型。两团搓好后,合并解块抖散。然后再反复操作,边揉团,边解块,边干燥。用力要均匀,由轻到重,再由重到轻,既要搓成螺形,又要保持芽毫完整,茸毛显露。历时 10~15 min,茶坯接近八成半至九成干即可。

(4)干燥 锅温稳定在 50 ℃左右,将搓团出锅的叶子,均匀薄摊于锅中,或垫以洁净薄纸,适当翻动数次,动作要轻,3~5 min 即可出锅。出锅摊凉后的茶叶含水量在8%~10%。

3.4.7 雨花茶采制技术

雨花茶是 1958 年为纪念新中国成立前南京雨花台殉难的革命烈士研制的创新名茶,经过中国农业科学院茶叶研究所、北京茶叶进口总公司等有关单位鉴定,符合名茶要求。于1960 年定型生产,1966 年开始出口外销。多年来,雨花茶深受国内外广大消费者的欢迎。

1. 品质特征

外形条索细紧呈松针状,锋苗挺秀,色泽翠绿有白毫。内质香气清香高雅,汤色清澈明亮,滋味鲜爽纯正,叶底匀净嫩绿明亮。

2. 鲜叶采摘与摊放

制造雨花茶的鲜叶原料,一般选用中小叶种,叶型较小,节间较短,叶绿素含量较高的鲜叶为好。"清明"前后采摘,采摘标准为一芽一叶初展,要求芽叶大小匀称,整齐,无虫伤芽、紫芽、红芽、空心芽。鲜叶采摘以后,避免日光曝晒,要及时进厂进行摊放,使水分轻度蒸发,促进内质转化,有利于提高品质。摊放厚度一般为 3~4 cm。摊放时间,春茶为 5~6 h,夏茶为 2~3 h。鲜叶摊放至芽叶柔软,叶色呈暗绿色,含水量降至 71%左右为适度。然后,用4 号筛子将摊放叶分筛成筛面(粗)和筛底(细)两档,便于分别杀青。

3. 手工制作工艺

雨花茶的炒制一般经过摊放、杀青、揉捻、搓条与干燥、精制等过程。

(1)摊放处理

鲜叶送厂后即行摊放处理,摊放地点应选择在阴凉通风处,摊放厚度 2 cm 左右,室温 15~20 ℃的情况下,摊放 4~6 h;室温 20~25 ℃的情况下,摊放 3~5 h。经摊放处理后的鲜叶含水量为 70%左右(减重 10%)。在炒制前要用手工拣去或用竹筛筛去过大的芽叶、一芽二叶、单片等不合标准的芽叶及夹杂物,以使芽叶均匀一致。

(2)杀青

锅温一般以 130~160 ℃为宜,鲜叶水分含量高的,杀青温度相对高些,鲜叶水分含量低的,杀青温度相应低些。投叶量约 400~500 g。投叶前需擦制茶专用油(或柏油)润滑锅子,但不宜太多,否则会影响干茶色泽(油多茶黑)及茶汤中含有油味。鲜叶下锅后,双手迅速均匀翻炒。在水蒸气大量散发后,适当的"闷"几下以迅速提高叶温,达到杀透杀匀的目的,做到抖闷结合,多抖少闷。杀青叶起前双手并拢轻搓几下,使叶子卷起,为揉捻打基础。杀青时间一般为 5~7 min。杀青时间不宜过长,杀青不宜过老,以免叶绿素破坏过多,色泽发暗。

(3)揉捻

杀青叶起锅后要撒开薄摊 2~3 min,或放在干净簸箕内簸扬 10 余次散发热气,同时扬除轻片、碎末,提高净度。当叶温下降尚有余温时应立即进行揉捻。

揉捻手法:采用推搓揉法,双手握茶在竹帘上推滚,动作要先轻后重,先慢后快,用力应掌握来轻去重。先温揉 2~3 min,应及时解散团块散热,以防叶子闷黄,同时通过解块理直茶条,然后再行揉捻。在揉捻过程中要解块 3~4 次,揉捻时间为 8~12 min。揉捻用力不宜过重,更忌在竹帘上拖带硬擦,以免揉碎叶子,汁液渗出过多,影响品质。幼嫩芽叶可不经揉捻,低级茶叶可用小型揉捻机揉捻。

(4)搓条与干燥

搓条在炒锅中进行,是形成雨花茶独特外形的关键。锅温 85~92 ℃,投叶量 350 g 左右。锅面先擦少许制茶专用油(或柏油),投叶后,边翻炒抖散,边将茶理顺,置于手中轻轻搓条,并与抖散结合,防止郁闷。待叶子稍不粘手时,将锅温由 90 ℃依次下降为 80~70~60~50 ℃,并逐渐用力搓紧条索,边搓边理条。搓条用力应掌握轻重轻的原则,使茶条搓得紧、细、圆、直。搓条手法:手心相抵,五指张开,两手张开,两手合抱叶子,顺着一个方向滚搓,轻重相间。同时,不断解散团块,拣出粗大茶和杂质。搓条后期要轻搓,并理顺理直茶条。当叶子达 6~7 成干时,转入抓条,用手抓茶叶由锅心沿锅壁来回抓炒,进一步理顺直茶条,约 3~5 min,接着进行拉条。拉条手法:一般用右手,虎口张开,满握茶叶,由锅心向锅沿来回轻轻拉炒,手势要轻松自如,既要使茶叶集中手掌之中活动,又不能握紧捏死。散在锅内的茶叶从小指带入手掌之中,沿锅带上,用大拇指和食指轻轻捏起茶叶,但不离开锅,然后用腕力将茶叶由虎口挤出,顺序落入锅心,又从小指带入手掌之中沿锅壁带上,如此反复进行。当茶叶达 9 成干以上时,即可起锅摊凉,每锅制成的干毛茶约为 65 g,摊凉后应即包装放入石灰缸内待精制。茶叶在起锅前 3~5 min,可烧把提火,使锅温适当升高,以增进香气。

毛茶用圆筛、抖筛分清长短粗细,再去片、末,分级(分为特级、一、二、三级),使产品更臻于规格化。分级后分别用烘笼 50 ℃左右文火进行烘焙,至足干(含水量 5%~6%)即为成品茶。成品茶应立即放入石灰缸内密封贮藏,以利保鲜。

本章小结

绿茶是中国生产的主要茶类之一。历史久、产区广、产量多、品质好、销区稳。尽管绿茶生产对鲜叶具体要求不甚一致,各种绿茶对鲜叶仍然有着共同要求。鲜叶色泽一般均要求叶色深绿。芽叶色紫,不宜加工绿茶;叶型大小一般以中、小叶为宜;化学成分的组成,以叶绿素、蛋白质等含量高的为好,多酚类化合物的含量不宜太高,尤其是花青素含量更应减少到最低限度。

我省绿茶生产以烘青绿茶为主。烘青绿茶为条形茶,其品质特征是"三绿"。即干茶色泽翠绿,汤色碧绿或黄绿,叶底嫩绿,称为"三绿"。一般外形条索紧结、细嫩、白毫多,匀齐;内质香气清纯,汤色黄绿,清澈明亮,滋味醇和,鲜爽,叶底嫩绿,匀整。品质优良。其初制工艺程序是:杀青→揉捻→烘干三道工序。

炒青绿茶传统的制法,都是在锅里炒干的,制成的毛茶,称为"炒青",又因其外形是长条形的,又叫"长炒青"。炒青绿茶目前以安徽、江西、浙江三省的产量最多,品质最好。炒青绿茶品质特征共同的要求,是外形条索紧直、匀整、有锋苗、不断碎,干茶色泽翠绿鲜润,调和一致,净度好;内质要求香高持久,具有板栗香,纯正;汤色清澈,黄绿明亮;滋味浓醇爽口,忌苦涩;叶底嫩绿明亮,忌红梗红叶、焦斑、生青及闷黄。其初制工艺程序是:杀青→揉捻→炒干三道工序。

我国劳动人民在长期的生产过程中创制了形质优异的各种茶叶,尤以绿茶最多,称为特种绿茶。特种绿茶有其共同特点:(1)得天独厚的宜茶环境;(2)悠久驰名的生产历史;(3)严格精细的采制技术;(4)琳琅满目的各种外形。我省主要生产的特种绿茶有天山烘绿、南安石亭绿、罗源七境堂绿茶等。

思考题:

1. "高温杀青、先高后低"的道理何在?

2. 绿茶初制为什么要分次干燥?

3. 为什么要"嫩叶老杀,老叶嫩杀"?

4. 绿茶杀青的主要目的是什么?

5. 正常杀青叶的质量要求如何?

6. 冷揉、热揉的优缺点是什么?

7. 杀青"抛闷结合、多抛少闷"的道理何在?

8. 炒青绿茶干燥的目的是什么?

9. 名茶的概念是什么?

10. 形成名茶的因素有哪些?

11. 天山绿茶的加工工艺流程?

12. 西湖龙井茶的加工工艺流程是什么?

13. 碧螺春的加工工艺流程?

14. 南京雨花茶的加工工艺流程是什么?

第4章

白　茶

　　白茶是我国特种外销茶叶,也是世界上有名的茶中珍品,主产于福建的福鼎、政和、建阳、松溪等县,台湾省也有少量生产。白茶制法独特,不炒不揉,成茶外表满披白毫,呈白色,故称"白茶"。

　　白茶创制于福建省,至今已近 200 年的历史。清朝嘉庆初年(1796 年),已有白茶生产,当时在福鼎是采摘菜茶品种芽头制银针,其产品,芽头瘦小,白毫不显。1885 年开始采大白茶的肥壮芽头制银针,其产品芽壮毫显、洁白银亮,品质大增,于 1891 年就有银针出口。公元 1922 年于建阳水吉创制了白牡丹。

　　白茶依采摘标准不同分为银针、白牡丹、贡眉和寿眉。采自大白茶或水仙品种嫩梢的肥壮芽头制成的成品称"银针";采自大白茶或水仙品种嫩梢的一芽一、二叶制成的成品称"白牡丹"或"水仙白";采自菜茶群体的芽叶制成的成品称"贡眉";由制"银针"时采下的嫩梢经"抽针"后,剩下的叶片制成的成品称"寿眉"。

　　白牡丹依茶树品种不同可分"大白"、"水仙"和"小白"。采自福鼎大白茶品种的鲜叶制成的成品称"大白",采自水仙品种的鲜叶制成的称"水仙白",采自菜茶群体品种的鲜叶制成的,称"小白"。

　　白茶以性清凉,退热降火的治病效果和清幽素雅的风格及去热祛暑的功能,在国内外市场素负声誉,尤受侨胞的喜爱。白茶现主销我国香港、澳门地区及印尼,其次为新加坡、马来西亚、德国、荷兰、法国和瑞士等国以及中、近东地区。近年,除按传统方法制造的白茶外,还创造了白茶的新工艺制法,其产品在品质上有所创新,有着一定的发展前途。

4.1　白毫银针制法

4.1.1　鲜叶原料及品质特点

　　白毫银针,因其色白如银形状似针而得名。白毫银针,均用肥壮茶芽制成,采摘要求极其严格,有十不采的规定,即:雨天不采,露水未干不采,细瘦芽头不采,紫色芽头不采,风伤芽头不采,人为损伤芽头不采,虫伤芽头不采,开心芽头不采,空心芽不采,有病弯曲芽不采。采下茶芽要及时运送茶厂加工,要保持芽头新鲜,也有采一芽二叶,在室内"抽针",即用左手拇指和食指捏茶身,以右手拇指和食指把叶片剥下,将茶和叶分开,芽称"鲜针",付制银针,叶片制寿眉或另制其他茶。

白毫银针品质特点:银针外形肥壮,色泽鲜艳,茶芽满披白毫,银色光泽。内质香气清鲜毫味浓,滋味鲜爽微甜,汤色晶亮,呈浅杏黄色。银针品质依产区不同有所差异:福鼎银针呈银白色滋味清鲜;政和银针呈银灰色,毫显芽壮,滋味鲜爽浓厚。采摘季节不同,品质亦有差异,如福鼎地区在清明前采制的银针,外形芽头肥壮,身骨重实,茸毛疏松,色白如银。清明后采制的外形芽头扁瘪,身骨轻虚,茸毛伏贴,色带灰白。

4.1.2 鲜叶加工技术

白毫银针的制造,分为萎凋和烘焙两道工序。由萎凋的方法不同又可分为福鼎和政和两种制法。

1. 福鼎制法

茶芽采下后,将茶芽均匀薄摊在水筛或萎凋帘上,置于阳光下曝晒,在春季干燥凉爽的气候条件下,一般曝晒一天即可达八至九成干,再用文火烘焙至足干即可储藏,烘焙1 h,焙笼温度为40~45 ℃,且在焙心上垫放一层白纸,以防火温太高,灼伤茶芽,每笼摊放茶芽0.25 kg左右,约烘30 min可达足干。

烘焙银针时,应注意掌握火功,如温度过高,摊放茶芽又厚,则茶芽变红,香气不正;如火候过度,银针毫色变黄;火候不足,毫色转黑变质,因此火功必须掌握适度。

制银针时如遇高温高湿的气候条件,一般晒一天只能达六至七成干,第二天还要继续晒到八至九成干后,再用文火烘至足干,如当天不能晒至六至七成干,或第二天遇到阴雨天,为保证品质,当晚或第二天清晨即应用低温烘干,烘焙时火温可稍高,为45~50 ℃。

茶芽采回后,如恰逢阴雨或大雾天气不能曝晒时,则应用低温徐徐烘干代替阳光曝晒。否则,茶芽变黑降低品质。如遇风大可在室内薄摊自然萎凋,当其减重率达30%左右时再用文火烘干,以免茶芽转黑变质。

2. 政和制法

将茶芽摊放在水筛上,先置于通风场所萎凋或在微弱的阳光下摊晒至七至八成干时,再移至烈日下晒足干,此法制造银针,一般需2~3 d才能完成。

晴天也可采用先晒后风干的方法,上午11:00前,阳光不甚强烈,将鲜芽置于阳光下晒2~3 h后移入室内进行自然萎凋,置八至九成干时,再用文火烘10 min至足干,即可下焙储藏。

4.2 白牡丹初制技术

4.2.1 鲜叶原料及品质特点

白牡丹的鲜叶原料为一芽二叶初展,绿叶夹银毫,形似花朵,故称"白牡丹"。鲜叶要求"三白",即嫩芽、第一叶、第二叶密披白色茸毛。白茶采摘时期因地区、品种不同而异,通常一年采春、夏、秋三季茶。春茶在清明前后开采,至小满前后结束。夏茶自芒种至小暑,秋茶自大暑至处暑前。其中以春茶品质最好,产量最高,占全年产量的一半。

白牡丹品质特点:成品外形叶张灰绿或暗绿,叶背白毫银亮,绿面白底,故有"青天白地"之称。且由于长时间的萎凋,叶色渐变而呈"绿叶红筋",因而有"红装素裹"之誉,毫心肥壮,叶张肥嫩并波纹隆起,叶缘微向叶背重卷,芽叶连枝不得断碎,成叶片抱心形似花朵;内质毫香显,味鲜醇,不带青气和苦涩味,汤色杏黄,清澈明亮,叶底浅灰,叶脉微红。

茶树品种不同,成茶品质也有差异。"小白"叶张细嫩,毫心细秀,色泽灰绿,香气清鲜芬芳,滋味甜醇爽口;"大白"叶张肥壮,毫心肥大,色泽翠绿,香味鲜醇;"水仙白"叶张肥大,毫心长而肥壮,叶色灰绿,香味清芬甜醇。

贡眉、寿眉与白牡丹制法大致相似,但贡眉品质次于白牡丹,寿眉品质又次之。

4.2.2 鲜叶加工技术

白茶制法特点是不炒不揉,其传统初制工艺过程:萎凋(包括并筛、拣剔)→烘焙两道工序。

1. 萎凋方法与技术

萎凋是形成白茶特有品质的关键工序,白茶初制工艺看来简单,但实际上很不容易控制,正如茶农所说:"制白茶风险大,天热变红天冷变黑。"因此在白茶初制过程中应根据不同的气候条件采取不同的萎凋技术,才可制得品质优良的白茶。

鲜叶进厂后,必须及时萎凋摊叶要轻快均匀。而且要根据鲜叶的形成和气候条件采取不同的萎凋方式。萎凋通常有室内自然萎凋、复式萎凋和加温萎凋。

(1)室内自然萎凋

在正常气候条件下,多采用室内自然萎凋。萎凋室要求四面通风,无日光直射,并要防止雨雾侵入,场所必须清洁卫生,且能控制一定的温湿度。春茶室温要求18~25 ℃,相对湿度67%~80%;夏秋茶室温要求30~32 ℃,相对湿度60%~75%。

鲜叶进厂后要求老嫩严格分开,及时分别萎凋。萎凋时把鲜叶放在水筛上,每筛摊叶量:春茶为0.4 kg左右,夏秋茶为0.5 kg左右。鲜叶摊入水筛,俗称"开青"或"开筛"。开青方法是:叶子放在水筛后,两手持水筛边缘转动,使叶均匀散开,开青技术好的一摇即成,且摊叶均匀,其动作要求迅速、轻快,切勿反复筛摇,防止茶叶机械损伤。摊好叶子后,将水筛置于萎凋室凉青架上,不可翻动。萎凋历时为 52～60 h。雨天采用室内自然萎凋历时不得超过三天,否则芽叶发霉变黑,在晴朗干燥的天气萎凋历时也不得少于二天,否则成茶有青气,滋味带涩,品质不佳。

在室内自然萎凋过程中,其间要进行一次"并筛"。即萎凋时间为 35～45 h,萎凋至 7～8 成干时,叶片不贴筛,芽叶毫色发白,叶色由浅绿转为灰绿色或深绿,叶缘略重卷,芽尖与嫩梗呈"翘尾",叶态如船底状,嗅之无青气时,即可进行"并筛"。

并筛:高级白茶(特、一级)采用"并筛"的方法。即一般小白茶为八成干时,两筛并一筛;大白茶并筛分二次进行,七成干时两筛并一筛,待八成干时,再二筛并一筛,并筛后,把萎凋叶堆成厚度 10～15 cm 的凹状。中低级白茶采用"堆放"。堆放时应掌握萎凋叶含水量与堆放厚度。萎凋叶含水量不能低于 20%,否则不能"转色"。堆放厚度视含水量多少而定:含水量在 30% 左右,堆放厚度为 10 cm;含水量在 25% 左右,堆放厚度为 20～30 cm。并筛后仍放置于凉青架上,继续进行萎凋,一般并筛后 12～14 h,梗脉水分大为减少,叶片微软,叶片转为灰绿,干度达九成五时,就可下筛拣剔。

拣剔时动作要轻,防止芽叶断碎。毛茶等级愈高,对拣剔的要求愈严格。高级白牡丹应拣去腊叶、黄片、红张、粗老叶和杂物;一级白牡丹应剔除蜡叶、红张、梗片和杂物;二级白牡丹只剔除红张和杂物;三级仅拣去梗片和杂物;低级白茶拣去非茶类夹杂物。

(2)加温萎凋

春茶如遇阴雨连绵,必须采用加温萎凋,加温萎凋可采用管道加温或萎凋槽加温萎凋。

萎凋槽萎凋方法与红茶相同。但温度低些(30 ℃左右),摊叶厚度薄些(20～25 cm)。全程萎凋历时 12～16 h。

管道加温是在专门的"白茶管道萎凋室"内进行。萎凋室外设热风发生炉,热空气通过管道均匀地散发到室内,使萎凋室温上升。采用管道加温萎凋,温度控制在 29～30 ℃,最高不超过 32 ℃,最低不低于 20 ℃,相对湿度保持在 65%～70%。萎凋室切忌高温密闭,以免嫩芽和叶缘失水过快,梗脉水分补充不上,叶内理化变化不足,芽叶干枯变红。一般加温萎凋,历时不少于 30 h,掌握在 34～38 h 为宜。

(3)复式萎凋

春季遇有晴天,可采用复式萎凋。其与室内自然萎凋相同,仅在萎凋工序上稍有差别,即复式萎凋全程中进行 2～4 次为时共 1～2 h 的日照处理。一般"大白"与"水仙白"在春茶谷雨前后采用此法,对加速水分蒸发和提高茶汤醇度有一定作用。其方法是选择早晨和傍晚阳光微弱时,将鲜叶置于阳光下轻晒,日照次数和每次日照时间的长短应以温湿度的高低而定,一般春茶初期在室外温度 25 ℃,相对湿度 83% 的条件下,每次晒 25～30 min,晒至叶片微热时移入萎凋室内萎凋,待叶温下降后再进行日照,如此反复 2～4 次。春茶中期室外温度 30 ℃,相对湿度 67% 的条件下,日照时间以 15～20 min 为宜;春茶后期室外温度 30 ℃条件下,日照时间以 10～15 min 为宜,夏季因气温高,阳光强烈,不宜采用复式萎凋。

2. 白茶烘焙方法与技术

白茶的烘焙可用焙笼或烘干机进行,由于白茶萎凋方式、萎凋程度不同,故对烘焙的火温与次数的掌握亦不同。

(1)烘笼烘焙

萎凋叶达九成干的,采取一次烘焙。每焙笼摊叶 1～1.5 kg,火温掌握在 70～80 ℃,焙时约 15～20 min,萎凋叶只达六至七成干时,烘焙须分两次进行,初焙用明火,摊叶量 0.75～1 kg,温度 100 ℃左右,焙时 10～15 min,焙至八至九成干,下焙摊凉 0.5～1 h 后进行复焙。复焙用暗火,温度 80 ℃左右,焙时 10～15 min 至足干。在烘焙过程中应注意翻拌,动作要轻,次数不宜过多,以免芽叶断碎,茸毛脱落。

(2)烘干机烘焙

萎凋叶达九成干时,采用机焙,掌握烘干机进风口温度 70～80 ℃,摊叶厚度 4 cm 左右,历时 20 min 至足干;七至八成干时的萎凋叶分两次烘焙,初焙采用快盘,温度 90～100 ℃,历时 10 min 左右,摊叶厚度 4 cm。初焙后须进行摊放,使水分分布均匀。复焙采用慢盘,温度 80～90 ℃,历时 20 min 至足干。

烘焙结束后,应立即包装,储放于干燥场所,以免受潮变质。

3. 白茶初制中的理化变化

白茶鲜叶加工只经萎凋与干燥两道工序,其具特有的外形色泽,叶态及香味,主要是在萎凋过程中形成的,由于长时间的萎凋引起内含生化成分的复杂变化,加之鲜叶原有的特点,从而形成满披白毫,色泽银白光润,具有清鲜毫香和清甜滋味。

(1)外观形态的形成

白茶的叶缘重卷和芽叶连枝是外观形态的特征,其特征的形成首先取决于鲜叶采摘标准和嫩梢质量;其次是萎凋过程中逐渐失水干缩,引起萎凋变化所致。

白茶萎凋过程中,水分逐渐散失,由于叶表与叶背的组织结构不同,所以在长时间的萎凋失水过程中,叶背细胞的失水速度大于叶表细胞,引起叶表叶背张力的不平衡,加上萎凋后期的并筛,可以防止叶子"贴筛"而造成的叶态的平板状态。从而形成白茶叶缘重卷的良好外形形态。

(2)内含成分的变化

白茶的萎凋并不是鲜叶的单纯失水,而是在一定的外界温湿度条件下,随着水分的逐渐散失,叶细胞浓度的改变,细胞膜透性的改变以及各种酶的激活,引起一系列内含成分的变化,从而形成白茶特有的品质。

①糖类的变化 鲜叶从茶树上采下后,在一定时间内生命活动虽然仍在进行,但正常的代谢已被打破,生命活动进入了紊乱状态,光合作用被抑制,呼吸作用加强,使得鲜叶体内的单糖在呼吸作用过程中被大量消耗,同时由于呼吸基质的减少,这时就要非正常地利用部分的贮藏物质和少量的结构物质,如淀粉、蔗糖、蛋白质、多肽果胶以及少量的油脂类物质等,用于呼吸作用。由于这些物质不能直接作为呼吸基质而参与呼吸氧化,必须先分解成可氧化的简单物质,如淀粉和蔗糖物质必须在酶的作用下转化为单糖,才能进入呼吸氧化过程。这样在萎凋过程中一方面单糖由于呼吸作用消耗而减少,另一方面则由于多糖的分解而得到补充,这样使鲜叶的干物质在萎凋过程中被消耗(表 4-1)。

表 4-1　白茶萎凋过程干物质的变化(%)

萎凋历时(h)	0	6	12～36	42～66
干物质含量	25.9	25.1	24.9	24.8
干物质减少	0	3.1	3.8	4.3

在萎凋过程中,淀粉可在淀粉酶的作用下水解形成双糖和单糖,但由于这些产物随着呼吸氧化而被进一步消耗,所以单糖和双糖的量不仅没有增加反而进一步减少。直到萎凋的末期,由于鲜叶过度的失水而抑制了呼吸作用,此时多糖分解形成的单糖的量多于单糖的消耗量,糖量才有所增加(表4-2)。

表 4-2　白茶萎凋过程中糖类的变化(mg/g)

萎凋历时(h)	还原糖	蔗糖	总糖
0	8.02	17.26	26.21
12	6.44	13.88	20.47
24	4.33	14.19	19.27
36	4.93	12.89	18.50
48	3.66	8.67	12.79
60	4.22	10.19	14.95

白茶萎凋末期单糖和双糖量的积累对白茶特有的甘甜味有一定的作用,故白茶的萎凋时间要控制在一定的范围。

②蛋白质氨基酸的变化　白茶萎凋过程中,随着水分的散失,蛋白质发生剧烈的分解,从而引起氨基酸的大量形成和变化(表4-3)。

表 4-3　白茶萎凋过程中氨基酸含量的变化(mg/g)

萎凋历时(h)	0	12	24	36	48	60	72
含量	5.58	8.14	7.06	7.50	7.07	9.97	11.34

从表4-3分析表明:在萎凋过程中,氨基酸呈曲线变化,这是由于萎凋前期,蛋白质分解产生的氨基酸进一步分解形成氨而被消耗,而后期受到儿茶素氧化产生的醌类物质的氧化,生成挥发性醛,直到萎凋末期氨基酸才有积累。由氨基酸与邻醌相互作用而产生挥发性醛,以及氨基酸萎凋末期的积累,对增进白茶的香味具有一定的作用。

③多酚类的变化　在萎凋的初期呼吸作用产生的受氧基质可把儿茶素的初级氧化产物邻醌还原为儿茶素,这时儿茶素的氧化还原是平衡的。到了萎凋的中期,酶活性加强,儿茶素被氧化成邻醌的量增加,从而进一步氧化缩合产生有包物质,这一阶段是决定白茶香味和汤色的关键性阶段(表4-4)。

表 4-4　白茶萎凋过程中多酚类化合物的变化(mg/g)

萎凋历时(h)	0	6	12	18	24	
含量	26.76	26.40	21.83	21.56	20.24	
萎凋历时(h)	30	36	48	60	72	减少量
含量	—	19.18	17.16	16.68	13.02	51.34

在萎凋的后期酶的活性逐渐下降,多酚类的酶促氧化逐渐为非酶性的自动氧化所取代,

可溶性多酚类与氨基酸,以及氨基酸与糖的互相作用,形成和发展了白茶的香气。

白茶的烘焙则是起着巩固和进一步发展萎凋过程中所形成的有益成分的作用。烘焙过程排除了芽叶中多余的水分,使毛茶达到干燥适度,适时制止酶性氧化。具有青气和苦涩味的物质在烘焙中进一步转化,如有青气的顺式青叶醇,形成具有清香的反式青叶醇。氨基酸也在热作用下氧化脱氨而形成芳香醛。

在萎凋和烘焙过程中的复杂的理化变化,形成了白茶特有的品质。

4. 影响白茶品质的技术因素

影响白茶品质的因素很多,除茶树品种和鲜叶质量外,白茶品质的形成还受到初制过程中某些因素的影响。如温度、湿度、气流、翻动、并筛和烘焙时间,以及包装等影响。

白茶初制过程的萎凋失水速度与外界环境条件密切相关,空气中的温度,相对湿度,空气的流通均能影响萎凋的快慢,而这三者又是互相影响的。萎凋历时长短与室温成反比,与室内相对湿度成正比。控制白茶的萎凋时间,以达到萎凋时内部生化成分的协调变化,必须掌握适宜的温湿度。一般春茶温度18~25 ℃,相对湿度67%~80%;夏秋茶温度30~32 ℃,相对湿度60%~75%;加温萎凋室以温度29~30 ℃,相对湿度65%~70%为宜,室内自然萎凋时间以50~60 h为宜。试验证明:失水速度太快,萎凋全过程历时太短,理化变化不足,成茶色泽枯黄或燥绿,香青味涩;失水速度太慢,萎凋全程历时太长,理化变化过度,成茶色泽暗黑,香味不良。这就是制白茶"天热变红,天冷变黑"的原因所在。

萎凋室空气的流通能加速萎凋叶水分蒸发,防止CO_2与氨气的积聚引起毒害,以及供给叶内生化变化所需的氧气。故萎凋室要求四面通风,无阳光直射并防雨雾侵入。特别是加温萎凋室内,必须注意空气对流,切忌高温密闭。

在萎凋过程中不可翻动,以免造成机械损伤,引起多酚类化合物的酶促氧化而使叶子红变。

萎凋后期的"并筛"是促进叶缘垂卷的重要措施,可以防止贴筛所造成的平板状态。但并筛要及时适当,如待细胞膨压降低,以致失去弹性时才并筛,因这时叶态已卷曲,将会引起芽叶皱缩而使叶态不良,降低白茶的质量。

4.3 白茶新工艺制法

白茶新工艺制法是在传统白茶制法的基础上,予以工艺革新发展起来的。所谓"新工艺"就是在萎凋和烘焙工序之间增加揉捻工序。其新产品即以"新工艺白茶"或"新白茶"命名。

4.3.1 叶原料及品质特点

鲜叶原料要求相似于低档的贡眉、寿眉原料,嫩度要求不高,采摘标准为一芽二、三叶,驻芽二、三叶,单片等。新工艺白茶对原料不过分苛求,一改传统白茶重视原料嫩度的工艺特点。

新工艺白茶品质特点:新白茶内质类似传统白茶低档的贡眉、寿眉的风味;但又以汤色杏黄,色度偏深,滋味平和,回甘趋浓而另具特点;外形以略带条形特征而自成一格。

4.3.2 鲜叶加工技术

白茶新工艺初制工序

1. 萎凋

白茶新工艺的萎凋方法有自然萎凋和加温萎凋两种。其工艺的目的、原理、方法与传统制法相同,仅在萎凋程度上略较传统制法轻些,萎凋叶含水量 20%~30%,从外观特点看:以叶色呈墨绿色,青气味消失,略有茶香,嫩茎梗折不断,手握不成团微有刺手感而不碎为度。

采用加温萎凋较自然萎凋具有萎凋时间显著缩短的优点,且改变了白茶传统自然萎凋工艺唯天是定,无天不可论质的弊端。而且符合白茶在萎凋中的失水和形态特征变化的工艺要求,能与自然萎凋工艺效果一致。但是,在内质方面,往往因加温萎凋时间太短,而达不到要求。同时还会出现叶茎梗脉之间水分分布不平衡的现象。表现为叶因失水过快而干脆;梗脉因走水不及而硬胀,为弥补这一欠缺,主以加温萎凋之后,还必须辅以堆积处理。

堆积处理方法,即将萎凋叶装箩蓬松堆积,堆积厚度 300~400 cm,堆中温度控制在 25 ℃左右,堆中温度切忌过高,以免因温度升高而起发酵作用,使品质带上酵感。堆积历时 3~5 h,以梗脉叶中水分重新分布均衡,叶片不显硬脆,叶色转灰绿,清香显露时为适宜。自然萎凋结束时,出现萎凋程度不匀的,也可采用上述方法进行堆积处理,以便水分调节均匀后进行揉捻。

2. 轻揉捻

轻揉捻是新白茶比较传统白茶工艺标新立异的一个特有工艺过程。新白茶也因此而得名。轻揉捻工艺要求适度的萎凋叶蓬松装入揉捻机,予以不加压或轻压。白琳茶厂采用920型揉捻机,投入量 100~125 kg,加压掌握"松、紧、松"的技术原则。揉捻时间掌握嫩叶短揉轻压,老叶略重压长揉的原则。一般高级茶揉 3~5 min,二、三级茶揉 5~10 min,三级以下的揉 10 min 左右。

轻揉捻的目的在于改变原料偏成熟,成形呆板不卷曲的特征,而使其略呈条索状。同时轻揉捻的意义还在于使叶组织细胞轻度损伤,使茶汤滋味趋浓。因此揉捻程度要求微量茶汁外溢,芽叶略有卷曲但不紧结,松散而无片张为度。

3. 干燥

干燥方法同白茶传统工艺,分为焙笼烘焙和烘干机烘焙。以烘干机为主,温度掌握 120~130 ℃,摊叶厚度 3~4 cm,中盘速度,一次烘干。烘干过程,温度掌握以适中偏高,干燥速度以快速烘干为宜。这样可以防止白茶的后发酵作用,以免因最后干燥技术不当而丧失白茶的风格。

本章小结

　　白茶是我国特种外销茶叶,也是我省特有的茶类,主产于福鼎、政和、建阳、松溪等县。其制法独特,不炒不揉,成茶外表满披白毫,呈白色,故称"白茶"。依采摘标准不同,白茶可分为白毫银针、白牡丹、贡眉和寿眉。

　　以一芽二叶初展鲜叶为原料的白牡丹,其品质特点:成品外形叶张灰绿或暗绿,叶背白毫银亮,绿面白底,故有"青天白地"之称。毫心肥壮,芽叶连枝,成叶片抱心形似花朵;内质毫香显,味鲜醇,不带青气和苦涩味,汤色杏黄,清澈明亮,叶底浅灰,叶脉微红。白茶制法特点是不炒不揉,其传统初制工艺过程:萎凋(包括并筛、拣剔)→烘焙两道工序。

　　白毫银针,因其色白如银形状似针而得名。其均用肥壮茶芽制成,品质特点:银针外形肥壮,色泽鲜艳,茶芽满披白毫,银色光泽。内质香气清鲜毫味浓,滋味鲜爽微甜,汤色晶亮,呈浅杏黄色。白毫银针的制造,分为萎凋和烘焙两道工序。由萎凋的方法不同又可分为福鼎和政和两种制法。

　　白茶新工艺制法是在传统白茶制法的基础上,予以工艺革新发展起来的。所谓"新工艺"就是在萎凋和烘焙工序之间增加揉捻工序。其品质特点:新白茶内质类似传统白茶低档的贡眉、寿眉的风味;但又以汤色杏黄,色度偏深,滋味平和,回甘趋浓而另具特点;外形以略带条形特征而自成一格。

思考题:

　　1. 白茶花色品种与嫩度的关系是什么?

　　2. 萎凋对白茶品质的影响是什么?

　　3. 萎凋过程的"并筛"有何作用,如何"并筛"?

　　4. 新工艺白茶初制工艺有何特点?

第5章

青　茶

5.1　概　述

　　青茶也叫乌龙茶,是我国六大茶类之一,具有独特的风格和品质,产区主要分布于福建、广东和台湾三省。福建所产的青茶量多质优,花色品种最多,其中又以武夷岩茶和安溪铁观音品质特优。

　　青茶制法,综合了绿茶和红茶制法的优点,叶底绿叶红边,香味兼备绿茶的鲜爽和红茶的甜醇,青茶原主销福建、广东、台湾和东南亚等地区和国家,20世纪80年代后在日本掀起乌龙茶热。现随着宣传广告的不断深入和人们对青茶独特茶韵的品种风格和饮用价值的认识不断升华,其越来越受到人们的欢迎,销区遍布全国各地,尤其在各大中城市备受广大消费者的欢迎。

5.1.1　发展简况

　　青茶起源于明末,据清代陆廷灿《续茶经》(1734年版)引王草堂《茶说》(1717年)谓“武夷茶……采茶后,以竹筐匀铺,架于风日中,名曰晒青,侯其青色渐收,然后再加炒焙。”又云:“独武夷茶炒焙兼施,烹出之时,半青半红,青者乃炒色,红者乃焙色也。”把青茶的制法品质及其由来说得十分清楚。《茶说》成书于清初,可见在此之前,绿叶红边的武夷茶就产生了。由武夷山发明的青茶制法,先传入安溪,后传入台湾,至今已近300年的历史了,1862年福州中洲高丰茶栈开始经营青茶。后因各地相继仿造青茶,产销日益扩大。1866年台湾乌龙茶年产2 000 t。

　　福建青茶分闽北青茶和闽南青茶。闽北青茶以武夷岩茶品质最佳,其次为建瓯的乌龙和水仙。闽南的青茶以安溪茶树品种居多,茶叶花色也多。近年来,根据市场需求,在传统乌龙茶初制技术基础上,又生产出了清香型乌龙茶,备受欢迎。乌龙茶销区现已遍布全国各地。

　　广东青茶产区以饶平为主,品种以水仙为最著名,产品称凤凰水仙,为侨销茶,销往东南亚各国。一般品质较差者,称浪菜,主销汕头。

　　台湾青茶以乌龙品种为最多,产区以台北为中心,新竹次之,台南也有生产。产品分乌龙和包种。包种变色程度较轻,以窨制花茶为主。主销美国,其次是英国、日本。国内也有销路。

5.1.2 鲜叶要求

青茶对鲜叶的要求严格:一要适合的茶叶品种;二要适宜的成熟度,既不要太嫩,又不过于粗老;三要保持鲜叶新鲜。

1. 鲜叶采摘标准

一般以嫩梢全部开展,伸育将要成熟,形成驻芽的时候,采下驻芽三、四叶,当地茶农称为"开面采",青茶采摘按老嫩程度的不同,又将开面分为三种:

小开面(半开面)——指嫩梢驻芽刚出现,第一叶略卷,未全展平的新梢。

中开面——指形成驻芽后,第一叶展平,叶面积小于第二叶的新梢。

大开面——指第一叶面积与第二叶面积相近或相等的新梢。

采摘标准,闽南青茶采摘标准为小开面到中开面,一般掌握春茶中开面,夏、秋茶小开面;闽北青茶则要求为中开面到大开面;即闽北青茶采摘标准较闽南青茶采摘标准要求成熟度要高一些。青茶鲜叶采摘标准要求有一定的成熟度。这既符合青茶特殊的工艺要求,又具备了形成青茶品种的良好内含物质基础。

(1)工艺效应:青茶初制工艺中特有的做青工序,要求青叶发生摩擦、损伤作用。当然仅局限于青叶的叶缘部分,而对与枝梗、叶面等部分又要维护其完整性,便于青叶在做青阶段完成具有生命性征的"走水"等一系列生化变化。因此,做青阶段既要求叶组织有一定的损伤,又必须留有余地。成熟度较高的驻芽梢,叶结构的表皮角质层较厚,具有较佳的耐磨性以符合做青工艺的特殊要求。若青叶太嫩,则叶表皮角质层较薄,容易在做青形成"焦尾"或"死青",无法顺利完成做青阶段的一系列理化变化。

(2)品质效应:一定成熟度的新梢,具有良好的青茶的品种效应。据研究,新梢不同部位的叶片,与品质有关的内含生化成分含量有所不同(表5-1)。

表5-1 嫩梢各部分的化学成分(占干物质量%)

叶别	咖啡碱	多酚类化合物	非酯型儿茶素(mg/g)	酯型儿茶素(mg/g)	类胡萝卜素	粗蛋白质	粗纤维	醚浸出物
第一叶	3.58	36.78	20.00	80.00	0.006	41.24	10.87	6.98
第二叶	3.56	135.73	28.92	71.08	0.007	42.04	10.90	7.90
第三叶	3.25	30.27	37.27	62.73	0.008	34.02	12.25	11.15
第四叶	3.57	27.38	38.88	61.12	0.008	30.15	14.48	11.43
梗	2.15					28.40	17.08	8.03

"开面采"的鲜叶作为加工青茶的原料为最好。因随着新梢伸育,叶片的生长成熟,醚浸出物、类胡萝卜素含量逐渐增加,而咖啡碱、多酚类化合物的含量逐渐减少,醚浸出物含量与茶叶香气呈正相关,含量高香气高。类胡萝卜素通常被认为是茶叶加工中可能转化成高香成分的一类物质。此外,多酚类总量随着新梢伸育而减少,青叶在青茶加工的萎凋、做青工

序中,氧化发酵强度相对较弱,便于工艺的掌握。而且涩感较强的酯型儿茶素相对含量随着新梢的伸育而减少;涩感较弱的非酯型儿茶素相对含量随着新梢的伸育而增加,以及咖啡碱含量随着新梢的伸育而减少,有助于降低成茶滋味苦涩,以形成青茶滋味醇和的品种特征。还有成熟叶肉细胞内叶绿素增多,光合作用效率高,大型淀粉粒、糖和全果胶增加(表5-2)赋予茶叶甜味和厚感。所以,采摘成熟度较高的青叶与青茶香高味醇的特征相适应。

表 5-2　新梢各部位的糖类含量(占干物质%)

成分	一芽一叶或第一叶	第二叶	第三叶	第四叶	茎
单糖	0.77	0.87	1.02	1.59	2.61
双糖	0.64	0.85	1.00	2.06	—
淀粉	0.82	0.92	5.27	—	1.49
果胶	3.84	4.02	4.27	4.41	3.69

2. 要保持新鲜

采下鲜叶,应及时运送茶厂加工,绝对不能堆积、紧压或遭受机械损伤,以免发热红变。当天采的鲜叶要当天付制,否则有效物质消耗,降低青茶品质。

3. 要选择合适的茶叶品种

形成青茶品质的主要工序是做青,叶与叶相碰,互相摩擦,叶缘组织细胞受损伤,引起部分变色,因此要求以叶质较硬的茶树品种作为鲜叶来源。叶质较软的大叶种鲜叶,容易在做青中折断发生"死青",或细胞组织损伤面积过大,变色过重。大叶种的多酚类化合物含量较多,制茶品质容易透露红茶味。相反地,叶质较硬的小叶种鲜叶,也不适合制青茶。制青茶的鲜叶,要求来自叶质软硬度适中,多酚类化合物含量适中的茶树品种,否则青茶品质达不到要求。

5.2　武夷岩茶

武夷山上岩峰峥嵘,茶树生长在山坑岩之间,采制成的青茶称为武夷岩茶,简称岩茶。根据生态条件,分为正岩茶、半岩茶、洲茶、外山茶。正岩茶是指武夷山三坑二涧(慧苑坑、牛栏坑、大坑口、流香涧和悟源涧)所产的,品质最优。其次是半岩茶,产于武夷山范围内,三坑二涧以外和九曲溪一带。产于平地和沿溪一带称洲茶。武夷山以外和毗邻近一带所产的,称外山茶。根据茶树品种分为武夷水仙和武夷奇种两大类。将生态与品种结合命名,则分为岩水仙、岩奇种;洲水仙、洲奇种;外山水仙、外山奇种。奇种是指武夷山有性群体茶树,从中选择优良单株单独者,称为单枞,品质特优者,称作名枞。名枞又分为名岩名枞和普通名枞,天心岩的大红袍、竹窠岩的铁罗汉、慧苑坑的白鸡冠、牛栏坑的水金龟,号称"四大名枞"。普通名枞有金锁匙、十里香、不知春、吊金钟、金柳条、不见天、半天妖、瓜子金等。近代引进的优良品种,如铁观音、奇兰、梅占、佛手、桃仁、毛蟹等,均称为品种茶。

5.2.1　品质特点

武夷岩茶成茶条形扭曲壮结,色泽油润,味甘泽而气馥郁,去绿茶之苦,无红茶之涩,性和不寒,久藏不坏。香久益清,味久益醇,叶缘朱红,叶底软亮,具有绿叶红镶边的特征。茶汤金黄或橙黄、清澈艳丽。香气馥郁具幽兰之胜,锐则浓长,清则悠远,味浓醇厚,鲜滑回甘,"有味轻醍醐,香薄兰芷"之感,誉称"臻山川精英秀气所钟,品真岩骨花香之胜"的"岩韵"唯武夷岩茶所独有。

5.2.2　鲜叶加工

武夷山茶区春茶于立夏前3～5天开采,夏茶于夏至开采,秋茶立秋后采摘。春茶香高味醇,品质最优。秋茶香气高锐而味薄,品质次之。夏茶香低味较苦涩,品质较差。

岩茶的制法归纳起来为五个过程,即萎凋、做青、炒青和揉捻、干燥。按岩茶传统制法可分为13道工序,即晒青、凉青、做青(摇青、做手、静置)、炒青、揉捻、复炒、复揉、走水焙、扇簸、凉索、拣剔、足火、墩火。晒青是诱导岩茶香味形成的基础工序,做青与炒青是岩茶品质形成与固定的关键工序,烘焙是完成与发展岩茶韵味与色泽的重要工序。从而形成岩茶特有的"岩骨花香"和"醇厚甘滑"的品质。现茶厂已初步实现制茶机械化,采用萎凋槽、摇青机、杀青机、揉捻机、烘干机等,制法相应地简化为:萎凋、做青、炒青、揉捻、毛火、足火六道工序:

1. 萎凋(晒青和凉青)

萎凋是岩茶加工的第一道工序,也是形成岩茶香味的诱导工序。当晒青叶顶部叶片萎软时,基部梗脉仍保持充足的水分,它是走水还阳的物质基础与动力。晒青是利用光能与热能促进叶片水分蒸发,使鲜叶短时间内失水,形成顶部与基部梗叶细胞基质浓度促进酶的活化,加速叶内物质的化学变化。因此,晒青对奠定岩茶品质有重要意义,不仅是蒸发部分水分,更重要的是引起一系列的化学变化,为摇青过程准备良好条件。

晒青和凉青适度,能适当地调节萎凋过程水分蒸发和内含物的自体分解。有效地控制多酚类化合物的氧化,叶绿素的破坏及水浸出物的增多。制岩茶晒青与凉青时,水浸出物含量由鲜叶的40.9%增加为42.2%,氨基酸含量比鲜叶增加8.24%(以鲜叶为100),水溶性糖类比鲜叶增加11%,这些化学变化与萎凋叶绿色转浅,花香的显露有一定关系。可溶性物质有所增多,为下一道摇青工序提供了更多有效物质,是晒青和凉青技术配合合理的结果。

鲜叶进厂后,按不同品种、产地和采摘时间分别晒青,春茶通常在上午11:00前和下午2:00后,夏秋茶在上午10:00前和下午3:00后,这时阳光较弱,气温较低(不超过34 ℃),不易灼伤叶片。晒青时将鲜叶薄匀地摊放在水筛上,俗称"开青"。水筛的直径长90 cm,每筛摊鲜叶0.3～0.4 kg(相当于摊叶0.5～1.0 kg/m²),以叶片基本不相重叠为宜,能均匀地接受日光照射。在晒青过程中轻翻1～2次,使萎凋更加均匀。操作时手势要轻而细致,不损伤叶子,否则,叶子先期部分红变和水分蒸发过速而干瘪,俗称"死青"。大规模生产采用篾席晒青,每张篾席可摊叶20～25 kg,时间20～40 min,其中翻拌2～3次。

晒青适度时,第一叶或第二叶下垂,叶质较柔软,呈轻萎凋状态,叶色转暗绿,叶面光泽消失,叶缘稍卷缩,青气减退,微带清香,减重率为 10%~15%。

晒青时间长短依鲜叶含水量、日光强弱、气候条件不同而异。在天气晴朗,较强日光下晒 8~9 min;气温较低,日光较弱,要晒 60 min 左右。对叶片肥大、含水量高的水仙品种鲜叶,常采用"两晒两凉"。为了使每天采下的鲜叶,当天制完,采得越迟的鲜叶,晒青越重。但晒青程度太重,容易晒焦,产生"死青",反之,晒青不足,叶底暗,味苦涩,香不正;同时使做青时间延长。晒青适度时,将两筛晒青叶并成一筛,抖松摊平,移入做青间凉青。

阴雨天或傍晚采下的鲜叶,传统制法采用室内加温萎凋(俗称烘青),将鲜叶薄摊在焙间(烘房)的楼上,楼板为细木条间隔铺成,利用焙间上升的热空气提高室温,若室温偏低,可在楼下加火盆,同时利用门窗开闭调节室温,一般保持在 35~38 ℃。摊叶厚度为 5~6 cm,约 1~2 kg/m²。时间 1.5~2 h,其中翻拌 2~3 次。

机械制茶,有的使用萎凋槽加温萎凋,风温、摊叶厚度、萎凋时间,依茶树品种、鲜叶含水量等灵活掌握。一般风温为 32~38 ℃,摊叶厚度 15~18 cm,中间停机翻拌 1~2 次,1~1.5 h 完成萎凋。叶下机前停鼓热风改鼓冷风 10~15 min,使叶温下降,防止叶温太高导致"死青"。使用萎凋槽加温萎凋,温度宜低,风量宜大,翻叶宜勤,萎凋程度偏轻,避免"泛红"或"死青"。

凉青,将晒青(或加温萎凋)适度的叶子,两筛并一筛,每筛摊叶约 1 kg,轻轻抖松,放凉青架上,在通风阴凉的场所,散失叶内的热量,并继续缓慢地萎凋。凉青时间依气候条件而定,高湿低温的天气所需时间较长,为 30~60 min;干燥天气为 10~20 min。

鲜叶经晒青(或加温萎凋)后,水分迅速蒸发,嫩叶呈萎软状态,在凉青过程中,由于叶子曾经受到振动操作,加速梗的水分往叶片输送,使叶片恢复紧张状态,这种现象俗称"还阳"。随后又由于叶片水分蒸发速度大于梗的水分往叶片输送的速度,叶子又萎软下去,俗称"退青"。并由于叶子内含物的化学变化,花香逐渐增浓,表明凉青已达适度,再将三筛叶量并为二筛,轻摇十几下,移入做青间做青。

在晒青时各种儿茶酚有不同程度的减少,但在凉青过程却略有增加,如表 5-3 所示。这种现象可能与"还阳"现象有关。原存于输导组织的可溶性物质随着梗的水分往叶片的输送而到达叶片组织,给儿茶酚的初级氧化产物邻醌补充了一定数量的受氧基质,提供了邻醌还原儿茶酚的有利条件。所以,凉青叶的儿茶酚含量有所增加,但与鲜叶相比仍然是减少。这种"还阳"过程中水分和可溶性物质的输送,俗称"走水"。"走水"和"还阳"在摇青工序中将不断出现。

表 5-3 晒青和凉青儿茶酚变化(以鲜叶为 100)

儿茶酚	鲜叶	晒青叶	晒青时的变化	凉青叶	凉青时的变化	晒青和凉青的总变化
总量	100.00	68.41	−31.59	79.43	+11.02	−20.57
L-EGC	21.42	10.50	−10.92	14.55	+4.05	−6.87
D,L-GC	5.07	4.64	−0.42	5.88	+1.24	+0.81
L-EC+D,L-C	8.69	5.73	−2.96	8.09	+3.36	−0.60
L-EGCG	47.69	37.12	−10.57	38.68	+1.50	−9.01
L-ECG	17.13	10.42	−6.71	12.23	+1.81	−4.90

2. 做青

做青包括摇青、做手和静置。是青茶制造特有的工序,是形成岩茶品质的关键性过程。做青时叶子受水筛或摇青机的机械力作用,叶缘细胞组织受损伤,开始发生复杂的变化,促使多酚类化合物氧化、聚合、缩合,产生有色物质和促进芳香和促进芳香类化合物的形成,同时水分继续缓慢蒸发,各种物质转化的速度逐渐加快。一系列的物理变化对岩茶香气、滋味的形成起着决定性的作用。

一般做青操作 5~7 次,历时 6~8 h,随着摇青次数的增加,含水量逐渐缓慢地下降,细胞损坏逐渐增多,儿茶酚含量的变化呈波浪形,总的趋势是下降,叶色和香气发生着有规律性的、显著的变化。香气由清香转化为桂花香,进而转化为兰花香;叶面由绿转黄绿,叶缘由黄转红色,再变为朱砂红色,如表 5-4 所示。

表 5-4　做青过程主要理化变化

次 数 项目	一	二	三	四	五	六	七	八
含水量(%)	72.65	71.82	71.0	70.52	70.15	69.6	68.83	67.93
儿茶酚量 (%)	13.26	11.37	12.97	10.50	9.03	12.21	7.67	8.99
细胞损坏率 (%)	—	—	—	13.10	—	18.54	—	24.38
香气	青气较重稍带清香	青气减轻,清香渐浓	青气消失,清香浓	清气退淡带桂花香	桂花香渐浓,清香消失	桂花香浓带兰花香	兰花香渐浓,桂花香减淡	兰花香浓,微带桂花香
叶色	叶面绿色	叶面绿色退淡	绿色退淡叶缘泛黄	叶面暗绿黄,叶缘起金黄色	叶面绿黄,叶缘淡红点扩大转深	叶面绿黄,叶缘朱砂红鲜明	叶面绿黄,叶缘朱砂红鲜明	叶面绿黄,叶缘朱砂红转暗

注:叶色以第二叶为标准掌握程度。

由于做青要求缓慢地进行内含物的转化和积累,做青间的门窗要关闭,使温度相对稳定,室温保持在 22~25 ℃,相对湿度要求在 80%~85%,早春寒冷天气,室温低于 20 ℃时就要加温,否则难达到物质转化的程度,使做青时间拖长。在整个做青过程中,"还阳"和"退青"反复出现,摇青和静置交替进行。做青方法有手工摇青和机动摇青两种。

(1)手工摇青　凉青后经过轻摇的叶子,顺序放进做青间的摇青架上,静置大约 1 h,再进行第一次摇青。摇青时叶子在水筛面上作圆周旋转和上下跳动,使叶与叶,叶与筛面碰撞摩擦,碰伤叶缘细胞组织,发生局部氧化变化。往往因摇青的碰撞力量不足,从第二或第三次摇青起辅加"做手"(用双手收拢叶子,轻轻拍打),做手动作要先轻后稍重,但要避免叶子折伤。叶子折伤输导组织断裂,水分输送受阻就会产生"死青"。每次摇青后需将叶子捧松,堆成四周高、中间底的凹字形,堆面逐次缩小,堆叶逐次增厚,控制叶子水分蒸发速度和水分分布均匀,并提高叶温、加速物质转化。摇青的转数及静置时间,一般是由少到多,又从多到少(表 5-5)。

表 5-5　摇青转数与时间

方法\做青次数		一	二	三	四	五	六	七	八	九
手工	摇青(r)	10~15	20~30	30~40	40~50	50~60	52~60	40~50	30~40	7~8
	做手(下)				6~7	10~12		15~20	15~20	
	静置时间(min)	30~50	60~70	60~80	60~90	90~120	90~120	120~150	50~60	
机械	摇青时间(min)	0.5	1	1.5	2	2~3	3~4	3~4	2~3	
	静置时间(min)	30	45	50	60	60~70	60~70	50~60		

(2)机动摇青　摇青机有三层联筒式摇青机,双筒联式摇青机,一般筒长 160~200 cm,直径 60 cm,筒中心有一转轴,筒壁为铁纱网制成,网眼正方形,边长 0.1 cm。联筒式每架有六只圆筒组成,分两列,每列有上、中、下三只,用电机带动,转速 25~30 r/min,每筒装萎凋叶 10~12.5 kg,每隔 0.5~1 h 摇青一次,每次 2~6 min,摇青后仍留在筒内静置,全程要摇青 8~12 次,总摇青转数 800~1 000 r,摇青过程中转数掌握"先少后多",静置时间"先短后长"为宜。摇青机工效比手摇高,适用于大规模生产。

做青技术较复杂,影响因素较多,应根据茶树品种,鲜叶老嫩、萎凋程度、气候条件等"看青做青"。一般是,水仙等含水量较高的品种,特别是制极品茶,操作要轻、细,"多摇少做"或"只摇不做";对菜茶或水分较少的品种,可以"少摇、多做、厚堆"。

现在还有用综合做青机进行做青的,其做青要求同于手工,若结合加温萎凋即在机内同时进行,完成时减重率为青叶总量的 25%~35%,具体操作为:茶青→做青机筒→吹热风→吹冷风→摇青→凉青(摇凉青)重复 6~8 次→静置至发酵适度→下机。历时 8~12 h,亦应视气候、品种等因素灵活掌握。

(3)做青程度　岩茶一般做青适度标准,主要观察第二叶变化程度。

①叶脉透明:说明"走水"完成,即叶脉内含物,分解成可溶性物质,并随着水分输送到叶肉组织;同时,叶绿素破坏较多,因此,在灯光投射下,呈淡黄色明亮。做青程度不到,"死青"或其他原因,影响"走水"正常进行,则叶脉不透明,色深暗。

②叶面青绿色,叶缘朱砂红:俗称"青蒂、绿腹、银朱缘"又称"三节色"。叶子边缘变色部分较大,约占全叶面积的 30%,所以称"三红七绿"。红的面积太小,表明摇青力的作用不足,要增加做手;红的面积太大,而且有做青方法不对、用力不当的原因,需加以具体分析;"死青"的叶色呈暗红色,带有绿色成分较多。

③青气消失,散发出浓烈花香:香气是由多种芳香物质综合反映,优者应有品种香或花果香。一般说香型与叶色相联系。全面红变的叶子,还具有花香,那是一般红茶"发酵"适当的香型。

④由于叶缘失水较多而收缩,叶形成汤匙状;叶片柔软光滑如绸,翻动时有沙沙响声。

⑤减重率:大约为 25%～28%,含水量 65%～68%。

手工做青结束后,将叶子倒入大青筛中并不断地翻抖,俗称"抖青"。特别是午后进厂的鲜叶,要多"抖青",以补做青过程中理化变化的不足。经"抖青"的叶子装篓待炒青,但不能压得太紧,防止叶温剧增。

3. 炒青与揉捻

岩茶炒青作用基本上与绿茶杀青相同,但又有其不同点。炒青也是利用高温破坏叶内酶的活性,停止酶促氧化作用;通过热化学作用,进一步破坏叶绿素,部分多酚类化合物受热加速自动氧化,青气消失、新的高沸点芳香物得到发展,新香气形成;某些物质因受热而凝固,使茶汤清亮。如炒青不足,叶色青绿,不润泽,汤色浑浊,青气重,有苦涩味。

制岩茶的鲜叶较老,又经过萎凋和做青,含水量较少,叶质脆硬,宜采用高温快炒,少透多闷,要使叶温快速升高,又不能产生"水闷味";适当蒸发水分,又要保持叶质柔软,便于揉捻做形、不分离,同时不产生闷气味。因此,往往采取高温炒青,两炒两揉,热揉快揉短揉。

(1)手工传统制法　初炒锅温 180～220 ℃(锅底有 10 cm 直径范围发红),每锅投叶量为 0.75～1 kg(指鲜叶量),叶子下锅后双手敏捷地翻炒,以翻炒高低来控制闷透。翻炒速度视叶子受热程度而灵活掌握,炒青时间约 2 min 左右,到叶子柔软黏手,青气消失,发出清香为适度。

炒青叶起锅后,立即在有十字形棱骨的竹揉匾内,趁热重揉 20 多下,解块散发热气,免上水闷气,接着再重揉 20 多下,使茶汁外溢,叶子成条,即解块复炒。

复炒锅温 150～180 ℃,即较初炒稍低些,迅速翻炒 10～20 s,主要是闷炒,至叶子烫手,立即起锅趁热再揉,时间约 1 min,条索紧结,解块烘焙。炒揉后叶子水分含量约50%～55%。

(2)机械炒、揉

炒青机机型与绿茶杀青机相同,有滚筒杀青机或单锅、双锅杀青机。适度地炒到叶子柔软,富有黏性,无青草气,发生清香,减重率达到 45%～50%(以鲜叶为 100),为炒青适度。

揉捻机用闽茶 40—型,每筒装叶量 5～6 kg,掌握适量,逐步加压、快揉、热揉的原则。55～65 r/min,每次揉 6～10 min,要求使杀青叶卷曲成条,卷曲率 90% 以上。

4. 烘焙和簸拣

烘焙分毛火和足火。毛火叶经长时间摊放而后簸拣,再足火。烘焙是岩茶特有色香味品质风格形成的重要过程。

(1)毛火　要求高温快速烘焙,提高滋味甘醇度,发展香气和加深汤色,力求避免闷蒸现象,否则香低、味苦、色泽灰暗。手工烘焙采用"薄摊、高温、快速"的方法,焙间分设温度 120～90 ℃不同温度的焙窖 3～4 个,烘温从高到底顺序排列,毛火每笼摊叶量 0.5 kg,烘 3～4 min 翻拌一次,翻拌后焙笼向下一个温度较低的焙窖移动,全程 12～15 min 完成。毛火因流水作业,烘焙温度高,速度快,故称"抢水焙"或"走水焙",下焙时毛火叶含水率约30%,约7 成干。

大批生产采用自动烘干机,毛火温度 120～150 ℃,摊叶厚度 2 cm,历时 10～15 min,下机毛火叶含水率 20%～25%。

（2）摊放和簸拣 毛火叶长时间摊放是岩茶制法特点之一，岩茶传统制法，毛火后立即扬簸，使叶温下降，并扬弃碎末、黄片和茶末等轻飘杂物。后将毛火叶摊在水筛置于凉青架上，摊叶厚度 3～5 cm。在低温、高湿的夜里放置，直到第二天早晨再拣剔，俗称凉索。在这种条件下，水分蒸发较少，梗叶之间水分重新分布，达到均衡。同样存在着可溶性有效物质的流动和转化。对岩茶高香、浓味、耐泡等品质特点起着一定作用。拣剔主要是去除茶梗，也拣出黄片，另行处理。拣后的毛火叶以第二叶为主，带有第一叶和第三叶形成条索的叶子。

（3）足火 采用低温慢焙，使岩茶香味慢慢形成并相对固定下来。足火温度 80～85 ℃，摊放 1 kg 毛火叶，一般 15 min 左右翻拌一次，火温逐渐下降，焙至足干，然后进入"吃火"工序，又称"墩火"或"焙火功"。墩火每次摊叶 1～1.5 kg，烘温 70～80 ℃，开始烘 1 h 后水汽散尽，加半边盖再烘 1 h，称"半盖焙"。烘后香气充分诱发，为减少香气散失，要将焙笼全部盖密，继续烘焙，称"全盖焙"。1～2 h 后，香气纯熟，借以延长热化的作用。"吃火"又是岩茶制法的特点之一，是传统制法必不可少的重要工序，在足干的基础上，连续长时间的文火慢墩，不单是去水保质，而且对增进汤色，提高滋味醇度和促进茶香熟化等都起了很好的效果。实质上起着热化作用。"吃火"必须在足干时进行，否则水蒸气闷在里面，使叶色变黑，并产生闷味。"吃火"结束后用纸团包成茶，包后再补火一次，称"坑火"，以免因团包吸潮而导致品质陈化。

大批生产，毛火叶摊放 1 h 再行足火，采用自动烘干机温度 80～90 ℃，摊叶厚度 5～6 cm，历时 15～17 min，毛茶含水率 6%。

5.3 安溪铁观音

闽南青茶多以茶树品种命名，铁观音品种采制的，称铁观音，乌龙品种采制的称乌龙；其他如毛蟹、桃仁、梅占、水仙等品种，采制的青茶，统称为色种。铁观音、乌龙、色种三者品质以铁观音最佳，为闽南青茶之冠，色种居中，乌龙最次。

5.3.1 品质特点

铁观音品质有特殊风格，要求外形条索紧结、肥壮、重实、砂绿明显、润亮；内质音韵独特，甜醇，饮后生津；叶底"青蒂"、"绿腹红点"、"红镶边"，柔软鲜亮；汤色绿黄。不同生产季节的品种不一样，以春茶品质最优，秋茶次之，夏、暑茶较差。

不同气候，品质亦异，以晴天采制的最好，阴天次之，雨天最差。北风天采制的比南风天采制的品质优。

5.3.2 鲜叶加工

安溪铁观音与武夷岩茶的制法均属同原理，都是通过萎凋与做青，促进叶片局部进行多酚类化合物酶促氧化聚合,再以炒青停止酶促氧化,以烘焙完成内质变化。但二者具体加工方法略有不同,安溪铁观音萎凋比岩茶轻,摇青次数比岩茶少,摇青转数比岩茶多,每次摇青后间隔时间比岩茶长。加工程序是:凉青、晒青、做青、炒青、初揉、初烘、包揉、复烘、复包揉、足火共十道工序。

1. 萎凋

萎凋过程分凉青和晒青两道工序。关键是晒青工序。

(1)凉青

凉青就是把采回的鲜叶,按不同品种,老嫩和采摘时间分别摊放于水筛内(水筛直径100 cm左右),按次序放在凉青架上,每筛摊叶1.5～2 kg,凉青过程要轻翻2～3次,使水分蒸发均匀。中午或下午采回的鲜叶,含水量少,可摊得厚些,每筛2～3 kg,露水叶、雨水叶或含水量特别多的鲜叶,摊得薄些,每筛0.5～1 kg,待叶面水分凉干后,再合成每筛2～3 kg,上午采的鲜叶一直凉青到下午,而与下午采回的鲜叶一起晒青,晚青应及时摊凉,每筛0.5 kg,放通风处吹软,但摇青时要多摇一次。凉青的目的,主要在于消除鲜叶装载运输过程中的闷热,以恢复青叶生机,防止劣变。保持鲜叶新鲜度和控制水分蒸发速度,使青叶水分含量相对一致,便于晒青的技术掌握。

(2)晒青

晒青就是把青叶摊放在日光下晒,其目的就是蒸发部分水分,散发青草气,使叶质柔软,同时提高叶温,促进酶活化和内含生化成分一定程度变化,为做青工序奠定物质基础。不经晒青制成的青茶青气重,滋味苦涩,汤色浑浊而暗。晒青对制茶品质关系很大。

晒青通常在当天下午4:00～5:00,在采摘旺季时可提前在15:00左右开始,要求光照弱,气温在20～25 ℃。晒时把鲜叶均匀地薄摊在直径100～110 cm的筛筜上,每筜摊叶0.5～0.8 kg,摊叶时将青叶放在水筛上,双手握住水筛沿,有节奏进行旋转,使鲜叶均匀移动,铺满筛面,叶片不重叠或稍重叠,俗称"开青"或"开筛"。"开筛"后将水筛排放在阳光充足、空气流通的晒青场或晒青架上,晒青时间25～50 min,中间翻拌1～2次,使晒青均匀。晒青一般为一次完成,但少数含水量多、肥壮、叶色浓绿、青草味重鲜叶,也可采取两晒两凉。

地面摊晒。将鲜叶直接薄摊在晒青场所的竹席(或晒青布)上,厚2～4 cm,视日晒时间的长短进行2～3次的翻晒处理。

晒青适度的叶子呈轻萎凋状态,叶质柔软,叶面光泽消失,叶色变为暗绿,青草气消失,手持嫩梢基部,顶端1～2叶下垂,失重率达5％～12％。晒青程度的掌握,还应根据季节、气候、品种、鲜叶含水量等因素而适当调整。

看品种晒青　如梅占、水仙品种的鲜叶肥厚,梗粗壮,含水分多,晒青宜重,减重率为10％～12％;本山、黄棪等品种,叶张薄,梗梢小,晒青宜轻,减重率5％～8％;铁观音、大叶乌龙等重、小叶种,晒青减重率为6％～10％,具体如表5-6所示。

表5-6　各品种青茶晒青减重率(％)

品种	铁观音	本山	毛蟹	黄棪	梅占	奇兰	大叶乌龙	乌龙
减重率	6～8	5～8	8～10	4～6	11～12	7～11	6～9	7～10

看季节晒青　春茶气温较低,湿度大,鲜叶含水量多,可适当重晒;夏、暑季节气温高,湿度低,鲜叶水分散发快,宜轻晒或不晒或以凉代晒;秋茶气候干燥,气温不高,相对湿度低,鲜叶叶薄梗细,水分消失快,宜轻晒。

看气候晒青　气温低、相对湿度大的气候宜重晒;北风天、阴雨天宜重晒;南风天,气温高,晒青程度宜轻;东南风天,湿度大,茶青水分难消,晒青程度宜足;西北风天,气候干燥,茶青失水快,晒青程度宜轻。

看茶青原料晒青　幼嫩青含水多,晒青程度宜足;粗老叶,含水少,晒青程度宜轻;茶园肥培管理好的茶青,梗叶肥大,叶色浓绿,晒青程度宜足,反之则轻。上午采的青,凉青时间长,茶青水分已散发部分,晒青程度不宜太重,中午采的青进厂已柔软,晒青程度宜轻;下午采的青,晒青程度宜重。

晒青适度的叶子,两筛并一筛,轻轻地翻拌几下,散失热气,搬进摇青间,停放 1 h 后做青。

2. 做青

做青是交替以摇青、凉青多次反复的工艺过程,是青茶初制的第二道工序,也是形成青茶品质的关键工序。

(1)做青的目的和原理

做青的目的就是通过摇青摩擦损伤叶缘细胞,促进发酵和继续萎凋,使叶内含物发生变化,以形成青茶特有的品质特征。

茶青经过萎凋后,梗脉中的含水量高于叶片,摇青时梗脉中的可溶性物质伴随着水分被输送到叶片中,既增加了叶内干物质含量,又使叶子由轻度失水的柔软状态恢复紧张状态而变得硬挺,俗称"还阳",也叫"返青"。"还阳"后经摊凉,叶内水分重新挥发,叶子又因失水而变得柔软,俗称"退青"或"消青"。做青过程通过摇青与凉青的交替进行,促使青叶"还阳"与"退青"循环往复,交替出现。同时由于摇青摩擦作用,损伤叶缘细胞,造成多酚类化合物酶促氧化,形成红边。由此带动其他生化成分发生一系列变化,形成青茶"绿叶红镶边"的品质特征。

(2)做青的方法

做青方法有手工摇青和摇青机摇青两种,目前闽南茶区摇青多采用竹制圆筒式摇青机摇青。

手工摇青　手工摇青,是用特制的摇笼进行的。摇笼为竹制半球形茶笼,直径 1.10 cm,高 20 cm,笼面中间有一根横木档,摇青时系绳于空中,每笼装叶量 3～5 kg,操作时将青叶置于笼内,双手握住一边笼沿做向上向前推,向下向后拉的往返运动,使叶子在筛子内呈波浪式旋转跳动,导致叶子与筛面、叶子与叶子之间产生摩擦、碰撞,致使叶缘细胞组织局部逐渐产生损伤,溢出茶汁,水分扩散,青气散发,达到摇青目的。如果摇青方法不对,茶青只做往返运动,称为"拉筛",则摇青不匀,造成"死青"。

摇青机摇青　摇青机筒为竹篾编成的圆形有孔网筒,机身长为 200 cm,直径为 80～85 cm,装叶量 50 kg,装至摇青机容积 1/2～3/5,转数 30 r/min。摇青机摇青装叶一定要适当,装叶量太少,茶青在竹筒中散落,碰撞太重,易造成茶青损伤;装叶太多,茶青摩擦运动不够,摩擦不均匀,达不到摇青目的。

(3)做青技术

　　做青在专门的做青间内进行,做青间要求清洁凉爽,室温20 ℃左右,相对湿度75％～80％为宜。摇青时间长短要根据气候、季节、品种、晒青程度不同,而灵活掌握。北风天气温低,湿度小,叶内化学变化慢,宜重摇;南风天气温高,湿度大,宜多次轻摇,摇青次数一般是4～5次,历时10～12 h。做青是一个控制物理变化、促进化学变化的过程,其方法要掌握"循序渐进"的四条原则:即摇青转数由少到多;凉青时间由短渐长,摊叶厚度由薄变厚,发酵程度由轻渐重。具体操作方法如下:

表 5-7　闽南青茶做青历程表

处　理		春　茶			夏暑茶			秋　茶		
		黄　棪	毛　蟹	梅　占	黄　棪	毛　蟹	梅　占	黄　棪	毛　蟹	梅　占
第一次	摇青(min)	2	3～4	1～1.5	1.5	3	1	1.5～2	3～4	1
	凉青(min)	1～1.5	1～1.5	1～1.5	1～1.5	1～1.5	1～1.5	1～1.5	1～1.5	1～1.5
	摊叶厚(cm)	2～3	2～3	2～3	2～3	2～3	2	2～3	2～3	2～3
第二次	摇青(min)	3～5	7～10	2	2.5～3.5	5～7	1.5	3～5	7～10	1.5～2
	凉青(min)	2.5～3	2.5～3	2.5～3	2～2.5	2～2.5	2.25	2.5～3	2.5～3	2.5～3
	摊叶厚(cm)	3～5	3～5	3～5	3～5	3～5	2～3	3～5	3～5	3～5
第三次	摇青(min)	8～12	20～23	3～6	5～7	15	3～4	8～12	17～33	3～5
	凉青(min)	4～5	4～5	4～5	3～4	3～4	3～4	4～5	4～5	4～5
	摊叶厚(cm)	10～15	10～15	10～15	7～10	7～10	7～10	10～15	10～15	7～10
第四次	摇青(min)	8～14	23～27	5～7	7～9	13～17	3～4	9～14	20～27	4～6
	凉青(min)	3～5	3～5	3～5	3～4	3～4	3～4	4～5	4～5	4～5
	摊叶厚(cm)	15～20	15～20	15～20	7～10	7～10	7～10	15～20	15～20	10～15

　　第一次摇青约在傍晚6:30开始(即晒青后1 h),摇3～4 min,摇完摊放在水筛上,每筛1～1.5 kg,静置1.5～2 h,继续第二次摇青,摇6～8 min,摇后每筛摊叶1.5～2 kg,这次摇完青叶已转向"走水"阶段即叶脉、叶梗水分向叶片分布,这时叶片呈光泽,叶尖翘起,第三次摇青约在23:00至0:00进行,但要等叶尖回软,叶色转暗,光泽消失才可进行,摇青时间7～15 min,摇到有青气味,青叶复硬率达70％,摊凉3～4 h,此次摊凉应适当增厚堆,为12～15 cm,以提高叶温,促进多酚类化合物酶促氧化,第四次摇青约在第二天早晨5:00左右,此次摇青应看叶质变化程度,如叶片边缘红色明显,叶色转为黄绿可少摇,相反可多摇,第五次摇青是辅助性的一次,应根据叶内化学变化程度而定,如叶缘呈珠红色,叶色黄绿有红点,可不摇或少摇,相反叶缘带有青褐色,叶片绿色,红色稀少则可多摇。做青一般过程如表5-8所示。

表5-8 做青一般过程简明表

次数	第一次	第二次	第三次	第四次	第五次
摇青作用	摇匀促进变化	摇活茶青走水	摇红发酵明显	摇香发酵适宜,内质形成	
摇青起始时间	6:30~7:30	8:00~8:30	11:00~12:00	次日5:00	
摇青转数(r)	60~100	100~200	200~400	400~700	
摇青时间(min)	3~4	6~8	7~15	13~27	
摇青后茶青情况	青气味微露	青气味略强 叶子略硬	青气味浓强 叶子硬挺	青气味强,稍带淡香 叶子较硬	化学变化不足可再摇,尽量在10:00前炒制好
摊凉措施	翻松薄摊	翻松略薄摊	翻松略厚摊	翻松厚摊	
摊凉时间(h)	1~1.5	2~2.5	2.5~3.5	3.5~5	
凉青后茶青情况	青气退,茶青稍平伏	青气退,叶片平伏,叶色略浅绿,叶缘部分锯齿略红	青气退,叶色转黄绿,叶边部分红变,叶如汤匙状	青气退尽,香气显露,叶色黄绿,叶缘红变,茶青柔软、润滑,品种特征明显	

由于做青效果受到气候、季节、品种、鲜叶嫩度、晒青程度等不同的影响,因此做青过程,还应根据不同的情况灵活掌握做青技术,既"看青做青"、"看天做青"。

①依季节而言:春茶时节,气温较低,温度较大,高山茶区,早晨往往云雾弥漫,容易出现茶青积水难消的现象,因此春茶晒青程度宜足,第四次摇青与炒青的间隔时间适当延长。夏、暑茶时节气温高,茶青失水快,叶内化学变化速度快,因此,各次摇青间隔时间适当缩短,炒青时间相对提早,以上午10:00以前完成炒青作业为宜。秋、冬茶时节气温低,气候干燥,茶青含水分较少,叶内化学变化速度慢,晒青程度要比春茶轻,第三、四次摇青宜重,茶青适当厚堆,以利提高叶温,促进叶内化学变化。(表5-9)

表5-9 不同季节做青要点比较表

	采摘成熟度	含水量	内含物质	鲜叶状况	品质特征	做青要点
春茶	成熟	多	丰富	叶肥厚、上下部叶子较一致	香气浓郁、滋味醇厚、色泽乌油润	重晒重摇,凉青长,"来去水"分明,发酵充足
夏、暑茶	幼嫩	较多	茶多酚高	角质层厚、上下部叶不一致	幼嫩紧结、红变充足	轻晒轻摇,叶薄摊,凉青短,发酵较充分
秋、冬茶	较成熟	较少	芳香物质多	叶张略薄、梗细	香气高强、边红色、色泽翠绿	轻晒重摇,保水保"青"、保温,发酵稍轻

②依品种而言:铁观音、本山叶内化学变化缓慢,摇青转数宜多;梅占、水仙容易红变,摇青转数宜少;毛蟹、奇兰、黄棪摇青转数介于本山与梅占之间(表5-10)。

③依气候而言:南风天气茶青失水快,可以适当增加摇青次数(五、六次),减少各次摇青转数,以免茶青"走水"不接续;北风天气,气温低,叶内化学变化缓慢,各次摇青转数适当增加,茶青适当厚摊,以促进叶内化学变化,否则发酵不足,香气低。第四次摇青时,如逢雨天或云雾天,摇青转数要增多,茶青适当薄摊,利于"消水"。也可以用手做青代替摇青,利用手温提高叶温,助其"消青"(表5-11)。

表 5-10　不同品种做青特点简明表

品种	鲜叶形态特征	部分内含物含量		做青特点
		水浸出物	茶多酚	
铁观音	叶肥厚,椭圆形叶脉及梗肥壮	43.43	18.71	晒青要适当,一、二次摇青宜轻,三、四次宜重,"发酵"可充分些,才能形成浓香高"音韵"
黄棪	叶薄梗细,黄绿色,质软皮薄	43.28	19.10	轻晒青,轻摇青,最后一次可重些,"发酵"可略轻,保持高香特色
毛蟹	深绿色,叶稍厚,梗稍壮,皮薄质韧	40.87	15.36	晒青适度,摇青适当,第四次可较重,"发酵"应适宜,既去除青味,又保留花香
大叶乌龙	叶圆厚,梗稍肥壮,浓绿色质稍硬	42.34	17.85	晒青稍重,三、四次摇青较重,以便转兰花香味
本山	黄绿色,梗细长,叶脉显,叶椭圆,较小	40.52	11.96	晒青稍轻,一、二次轻摇,三、四次适当重摇,保"青力","发酵"可稍轻,以保持高香
梅占	叶浓绿,长椭圆,梗长壮,叶质厚脆	49.22	21.47	重晒轻摇,"发酵"充足,去青辛味转熟香味

④依茶青粗嫩而言:幼嫩茶青含水分多,晒青程度要足,摇青转数宜少。粗老茶青晒青程度要轻,摇青转数多,倘若怕麻烦、图省工而重晒青,轻摇青,则会因茶青失水过多而揉不成条,滋味淡薄。

⑤依晒青程度而言:晒青程度较足者,第一次摇青转数宜少,以免出现红梗红叶。也可于第一次摇青前半小时用手稍松动茶青,使其轻微"走水",稍等片刻,才开始第一次摇青,各

次摇青转数相对减少,炒青时间相对提早。

表 5-11 铁观音不同气候做青技术表

天气		温湿度	做青技术
南风天	南风	高温中湿	轻晒、较轻摇、适当保水、防风
	西南风	高温低湿	微晒、轻摇、多次、保水、防风
正常气候		中温中湿	重晒、重摇、走水正常、来去水分明
北风天	西北风	低温低湿	较重晒,摇青先轻后重,厚摊保水防风
	东北风	低温中湿	重晒,第三、四次摇青应重摇薄摊,可垒大堆保温促发酵

晒青程度不足者,各次摇青转数要增多,促进叶内化学变化。也可以改四次摇青为三次摇青,即减少摇青次数,增加摇青转数,延长摇青间隔时间,同时茶青适当薄摊,以促进"消青"。

晚青要薄摊于凉青架上,待茶青柔软后开始摇青,各次摇青转数要增多。也可以当晚只摇青两次,第二天早晨补晒青,晒青后凉青半小时,使其散发热气,青叶各部分水分重新分布平衡,再摇青两次,至叶内化学变化程度适宜时炒青。

雨水青的做青方法:若逢连续阴雨天气,无法进行晒青时,有萎凋槽设备的可采用加温萎凋。没有萎凋槽设备的,应尽量薄摊,并置于通风处,利用流通的空气把青叶水分缓慢地蒸发并带走,然后摇青三次,各次摇青转数要多,凉青时间要长,摊叶要薄,使其消青。也可以在青房内生火盆,以提高室温,降低空气中的湿度,达到萎凋目的,但应注意及时翻青,使青叶柔软程度均匀一致。此外,还可以在摇青时,于摇青机下放置火盆,边摇青,边加温萎凋,使茶青柔软,但火盆温度不宜过高,以免灼伤青叶。

(4)摇青适度

第一次摇青后,茶青"转活"要达 70%左右。第二次摇后,转活要达 95%以上。叶缘锯齿银珠缘,第三次摇后,要求青味显露。第四次摇后要使叶身凸出如汤匙状,色泽黄绿明亮,叶缘红边鲜明,叶质柔软,青味消,茶香起。未达适度者,可根据内质变化的反映,尽量加以补救。

乌龙茶品质要求色、香、味俱全,并注重香气,而在生产实践中,常常是良味易求,高香难得,因此,只有掌握叶内化学变化到一定程度时进行炒青,成茶才具有清高的香气,鲜醇的滋味。倘若叶内化学变化不足炒青,成茶色泽青绿,香气含有青气味,滋味青涩;叶内化学变化程度已足而不能及时炒青者,则茶黄素进一步自动氧化为茶红素,芳香物质逸散,茶叶色泽枯红暗晦,香气淡薄滋味淡而不鲜。所以说,掌握茶青叶内化学变化程度适当时炒青,是一项很重要的技术。根据实践经验,当茶青青气味消失,清香气味显露,叶色呈现黄绿色,叶缘红边鲜明,手摸滑如浸水黑木耳时,就可付炒。但品种不同,对叶内化学变化程度又有不同的要求,如本山种,梗小叶薄,香气显露的持续时间短,应掌握茶清香气刚显露时炒青;而梅占梗大叶厚,青气味特强,应掌握叶内化学变化程度较足时炒青,以消除其青气味和苦涩味。这就是通常所说的发酵中,发酵头与发酵尾。

摇青适度的叶子要求"青蒂"、"绿腹"、"红镶边",即梗带饱水青绿,叶面黄绿,叶缘珠红色,叶表呈现红色斑点,青气退,花香显现,叶片凸起呈汤匙状。

3. 炒青

炒青是通过高温制止酶促氧化,并使叶质柔软便于揉捻,目前炒青机械有锅式杀青机和110型滚筒杀青机两种。锅式杀青机掌握锅温230~250 ℃,投叶量4~5 kg,历时8~10 min。110型投叶量滚筒杀青机掌握温度240~260 ℃,投叶量20~25 kg,历时10~15 min。后者具有投叶量多,炒青均匀的优点。炒青应掌握"适当高温,投叶适量,返潮均匀,闷炒为主,扬炒配合,快速短时"的原则。在操作过程要"看青炒青",如鲜叶粗老,水分少,宜多闷少扬,炒青时间可稍短些,以免失水过多,揉不成条,即"老叶嫩炒",程度轻些。鲜叶含水分多的,宜用高温多透少闷,时间长些,炒青程度充足些,但要注意锅温过低会产生闷黄味,锅温过高易产生焦味。

炒青适度:气味清纯,叶色由青绿转为暗绿,叶张皱卷,手捏柔软,带有黏性,减重率30%左右。

4. 揉捻与烘焙

青茶揉捻与烘焙是交叉进行的。炒青叶经初揉后初烘,初烘后包揉,包揉后复烘复包揉,逐渐干燥,逐步形成条索。

(1)初揉 青茶初揉大部分用小型揉茶机,如30—型、35—型,少数用40—型。功率1~1.5 kW,每桶装叶量7~8 kg,60~65 r/min,揉时3~4 min。

初揉应掌握"趁热、少量、逐渐加压、快速、短时"的原则。即将炒青叶趁热装入揉捻筒内,适当加压揉1.5 min后,在桶内解块,再加压揉1.5~2 min,就可解块上烘,不能放置太久。如不能及时上烘,必须摊放散热,防止劣变。初揉以挤出部分茶汁,叶片初步卷曲成条为适度。

(2)初烘 采用自动烘干机、手拉式百叶板烘干机或焙笼,掌握"高温薄摊快速,适当消除水分"的方法。烘干机初烘温度为100~120 ℃,摊叶厚度1~1.5 cm,历时8~10 min,烘至6成干,即不会粘手即可下烘整形。焙笼烘干,火温以90~100 ℃为宜,每烘笼摊叶1.5~2 kg,历时10~15 min,其中翻拌2~3次,茶条力求干湿一致,烘至茶条不粘手即可下焙包揉。

(3)初包揉 包揉是闽南青茶加工特殊的塑形工艺,采用"揉、压、搓、抓"等动作,使茶条形成紧结、弯曲、螺旋状、圆紧的外形。包揉可进一步摩擦损伤叶细胞,挤出茶汁,增加茶汤浓度。

初包揉有多种方法,传统方式布巾包揉和小茶袋踏揉,也有平板包揉机配合速包机包揉等。手工布包揉,用70 cm×70 cm的白布巾,将初烘叶趁热包揉,每包叶量约0.5 kg,搁置板凳上,一手抓住布巾包口,另一只手紧压茶包向前向后团团滚动推揉。揉时用力"先轻后重",使茶叶在布巾内翻动,轻揉1 min后,解开布巾,解散茶团,再重揉2~3 min至适度,整个过程历时3~4 min,初包揉后解去布巾,将茶团解散,以免闷热发黄。

小茶袋踏揉的操作方法是:将初烘叶趁热装入小茶袋内,数量2.5~3 kg,,拧紧茶袋口,放在清洁的地板上,揉茶者手扶横杆,双脚踏揉茶团,使茶团向一定的方向翻转滚动,踏揉3~4 min后,解开茶袋,解散茶团,再拧紧袋口,再次踏揉3~4 min至适度,整个过程历时6~8 min,揉后及时解块上烘。

现在包揉用平板包揉机配合速包机、解块机进行。采用平板包揉机配合速包机包揉,一般要进行六个回合,第一、二回合工艺流程为:初烘→摊叶回潮→定量分装→速包,松包→速包→速包机包揉→松包→摊凉散热。第三至第六回合工艺流程为:烘热茶条→速包,松包→速包→短时静置定型→松包。现也有采取炒青叶冷却后进行冷包揉。

(4)复烘 复烘应掌握"快速、适温",烘笼复烘温度掌握80~85 ℃,每笼摊叶量1~1.5 kg,历时10~15 min,期间翻拌2~3次,烘至茶条松散,有刺手感,约7成干即可起焙,太干了会增加碎茶,过湿条索形扁。

采用烘干机复烘,温度掌握90~100 ℃,摊叶厚度2 cm,,历时10~12 min,烘至7成干下烘。

(5)复包揉 方法与初包揉一样,包揉2 min左右,一部分粗细不一的茶坯,可筛分后分别包揉。复烘和复包揉可反复相间进行多次,揉至条形符合闽南青茶的规格要求。复包揉后捆紧布巾,静置一段时间,固定茶条形状,也称"定型"。

(6)足火 足火分两道火进行,掌握"低温慢烤"的原则。第一道足火,温度70 ℃左右,每个焙笼放掰开的茶团3个,约1.5 kg,烘至茶团呈自然松开,再解散茶条,焙至8~9成干下焙摊凉,使叶内水分重新分布,再行第二道足火,温度60 ℃左右,每个焙笼摊叶2~2.5 kg,时间1 h左右,足火过程中翻拌2~3次,烘至手折茶梗断脆,气味清纯即可下烘,稍经摊放后,装入茶缸或茶箱妥善保存,以防吸湿变质。烘干机足火不如烘笼那样可以灵活掌握控制,必须把茶团解散再行足火,温度以70~80 ℃为宜,烘至足干为止。

5.4 清香型乌龙茶

20世纪90年代中期,随着海峡两岸农业合作与交流的发展,台湾茶叶企业涉足大陆茶叶生产、加工、销售等多个领域。台资企业不仅将其先进的茶叶生产、消费、营销理念带进内地,而且还将台式乌龙茶加工技术与设备带进了内地,并对内地乌龙茶加工技术产生了影响。闽南乌龙茶区的茶农以当地优良的乌龙茶品种茶树鲜叶为原料,在吸收台湾乌龙茶轻发酵工艺的基础上,对乌龙茶传统工艺进行大胆革新,运用空调做青技术,生产轻发酵型乌龙茶,因其香气较传统乌龙茶更清香,由此称为"清香型乌龙茶",相应地,将运用传统工艺技术加工而成的乌龙茶称为"浓香型乌龙茶"。

5.4.1 品质特点

清香型乌龙茶外形圆结紧实,色泽砂绿(似蛙皮绿)油润(有光泽);香气清高持久,高雅锐鼻,花香显;汤色浅金黄或清黄,清澈明亮;滋味醇和鲜爽;叶底黄绿软亮,叶缘略带缺口,红边少。

清香型铁观音与传统工艺制作的浓香型铁观音品质特征相比较,清香型安溪铁观音品质特征突出表现为"形紧、色绿、香清、味鲜",如表5-12所示。

表 5-12　特级清香型与浓香型安溪铁观音感官品质比较

项目		清香型铁观音	浓香型铁观音
外形	条索	肥壮、圆结、重实	肥壮、壮结、重实
	色泽	翠绿润、砂绿明显	翠绿、乌润、砂绿明显
	整碎	匀整	匀整
	净度	洁净	洁净
内质	香气	高香、持久	浓郁、持久
	滋味	鲜醇高爽、音韵明显	醇厚鲜爽回甘、音韵明显
	汤色	金黄明亮	金黄、清澈
	叶底	肥厚软亮、匀整、余香高长	肥厚、软亮匀整、红边明,有余香

5.4.2　鲜叶加工

清香型铁观音的鲜叶要求是中小开面二、三叶,鲜叶嫩度一致,大小均匀,故生产上采用分期分批法采摘。最佳的采摘时段为晴朗天气的上午 9:00 至下午 4:00。目前生产上亦采用扳片法、抹芽法等采摘方法。清香型乌龙茶制法与传统制法原理相同,但具体加工方法略有不同,清香型乌龙茶采用"低温、薄摊、长晾"的工艺,保持青叶的鲜活性,并通过"冷揉"和"低温慢烤"保持成茶鲜度和清纯香气,形成了其香气清高,滋味鲜爽,汤色和叶底黄绿的独特品质。其加工工序为:凉青、设施晒青、空调做青、炒青、去红边与摊凉回潮、包揉、低温干燥共七个工序。

1. 设施晒青

(1)晒青工艺原理与技术指标

晒青对形成清香型乌龙茶优良品质极其重要。晒青不足或未经晒青的青叶,黄酮类、儿茶素氧化程度低,茶汤色泽泛青晒青过度,部分叶张红变,叶中香气成分减少,导致产生不良香气甚至劣变。闽南传统乌龙茶晒青多在下午 4:00～5:00 进行。这时太阳斜照,光线柔和,太阳平均辐射强度 400 W/m^2 左右,而中午前后的辐射强度达到 1 000 W/m^2 以上。

为使中午前后的日光强度达到传统晒青要求,清香型乌龙茶多采用设施晒青技术,即利用遮阳率为 50%～70% 的遮阳网进行晒青,实现进厂鲜叶随进随晒,确保乌龙茶萎凋质量。设施晒青的特点是比传统晒青时间增加 3～4 倍,节约晒青场面积 60% 以上,晒青程度容易掌握,鲜叶不触地,清洁卫生。

(2)晒青设施的建造

①按日产量规模铺设水泥晒青场,晒青场要求通风透光性好,地面坡度 2～3°,便于排水。

②每隔 3～5 m 竖一根直径 32～60 mm、长度 3m 的镀锌钢管,用 10 号钢丝将镀锌钢管联接,以作支架。

③选用遮光率为 50%～70% 的遮阳网,每 2～3 幅缝合在一起,用小钢圈穿在钢丝线

上,遮阳网靠人工拉展。有条件的地方可在晒青场顶上安装 PC 阳光板,既可透光又可防雨。晒青场铺上轻质、耐磨的晒青专用尼龙布,四边用小沙袋压住,以防止大风将尼龙布卷起。晒青布具有隔热、保洁、翻青收青方便的作用,规格为 4 m×4 m。

(3)设施晒青技术

①根据季节、气候、时段灵活应用遮阳网,调节晒青的日光辐射强度。天气炎热干燥时,可采取少晒、间歇晒、以晾代晒等多种方式。

②按品种和采摘时段分期分批晒青,均匀薄摊,摊叶量 1 kg/m² 左右。

③晒青过程尚需进行 1～2 次翻拌,使晒青程度均匀一致。

④晒青程度比传统轻,依茶树品种、叶片厚薄而有所不同,掌握晒青叶减重率为 4%～7%,比传统工艺少 1～2 个百分点;晒青叶以叶表略失光泽,叶色略转暗绿,顶二叶微垂为适度。

⑤收青时,将晒青布四角提起,动作轻缓。晒青后将晒青叶移入室内晾青 30～60 min。

2. 空调做青

做青是乌龙茶品质形成的关键工序。通过摇青与晾青的交替进行,促使青叶"还阳"与"退青",从而使青叶嫩枝与叶脉中的水分和可溶性内含物向叶片转移,水分通过气孔逐步散发,可溶物则与叶片内含物结合、转化,形成乌龙茶特有的香味物质,同时叶缘组织适度损伤,促使茶多酚部分酶促氧化,从而形成乌龙茶的特有品质。

(1)空调做青环境

乌龙茶品质与做青环境密切相关,做青环境主要包括"温、湿、气流"三因素。

①做青环境温度

做青温度影响乌龙茶的色、香、味。温度太高,青叶产生强呼吸和强酶促氧化,氨基酸、可溶性糖组分消耗过多,清香型芳香物质减少;温度太低,青叶内含物转化缓慢而延长晾青时间,导致部分可溶性物质的消耗,茶汤滋味淡薄。清香型乌龙茶做青环境的适宜温度为 20±2 ℃,春秋茶取高限,夏暑茶取低限。

②做青环境相对湿度

做青环境相对湿度影响做青过程青叶的失水速率。相对湿度太高,抑制青叶的水分散失,干茶香气低闷;相对湿度太低,青叶失水太快,内含物质转化不充分,做青不足,茶汤带青草气和苦涩味。做青环境相对湿度以 60%～70% 为好,毛茶的香气高且持久。

③做青环境气流

做青间应维持一定的通风条件,导入室外新鲜空气,排除室内 CO_2 气体,减少茶叶"空调味"。做青间空气不流通,不利于空气与青叶之间的质热交换和青叶"走水";但太通风也不行,因为将使空调能耗增大,并影响做青过程青叶的正常呼吸以及香气的积累。应采取间歇通风换气法,通风时做青间的气流速度为 0.2～0.3 m/s。

(2)空调做青的设施与设备

①空调做青间

空调做青间应相对封闭式,门窗可开闭。闽南一带的空调做青间结构特点如表 5-13 所示。

表 5-13　清香型乌龙茶空调做青间建筑结构特点

位置	1、2 层楼
朝向	坐北朝南
单间面积(m²)	15～25
高度(m)	2.8
外墙材料	砖混、刷白
内墙材料	砖、水泥砂浆
吊顶材料	硅酸钙板
地面材料	红地砖或水磨石
门	实木推拉门
窗	铝合金窗

注:朝向适用于主风向为东南风的闽南、闽中地区。

②空调设备

空调设备主要用于控制做青间温度,同时具备一定的除湿功能。在湿度大的春季或高山茶区,还需配置除湿机配合空调设备共同除湿。

清香型乌龙茶的做青空调制冷功率应稍大些。一般按照"10 m² 1 匹(约)"的原则配置空调。对于 15 m² 做青间,空调制冷功率约 1.5 匹(3 300 W),空调功率约 1 500 W。做青空调设备选型参考表 5-14。

表 5-14　清香型乌龙茶做青间空调设备类型

空调类型	功能	做青间	配除湿机	特点
窗式空调	单冷	小型	是	价格便宜,安装方便,噪音较大
分体挂式空调	单冷、冷暖式	小型	是	价格适中,只能控温,噪音较小
分体柜式空调	单冷、冷暖式	中型	是	价格较高,只能控温,温度不匀
中央空调	冷暖式	大中型	是	价格较高,只能控温,温度均匀
专用智能空调	冷暖式	中小型	否	价格适中,温湿度可控,无换新风
气候控制系统	冷暖式	中小型	否	价格适中,温湿度可控,换新风

③气流调控装置

采用换气扇和循环风扇作为做青间气流调控装置。换气扇一般选用直径 300～350 mm 带百叶窗的换气扇,安装在做青间的北墙上方,使空气自下而上流动。电子定时器定时开启换气扇,做青前期每隔 1 h 换气 1 次;做青后期每隔 2～3 h 换气 1 次,换气时间 1～2 min。

对于安装柜式空调或气流不均匀的做青间,应避免青架正对空调冷风口,并在做青间中央上方安装小型循环风扇,使做青间内空气从近至远形成对流循环,或安装吊扇以均匀气流。

④摇青机械

摇青机筒体采用竹篾编织而成,筒径 0.8～0.9 m,长度 2.5～3 m,每筒容叶量为 50～

75 kg青叶(2～3个球包)。

为适应轻发酵做青,宜采用无级变速摇青机,摇青机采用直流电动机或电磁电动机调速(转速一般为5～15 r/min),可根据品种、做青阶段的不同调节转速高低,薄叶型品种、做青前期转速宜低,反之宜高。摇青机上安装时间控制器,可在0～60 min范围内设定摇青时间,以便精确控制摇青程度。

摇青机一般放置在空调做青间之外,以避免摇青时茶尘污染空调。摇青机一般靠墙边,转向朝内,以保证茶门不被损坏。

(3)做青间温湿度控制方法

①做青间温度低于22 ℃,相对湿度低于75%时,可不开启空调,在自然环境下做青。

②做青间温度超过22 ℃时,开机调至"制冷"功能,温度设置在20～22 ℃做青。

③做青间温度在22 ℃以下,而相对湿度高于75%时,开机调至"除湿"功能。

④当温湿度两项指标都超过时,开机调至"制冷"功能。

⑤遇上阴雨天气或鲜叶未经晒青时,在开启空调"制冷"功能的同时,开启除湿机除湿或用红外线灯加温降湿。

(4)空调做青技术要点

清香型乌龙茶空调做青技术要点可归纳为"轻摇青,薄摊青,长晾青,轻发酵"。

①轻摇青

摇青力度由摇青机转速、摇青时间及摇青次数三因素构成。摇青力度一方面影响做青叶的走水规律,另一方面影响做青叶的叶组织损伤及内含物的转化程度,对乌龙茶品质形成有着重要影响。摇青力度过强,叶组织损伤度高,酶促氧化作用增强,使氧化产物形成和积累过多,造成茶汤变深、变红同时叶组织的过度损伤,还会造成叶绿素的大量氧化降解,与茶多酚氧化缩合产物共同影响,能使干茶色泽转褐,汤色加深,达不到清香型乌龙茶色泽砂绿、汤色浅金黄的品质要求。

清香型乌龙茶采用轻摇青——摇青机转速和摇青时间皆比传统降低50%以上,即摇青机转速在5～15 r/min,摇青次数多为2～3次。第1次摇青时间最短,摇出淡淡的"青气";第2摇比第1摇稍重,"青气"较第1摇稍浓;第3摇摇"香",摇至清香显露。每次摇青均需等青叶青气退尽后才能再摇。

②薄摊青

薄摊青有利于做青过程青叶的水分蒸发和低沸点青草气的挥发,同时可避免呼吸作用引起的叶温升高,从而使青叶内含物始终在较低的温度下转化,形成特有的香味特征。摊青时,一般要求叶与叶之间互不重叠,摊青量一般控制在0.5 kg/m²左右。

③长晾青

长时晾青,是空调做青特定条件下的重要措施。在空调低温环境条件下,青叶的呼吸作用减弱,内含物转化速度变慢。通过长晾青,保证青叶充分"走水消青"。一般第1摇和第2摇后的晾青时间为1.5～3 h,第3次晾青常在后半夜,晾青时间长,为8～12 h。至做青结束,做青叶减重率达30%左右,做青叶含水率为60%左右。

总之,"薄摊青、长晾青、失水多"是清香型乌龙茶做青的最突出特点。在低温、低湿、叶组织低损伤条件下,叶内酶的活性降低,许多内含物的转化变慢,通过延长晾青时间,可以保证乌龙茶呈味、呈香物质的转化和积累。

④轻发酵

闽南传统乌龙茶在做青结束之前经过堆青发酵,发酵程度为25％左右,红边15％～20％,而清香型乌龙茶为避免做青叶发热闷黄,降低鲜活性,取消了堆青发酵,做青叶红边红点仅10％左右,即一红九绿。当叶色稍退淡呈重失水的浅绿色,茶香显露,做青叶减重率达30％左右,即可进行炒青。

下面以铁观音品种秋茶为例说明清香型乌龙茶做青工艺(表5-15)。

表 5-15　清香型乌龙茶空调做青工艺参数

工序	时间	历时(min)	晾青历时(min)	平均温度(℃)	平均相对湿度(%)
晒青	15:30～15:50	20	10		
一摇	16:00～16:05	5	115	19.8	66.6
二摇	18:00～18:10	10	110	18.9	57.6
三摇	20:00～20:50	50	1 200	17.6	57.4

注:大气温度16～21 ℃,相对湿度70％～80％。

3. 炒青

可把清香型乌龙茶炒青的作用归纳为"升温、杀酶、失水、诱香"。目前,清香型乌龙茶炒青工序普遍采用6CST—90型燃气式滚筒炒青机,炒青必须把好四关:滚筒温度、投叶量、滚筒转速和炒青时间,重点要掌握"高温、少量、重炒"的技术要领。

①高温

炒青机温度比传统杀青高,要求在280～300 ℃时投叶杀青,投叶后滚筒内应发出似鞭炮的"噼啪"响声。若无响声或响声轻微,则杀青温度过低。

②少量

投叶量比传统炒青要少,每筒投叶量3～4 kg,以迅速破坏酶的活性,并加快叶内水分的蒸发,避免闷炒使叶色变黄。

③重炒

以含水率40％左右为炒青适度,炒青叶含水率比传统炒青降低15％～20％,炒至滚筒内发出"沙沙"响声,手握叶略有脆感即可下机。

4. 去红边与摊凉回潮

去红边是清香型乌龙茶的特殊工艺。去红边方法:抖散炒青叶水蒸气后,趁热短时搓揉或用包揉布包裹好甩包撞击,使红边碎脱,然后及时筛分并摊凉回潮。去红边的目的一是剥离叶缘红边,保证汤色绿亮明净;二是散热,降低叶温,避免热闷;三是使炒青叶回潮,促进梗叶的水分平衡,为后续包揉工序奠定造型基础。经去红边处理的叶底其叶缘欠完整,呈不规则锯齿状。

5. 包揉

清香型乌龙茶包揉工艺强调"冷揉快揉、松包散热、反复多次"。传统工艺大多采取热包揉(叶温40 ℃以上),以便于包揉造型。由于此阶段茶叶含水率较高,热揉往往伴随着湿热作用,会使叶绿素降解,黄酮类物质自动氧化,影响茶叶香气与色泽。清香型乌龙茶包揉工艺采取冷包揉技术,通过包揉机械的高强度搓揉挤压作用,能够达到闽南乌龙茶紧实、圆结的外形要求。

包揉工艺流程：

初包揉→初烘→复包揉→复烘→再包揉→定型

（1）初包揉

速包和松包反复 3～4 次。经多次的速包机速包和松包机松包,速包时每包茶量为 7.5～10 kg,速包时间要求短时,一般不超过 1 min,使叶质柔软,减少叶间空隙,逐渐紧实茶包,弯曲条索。接着用速包机和平板包揉机配合交替使用,即速包→平揉→松包,反复 4～5 次。平板包揉机每次平揉时间 3～5 min,经过平揉机多次高强度的搓揉挤压,叶细胞结构受到一定程度的破坏,茶条逐渐卷紧,水分和内含物渗透到叶表,茶条表面呈黏稠湿润感。

（2）初烘加热

在 70 ℃ 左右烘温下进行初烘,提高叶温,降低水分,至略有刺手感下机,翻抖散热至温热(37 ℃ 左右)时进行复包揉。

（3）复包揉

速包机与平板包揉机配合交替使用,反复 2～3 次,包揉全过程的用力程度应掌握"松—紧—松"的原则,以免前期产生扁条和后期茶叶断碎。但此次包揉应充分些,加压可稍重。在包揉中的解块翻拌时,可人工辅助搓抓。

（4）复烘

与初烘方法相同,再次烘热茶坯,散发水分,对进一步塑形发挥辅助作用。

（5）再包揉

根据青茶品质的外形要求,复烘、再包揉多次反复操作,烘一次包揉 3～4 次,整个过程烘 3～4 次,包揉则多达 12～16 次。包揉中应及时松包,筛去碎末,以保证茶汤清澈明亮。也可采取"仅速包不平揉"的方法,以保持茶色绿润鲜活,无黄变,无闷味,并减少茶叶断碎。

（6）静置定型

包揉造型茶叶外形达到要求后,紧缩茶包,静置定型 1～2 h,待茶坯冷却,外形固定后解包干燥。

6. 足火

清香型乌龙茶干燥技术强调"低温慢烘",干燥过程应掌握"低温、通气、薄摊、足干"的原则。足火分两次进行。

第一次烘焙进风温度应控制在 60 ℃,以利于保持清香型乌龙茶翠绿的色泽和高锐的香气。烘至 8～9 成干,下烘摊凉 1～2 h。

第二次烘焙进风温度应为 55～60 ℃,烘至茶叶含水率 5%～6%。干燥后的茶叶应及时真空密封包装,并于低温下贮藏,以保证茶叶的色、香、味品质。

5.5 台湾乌龙茶

台湾乌龙茶系清朝初年(公元 1677 年)由福建武夷山传入,制法仿武夷岩茶。清朝嘉庆年间(公元 1796—1820 年),台湾人柯朝从福建引入青心大冇、青心乌龙、软枝乌龙等乌龙茶品种,种于淡水沿岸至新店枫子林一带,并请福建安溪制茶名手传授制茶技术。以青心乌龙所制的品质最优。1919年,从安溪引入铁观音茶种,制成台湾铁观音。后又培育出"台茶12号(又名金萱)"、"台茶13号(又名翠玉)"等适制包种茶的高香品种。台湾乌龙年产量维持在2万t左右,近年来外销量锐减,仅占总产量的15%~20%,主销美国、日本、泰国、瑞典、新加坡、德国等国家。

5.5.1 台湾乌龙茶品质特征

台湾乌龙茶依发酵程度,分为轻发酵、中发酵和重发酵。发酵程度以绿茶儿茶素氧化量为0计算,轻发酵型(属高香型)儿茶素氧化量为8%~18%,如文山包种茶、冻顶乌龙茶;中发酵型(属浓味型)儿茶素氧化量为20%~40%,焙制时间较长,如铁观音;重发酵型(属乌龙茶型)儿茶素氧化量为50%~70%,它由嫩芽叶焙制而成,外形显白毫,称白毫乌龙茶,如膨风茶属之。品饮时在茶汤内加一滴白兰地酒,别有风味,欧美称之为"香槟乌龙茶",被誉为"东方美人",为台湾特产。

台湾乌龙茶主要品种花色有冻顶乌龙、铁观音、文山包种及乌龙茶等。其品质各具特色:

冻顶乌龙茶,外形条索紧结弯曲,色泽墨绿鲜艳,带蛙皮白点,干茶芳香强劲,具浓郁蜜糖香;汤色橙黄,香气清芳,似桂花香;滋味醇厚甘润,回甘力强,耐冲泡,叶底淡绿红边。

铁观音外形条索紧结,呈半球状,色泽深褐有光泽,似蛙皮色泽,叶底淡绿红镶边,叶片完整,枝叶连理。

文山包种茶,外形条索紧结长壮,呈自然弯曲,色泽深绿油亮,带蛙皮白点,干香带素兰花香,汤色金黄,具幽雅花香,滋味清纯回甘,叶底色泽鲜绿,完整无损。

乌龙茶外形条索紧结,稍短,毫心肥壮,白毫显露,叶色红黄绿相间,色泽鲜艳,汤色橙红(琥珀色)浓艳,叶底青绿有红边,叶柄淡绿,叶片完整。

5.5.2 鲜叶加工

台湾乌龙茶以冻顶乌龙茶品质最为优异,驰名中外。冻顶乌龙茶产于台湾省南投县鹿谷乡境内凤凰山支脉的冻顶山上,因而得名。产地海拔700 m,土壤富含有机质,水湿条件良好,年均气温20℃左右,当地的野生茶树,早已闻名遐迩。据台湾通史记载"水沙连之茶,色如松萝,能避瘴去暑,而以冻顶为佳,惟出产无多"。冻顶乌龙茶按其发酵程度属"包种茶",因产于冻顶山,人们特称其为"冻顶乌龙"。台湾乌龙茶各品种花色制造工艺见图5-1。

1. 鲜叶标准

台湾乌龙茶采摘期长,自3月中旬至11月中旬,一年采四季。春茶3月中旬至5月上旬,夏茶5月下旬至8月中旬,秋茶8月中旬至10月下旬,冬茶10月下旬至11月中旬。鲜叶以稍带芽点(即驻芽)小开面三叶嫩梢,叶质柔软,叶肉肥厚,叶色淡绿者为佳。

2. 鲜叶加工技术

冻顶乌龙茶加工工序有萎凋、搅拌与室内萎凋、炒青、揉捻、初干、团揉、焙干。

(1)萎凋　有日光萎凋与热风萎凋两种方法。日光萎凋是鲜叶薄摊在4 m×4 m的麻

初干（初焙）——→ 再干（复焙）——→ 文山包种茶（条形）

再揉 ——→ 再干 ——→ 明德茶

日光萎凋　　　室内萎凋　　　　　揉捻　　　　初干
鲜叶 ——→ 或 ——→ 或 ——→ 炒青 ——→ 与 ——→ 或 ——→ 团揉及复炒
加温萎凋　　　搅　拌　　　　　解块　　　复炒（3~5次）

　再干　　　冻顶乌龙
——→ 或 ——→ 松柏长青（半球形）
　复焙　　　铁观音（半球形）
　　　　　　金萱（半球形）

湿包回软 ——→ 揉捻与解块 ——→ 初焙 ——→ 复焙 ——→ 乌龙茶
初揉 ——→ 复炒 ——→ 再揉 ——→ 初焙 ——→ 复焙 ——→ 岩茶

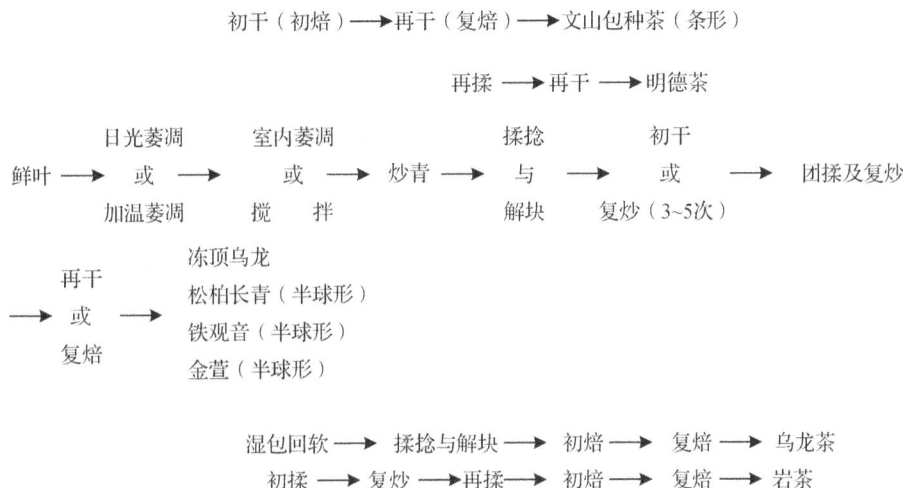

图 5-1　台湾乌龙茶品种花色工艺示意图

布埕或笳篱上,每平方米摊叶 0.5~1.0 kg,在 30~40 ℃日光下晒青。日温度过高时,可用纱布遮阴,历时 10~20 min。阳光微弱时可适当延长至 30~40 min,其间轻翻 1~3 次,待第三叶叶面失去光泽,叶质柔软,叶面波浪起伏,发出茶香时为适度,减重率 12%~18%。

热风萎凋是在萎凋室内装置热风管道,将 40~45 ℃的热风通过管道输入室内,使室内冷热空气对流加热,室温保持在 35~38 ℃,萎凋帘摊叶量为 0.6~2.0 kg/m²,历时 20~50 min 可完成萎凋;萎凋程度以带芽第二叶或开面第一叶失去光泽,叶面呈波状隆起,叶质柔软,青气消失,有萎凋香出现,减重率为 8%~12%。

近年台湾曾采用回热式机械风萎凋法,风温 38~40 ℃,历时 30~50 min,其成茶品质优于日光萎凋与加温萎凋。

(2)晾青与翻拌　萎凋适度叶移入做青间,0.6~1.0 kg/m² 叶量于笳篱上晾青,晾青期间,每隔 1 h 翻拌一次,使叶温下降,水分散失均匀,为搅拌准备条件。

摇青与静置待晾青叶叶缘起微波时进行第一次搅拌。做青间温度为 23~25 ℃,相对湿度 70%~80%。手工搅拌是双手将叶捧起,轻轻翻动,叶子间互相碰擦,叶缘轻微损伤,促进叶内走水。一般搅拌 3~5 次,每次 2~12 min 不等,然后静置 60~120 min。搅拌动作逐次加重,搅拌时间由短渐长,静置时间由长渐短,摊叶由薄渐厚,总做青历时 9~10 h,减重率约 25%~30%。搅拌工艺参数如表 5-16 所示。

表 5-16　冻顶乌龙茶做青工艺参数

次数	搅拌时间(min)	静置时间(min)	摊叶量(kg/m²)
1	1	90	1.0
2	2	90	1.5
3	3	60~75	2.0
4	5	60~75	4.5
5	5~7	60	4~5
合计	16~18	360~405	

最后一次搅拌在午夜进行。早春与初冬午夜气温较低,搅拌后将叶装入茶篮或茶篓内,

以提高叶温,促进发酵,装叶厚 60 cm 左右。冻顶乌龙茶发酵轻,若搅拌过重,青叶损伤过重,会引起"包水现象",使茶色深暗,滋味苦涩;搅拌不足则香气不显,品质较差。

(3)炒青　有手工与机械两种方法。手工炒青用铁锅,直径约 70 cm,锅深 22 cm,锅温 100 ℃,投叶 0.75 kg,炒时锅温渐降,8～10 min,锅温降至 60～70 ℃,减重率 35%～40%,出锅揉捻。为方便炒锅降温操作,可将几只铁锅排列一起,自右向左,锅温由高到低,高温锅炒时间短,低温锅炒时间长,连续操作。

机械炒青用炒青机,转速 23～28 r/min,锅温 160～180 ℃,投青叶 6 kg,投叶后锅内发出噼啪响声,8～13 min,炒至叶无青气,显芳香,手握有松软感为度。

(4)揉捻　采用望月式揉捻机,转速 40～45 r/min,投叶量 6 kg。炒青叶出锅后,用手翻动 2～3 下,使水气稍散,即投入揉捻机揉捻。初揉 6～7 min,解块散热,再加压揉 3～4 min,下机解块初干。

(5)初干　机械初烘 100 ℃,经 5～10 min 烘焙,达 5 成干,叶内含水 30%～35%。初烘温度高,时间短,称为"走水焙"。烘后将初干叶摊于笳篱,静置隔夜。

(6)团揉(即包揉)　将放置隔夜的初干叶用圆筒机或手拉式干燥机加热,叶温达 60～65 ℃,叶张回软,装入特制的布球机团揉或手工团揉,期间松袋解块数次,经 3～5 次复火团揉,外形渐卷而成半球形。

(7)干燥　用手拉式干燥机分两次干燥。初干风温度 100～105 ℃,摊叶 2～3 cm,历时 25～30 min,下机摊凉 30～60 min,使水分重新分布均匀后再行复焙。复焙温度 80～90 ℃,烘至含水 4% 为足干。

本章小结

青茶主产于福建(闽北、闽南)、广东、台湾等地。其制法综合了绿茶和红茶制法。青茶对鲜叶的要求,要有适当的成熟度,一般采摘开面叶。

武夷岩茶产于闽北"秀甲东南"的名山武夷,茶树生长在岩缝之中。茶具有绿茶之清香,红茶之甘醇,是中国乌龙茶中之极品。其主要品种有"大红袍"、"白鸡冠"、"水金龟"、"铁罗汉"、"半天妖"、"水仙"、"乌龙"、"肉桂"等。岩茶外形要求粗壮、紧实,色泽油润,红点明显,净度佳,不带梗、过嫩芽叶和粗老叶。香味特别浓厚、高长,具花香和岩韵。汤色深橙黄而鲜明。岩茶传统制法可分为 13 道工序,即晒青、凉青、摇青(做手)、炒青、揉捻、复炒、复揉、毛火、扇簸、摊凉、拣剔、足火、墩火。现在制法简化为:萎凋、摇青、炒青、揉捻、毛火、足火六道工序。

铁观音为闽南青茶之冠,其品质有特殊风格,要求外形条索紧结、肥壮、重实、砂绿明显、润亮;内质音韵独特,甜醇,饮后生津;叶底"青蒂"、"绿腹红点"、"红镶边",柔软鲜亮;汤色绿黄。其加工程序是:凉青、晒青、摇青、杀青、初揉、初烘、包揉、复烘、复包揉、足火共十个工序。

20 世纪 90 年代中期,闽南乌龙茶区的茶农以当地优良的乌龙茶品种茶树鲜叶为原料,在吸收台湾乌龙茶轻发酵工艺的基础上,对乌龙茶传统工艺进行大胆革新,运用空调做青技术,生产轻发酵型乌龙茶,因其香气较传统乌龙茶更清香,由此称为"清香型乌龙茶"。其加工程序为:凉青、设施晒青、空调做青、炒青、去红边与摊凉回潮、包揉、低温干燥共七个工序。

台湾乌龙茶于清朝初年由福建传入。台湾乌龙茶主要品种花色有冻顶乌龙、铁观音、文山包种及乌龙茶等。依发酵程度,分为轻发酵、中发酵和重发酵。

思考题:

1. 试分析青茶做青在品质形成中的作用?
2. 青茶对鲜叶成熟度有何要求?
3. 青茶的品质形成机理是什么?
4. 试比较安溪铁观音和武夷岩茶鲜叶加工方法不同之处。
5. 清香型乌龙茶和浓香型乌龙茶加工方法的不同之处是什么?

第 6 章

红　茶

6.1　概　述

　　红茶是我国生产和出口的传统茶类之一。历史上我国红茶在国际茶叶市场曾辉煌一时,占统治地位。但随着国内外茶叶市场的变化,我国红茶的生产逐渐萎缩,目前全国红茶生产量仅占茶叶总产量的 5%;出口量约占全国茶叶出口总量的 10%。我国红茶有小种红茶、工夫红茶、切细红茶三种。

6.1.1　发展简况

　　17 世纪中叶,福建崇安首创小种红茶制法,是生产历史最早的一种红茶。品质特具风格,至今为福建特有的传统产品,有特定的销售市场。

　　18 世纪中叶,在小种红茶制法的基础上,又发展了工夫红茶制法,公元 1851 年清代董天工写的《武夷山志》载有"小种"和"工夫"茶名,说明当时已有"小种红茶"和"工夫红茶"之分,也说明工夫红茶制法起源于福建。1875 年前后,工夫红茶制法传到安徽,原来盛产绿茶的祁门,开始生产红茶,是为祁门工夫红茶的起始,工夫红茶是我国传统产品,19 世纪 80 年代我国曾在世界茶叶市场上占统治地位,当时我国出口茶叶,是以工夫红茶为主。祁红工夫品质优异,制工精细,驰名中外;湖南的"湘红"(原称"湖红"),产区广阔,产量曾在全国占主要地位;福建的"闽红",因产区、品种不同,品质各异,有"坦洋"、"白琳"、"政和"工夫之分;江西的"宁红",湖北的"宜红",台湾的"台红",均有悠久的生产历史,为我国传统工夫红茶。新中国成立后,又有了四川的"川红";浙江的"浙红"(开始称"越红")和云南的"滇红","滇红"以外形肥硕显毫,香味浓郁,在国际市场享有极高的声誉。

　　我国红茶制法在 19 世纪传到印度、斯里兰卡等国后,按照我国工夫红茶的制法,生产分级红茶。到了 20 世纪 40 年代,逐渐演变大量生产切细红茶。1957 年,为适应国际市场的需求,我国也研究生产切细红茶。

　　目前,为适应人们对茶叶多元化的需求,经政府及有关部门的努力,工夫红茶又得到了恢复和发展。

6.1.2 鲜叶要求

红茶有小种、工夫、切细之分,但对鲜叶质量有着共同要求。除小种红茶要求鲜叶要有一定成熟度外,工夫红茶和切细红茶都要有较高的嫩度。一般是以一芽二叶为标准。加工高档切细红茶,需要一芽二、三叶嫩度的鲜叶,而工夫红茶也只有嫩度高的鲜叶,才能制成形质优美的产品。

鲜叶的新鲜度直接影响红茶的香气、滋味,红茶内质要香味鲜爽、浓厚,鲜叶必须新鲜。

鲜叶的色度,以黄绿色为好,紫色叶虽能制红茶,但滋味稍苦,品质较差。

鲜叶的品种与红茶品质密切有关。云南大叶种,叶质柔软肥厚,多酚类化合物等化学成分、含量较高,制成红茶品质特别优良。福建政和、福鼎大白茶,坦洋菜茶都是适制红茶的好品种。金观音、黄观音、梅占、金牡丹等乌龙茶品种加工的工夫红茶香气浓郁具有独特的花果香,滋味醇厚鲜爽,品质独特。

采摘季节与品质也有关,一年中春茶品质最佳。夏茶制红茶比绿茶好,这是由于夏茶多酚类化合物含量较高,适制红茶,因此,有的地方在春季制绿茶,夏季制红茶,充分发挥鲜叶的适制性。

6.2 小种红茶

小种红茶,是福建特有的一种外销红茶,产于武夷山市星村镇桐木关,称正山小种或星村小种,其他外地用工夫红茶熏烟仿制的称烟小种或人工小种,品质较差。近年,武夷山桐木试制成功正山小种改进工艺的金骏眉、银骏眉等系列产品,深受市场青睐。

6.2.1 品质特点

小种红茶品质特点是:干茶色泽褐红润泽,条索肥壮,紧结圆直,不带毫芽,汤色浓红,香气高爽,带纯松烟香,滋味浓而爽口,活泼甘甜,似桂圆汤味。

6.2.2 鲜叶加工技术

小种红茶产区地处海拔1 800 m的高山地带。气候寒冷,茶树发芽迟,采摘期亦较迟。春茶于5月上旬立夏前2、3天开采,6月下旬采夏茶,一年采两次,不采秋茶。小种红茶鲜叶嫩度不如工夫红茶要求的细嫩,一般采半开面三、四叶。芽叶比较成熟,含多酚类化合物较少,糖类较多,为小种红茶甜醇奠定了基础。

小种红茶制法较其他红茶细致,具有独特的技术措施,为以后发展其他红茶和青茶创造了技术条件。

1. 萎凋

有室内加温萎凋和日光萎凋。小种红茶产区的桐木关一带，春茶期间阴雨天多，晴天少，以室内加温萎凋为主，日光萎凋为辅。

(1)室内加温萎凋

室内加温萎凋俗称"焙青"。焙青设"青楼"，分上、下两层，中间用隔木横档隔开，横档每隔3、4 cm一条，不设楼板。横档上铺放青席，供萎凋时摊叶用，隔木下30 cm处设焙架，供干燥时熏焙用。

加温时室内门窗均关闭，然后在楼下地面上直接燃烧松柴。为使室温均匀，火堆采用"T"字形、"川"字形或"二"形排列，每隔1～1.5 m排一堆，有用单块松柴片平放，也有用两块松柴架高，点燃后使其慢慢燃烧，温度均匀上升。热空气通过湿坯上升至楼上，即利用焙干的余热升至焙青间，待焙青间室温上升至28～30 ℃时，把鲜叶均匀抖散在青席上，厚度9～10 cm，每10～20 min翻拌一次，使萎凋均匀。翻拌时动作要轻，以免碰伤叶面。雨水叶要抖散，并防止温度过高，灼伤鲜叶变红。

室内加温萎凋的优点是鲜叶能直接吸收烟味，使毛茶吸烟量足，滋味鲜爽、活泼，不受气候变化影响。这种加温方法劳动强度大，要有专人在室内看火，防止火焰烧着隔木或因焙干用的水筛落入火堆而引起火灾。由于室内浓烟烈熏，生产者眼睛与呼吸道易受损伤，影响身体健康。为此，近年来对加温方法进行改进，改进的焙青间与干燥间相同(详见熏焙部分)。因焙青间所需温度较低，灶口与焙青间的距离较干燥间远，从灶口至烟道口距离为4.5 m，以便控制焙青间温度不超过40 ℃，防止灼伤叶片。

(2)日光萎凋

日光萎凋是利用茶厂附近空地向阳位置搭起"青架"，高2.5 m，宽4 m，长度视地方大小而定，架上铺设用厚竹编成的"竹簟"，竹簟上再铺青席，供晒青用。这种青架远离地面，清洁卫生，上下空气流通，有利萎凋进行。萎凋时将鲜叶抖散在青席上，摊叶厚度为3～4 cm，以薄摊为好。视日光强弱，每10～20 min翻拌一次，翻拌2～3次，至叶面萎软，手握如绵，叶面失去光泽，梗折不断，叶脉透明，青气减退，略有清香，即为萎凋适度。然后移入室内摊放片刻，进行揉捻。

日光萎凋时间的长短，以阳光强弱、鲜叶含水量高低而定，在日光较强的条件下30～40 min可完成萎凋，一般需1～2 h，在阳光微弱的条件下则需3 h以上。

肥壮的芽叶或老嫩不匀的鲜叶，在强烈日光下萎凋，程度难以均匀，叶面虽已萎软，但梗脉水分尚多，未能达到萎凋适度。为使萎凋均匀，可在日光萎凋一段时间后，移入室内摊放，待梗脉水分重新分布后，继续进行室内自然萎凋，至萎凋适度为止。日光萎凋的主要缺点是鲜叶不能直接吸收松烟，毛茶吸烟量少，滋味不够鲜爽。同时日光萎凋受气候影响很大，只能在晴天时采用。

2. 揉捻

用55一型揉捻机，每机装叶30 kg，揉捻时间嫩叶为40 min，一般为60 min，老叶90 min左右，中间停机解块一次，揉至叶汁挤出，条索紧结圆直，即可下机解块"发酵"。

3. 转色

转色是劳动人民认识"发酵"本质的言语。揉叶装满大箩筐里，厚30～40 cm，如装叶较厚，中间挖一洞，以便通气。上盖以浸湿的麻布袋或厚布(称转色布)，以保持湿度，为转色提供良好的条件。春季气温较低，转色时将转色篮置于干燥间内，以提高叶温，促进转色。经

5～6 h,有 80% 以上转色叶呈红褐色,青气消失,茶香显出,即为转色适度。

4. 过红锅

过红锅是小种红茶制造中特殊而重要的措施,利用锅温破坏酶的活化,适时停止转色,并散发青草气,增进茶香,使香气鲜纯。同时保持一部分可溶性多酚类化合物不被氧化,使茶汤鲜浓,滋味甜醇,叶底红亮开展。

传统制法过红锅用平锅,温度 200 ℃ 左右,投转色叶 1.5～2 kg,用双手迅速翻炒,经 2～3 min,使叶受热,叶质柔软,即可起锅复揉。锅炒时间不宜过长,必须保留适当水分,防止复揉时叶条断碎。每天制茶完毕,需将锅洗净待用,以免焦末影响品质。

桐木三港试用杀青机代替手工过红锅,效果良好。锅温 80～90 ℃,投叶 4～5 kg,约经 3 min 出锅,因锅温较低,投叶量多,有促进转色的作用。因此,转色叶有 80% 转色时即可过红锅,使其在锅中继续转色,经复揉后正达转色适度。经审评,用机械过红锅的毛茶干色润泽,叶底红亮,柔软,滋味醇厚,香气高(焦糖香显著),从而克服了长期以来手工过红锅与机械揉捻不能配套的矛盾,使正山小种保持了传统技术与特征。

5. 复揉

把过红锅的炒叶趁热揉捻 5～6 min,使条索更为紧结,揉出更多的茶汁,以增加茶汤浓度。复揉后下机解块并及时干燥。若放置过久,转色过度,影响品质。

6. 熏焙

熏焙是小种红茶干燥的特点,对形成小种红茶的品质与特征十分重要。既使湿坯蒸发水分至干燥适度,同时又吸收大量松烟,促进芳香物质散发,使产品具有浓厚而纯正的松烟香气和类似桂园汤的滋味,鲜爽、活泼。

手工熏焙是复揉适度的湿坯薄摊于水筛(用竹篾编成,篾宽 1.5 cm,编织成孔径为 0.4 cm×0.8 cm 的筛底)每筛摊叶 2～2.5 kg,摊叶厚度 3～5 cm。水筛置于青楼楼下的焙架上,呈斜形鱼鳞状排列,有利于热烟穿透至水筛各部分。地面用纯松柴燃烧,明火熏焙,开始火温要高,防止湿坯转色过度,至八成干时,将火苗压小,降低温度,增大烟量,使湿坯大量吸收松烟香味。熏焙时不要翻拌,一次熏干,以免条索松散。明火熏焙一批需 8～12 h。

因明火熏焙影响生产者的身体健康和容易引起火灾,现改用烟道熏焙。在青楼外选择地势较低处,挖设简易炉灶,灶口迎风,灶口宽 30 cm,高 40 cm,呈拱形。灶深 2 m,在灶膛内,离灶口 70 cm 处开始向后上方倾斜,直通烟道口。烟道口设在焙间内,并分出两条烟道,将焙间分隔成三等分,使热烟在焙间内分布均匀。焙间内的烟道前段深 30 cm,尾部深 15 cm,呈前低后高倾斜,以使焙间前后温度一致。烟道用砖砌成,上面用活动砖头盖住,熏焙时,根据所需的烟量大小和温度高低,灵活掌握砖头开启的数量,砖头开启越多,温度愈高,烟量愈大。熏焙时将窗户关闭,每批熏焙需 12 h 以上。青楼仍分上下两层,全供干燥用,上层因湿度大,熏焙时间需较长。

改进的青楼优点是:室内温度均匀,节约燃料(比旧法节约 1/3),降低成本,管理操作方便,生产安全,大大降低劳动强度,保护生产者的健康,提高生产效率和产品质量。

7. 复火

毛茶出售前需进行复火,使毛茶含水量不超过 8%。复火时将高级茶与低级茶分开,进行大堆复火,采用低温长时间熏焙,使其吸足烟量,提高制茶品质。

6.3 工夫红茶

工夫红茶是我国特有的传统产品,有 200 多年的生产历史。世界驰名的"祁红"、"滇红"、"闽红"等工夫红茶在国际上有特定市场,"宜红"、"宁红"、"湖红"等也颇受市场欢迎。

6.3.1 品质特点

工夫红茶品质特点:红汤红叶,外形条索紧细匀直,叶色润泽,毫尖金黄;内质香气高锐持久、滋味鲜醇,汤色红亮、叶底红明。

"祁红"是槠叶种制成的,具有特殊的"甜花香",过去称"蜜糖香",属高香茶。高级"川红"带有一种类似橘子香。

大叶种制成的"滇红"工夫,外形肥硕多毫,香味浓郁鲜醇,汤色红艳明亮,叶底红匀鲜亮。

"闽红"有"坦洋"、"白琳"、"政和"三大工夫,其由于产地和品种各异品质各有特色。

6.3.2 鲜叶加工技术

鲜叶加工分萎凋、揉捻、"发酵"、干燥四道工序。各地工夫红茶形质虽异,但基本制法是相同的。鲜叶加工过程,是根据鲜叶内在的化学成分及变化规律,人为地创造变化条件,形成红茶特有的色、香、味、形。鲜叶加工是一个复杂的发展过程,贯穿在整个过程中,多酚类化合物的酶促氧化是全过程的主要矛盾。

1. 萎凋

萎凋是鲜叶加工的基础工序。在技术设施的条件下,使整批鲜叶正常均匀失水,激发内含成分的变化,达到适度的物理和化学两方面的变化。

(1)萎凋目的

散失适度的水分,减少细胞张力,叶片柔软、韧性增加,为揉捻做形和提高叶组织的破坏创造必要的物理条件。

随着水分的散失,叶细胞汁浓缩,细胞膜渗透作用加强,酶逐渐地活化,引起叶内所含成分一定程度的变化,酶的活化使多酚类化合物氧化开始,芳香成分也产生变化,显著地使鲜叶青草气逐渐消失,其他化合成分也有相应变化,这是萎凋的化学变化。

(2)影响萎凋的因素

萎凋是鲜叶的失水过程,又是物质化学变化过程。影响萎凋正常进展的因素是很多的,有外部的,也有内部的,要控制一定的条件,才能使萎凋叶的物理状态和化学变化向有利于品质的方向发展。

①鲜叶老嫩:萎凋不仅要使失水达到一定程度,而且要求均匀,萎凋均匀是萎凋质量好

坏的关键,萎凋不匀对质量影响很大,但由于芽、叶、梗以及鲜叶老嫩不同,鲜叶老嫩不同和同一芽叶各部分含水量不同,水分蒸发散失的快慢、难易也不同,因此鲜叶老嫩和匀度是影响萎凋失水的主要内部因素。

叶片水分蒸发:一是通过鲜叶背面的气孔,一是通过表皮角质层,鲜叶老嫩不同,而水分蒸发快慢不一。嫩叶约有50%的水分是通过发育不全的角质层蒸发的,而老叶角质化程度高,厚而坚实,水分难以通过角质层蒸发,只有5%～10%的水分能通过角质层蒸发,失水速率慢,所以,嫩叶虽比老叶含水量高,却比老叶萎凋进展快。嫩梗本身是输导组织,含水量高,但表面积小,本身很难蒸发,水分大部分是通过输导至叶片中蒸发的。

叶背面的气孔蒸发,气孔蒸发的"周缘效应"说明,气孔蒸发速率比同等面积的水面自由蒸发速率快100倍。当鲜叶水分含量多,气孔的保卫细胞充水而使气孔张开,蒸发水分,失去一定水分后,气孔保卫细胞失水收缩使气孔关闭,继续失水导致叶面皱缩,气孔又被动张开(称被动开放),经观察鲜叶在萎凋结束时的状态,第一叶大部分气孔是开放的,第二叶个别气孔是开放的,第三叶的气孔大部分是不开的。由于嫩叶和老叶通过气孔蒸发水分的量不同,萎凋失水速率差异很大。因此,同批鲜叶的嫩度、新鲜度要相对地比较一致,才能达到萎凋比较均匀的目的。

鲜叶经过萎凋,水分蒸发,细胞失水,细胞内部张力减弱,细胞萎缩,叶面积缩小。叶面积的缩小与时间呈正比,萎凋时间越长,叶面积缩小的比例越大;鲜叶愈嫩,叶面积缩小的比例也愈大,而且在萎凋的最初阶段,叶面积缩小的比例最大。而且萎凋后的叶片,大多呈卷曲状,这是叶背面气孔失水快,细胞萎缩快,同时叶背面角质层比正面薄,叶背面收缩比叶面快,萎凋叶子的边缘多向内卷曲。

②影响萎凋的外部因素:温度、湿度、通风与摊叶厚度等外部条件,对失水速度,萎凋质量有直接影响。

温度高,水分蒸发快,自然萎凋,室温高水分蒸发速度快,萎凋时间短(表6-1)。

液态水变为气态水而蒸发,需要吸收一定的热量而使温度降低,从表6-1可以看出,叶温均低于萎凋温度。要维持一定的蒸发速度,就需源源不断地供应一定的热能。萎凋开始阶段由于水分多,热量主要消耗于水分蒸发,萎凋进风温度可高一些,随后应降低温度,这就是萎凋温度"先高后低"的依据。但应严格避免采用过高的温度,更不能持续高温,否则严重影响萎凋质量。

相对湿度大小是影响水分蒸发速度快慢的重要条件。相对湿度大小,表明空气干燥能力的大小,相对湿度低,水分蒸发快,相对湿度高,水分蒸发慢。如表6-1所示,温度25 ℃,萎凋至含水量66%时,相对湿度60%只需6.5 h,相对湿度80%则需13 h。相对湿度100%时,水的汽化速度与液化速度相等,蒸发停止。所以雨天萎凋困难,晚间室外湿度大,需要关闭门窗,减少因湿度大影响萎凋。相对湿度大小,受温度高低的影响,温度升高,相对湿度降低,温度低相对湿度升高。温度升高12 ℃,空气吸水能力增加一倍。所以空气的干燥能力与温度有密切的关系。

表 6-1 萎凋温度、时间、水分与叶温的关系

萎凋室温(℃)	相对湿度(%)	萎凋时间(h)	水分含量(%)	叶温(℃)
25	30	5.0	64	22.3
	60	6.5	66	22.4
	80	13.0	66	22.7
35	30	3.5	63	29.7
	60	4.75	67	31.6
	80	8.0	67	31.4
45	30	1.75	64	36.2
	60	2.5	64	38.5
	80	3.0	65	40.9

流动的空气从叶面经过,及时吹散水汽分子,相对地降低了叶间的相对湿度和水蒸气的分压力,减少了水分汽化的阻力。因此,风力是促进水分蒸发的强有力的因素,又是供应热能的介质,在一定的风力条件下,可以不提高温度促进水分的蒸发。无论是室内自然萎凋,还是加温萎凋,保持一定的通风条件是不可缺少的。

摊叶厚度:相对的条件下,摊叶薄萎凋快,摊叶厚萎凋慢。因摊叶厚度主要影响通风性能,摊叶过厚,气流的通透受到影响,水蒸气不能及时地被驱散,相应地增加了叶间的相对湿度,以热空气为介质的萎凋,传热也受到阻碍,不但萎凋慢,而且造成萎凋不匀,特别是温度较高的情况下,水蒸气郁集热闷,影响内质。

(3)萎凋过程中的化学变化 在失水物理状态发生变化的同时,内部化学成分也发生了一系列的变化(表 6-2)。

表 6-2 萎凋中化学成分的变化(占干物质%)

项目	蛋白质	淀粉	双糖	单糖	原果胶	水溶果胶
鲜叶	17.87	0.98	2.13	1.52	8.8	1.8
萎凋叶	16.56	0.57	1.25	1.97	7.1	2.5

①水溶物的增加与干物质的消耗:鲜叶在萎凋过程中水溶性物质增加,干物质减少。由于各种水解酶的作用,使鲜叶中原来一些不溶于水的物质转化为简单的水溶性物质,如淀粉水解转化为双糖,双糖进一步又转化为单糖;原果胶水解转化为水溶性果胶质;蛋白质水解形成氨基酸等,从而使这些可溶性物质都有不同程度的增加。

萎凋过程中可溶性物质的增长,主要是一系列酶促作用的结果,这是一个复杂的过程。萎凋过程酶的活化的增长,如表 6-3 所示。

但在萎凋过程,呼吸作用加强,干物质消耗而减少 2%~4%,萎凋温度越高,时间越长,干物质损耗越多。

②多酚氧化酶的变化:在萎凋过程中随着鲜叶水分的逐渐散失,内含物质浓缩,酶的浓度也相应增大,叶汁酸性加强,使酶由结合状态变为溶解状态,因而酶的活化逐渐加强。正常萎凋 15~18 h 后,萎凋叶的多酚氧化酶的活性比鲜叶增强 2~4 倍,增强的幅度受温度、

细胞膜透性、pH 值等许多条件的影响。

表 6-3　自然萎凋中酶活化的变化

酶	鲜叶	萎凋 4～6 h	萎凋 16～18 h
氧化酶	100%	127%	145%
过氧化物酶	100%	—	155%
转化酶	100%	146%	167%
β-糖苷酶	100%	188%	316%

③多酚类化合物的变化:萎凋过程多酚类化合物有些减少,而且萎凋中儿茶多酚类的组分发生了不同的变化,L-EGCG 含量下降最多,其次是 L-EGC,PL-GC 和 L-ECG,而 LEC、D,L-C 反而增加。这是由于萎凋失水,细胞膜的透性提高,多酚类化合物的氧化还原逐渐失去平衡,氧化大于还原,到萎凋后期由于严重脱水,细胞膜逐渐近于变性,多酚类化合物遭到越来越多的氧化,所以萎凋时间太长或重萎凋会出现红变现象。萎凋温度过高,会迅速提高细胞的透性,以至破坏变性,48.9 ℃下萎凋 1 h 细胞膜破坏,加热到 50 ℃细胞膜完全破坏。高温快速萎凋,多酚类化合物大量迅速氧化,即发生红变现象,特别是萎凋后期如高温快速萎凋,多酚类化合物损失多,而且萎凋不匀。正常萎凋过程多酚类化合物会有些减少,但减少过多,则对品质不利,不仅是与蛋白质结合不溶于水,而降低茶汤浓度,氧化物再经过"发酵"、干燥阶段,进一步转化为暗黑色的物质,使叶底乌暗。因此,多酚类化合物减少过多是不正常的萎凋。

④叶绿素和维生素 C 的变化:叶绿素和维生素 C 在萎凋中破坏减少。安徽农学院资料,鲜叶含叶绿素 0.64%,经 20 h 的室内自然萎凋下降为 0.47%,相对减少 29.6%。包库恰瓦资料显示,在鲜叶的 1 kg 干物质中含有叶绿素 8.1 g,经人工萎凋后下降至 6.8 g,自然萎凋叶下降至 4.8 g;维生素 C 在鲜叶中含量 162.47 mg,萎凋后减至 143.06 mg,叶绿素酶在萎凋中分解破坏叶绿素,两者都易受儿茶酚的邻醌氧化而破坏。

⑤芳香物质的变化:具有青草气味的鲜叶,经过萎凋,出现了清鲜花香。这是由于鲜叶中具有青草气味的青叶醇、青叶醛,在萎凋中挥发、转化为其他具有良好香气的成分。研究表明在萎凋过程中良好香气的芳香成分增加、不良香气的芳香物质则减少。说明红茶香气的形成是从萎凋开始的。

(4)萎凋方法与技术

萎凋的方法很多。目前主要采用萎凋槽萎凋或室内自然萎凋和日光萎凋。

①萎凋槽萎凋:是以人工控制的半机械化加温萎凋设备。具有结构简单、操作方便、造价低、工效高、节省劳力、降低制茶成本等优点。实行人工控制,克服自然萎凋的困难,如掌握使用得好,萎凋质量可与自然萎凋媲美,所以萎凋槽出现后,推广很快,目前已普遍使用萎凋槽萎凋。

萎凋槽的基本结构由空气加热炉灶、鼓风机和风道、槽体和盛叶框帘等部分组成。用鼓风机把热空气变成气流强制它从叶层空隙间通过,以供应叶子水分蒸发消耗的热能,并及时吹散叶表面水汽分子,造成水分蒸气压力差,提高空气干燥能力,实行人工控制的萎凋。

萎凋槽的操作技术,主要掌握好温度、风量、摊叶厚度、翻抖、萎凋时间等外部条件。

温度:一般鼓风气流温度控制在 35 ℃左右,最高不超过 38 ℃,槽体前后温度要相对较一致,才能获得较好的萎凋质量和提高生产效率。从萎凋质量看,温度偏低些比温度偏高的质量好,气流温度超过 38 ℃甚至 40 ℃以上,虽然可以缩短萎凋时间,提高效率,但叶子失水过快,理化变化激烈,萎凋不匀,芽叶尖端和叶缘枯干,甚至发生红变,尤其是大叶种的叶子,此种弊病更为显著。因此,尽管在采摘高峰期,鲜叶量多,只能增加设备,不能采取高温快速萎凋。掌握温度高低,要根据具体情况灵活控制,一般在夏、秋季节自然气温较高,如在30 ℃左右时,就可不必加温,只鼓风,既节省燃料,又提高品质。雨水叶和露水叶,要先鼓冷风,吹干表面水后再加温,以免闷热损害叶子。萎凋前期温度可稍高,随着萎凋的进展温度要逐步降低,下叶前 10～15 min,停止加温,只鼓冷风,降低叶温,掌握"先高后低"。为使萎凋失水均匀,在萎凋过程中可每隔 1 h 停止鼓风 10 min,效果较好。

风量:一般萎凋槽长 10 m、宽 1.5 m,盛叶框边高 20 cm,有效摊叶面积 15 m²,此种规格采用 7 号轴流风机,功率 2.8 kw,转速 1 440 r/min,风量 16 000～20 000 m³/h,风压 3.33～4 kPa,这种风量基本能满足萎凋要求。风既是热量传导的介质,又能及时吹散叶表水蒸气,风量不足,影响水分散失的速度;风量过大,叶层出现"空洞",特别是大叶种的叶子更易红变,萎凋不匀。风量大小应根据叶层厚薄和叶质柔软程度,即叶层通气性能的大小加以适当调节。

摊叶厚度:每条萎凋槽按 15 m² 计算,摊叶量 240 kg 左右。"嫩叶薄摊","老叶厚摊",小叶种一般摊放厚度 20 cm 左右,大叶种 18 cm 左右。摊放时要把叶子抖散摊平,使叶子呈蓬松状态,保持厚薄一致、松度一致,以利通风均匀。

翻拌:萎凋槽摊叶较厚,各层叶子失水程度不一,为使萎凋均匀和加速萎凋,在萎凋中应适当翻拌。一般应结合萎凋槽每小时停风时翻拌一次。要注意翻透,上层抖翻到下层,摊平抖松,增加叶层间通气性。动作要轻,以免损伤芽叶。雨水、露水叶在萎凋前段时间可每半小时翻拌一次。如果萎凋槽前后萎凋不一致,可把盛叶框前后调换一下。

萎凋时间:萎凋时间的长短与鲜叶老嫩、含水量、温度、摊叶厚度、翻拌次数等因子有关。温度高,萎凋时间短,对品质不利。一般都以 8～10 h 达到萎凋适度,品质较好。但在实际生产过程中,为兼顾萎凋质量和效率,通常短于这个时间。一般正常情况下,温度在 35 ℃,萎凋需要 4～5 h 达到适度。春茶气温低、湿度大需 5 h 左右,雨水叶需 5.5～6 h 才能完成萎凋。叶子肥厚或较幼嫩的鲜叶,可适当延长萎凋时间。总之萎凋时间应根据鲜叶和加工的具体情况,灵活掌握,以达到萎凋适度为准。

②室内自然萎凋:是利用自然气候条件进行萎凋,在室内排列萎凋架,鲜叶摊放在萎凋帘上。要求室内通风良好,避免日光直射。根据自然风力的大小和空气湿度大小,用启闭门窗的方法加以调节,温度低或阴雨天可以用各种方法加温,但要求室内各点的温度比较一致。

室内温度保持 20～24 ℃,相对湿度 60%～70%。摊叶量每平方米的萎凋帘上摊放鲜叶 0.5～0.75 kg,嫩叶薄摊,老叶稍厚。萎凋时间一般控制在 18 h 以内为好,如果空气干燥,相对温度低,8～12 h 可达到适度要求。但室内自然萎凋方法,因萎凋时间长,占用厂房设施多,不能适应生产发展需要。

③日光萎凋:是使鲜叶直接受日光热力,散失水分。这种方法简便,萎凋速度快,但受自然条件限制太大,萎凋程度很难掌握。如果气候条件好,有制茶经验和操作细心,也能够获得较高的萎凋质量。

在晴朗的天气,选择地面平坦,避风向阳、清洁干燥的地方铺上晒簟,把鲜叶均匀摊放在晒簟上,摊叶 0.5 kg/m² 左右,以叶片基本不重叠为度。中间翻叶一次,结合翻叶适当厚摊。

萎凋达到一定程度,须移放至阴凉处摊凉散热,继续蒸发水分,直至达到萎凋适度。

强烈日光下进行萎凋,易造成叶子红变、萎凋不匀、芽叶焦枯,不适合采用此法。

(5)萎凋程度

萎凋程度的掌握,对制茶品质和后续工序关系极大。要获得良好的制茶品质,首先要萎凋质量高,关键是掌握萎凋适度。如萎凋不足,细胞紧张状态未消除,叶质硬而脆,揉捻时芽叶易断碎,茶汤稀薄易流失,发酵进展不均匀而且难掌握,制成毛茶条索短碎多片末,香低味淡,水色浑浊,叶底花杂带青;萎凋过度时,芽毫枯焦,叶质干硬,揉捻时茶汁不出,不易紧卷,发酵不匀,毛茶松泡多扁条,色泽灰枯不显毫,香味淡薄,汤色、叶底暗杂。萎凋必须适度,过度与不足,对毛茶品质不利。

萎凋适度的检验方法:经验判断结合萎凋叶含水量的测定,两者相辅相成正确性大,两者缺一,可靠性不大。

①经验判断:萎凋程度的检验,一般是以萎凋叶的物理特征按经验判断。萎凋适度叶形萎缩、叶质柔软,茎脉失水而萎软,曲折不易脆断,手捏叶片有柔软感,无摩擦响声,紧握叶子成团,松手时叶子松散缓慢,叶色转为暗绿,表面光泽消失,鲜叶的青草气减退,透出萎凋叶特有的愉快的清香。

②萎凋叶含水量测定:工夫红茶萎凋叶含水量以 $60\% \sim 64\%$ 为萎凋适度标准。一般原则是:嫩叶含水量偏低、老叶偏高,即所谓"嫩叶重萎凋、老叶轻萎凋"。不同季节萎凋程度掌握不同,一般地区春季雨多湿重,鲜叶含水量高,春茶掌握偏低,萎凋叶含水量 $60\% \sim 62\%$;夏季温高湿低,鲜叶含水量低,夏茶萎凋掌握偏高,即萎凋叶含水量 $62\% \sim 64\%$。

2. 揉捻

揉捻是工夫红茶塑造优美的外形和形成内质的重要工序。工夫红茶要求外形条索紧结美观,内质滋味浓厚,就取决于叶片紧卷和细胞破坏程度较高。

(1)揉捻的目的

一是使叶细胞通过揉捻后破坏,茶汁外溢,加速多酚类化合物的酶促氧化,利于一系列的物质变化,为形成红茶特有的内质奠定基础;二是使叶片揉卷成紧直条索,缩小体形,塑造美观的外形;三是茶汁溢聚于叶条表面,冲泡时易溶于水,形成外形光泽,增加茶汤浓度。

揉捻工序本身,是使叶子产生物理状态的变化,一方面是使叶片在机械力作用下形成条索;另一方面是破坏细胞。细胞破坏,茶汁溢出,多酚类物质和其他成分产生化学变化,多酚类化合物的氧化随着揉捻的开始而逐渐增剧,所以从生化变化角度看红茶"发酵"从揉捻就开始了。

(2)揉捻环境

揉捻开始后,酶促氧化随之开始,并随着揉捻的继续,氧化作用不断强化,氧化释放的热量不断使揉桶内叶温增高,如室温过高,叶温不能向空气中散失而不断积聚提高,氧化作用过分激烈导致"发酵"不正常。同时,也要避免空气中相对湿度太低,揉捻叶水分蒸发,影响"发酵"的正常进行,所以要控制揉捻室湿度。

揉捻室要低温高湿,室温在 $20 \sim 24$ ℃,相对湿度 $85\% \sim 90\%$,尤其是气温高、湿度低的夏秋季,要采取降温增湿的措施,揉捻室要经常洒水或喷雾。

(3)揉捻技术

揉捻效果与投叶量、揉捻时间与次数,加压与松压、解块筛分以及控制揉捻室温度、湿度等条件有关。

①投叶量:由于揉捻机型号和性能不同,叶子老嫩不同,投叶量多少不一。投叶量参数如表 6-4 所示。

表 6-4　揉捅直径与投叶量参数

揉桶直径(mm)	90一型	65一型	55一型	45一型	40一型
每桶投叶量(萎凋叶 kg)	140～160	55～60	30～35	15～16	7～8

投叶量多少影响揉捻质量和效率,嫩叶可适当多些,老叶适当少些。投叶时,按揉桶容量先投入萎凋叶 2/3 或 3/4,机器开动后 3～5 min,再投入剩余的部分。

②揉捻时间和次数:大型揉捻机(如 90一型)一般揉捻 90 min,嫩叶分三次揉,每次 30 min;中等的叶子分两次揉,每次 45 min;较老的叶子,可延长揉捻时间,135 min 分为三次揉,每次 45 min。

中小型揉捻机(如 65一型或 45一型),一般揉捻 60～80 min,分两次揉,每次 30～35 min,较老的叶子可适当延长时间。

③加压与松压:压力轻重是影响揉捻质量的一个主要因素。根据叶子在揉桶中运动翻转成条的规律,一般掌握"轻、重、轻"的加压原则。但老叶最后不必轻压,以免回松条索。加压和松压要逐渐加重或减轻,不要突然加重或减轻。加压轻重程度,要根据具体情况灵活掌握,如"嫩叶轻压、老叶重压","轻萎凋轻压、重萎凋重压"。加压应分次,每次加压 7～10 min,减压 3～5 min,加压与减压交替进行。揉捻开始一段时间或第一次揉捻不加压,使叶片初步成条,逐步加压收紧茶条,一般揉捻结束前一段时间应减压,使条形收圆、叶汁回收。

"祁红"用 90一型揉捻机揉捻细嫩叶子,第一次揉捻 30 min 不加压;第二、三次揉捻各 30 min,分别加压 10 min,减压 5 min,重复一次。一般叶子,第一次揉 45 min 不加压;第二次揉捻 45 min,加压 10 min,减压 5 min,重复二次。

祁门茶厂各级鲜叶揉捻次数、时间、加压和松压、解块筛分操作程序如图 6-1 所示:

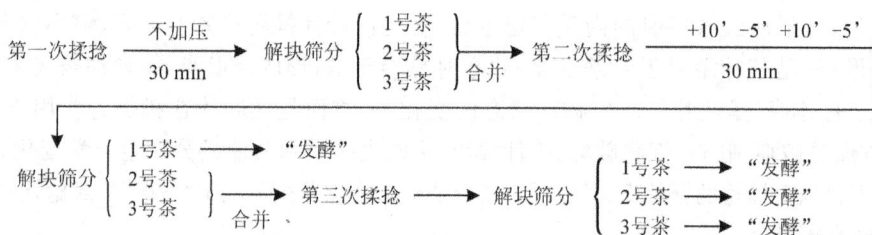

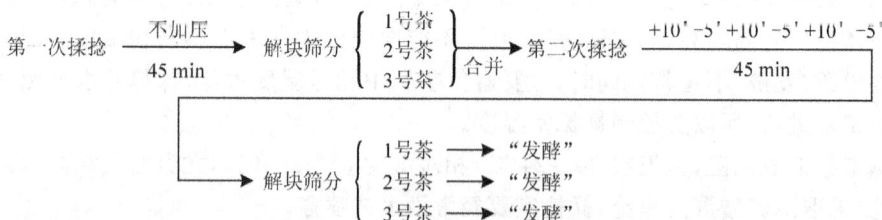

注:粗老的叶子,第一次揉捻 45 min 不加压;第二次揉 30 min,加压、松压各两次,每次加压 10 min、松压 5 min;第三次揉 30 min,加压、松压各两次,每次加压 10 min、松压 5 min。

图 6-1　祁门茶厂鲜叶揉捻操作程序图

④解块筛分：是解散团块、散发热量、降低叶温、筛分大小、初步分级,分别使各号茶都能揉紧条索,使"发酵"均匀。筛分也同时是解决叶子老嫩不匀,影响揉捻"发酵"质量的一种措施。

使用小型揉捻机,由于叶量少,散热快,叶温升高不显著,嫩叶一般只解块不筛分,老叶不易结团,也不必解块及筛分,直接进行"发酵"。

解块筛分机筛网配置4孔/25.4 mm,3孔/25.4 mm两种筛网,不同筛号茶分开单独发酵。

(4)揉捻程度

揉捻充分是"发酵"良好的必要条件。如揉捻不足,细胞破坏不充分,将使"发酵"不良,毛茶汤味淡薄,并有青臭,叶底花青。

揉捻程度,细胞损伤率80%以上,叶片90%以上成条,条索紧卷,茶汁充分外溢,黏附于叶表面,用手紧握,茶汁溢而不成滴流。

3."发酵"

"发酵"是工夫红茶形成品质的关键过程。是促进内质进一步发生深刻的变化,使绿叶变红,形成红茶特殊的色、香、味的关键流程。茶叶加工上的"发酵"一词,与传统的发酵概念不同。所谓红茶"发酵",是在酶促作用下,以多酚类化合物氧化为主体的一系列化学变化的过程。

红茶的"发酵",在揉捻细胞损伤开始时已经开始,有的在揉捻结束时,"发酵"已告完成,就不需要再进行"发酵"处理,否则将"发酵"过度。但一般情况下,工夫红茶需把揉捻叶单独进行"发酵"。

(1)"发酵"中的理化变化

多酚类化合物的含量多、组成复杂,而且化学性质很活泼,在红茶"发酵"中发生迅速而深刻的复杂的转化,并带动其他一些物质发生变化,对红茶品质色香味的形成起着决定性的影响。"发酵"的实质是多酚类化合物的变化。

①多酚类化合物的转化与"发酵"的实质：多酚类物质,在多酚氧化酶的催化下,很快被氧化成初级氧化产物——邻醌,随后进行聚合形成联苯酚醌类中间产物,联苯酚醌很不稳定,还原可形成双黄烷醇类,氧化生成茶黄素类和茶红素类,茶黄素氧化转化为茶红素,茶红素又进而转化为黑褐色物质。这是"发酵"过程中多酚类化合物转化的基本规律(图6-2)。

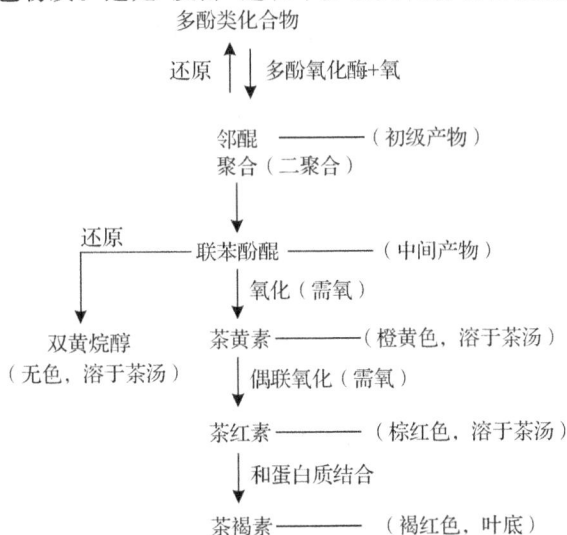

图6-2 红茶"发酵"过程多酚类化合物转化

儿茶酚类由于被氧化转化成茶黄素后，又不断转化为茶红素及其他氧化产物。在"发酵"初期阶段，茶黄素含量增加较快，但茶黄素不断形成，又不断转化为茶红素，茶红素的含量随着"发酵"的进展而逐步增加，茶黄素由于不断转化，含量增加表现得并不很突出。当茶黄素的量增加到高峰后，儿茶酚的减少，氧化形成茶黄素的量也就减少，就表现为茶黄素含量下降，茶红素含量增加。茶红素量增加到一定程度，由于茶黄素量的减少，提供继续氧化为茶红素的基质减少，且茶红素继续进一步氧化为黑褐色物质，因而茶红素含量在"发酵"后期逐渐减少。这一基本规律的认识与实际生产反映的规律是一致的。红茶"发酵"中多酚类化合物变化分析如表6-5所示。

表6-5　红茶"发酵"中多酚类化合物的变化

单位:多酚类化合物:%,儿茶酚:mg/g 干物质

成分 "发酵" 时间(min)	儿茶酚类						水溶性多酚类化合物	非水溶性多酚类化合物	茶黄素与茶红素		
	L-EGC	D,L-GC	L-EC+D,L-C	L-EGCG	L-ECG	总量			TF	TR	TR/TF
80	1.28	—	5.21	15.17	18.57	40.23	16.03	5.69	0.49	13.38	25.20
100	1.14	1.37	3.73	11.23	12.38	30.85	14.21	6.13	0.45	14.57	32.40
120	—	0.92	2.67	9.38	10.63	23.60	12.94	5.62	033	15.54	47.10
140	—	0.99	1.67	6.44	8.40	17.50	11.73	6.13	0.32	16.13	50.40
160	—	1.22	1.82	6.18	8.28	17.50	10.29	6.38	0.23	15.15	65.90

②多酚类化合物的主要氧化产物与红茶品质:经过"发酵",多酚类化合物发生了深刻的变化,根据溶解性能和氧化状况可分为可溶性的未被氧化部分和氧化产物部分,这两部分都能进入茶汤,对茶汤质量有直接影响,未氧化部分保持着原来的特性。另一部分为非水溶性多酚类化合物,由于不溶于水,不能进入茶汤,但量的多少与红茶品质有关。这三部分多酚类化合物含量变动是受"发酵"程度的影响,且彼此间存在消长关系。可溶性氧化产物主要是茶红素与茶黄素,这是影响品质的主导因素。

茶黄素是红茶茶汤亮度、香味的鲜爽程度、浓烈程度的重要因素。茶红素是红茶汤浓度的主体,收敛性较弱,刺激性小。工夫红茶的品质,与茶黄素茶红素含量及其比例有关,其不但反映了"发酵"程度,而且直接和间接影响红茶的色、香、味,对红茶品质起着决定性作用,只有两者含量水平高而且比例适当才能制成优质的工夫红茶,如"发酵"程度偏轻,茶黄素含量高,两者比值低,茶汤显淡薄欠红艳,滋味不够浓醇;如"发酵"程度偏重,茶红素含量高,两者比值过高,汤色深红欠亮,滋味平淡、叶底暗红,降低了品质。

③"发酵"中其他物质的变化与红茶品质:红茶"发酵"的初级氧化产物邻醌,具有很强的氧化能力,本身可以起到类似氧化剂一样的作用,能氧化—还原电位较低的物质而自身得到还原。

这种氧化—还原的反复过程,成为红茶"发酵"过程中其他物质变化的中心。儿茶酚的主要氧化产物茶黄素和茶红素也能和其他物质发生作用,所以"发酵"中其他物质的变化都直接或间接地与多酚类化合物的转化有关。

多酚氧化酶的活化:多酚氧化酶本身最终不参与红茶品质的组成,但在加工过程中,催化多酚类化合物氧化,对红茶品质的形成起着特殊作用。揉捻开始,多酚氧化酶的活化性能迅速加强,随着"发酵"过程的进展由强转弱,逐渐降低。酶的活化在适宜温度下增强,但进一步提高温度,酶的活化又很快降低,这个变化与氧气吸收量的增减和多酚类化合物酶促氧化的速度快慢相一致。

蛋白质与氨基酸:在揉捻最初阶段,氨基酸有一定数量的增加,由于邻醌能与氨基酸氧化,形成有色物质和芳香物质,氨基酸在"发酵"中减少,在工夫红茶的"发酵"中有时也会表现出氨基酸含量的增加。

咖啡碱:在"发酵"过程中咖啡碱量的变化不大。但咖啡碱能与茶黄素和茶红素分别形成络合物,这种络合物不溶于冷水,溶于热水。高级红茶中,咖啡碱含量高,在冲泡的茶汤冷却后变浑的现象叫做"冷后浑",就是由这种络合物产生的。茶黄素与咖啡碱形成的络合物,"冷后浑"的颜色橙黄明亮,随着多酚类氧化程度深化,茶黄素含量减少,茶红素与咖啡碱形成的络合物,"冷后浑"的颜色较深,如"发酵"过度,形成络合物的量多,"冷后浑"现象明显,但色泽发暗。

叶绿素:在揉捻"发酵"过程中,邻醌能氧化破坏叶绿素,同时还因有机酸增加,叶绿素分子中的镁离子被酸中的氢离子置换,使叶绿素失去绿色。此外叶绿素酶也分解叶绿素,由于多种因素,叶绿素在红茶鲜叶加工过程被大量破坏而减少,如表6-6所示。

表6-6 祁红鲜叶加工过程中叶绿素含量的变化

叶绿素含量变化 工序	鲜叶	萎凋 (20 h)	揉捻 (1.5 h)	发酵 (2 h)	毛火 (15 min)	足火 (10 min)
叶绿素占干物质总量%	0.637	0.474	0.443	0.348	0.310	0.304
叶绿素相对含量%	100	70.4	65.8	57.7	46.1	45.2
每小时相对减少	0	1.48	3.06	4.55	46.4	5.41

在叶细胞未受到破坏的部分,叶绿素被破坏的程度较少,在叶底上仍呈绿色,通常称"花青",是影响红茶品质的一个因素。

糖类的变化:淀粉和双糖在"发酵"中表现出不断递减的趋势,而单糖有所增加;水溶果胶在揉捻中增加,但随着"发酵"的进展而减少,由于酸度的增强,使水溶果胶凝结或与钙离子结合成不溶性果胶酸钙,如表6-7所示。

表 6-7 "发酵"中糖类物质的变化(时间以揉捻开始计)

时间 成分	0	40 min	80 min	120 min
单糖(mg/g)	3.45	4.56	7.67	9.21
双糖(mg/g)	4.54	3.40	2.74	1.90
淀粉(mg/g)	26.71	18.14	16.23	12.59
果胶指数	13.7	116.8	118.5	91.8

维生素 C:由于邻醌的强烈氧化作用,维生素 C 在"发酵"中大量减少,最后制成毛茶仅剩微量。所以红茶中的维生素 C 含量比绿茶少。

有机酸含量:由于多酚类化合物的氧化与聚合而增加,"发酵"叶的酸度增强到 pH 5 以下。

④"发酵"中香气的形成:红茶香气特点在"发酵"中形成,揉捻开始后,可以嗅到强烈的青草气味,随后才出现了具有红茶特点的香气,"发酵"进行到一定高度,出现浓郁的水果香,而后香气下降,甚至出现酸味,说明芳香物质在"发酵"过程发生着激烈的、有规律的变化。

揉捻开始时,叶汁被挤出,此时能嗅到强烈的青草气,这是由于青气物质如青叶醇之类大量挥发造成。

在"发酵"中红茶的香气成分的变化和形成最大,据测定,"发酵"叶中醇类、羰基类(包括醛类和酮类,组成上大部为醛类)、羧酸类和酚类等香物质含量均比萎凋叶有显著增加,特别是羰基类和羧酸类芳香物质增加 2 倍以上(表 6-8)。

表 6-8 红茶在制中芳香物质组成的变化(mg/g)

芳香物质组成 工序	鲜叶	萎凋叶	"发酵"叶	毛茶
醇类	25.90	18.60	21.20	10.20
羰基类	1.00	2.20	4.60	1.90
羧酸类	3.00	3.60	7.00	6.70
酚类(不包括多酚类)	1.02	0.69	1.17	0.14

红茶香气物质的组成极为复杂,在红茶鲜叶加工的过程中,良好的萎凋为红茶香气提供了先质,在"发酵"过程中以多酚类化合物激烈的氧化、还原为中心,推动着红茶香气特点的形成。

(2)"发酵"的技术条件

"发酵"是以多酚类化合物为主体的一系列化学变化过程。满足这些变化的要求,达到

"发酵"质量高,毛茶品质好,主要的是"发酵"中温度、湿度、通气(供氧)等条件。

①温度:对"发酵"质量的影响较大,包括气温与叶温两个方面。气温的高低直接影响叶温高低,气温高,叶温相应地高,气温低,叶温也相应地低。

"发酵"过程中,多酚类化合物氧化放热,使叶温提高,叶温的变化,有一个由低到高再低的变化规律,这个规律与氧化作用的发展有关。一般的叶温常比气温高 2~6 ℃,有时可比气温高 10 ℃以上,根据多酚氧化酶活化适温和物质内部变化与品质的要求,"发酵"的叶温保持在 30 ℃为宜,则气温以 24~25 ℃为宜。

气温和叶温过高,如叶温超过 40 ℃,"发酵"变化过分激烈,使毛茶香低味淡、色暗,严重损害品质,所以在高温季节里要采取降温措施,摊叶要薄,以利散温;反之,温度过低,"发酵"时间延长,内质转化不能全面发展,因此在叶温过低时,就应加厚叶层以利保温,必要时采取适当的加温措施。

②湿度:也具有两方面的含义。一是指"发酵"叶本身的含水量,二是空气的相对湿度。

决定"发酵"正常进行的主要是叶子本身的含水量。"发酵"叶含水量的多少,也即叶汁浓度的大小。正常的"发酵"叶需要适当的浓度,利于叶内物质交流,氧化作用进行顺畅,浓度过高过低,氧化作用都会受到抑制,"发酵"不足或不匀,就影响红茶品质。

空气相对湿度是为了维持叶内水分不致因蒸发降低到水平之下,避免水分蒸发快,造成表层叶失水而干硬,正常的"发酵"受阻。湖南茶叶研究所试验表明:相对湿度 63%~83% 时,"发酵"叶的花青暗条达 25%~32.6%;相对湿度 89%~93% 时,花青暗条减少到 16%~18.6%,说明在相对湿度高比湿度低的条件下,"发酵"质量好。因此,"发酵"定要保持高湿状态,要求相对湿度达到 95%,这就要采取喷雾或洒水等增湿措施。

③通气(供氧):"发酵"是需氧反应,在"发酵"中需消耗大量 O_2。据中国农业科学院茶叶研究所测定,制造 1 kg 红茶,在"发酵"中耗氧达 4~5 L。在缺氧条件下,"发酵"不能正常进行。同时,"发酵"进行时,也释放 CO_2,据测定,从揉捻开始到"发酵"结束,每 100 kg 叶子,可释放 30 L 的 CO_2。因此,"发酵"场所必须保持空气新鲜流通。

④摊叶厚度:摊叶厚度影响通气和叶温。摊叶过厚,通气条件不良,叶温增高也快而不易散发;摊叶过薄,叶温不易保蓄。摊叶厚度一般为 8~12 cm,嫩叶和叶型小的要薄摊;老叶和叶型大的要厚摊。气温低时要厚摊;气温高时应薄摊。但无论厚摊或薄摊,摊放时叶子要抖松不能压紧,以保持"发酵"时通气良好,并在"发酵"过程中翻拌一、二次,以利通气。

⑤"发酵"时间:以揉捻开始计算,一般春茶为 3~5 h,夏秋茶为 2~3 h。但"发酵"时间的长短,应以"发酵"程度为准。

(3)"发酵"程度

红茶生产中掌握"发酵"程度是一个重要环节。红茶"发酵"过程内部各种化学成分发生了深刻的变化,外部的一些现象也表现为有规律的变化,"发酵"叶的叶色由青绿、黄绿、黄、黄红、红黄、红、紫红到暗红色;香气则由青气、清香、花香、果香、熟香以后逐渐低淡,以至成为"发酵"过度的酸气;叶温也发生由低到高再低的变化。在实际生产中,都是根据"发酵"叶的香气和叶色的变化,综合判断"发酵"是否达到适度。

"发酵"适度青草气消失,出现一种新鲜的、清新的花果香,叶色红变,春茶黄红色、夏茶红黄色,嫩叶色泽红匀,老叶因变化困难常红里泛青,叶温到达高峰开始平稳时,即为"发酵"

适度。"发酵"不足,带青气,叶色青绿或青黄;"发酵"过度时,叶色紫暗以至暗红,香气由浓郁蜜香已开始降为低淡。

在实际生产中,"发酵"程度都掌握适度偏轻。这是由于"发酵"叶进入干燥后,叶温受火温影响是逐步上升的,酶的活性不仅不能在短时间内被立即破坏,反而有一个短暂的活跃时间,这一短暂的时间内酶促氧化异常激烈地进行,直到叶温上升到破坏了酶的活性后,酶促氧化才会停止,然后由于湿热作用,多酚类化合物的非酶促氧化仍在进行,到足干时才基本停止。根据这个实际情况,在掌握"发酵"程度上一般都要适度偏轻,也即生产上说的"宁可偏轻、不可过度"。如果在掌握上,以适度或适度偏重为准,加上干燥中的这段变化,就会形成"发酵"过度或严重过度,品质就降低。

4. 干燥

干燥是鲜叶加工的最后一道工序,也是决定品质的最后一关。干燥采用烘干。一般分两次进行,第一次称毛火,第二次称足火,中间经过一段时间的摊放。

(1)干燥的目的

一是利用高温破坏酶,制止酶促氧化;二是蒸发水分、紧缩茶条,使毛茶充分干燥,防止非酶促氧化,利于保持品质;三是散发青臭气,进一步提高和发展香气。

(2)干燥中的理化变化与品质的关系

干燥过程中,热化作用占主导地位,干燥温度影响红茶品质。目前红茶干燥分毛火与足火两次干燥。

①毛火高温快烘减少不利于品质的变化:毛火采用高温快烘迅速消除酶促氧化作用。多酚氧化酶对温度的反应很敏感,40 ℃以上活化作用开始下降,70～80 ℃以上酶蛋白发生变性而完全失去活化性能。叶温升高到足以完全破坏酶的活化性能,需要一定的时间,如果这段时间延长就会产生"发酵"过度,时间愈长对品质的损害愈大。烘焙前期叶中水分高,要使叶温迅速升高,需要大量的热能,因此,烘焙第一阶段必须用较高的温度,迅速提高叶温破坏酶的活性。

毛火采用高温快烘,消除湿热作用。烘焙初期由于水分多、叶温高,湿热作用使色泽转暗,滋味醇化,香气低闷。湿热作用的时间越长,造成品质的损失越大,因此必须尽可能缩短湿热作用的时间,就要采用高温快烘,以便加快干燥速度。

一般烘干机毛火温度110～120 ℃为宜,热风速度0.5 m/s,叶层厚薄以不影响通风为原则,时间一般不超过10 min,烘到7～8成干。

②足火低温慢烘促进香味的发展:通过毛火,剩余水分已不多,毛火叶一般含水量20%～25%。足火过程因水分较少,特别是逐步趋于足干,叶温与烘焙温度逐渐趋于一致,如使用高温,易产生老火甚至烘焦。足火温度的高低影响香型,控制适当的温度,使芳香成分在干热作用下发生转化。

不愉快的芳香成分,一般沸点较低,在烘焙过程挥发逸散;高沸点的芳香成分,一般具有良好的香气,在烘焙中透发出来。在毛火过程中良好的香气还不能完全透发出来,在足火过程中才得到充分的透发。但温度过低则香气不纯,温度过高芳香成分损失多,使香气降低,产生老火香甚至焦香味。在适温下,才能发挥良好香气。

热化作用不仅对香气的发展起重要作用,而且可增进茶汤滋味。一些物质分子因热化作用而裂解和异构化,如具有强烈涩味的酯型儿茶酚发生裂解而使简单儿茶酚和没食子酸增加,减少苦涩而形成活泼的收敛性的味感。蛋白质裂解成氨基酸,淀粉裂解为可溶性糖,这种种变化使茶汤浓度提高,滋味醇厚。其他一些物质在烘焙过程中也发生深刻变化,如叶绿素在烘焙中可能发生裂解而破坏减少,从而对红茶色泽的干扰减少。

③提高干度、保持品质:毛茶内质变化快慢与含水量、温度、湿度、氧气、光线等条件有关。毛茶含水量高,以及温度高、有氧、透光等条件会很快导致发生质变。多酚类化合物自动氧化聚合,茶黄素氧化转化为茶红素,茶红素还可进一步转化为褐色物质,可溶性物质减少,茶味变淡,汤色转暗,鲜度下降,某些挥发性物质组分的变化,导致香气滞钝,类脂物质发生水解与自动氧化,而产生异味。如果烘焙充分,含水量低,并在防潮、低温、无氧、避光等条件下,可较长时期保存而不变质。

(3)干燥技术

烘干的方法,有烘笼烘焙和烘干机烘焙等。烘笼烘焙是用竹制烘笼,木炭加热烘焙,这是使用较广的方法,设备简单,烘茶质量高,特别是香气好,但生产效率低、劳动强度大、成本高,不能适应大规模生产。目前,生产上均已改用烘干机烘焙。

烘干操作技术主要掌握温度、风量、烘干时间和摊叶厚度等。

①温度:是影响烘干质量的主要因素,兼顾蒸发水分和内质变化的要求,应掌握"毛火高温、足火低温"。

毛火过程,由于"发酵"叶含水分较多,必须采用较高的温度,才能使叶温迅速升高到破坏酶活化的高度,制止酶促氧化,同时迅速蒸发水分,减少湿热作用的影响。

足火时,叶子含水量较少,叶温与外部供热温度趋于一致,要用低温烘焙,并发展香气,温度过高,易发生高火、焦茶。

一般用自动烘干机,毛火温度以进风口测量应以110~120 ℃为宜,不超过120 ℃;足火温度85~95 ℃,不超过100 ℃,毛火与足火之间要进行摊放,摊放时间一般为40 min左右,不应超过1 h。

②烘干时间:一般毛火应高温短时,以10~15 min为宜;足火应低温慢烘,时间应适当延长,使香味充分发展,以15~20 min为宜。

③摊叶厚度:摊叶厚薄应掌握"毛火薄摊、足火厚摊","嫩叶薄摊、老叶厚摊","碎叶薄摊、条状或粗叶厚摊"。摊叶厚度毛火1~2 cm,足火可加厚至3~4 cm。一般烘干技术指标如表6-9、表6-10所示。

(4)干燥程度

干燥适度的特征,毛火后手握茶叶稍有刺手感,叶条尚感柔软,梗折不断,含水量20%~25%,达到7~8成干;足火后的茶叶,条索紧结,色泽乌黑光润,梗折易断,茶叶能捻成细碎粉末,含水量应为4%~6%,达到足干。

表6-9 自动烘干机操作技术参考指标

烘次	进风温度(℃)	摊叶厚度(cm)	烘干时间(min)	摊凉时间(min)	含水量(%)
第一次(毛火)	110~120	1~2	10~15	40~60	20~25
第二次(足火)	85~95	3~4	15~20	30	4~6

表 6-10　烘笼烘焙操作技术参考指标

烘次	温度 （℃）	每笼烘叶量 （kg）	时间 （min）	翻叶间隔时间 （min）	干度	摊凉	
						时间（min）	厚度（cm）
第一次（毛火）	85～90	1.5～2	30～40	5～10	7成干	60～90	3～4
第二次（足火）	70～80	3～4	60～90	10～15	足干	30～60	8～10

6.4　切细红茶

切细红茶，又称"红碎茶"。我国切细红茶生产历史较短，为适应国际市场的需求，1964年才开始生产，但发展很快，产品质量也有所提高，成为我国红茶的又一种类。

6.4.1　品质要求

切细红茶的生产，主要是满足国际市场的需求，因此，品质要求按照国际市场的习惯。总的要求外形规格分明，色泽鲜润，内质香味鲜浓，着重茶味鲜爽、浓烈、收敛性强，汤色、叶底不作为品质的主要指标，但以红亮为好。根据外形和内质特征，分为叶茶（条形）、碎茶（颗粒状）、片茶（皱折状）、末茶（砂粒状）四个类型。

我国生产的切细红茶，由于茶树品种不同，形体和品质上均有差异，因此，制定了四套标准作为加工验收统一标准，分别用于大叶种、中叶种、小叶种的对样加工。

6.4.2　鲜叶加工技术

切细红茶的鲜叶加工是：萎凋、揉切、"发酵"、干燥等工序。

1. 萎凋

萎凋目的、方法和萎凋中产生的理化变化，与工夫红茶是相同的，但在萎凋程度的掌握上差别较大。

萎凋程度的掌握，根据茶树品种不同，一般为：大叶种（如云南）萎凋程度重些，实际掌握为 57％～60％，中、小叶种程度轻些，为 59％～62％。

因揉切的机器不同，掌握程度也应不同。一般为：圆盘式揉切机萎凋程度轻些，为 60％～62％；转子式揉切机应掌握程度重些，为 57％～60％。C.T.C 萎凋程度要轻，为 67％～70％，如低于 67％，则叶的韧性加大，揉切中不易切碎，成茶外形粗大，片、末多，影响经济价值。

制茶季节及鲜叶老嫩不同对萎凋程度掌握的原则与工夫红茶相同，即嫩叶重些（58％～60％）、老叶轻些（60％～62％）；春茶重些、夏茶轻些。

2. 揉切

揉切是切细红茶塑造外形、内质的关键工序，通过揉切，既要切细，又要紧卷重实；既要高度的细碎率,又要争取时间,获得内质的鲜爽浓强。因此,揉切使用的机器类型、揉切方法不同,品质也有显著差别。

(1)揉切机器

揉切机器类型很多,有揉与切混合型,有揉与分开机型。揉切机俗称转子机,各地茶厂(场)都有创造,型号不少。

①圆盘式揉切机 又称平板机。机器外形与运转原理与普通揉捻机相同,仅揉盘及揉盖中心设有圆锥体,以增强桶内挤压力,揉盘上设有 8~12 个弧形锋利的揉齿。茶条在揉桶回转过程中切细。切细效果由机型、操作压力、揉切次数不同而不同,目前,我国使用这一类型的揉切机还较多。用普通揉捻机与圆盘式揉切机联用制切细红茶称为传统制法。

②C.T.C 揉切机 机器的名称是取压碎(Crushing),破裂(Tearing)及卷曲(Curling)三个性能的第一个缩写字母而来。机器的主体是由刻有凹纹花纹的不锈钢滚筒组成,两个滚筒反相内旋,转速不同、分别为 660 r/min 与 70 r/min,茶条通过这两个不同转速的滚筒搓扭、绞切而形成颗粒形碎茶,切细的效率高,但体型与其他方法揉切的茶差异很大,我国仅有少数地方使用这种类型的机器。

③转子式揉切机 国外称 Rotorvance。利用转子螺旋推进茶条,达到挤压、揉紧、绞切的作用。揉切工效高,细茶比例大,颗粒紧实。各地根据生产实际研究和创造各种型号转子机,大致可分为叶片棱板式、螺旋滚切式、全螺旋式和组合式四大类型,产品品质各有特点。中型的有英德 25、邵东 27;小型的有英德 20;邵东 18;浮山 18;珠江 20;羊艾 20;茅麓 18,另外还有芙蓉 705、南川 759 等型号。

④锤击机 国外称 L.T.P(Laurie Tea Processor),是一种新型的制茶机械。机内有锤切片 160 块,共分 40 个组合。前 8 组锤刀,后 31 组锤片加一组锤刀,转速 2 250 r/min,在 1~2 s 内完成破碎任务。由于叶片受到锤片的高速锤击,形成大小均匀,色泽鲜绿的小碎片喷出。碎片大小 0.5~1.0 mm。6CZ-30 型锤切机切出碎片 1.0~2.5 mm。

(2)揉切方法

①传统法揉切:传统揉切先用普通揉捻机平揉后,再用转子揉切机揉切,要求短时、重压、多次揉切,分次出茶。

萎凋叶先在 90-型揉捻机上揉捻 30~40 min。萎凋叶已基本成条,然后解块筛分,筛底提取毫尖茶;筛面茶进转子机揉切 3~4 次和解块筛分。具体操作流程如图 6-3 所示。

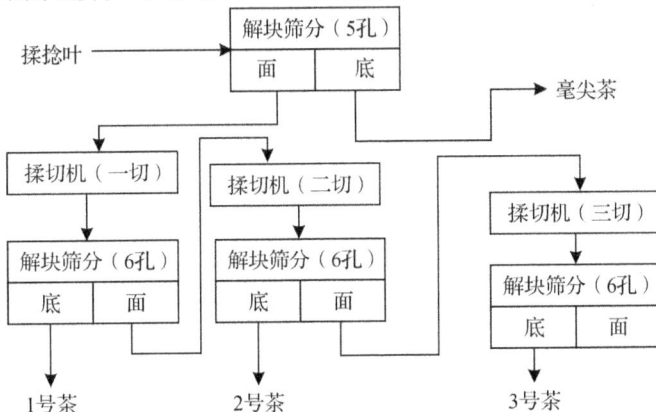

图 6-3 传统揉切法操作流程图

②不同机器类型组合揉切法　C.T.C 机、L.T.P 机组合揉切,其在揉切中具有强烈、快速和持续叶温低的特点,可提高制茶茶黄素的含量。达到既卷紧颗粒又充分切细的效果,各地不同机型大致有以下几种组合方法:

(1)萎凋叶—振动分筛去杂机—L.T.P 机—3×C.T.C 机—发酵

(2)萎凋叶—振动分筛去杂机—洛托凡(转子机)—3×C.T.C 机—发酵

3."发酵"

切细红茶"发酵"的目的、技术条件以及"发酵"中理化变化和工夫红茶相同。由于国际市场习惯香味的鲜浓,尤其是茶味要求浓厚、鲜爽、强烈,收敛性强,富有刺激性,就"发酵"来说,要求多酚类化合物的酶性氧化程度偏轻,即切细红茶的"发酵"程度掌握比工夫红茶偏轻。

由于切细红茶掌握"发酵"程度偏轻,往往通过揉条切细,"发酵"已经达到所要求的程度,不一定再把达到"发酵"要求的叶子再在单独的"发酵"工序去进行处理,但这并不表明切细红茶不需要"发酵",而取消了"发酵"工序,这都是对切细红茶"发酵"的误解。

从目前我国生产实践看,切细红茶一般仍需进行单独的"发酵"处理,尤其是中、小叶种制造切细红茶,为了加强茶汤的浓度,都要进行一定时间的"发酵"。

(1)"发酵"中多酚类化合物主要氧化产物与品质的关系

多酚类化合物主要氧化产物——茶黄素与茶红素的含量及其比例与红茶色、香、味有直接和间接的关系,优质的切细红茶要求茶黄素与茶红素两者含量高而两者的比例低,这是由切细红茶品质要求鲜爽强烈所决定。

(2)"发酵"程度的鉴别

一是感官判定,二是叶相观察,两相结合,才能准确。

①感官判定:在实际生产中,"发酵"程度,仍以感官判别"发酵"叶的特征:以叶色开始红变,呈黄或黄红色;香气没有浓厚的青草气,以透发清香,或至多稍带花香为适度。如呈苹果香、叶色红,已属"发酵"过度。

②叶相观察:贵州湄潭茶叶研究所和羊艾茶场研究的"发酵"叶相与"发酵"程度的关系,把"发酵"叶相分为六个级别。一级叶相:叶色呈青绿色、有浓烈的青草味;二级叶相:青黄色、青草味;三级叶相:黄色、清香;四级叶相:黄红色、花香或果香;五级叶相:红色、熟香;六级叶相:暗红色、低香。

4.干燥

干燥的毛火火温,进风口温度 110～115 ℃,采用薄摊、快速或中速,使毛火叶干度达到8 成干以上。毛火茶后的摊放,要比工夫红茶摊得薄,避免摊放过厚叶层积热,引起非酶促氧化,摊放时间不能过长,一般 15 min 左右。足火火温,进风口温度为 85～90 ℃,摊叶可稍厚,下机毛茶的含水量为 5% 左右。

本章小结

红茶是我国生产和出口的主要茶类之一。我国红茶有小种红茶、工夫红茶、切细红茶三种。除小种红茶对鲜叶有一定成熟度要求外,工夫红茶和切细红茶都要求有较高的嫩度。

一般是以一芽二叶为标准。

小种红茶,是福建特有的一种外销红茶,其品质特点是:干茶色泽褐红润泽,条索肥壮,紧结圆直,不带毫芽,汤色浓红,香气高爽,带纯松烟香,滋味浓而爽口,活泼甘甜,似桂圆汤味。主要加工工序为萎凋、揉捻、转色、过红锅、复揉、熏焙、复火等工序。

工夫红茶是我国特有的传统产品,产区广阔。品质特点为红汤红叶,外形条索紧细匀直,叶色润泽,毫尖金黄;内质香气高锐持久、滋味鲜醇,汤色红亮、叶底红明。鲜叶加工分萎凋、揉捻、"发酵"、干燥四道工序。

我国切细红茶生产历史较短,主要是满足国际市场的需求。对品质总的要求外形规格分明,色泽鲜润,内质香味鲜浓,着重茶味鲜爽、浓烈、收敛性强。切细红茶的规格按国际市场习惯,分为条、细、片、末四个类型。切细红茶的鲜叶加工和工夫红茶基本相同,分萎凋、揉切、"发酵"、干燥等工序。

思考题:

1. 萎凋程度对工夫红茶品质的影响是什么?

2. 工夫红茶揉捻应注意的问题是什么?

3. 萎凋的目的是什么?

4. 怎样区别工夫红茶与红碎茶发酵技术和程度?

5. 工夫红茶揉捻的目的是什么?

6. 简述红茶干燥应注意的问题。

7. 工夫红茶发酵叶叶相是怎样变化的?

第7章

毛茶加工技术(精制)

鲜叶经初制后的产品称毛茶。毛茶由于原料来源、采摘季节和初制技术等条件不同,品质差异很大,严重夹杂不纯。为了使品质的优次分明,匀整美观,毛茶还必须经过加工(精制)才能制成商品茶。

7.1 毛茶加工的目的与意义

茶叶是商品,其必须有一定的等级与传统规格。我国茶区广大,茶类丰富多彩,生产分散,采摘老嫩混杂,制工不同,产品品质也不同,必须加工。加工的技术措施,依各类产品要求不同而有很大的差别。

内销茶的加工比较简化,尤其是特种茶类如龙井绿茶、君山银针黄茶、白毫银针白茶,等等,稍微拣去碎片就行。外销茶的加工比较精细,尤其是重外形的眉茶、工夫红茶等,分级要求特别严格。而青茶的再加工则在内外销之间。

鲜叶初制后的产品,称"毛茶",毛茶再精细加工后(精制)的产品,称"精茶"或"成品茶"。

7.1.1 毛茶加工的目的

鲜叶加工后的产品,称毛茶,是表明毛糙不精,还需要加工。毛茶加工是整理外形,改造内质,也是提高制茶品质的有效措施。

毛茶加工目的是整理形状,去掉粗劣,促进达到应有的纯正。毛茶形状不整齐,或夹有杂物,或同属正茶而有品级高低不同,加工目的是分清级别,调和品质。毛茶形状愈不整齐,加工也愈复杂,反之,加工就简单。

概括说,毛茶加工有四个目的:(1)淘汰不好的茶条,除去劣质和杂物,提高纯净度,促进形状整齐;(2)整理各种不同的形状,分别合并,使各种不同的茶叶分别成为各种花色,完全合乎标准;(3)划分品质等级,分类拼配,使品质纯净,好坏分明;(4)去掉过多水分,适度干燥,使叶质缩紧,耐久贮藏。

7.1.2　毛茶加工意义

从毛茶加工的目的,可以看出对提高制茶品质有积极的意义。毛茶夹杂物很多,如梗、朳、片、末等虽然是副产,也可以饮用,但是对正茶的色香味不利,必须分清。至于不能饮用的夹杂物,不论是茶类或非茶类更须剔出,保证品质纯净,加工的意义就是在此。

在采摘或鲜叶加工过程中,时间和处理又未能完全相同,因此,毛茶的形态很复杂,其中有不要加工而直接可为精茶的,但是由于加工处理的影响而破坏了形态,就分为二:一是芽头和极嫩的叶全部可以选为好茶的;另一是重质的碎片和团块,都是不合要求的,与其他正茶也不匀称。还有大部分的毛茶,在筛分时,不能通过大小适当的筛孔的,都需要适当地加工,使形状划一。

毛茶加工是分别品级,淘汰劣异,使好坏不整齐的制茶,分成种类,达到各种不同的制茶品质,为一定形状的公认标准。分别品级是加工的重要意义。

整理毛茶形状也必须采用烘炒技术,降低含水率,使外形收缩而容易划分。粗细不规则、不整齐的茶条,所连带的硬片结节,干燥后容易脱离而利于筛分拆开。如平绿、屯绿和工夫红茶,在加工过程中干燥是重要作业。有些为了提高色香味的茶类,应用烘炒技术,改进色香味,提高制茶品质,加工意义就很大。

7.2　毛茶加工前的技术措施

毛茶来自不同地区,品质参差不齐,要根据产地、季节、等级的不同,分品质分类拼堆,以利加工。毛茶付制应考虑采取哪些技术措施,才能使成品的外形和内质互相调和,符合规格标准,从而多提取高级的产品,充分发挥毛茶的最高经济价值。

7.2.1　毛茶定级归堆

毛茶进厂首先是扦样审查而后验收。如发现水分含量超过规定,验收后就要补火。如发现霉坏、异味等劣变情况,须详细填入验收单,并立即处理,不要与好茶混在一起。

毛茶品质验收后,定级归堆。一般都是验收与定级同时进行,统称“毛茶验收定级”。定级依据都是按毛茶验收等级相结合,基本上固定不变,不再另立加工等级,以简化手续。

归堆,加工为内销的毛茶比较单纯,加工为外销的毛茶比较复杂。大概从下面几方面归堆。

1. 根据毛茶品质划分为内外销,外形内质相适应,条索紧结,叶底明亮,香味正常,无烟焦等异气味;绿茶无红梗红叶和暗叶,红茶无花青和乌条,确定加工为外销茶。外形内质不相适应,条索松泡,净度差,叶底不明亮,香味不正常的,确定加工为内销茶。严重劣变茶,确定不能饮用的,应予报废。感染异常气味如机油味、农药味等,应分情况,慎重处理;机油味不能消除的和农药残留量超过规定标准的,也应予报废。

2. 根据毛茶特征划分类型,以便加工调剂品质,凡具有明显不同特征的毛茶,都要分别

归类,主要有下列几点:

(1)地区不同 产地不同,品质特征各有不同。南山北山品质也有差别。如武夷岩茶就可分为正岩茶、半岩茶和洲茶三个品类。

(2)品种不同 如红茶区引进的青茶新品种黄观音和当地的菜茶,品质特征明显不同。

(3)制法不同 锅炒杀青与滚筒杀青制成的毛茶,香气有明显不同;同是滚筒杀青,由于热源不同,烧煤的和用蒸汽加热的,毛茶香味也有不同。

(4)季别不同 春、夏、秋三季毛茶,各有不同。一般春茶品质好,夏秋茶较差。台湾省的青茶夏茶比春茶好,是例外。

3. 同类同级划分品质优次把品质好的差的分别归堆,便于拼和时,供调剂品质的参考。

7.2.2 毛茶拼配付制

为了保证产品质量,合理选用毛茶,每批付制毛茶,必须拼配。拼配目的是起品质互相调和作用,保证成品合乎规格,从而发挥毛茶最高经济价值。毛茶拼配要按品质类型分别搭配,做到同一批付制毛茶的外形内质基本上趋于一致,便利加工的技术掌握与筛号茶拼配,调和品质。

1. 拼配方法

毛茶拼配的比例,一是根据库存数量,按月度生产计划选拼,保证月度生产计划的完成。如需要改变拼和计划应统一平衡。二是根据成茶品质的要求。一般说,成茶品质重香味的优质高级茶,不适宜拼入夏茶。毛茶加工为中级茶适当地拼入前期品质优良的夏茶,但不能超过20%。秋茶大多滋味粗淡而涩,叶质轻薄,为中下级茶,也不能拼入超过40%。重外形的成茶,可适当拼入夏、秋茶2/3,拼入春茶1/3,就能调和夏、秋茶滋味淡而涩。

为了保证品质的前后平衡,当保留一部分比较好的毛茶(主要是春茶)作为后期拼配的调剂。对保留的毛茶,严防变质。

毛茶拼配必须开汤排队审评。外销的毛茶以内质为主,兼顾外形。每次拼配毛茶的品质力求单纯。净度差的毛茶单独拼配付制。以便加工时针对不同毛茶,采取不同的技术措施,减少反复,便于取料,保证质量,降低成本。

拼配的毛茶选好后,按比例拼和小样。复评品质水平是否符合要求,如偏高或偏低,必须调整,直到符合要求为止。

2. 拼和付制方式

毛茶拼和付制有三种方式:

(1)单级拼和,单级付制,多级收回 每次付制毛茶只有一个级,制成产品有许多级,如二级炒青单级拼和,单级付制,制成的产品有特珍珍眉一、二级,珍眉一级到四级,雨茶、秀眉、特贡、贡熙等共十多个等级。优点是每次付制毛茶品质单纯,便于加工,减少制工反复,简化操作方法,节约工时,提高劳动生产率。缺点是有的产品不够全面,不能及时拼配出厂,增加筛号茶的贮存时间,品质发生变化。

(2)多级拼和,多级付制,单级收回 每次拼和付制的毛茶有几个级别,而制成产品基本上是一个级。如四、五级红毛茶按比例混合拼和付制,制成的产品基本上是规格红茶二级。优点是每次制成的产品大部分可拼配出厂,生产周转快。缺点是操作复杂,增加加工的困难。

(3)单级拼和,阶梯式付制 为了克服单级拼和,单级付制的缺点,采取阶梯式付制方式,每三次(批)或四次(批)作为一个周期,第一次付制上级茶;第二次付制中级茶;第三次付制下级茶。正茶每次做清,副脚茶三次集中最后一次做清。高档的成品单独成箱,低档的成品与下次品质较低的成品拼配,或贮存候拼。

7.3　毛茶加工主要作业及作业机

鲜叶加工技术是奠定制茶品质的基础,鲜叶加工愈精细,则毛茶加工也愈省工。改进鲜叶加工技术,提高毛茶品质,可以简化毛茶复杂的加工过程。

毛茶加工的技术主要是筛分,切细,风选,拣剔,以及再干燥等作业。筛分与切细有时连在一起,采用筛切连合机。毛茶过长过大,不能通过筛孔,就要切断或轧细。切轧后的茶坯又要筛分分离;切后又筛,筛后又切,在毛茶加工过程中,是相辅相成的作用。毛茶大小差异大,要多切做到一致,使形状划一。

7.3.1　筛分

筛分是毛茶加工技术的主要作业,任何毛茶加工都与筛分技术有关,所不同的,只是繁与简的区别,特别是烘青绿茶和工夫红茶的加工更为重要。烘青绿茶、工夫红茶加工工序复杂。筛分能影响品质好坏,在毛茶加工过程中是很重要的。

1. 筛分的目的

筛分的目的是整理形状,使茶叶外形相近似。任何筛分都免不了分离茶叶的大小。茶叶的大小包括长短、粗细、轻重、厚薄等。

毛茶加工,长短的筛分最常用,也最普遍;其次是粗细的筛分,轻重和厚薄的筛分比较少用。眉茶、珠茶和工夫红茶加工的筛分很复杂,反复应用筛分技术,尤其是长短、粗细的筛分用得最多。

筛分既分离各种大小,就有各种不同的筛分技术,又因所筛分茶类不同和振动的快慢与轻重,就有各种不同的专门名称。但是,作用不同而名称相同的也有,作用相同而名称不同的也有。

2. 筛分动作

筛分动作不同,作用也就不同,要达到什么目的,就要用什么动作。筛分技术表面上好像很复杂,但归纳起来只有三种动作,即左右回转、来回摆动和旋转跳动。

3. 筛分的作用

筛分既分大小、长短、粗细和轻重,又能整饰外形,作用很大。

(1)回转筛　筛是圆周运动,起分离长短的作用,茶叶布满全筛运动旋转,旋转的方向与筛的运动方向相反,沿着筛面做回转滑动,使茶叶通过不同的筛孔分开不同的长短,也称圆筛或小平圆筛。手工制茶依作用不同分为分筛、撩筛、捞筛和灰筛,机器制茶只分分筛和撩筛。

①分筛及灰筛:茶坯分离长短,一般要经过三、四次分筛。第一次叫分筛,以后各次叫撩筛。分筛的作用主要分别茶坯的长短或大小,也是各筛孔茶定名的阶段。

回转的平面圆筛机是集约的筛分。回转的圆筛机有各种形式,最少放一面圆筛两出口,最多放七面筛八出口。还有一种摩尔连续自动筛分机。

灰筛是炒茶后去粉末,动作与一般分筛相同,只是圆周转动小些慢些。

②滚筒圆筛机:或叫大圆筛机,工效高,一般用于毛茶分筛,先把毛茶截分为数段,而后过平圆筛定筛孔茶,起粗放地筛分作用。

③撩筛及捞筛:撩筛圆周转动比分筛大些快些。撩筛的作用主要把不符合要求的长茶或粗大颗粒撩出,同时也把不符合要求的短小茶筛出,使各筛孔茶的长短或大小进一步匀齐,以利于下接工序的风选或机拣。撩筛作业习惯上叫"撩头挫脚"。撩筛分出的各孔茶,一般是4孔茶到10孔茶的质量较好。4孔以上的长条茶,品质较差。12孔以下过于细碎。

手工捞筛动作与撩筛相同,只是圆周转动比撩筛大而快,有打捞的意义。捞长条是补撩筛的不足,撩头比捞头少;捞长梗是节省拣工。

(2)抖筛　筛是前后来回摆动,茶坯在筛面跳动作用而形成垂直状态,通过不同的筛孔,把粗细分离开来,使长形茶分粗细,圆形茶坯分长圆,茶坯条块连接,也可拆开,具有初步划分等级的作用,所以通过抖筛的茶坯即可分别定级,叫某级几孔茶坯。

茶坯分离粗细,一般要经过二三次抖筛。过去第一次抖毛茶,叫毛抖;第二次再抖,叫复抖;第三次叫紧门抖,是规格抖。目前,第一次叫抖筛,第二次叫前紧门筛,第三次叫后紧门筛;如只抖两次,则第二次叫紧门筛。抖筛面的茶坯,叫抖头。抽出的筋梗,仍叫筋梗。抖筛作业,习惯上叫"抖头抽筋"或"抖头取坯抽筋"。

通过不同筛孔抖出的粗细茶坯,一般是粗的品质较差,细的品质较好。筋梗虽属次质茶,但筋梗中常有混杂一部分品质较好的茶坯,特别是高级茶的筋梗,还含有不少的嫩芽,如把这些嫩芽和较好的茶叶取出,一般可提级或原级处理。

抖筛机分平式和斜式,国内茶厂都用斜式抖筛机,两层的、一层的多。最近新创造的振动式抖筛机,也是分离粗细的,不用人工抖筛,有利于自动化生产。振动筛机有两种类型:一是机械振动,另一是电磁振动。

(3)飘筛　筛的振动是循环旋转结合上下跳动,俗称跳筛。茶坯中含有形态不成卷条的轻质碎茶、宿叶、破叶、黄片都可用飘筛分离,过去轻身路或称黄片筛路,特叫"黄片筛"。这路加工都以飘筛为主要机具。飘筛的作用是茶叶平铺在筛面,茶叶运动与筛的振动方向相反,上下跳动,重实的片沉于筛底,穿过筛孔下落;轻飘朴片浮在上面中央,未穿过筛孔下落,就此分开轻重。

飘筛机有两种型式:一长方形单层筛面式,二是圆形双层筛面式。构造不同,各有优点。

7.3.2　切断与轧细

毛茶的形质,有粗大的,有弯曲的,有折叠的,或梗的尖梢附着嫩叶,通不过筛孔而被夹在头子茶内,形成长圆不一,就要加工做细,或分解,或折断,才能通过筛孔,使整齐划一。切细是加工过程中的主要作业之一,不仅对正茶率起决定性作用,而且对品质的影响也很大,要研究合理的技术措施,使符合提高质量与数量的要求。

1. 切轧机的应用

切轧机分轧细式、切断式、齿切式和螺切式,各有优缺点。国内茶厂普遍用切断式,既能切细红毛茶,又能切断绿毛茶;既能切制眉茶,又能切制珠茶。轧细式适合轧圆茶,齿轮式和筛切式,个别茶厂采用。

细胞式切断机俗称滚筒式切茶机,或简称滚切机,其实不是筒,而是两个短圆柱密接转动,圆柱上嵌满大小相同的方孔,好像细胞。方孔有各种大小不同。每两个圆柱为一组,方孔的大小相同。两圆柱两边有和圆柱同长的切刀。效率因方孔的大小和切茶的种类而不同,相差很大。

细胞式切茶机,既能切断,又能轧细,应用范围较广,不论红茶或绿茶都能用。用时首先要根据上切茶的粗细,选配一对适当孔眼的圆柱。孔眼过大,效率低;过小增加碎末。其次要掌握刀口与滚柱的距离,距离大小对制率和质量有很大影响。一般用于切毛茶头和长身茶,把粗大的和细长的茶条切断,以符合成品茶的规格要求。

为节省劳力,切断机都与筛分机联合装置,特别是细胞式切断机联合装置为最普遍,很少单独使用,与滚筒圆筛联合为滚切联合机。最普遍为切毛茶头的滚切单联,或有切滚切双联,发挥更大效能。与抖筛机联合切抖头的抖切联合机也不少,或有与平圆筛联合为切断圆筛联合机。

轧细机俗称圆切机或圆片式茶机,或锦隆式(锦隆洋行创造的)轧茶机,系用两个嵌有凹凸条形的铁轮盘,一个固定,一个活动。两个圆盘的距离依上切茶的大小随时调节,互相转动。粗茶两盘距离宜大,细茶宜小;长条茶宜大,圆块茶宜小。粗大的茶叶由漏斗通过就能磨细,而自下口流出。也能把圆形茶分解为条形茶。因此,轧细的作用,不分长短粗细,既能轧断粗大茶头,又能轧细过粗大的子口茶。主要用于轧碎筋梗茶。

轧细式效能小于切断式,并且末子也较多,出口茶较切断式容易碎,但是使用得当,其效能还起协助分离梗茶的作用。利用轧细机的挤压力作用,把拣头中还混有与茶梗一样长的茶条挤断,茶梗的韧性比茶条强,保持原来长度。经轧细后再筛分,就很容易把茶梗剔除。

齿切机或叫锯齿式切茶机,功用是切碎茶坯,主要用于切碎为短秃的茶头或轻片茶。

螺切机亦叫螺旋式切茶机。两个带有螺旋的滚筒向内转动,茶坯从两滚筒之间通过,把茶叶挤断或轧断,功用近似滚切机,但作用较滚切机好。

2. 切轧技术

在毛茶加工中,付制加工的原料 50% 以上都要进行切轧作业。因此对切轧工序的操作要求是:第一,逐步收紧刀距,松口多次,以减少碎茶、粉末的产生;第二,合理上刀,尽可能地多制正茶,少出副茶,以提高原料的经济价值;第三,在切断和轧碎之前,去除夹杂物,注意保护切茶机的切茶效果。

7.3.3　风选

整理茶叶形状和淘汰劣异,虽然以筛分为主,但是各花色轻重力要求一致,筛分是较不易做到的,要用各种风力选别机(风扇)来辅助。风扇是利用车叶的风力,分茶叶的轻重和厚薄,扬去黄片、茶末和无条索的碎片,或其他轻质的夹杂物。在烘炒后匀堆前,扇去粉末称"清风"。风扇的应用,分离轻重是分别等级最重要一个过程。一般长短粗细基本相同的筛孔茶,越轻的茶叶受风力作用后,飞扬越远,下落较慢;重实的茶叶抗风力较强,下落快,就落得较近,重的茶叶品质好,轻的茶叶品质差。通过风选,就把轻重不同的茶叶分成许多不同的等级。风选是毛茶加工过程中,亦是茶叶定级的主要阶段。过去都用手摇风扇,现在都用机动风扇。机动风扇有两种类型,即吹风风扇和吸风风扇。

1. 吹风风扇

吹风风扇机亦叫送风式选别机,吹风风扇分下出口和平出口,下出口又分为正口、子口、次子口。风力由一台鼓风机供给,根据不同的需要灵活调节风力大小。子口茶一次扇清,各口茶档次分明。

正口是在近茶斗的口,吹出"正口茶",正口茶抗风力最大,由漏斗下注,直入正口,条块紧细重实,品质好,是正身茶或净茶。珠茶称"重身",如五孔重。

子口是在正口的旁边,或称"内子口",吹出"子口茶",或称黄片,抗风力较正口茶稍弱,半实半飘,比正口茶轻。子口所出的茶再上扇,正口所出的为子口茶,子口所出的为"次子口茶"。

次子口在子口的旁边迫近平出口,或称"副子口"、"外子口",吹出"次子口茶",比子口茶轻。有次子口的风扇,平出口的轻片减少,而多由次子口流出。

平出口吹出的,称"风扇尾",是抗风最小的劣碎片、毛灰和其他特别轻的夹杂物。初次上扇,平出口吹出物多,再次上扇吹出物就很少。

风箱内下出口分格的隔板,称"锁板"或"鱼肚板"。风扇的技术掌握与锁板高低有相当关系,扇粗茶锁板低,扇细茶锁板高。

风扇的功用,在分离茶叶轻重而除去飘浮物,操作时,须掌握速度快慢。粗茶转速要快,细茶转速要慢,愈粗愈快,愈细愈慢,这样才能分别轻重。粗茶转速慢风力太小,轻片不易吹出,和重的一同下落;细茶转速快,风力太大,重片和轻片一同飞出,就有扇不清净的毛病,再上扇就费工夫。

风扇的效能,因扇工的技术和过扇的茶坯不同而有差异,一般分轻重都称"过风扇",效能的差异,不仅与茶坯的大小有关系,而且目的不同也有影响。

2. 吸风风扇

吸风风扇俗称风力选别机或拉风机,是一长方形的风箱。一边装有风扇机,另一边装有一条输送带,茶叶由这条输送带上头下落,进入风箱,下有八个出口,依照抗风力的大小,分落八口,而分为八种轻重不同的茶叶。越靠近下茶口这边,落下茶越快越重,属正口茶;越靠近风扇机这边,落下茶越慢越轻,属子口茶。但是,机身太长,吸力不够,以致分选不清,前四口可以分别扇出轻重不同的茶,后四口出茶较少。有的茶厂把八节机机身拆除二节或四节。

吸风风扇除了风箱有活动隔板可调节外,下茶口这边风箱上装置活动风门,风门开口大小可控制进风量大小。根据茶叶大小和质量分离的要求调节下茶速度和风门大小,以及活动隔板的位置。

扇下档茶,风力要小,出茶口多开;扇上档茶,风力要大,出茶口多关。出茶要多要快,开口就要大或全开,落茶要少要快,开口就小。掌握开口多少和大小控制出茶的快慢,要有丰富经验和较高技术,茶叶就容易扇清,减少复扇次数,提高效率。

从风力利用上说,吹风式比较合理,但工效低,反复多。

7.3.4 拣剔

拣剔是除去粗老畸形的茶条,整齐形状。拣出茶子、茶梗,既可补救采制的粗杂,又可矫正筛分、风扇的疏漏,也是毛茶加工主要作业之一。提高净度,对外形品质提高很大。目前无论哪一种茶类,必须经过这个工序。

茶厂收进毛茶,补火后就先发拣,称毛拣,毛茶经过多次加工过程而后发拣,称精拣。第二次精拣,称复拣或"过板"。

1. 手工拣剔

手工拣剔是目前去杂的重要工序,在制茶成本中占很大比例。随着制茶技术逐渐提高,手工拣剔量逐渐减少。到制茶全部机械化、连续化、电气化、自动化,手工拣剔必然淘汰。

把付拣茶堆放在拣板一角,用左手撒出少许放在拣板特置的黑环内,使条条分开,所应拣出的全部暴露在眼前,两手并用,上下交取。拣净后用右手拨合,堆放拣板另一角,左手再拨未拣的茶。

拣茶首先对各级付拣茶的拣出物要充分了解,哪些应拣,哪些不应拣,以便在操作时容易判断。其次操作时要坐得正,而头应稍往板中移进减轻疲劳。

2. 机器拣剔

拣剔对象很多,一种机器不能完全解决。到目前为止大部分只有除梗机,其他杂质的除去还比较困难。除梗机种类很多,我国茶厂使用最普遍的是泽本式去梗机,其次是静电拣梗机,现在还有茶叶色选机。

泽本式去梗机,俗称阶梯式拣梗机。这种拣梗机是利用茶叶、茶梗形态不同,流动性差异而分离的。茶梗圆直平滑,流动性大,拣梗时利用机身振动,使茶叶沿倾斜的拣槽有次序的均衡纵向滑下,过槽沟时不停留而顺直槽滑流到底入盛梗箱。茶叶则弯直粗糙,流动性小流到槽沟就掉落与茶梗分离。这种拣梗机在拣梗同时,细长茶条也混进茶梗中,所以也具有分长短的作用。一般一口为净茶、二、三口为茶梗混合夹杂,还需重复上拣处理;四口为茶梗。

静电除梗机是根据静电分离的原理,把茶叶与茶梗分开。茶叶、茶梗的结构和含水量不同,对静电的感应量也不同。当混有茶梗的茶叶通过静电场时,梗和叶的分子感应的电荷由于表面传导率不同而有显著的差异,所受的电荷的感应拉力不同,使茶叶、茶梗分开,而达到拣梗的目的。并且可拣剔轻质茶和一部分非茶类夹杂物,如谷子、麦子等。

茶叶色选机是指利用茶叶中茶梗、黄片与正品的颜色差异,使用高清晰的CCD光学传感器对茶叶进行精选的高科技光电机械设备。把茶叶从顶部的料斗进入机器,通过振动器装置的振动,被选物料沿通道下滑,加速下落进入分选室内的观察区,并从传感器和背景板间穿过。在光源的作用下,根据光的强弱及颜色变化,使系统产生输出信号驱动电磁阀工作吹出异色茶叶至接料斗的废料腔内,而好的茶叶继续下落至接料斗成品腔内,从而达到选别的目的。

7.3.5　再干燥

毛茶加工,干燥也是重要作业之一,有时反复进行,为便于与湿坯的干燥有所区别,特称为再干燥。外销绿、红茶注重形状,并且外运时须经过长途运输,再干燥更为必要。内销茶或连续加工的毛茶干度足,就不重要,因茶叶经过再干燥,虽然可以发展香气,但是次数过多,温度太高,时间太长,也会损害香气,对品质很不利。

再干燥作业的主要作用,除蒸发水分外,还可以提高茶叶的色香味和外形。青茶再干燥,火候是否适当,与其品种关系很大。色泽、香气、滋味均与再干燥技术有关。

在毛茶加工过程中,因干燥目的不同,分为补火、做火、复火三种火候。但不是每种制茶都需要的。如青茶、白茶只要复火而不需要补火、做火;内销绿茶大多要补火,很少需要做火、复火;外销茶三种火候都要。

1. 补火

补有不足的意义,干燥程度不够的要补足,够的就不必补,视需要而定。这种不是必经的过程,称为补火是很恰当的。

收进毛茶有时因干度不足或天气潮湿而水分含量较多时,必先烘干或炒干。不然,如来不及加工,或长期贮藏,就有劣变可能,因此必须补火。

在开始加工时,不论是刚收进的或在仓库的毛茶,因天气潮湿,条索松软,也必先烘干或炒干,才能适合加工的要求。补火是去掉毛茶过多的水分,干燥程度和温度高低要求不严格。但是温度勿过高,时间勿过长,以免损害香味。目前补火作业多数使用烘干机。

红毛茶补火所用烘干机种类很多,国内茶厂都是使用循环链自动干燥机。热空气温度100 ℃左右,烘焙时间和摊叶厚度,依毛茶的等级和含水量的不同而异。绿毛茶补火过去都用大石式平锅炒干机,叶温80～85 ℃,时间30～40 min。补火俗称"打毛火",或称"毛锅"。现时改用循环链自动干燥机。火温高低、时间长短、摊叶厚度,也是依毛茶的等级和含水量的不同而异。

2. 做火

在制品因在制时吸收水分过多,必须烘干或炒干,以利加工。还有在某种操作前必须先把水分去掉,如生产眉茶做头子必先经过炒焙才能过筛;生产红茶的加工不时要烘焙;生产珠茶的加工,不时把"在制"茶坯落锅炒焙。这些作业都称"做火"。

雨天时,在制品在毛茶筛制过程中吸收水分,使条索松开不整齐,就要做火,使之紧实,才能分别粗细。茶团结牢不整齐,利用火力,使之松脆,而后用力解开分离。条片连接或切断长条,也必须做火,使之松脆,才容易切断。这都是达到整齐形状的目的。

绿茶上扇或红茶做黄片,使用飘筛,就必须经过做火,不然片大的含水量多而重,不能分开。这是做火达到分轻重的目的。

做火的火候较补火重要,挥散水分要达到一定的要求,温度高低和时间长短,依随时需要而决定。红茶做火用干燥机,绿茶做火用炒干机。

3. 复火

在加工完毕装箱前,最后的烘或炒,以做火功效,提高茶叶香味,减少茶叶水分,提高茶叶耐藏性,称"复火"。这个工序是毛茶加工所必经的过程,是干度复验性质,确实必要,称复火是较确切。

在潮湿天气制成的茶叶,装箱之前的水分会增加到10％左右,最适合贮藏的干茶含水量应该是6％左右。如果茶中水分过多,就丧失其应有的爽脆性,以致变质或霉坏。

在天气干燥时,茶叶在仓库中贮藏,数日后可使品质醇和,并没有损害或变化的毛病,就可不必复火,以免有所损失。现时很多茶厂流水作业,每天装箱也不需要复火,复火是否必要,随机决定。白茶、瓜片复火,同时是为了装箱,使不压碎,又能紧实,非复火不可。

有些茶叶在鲜叶加工过程中,火候不足,香气未能完全发展。如烘制红茶足火不够,就没有甜香,在毛茶加工时,就要复火尽量使香气发展到一定程度。如祁红的"老火香"都是比较长时间的复火生成的,与热化作用相似。福建有一种"米糕香"的青茶,也是在复火中生成的。有些白毛茶未经烘焙,青气很重,也要在复火时去掉,烘出白茶特有的较好毫香。

复火在再干燥作业中,最能影响制茶品质,应该很好掌握。复火温度的高低与品质大有关系。如以红茶为例,依试验结果,叶温大约 80 ℃最适当,其次是叶温 70～80 ℃,85 ℃以上的,香气燥烈刺鼻,且夹有不纯的气味,滋味汤色都淡薄,叶底深暗而不易展开。叶温 70 ℃以下的,香气低沉,驳杂更甚,滋味淡薄,汤色浓而深暗,太高太低都会使制茶品质降低。

7.3.6　拼和、匀堆装箱

匀堆装箱是毛茶加工最后一道作业。毛茶经筛分处理后,分出长短、粗细、厚薄、轻重不同的各筛号茶,称为半成品。因各筛号茶品质不同,通过拼和匀堆,使各筛号茶拼配在一起,符合各级产品规格要求。

1. 成品拼和　成品拼和是根据各级茶叶的不同规格要求,选配一定比例数量的筛号茶进行拼和,使各种不同品质的筛号茶能取长补短,互相调剂,以达到整批的产品均匀一致,保证成品符合出厂的要求。

2. 匀堆装箱　根据这批花色级别的各不同的筛号茶——即半成品,按一定比例数量,通过手工或匀堆机十分均匀地拼和在一起,成为一种花色级别的成品茶。然后过磅、装箱、缩小体积,保持产品品质,防止变质,便于运销。

7.4　烘青绿茶精制技术

烘青毛茶经过加工后成品,除少量以"素烘青"(未窨花)直接供应市场销售外,大都作为窨制花茶的茶坯。

7.4.1　精制要点

烘青绿毛茶加工,应掌握"熟做熟取、分路加工、分段取料、序序把关、多道取梗、单级付制、分级收回"的原则。

1. 熟做熟取

毛茶付制采取"熟做熟取"或"生做生取",取决于毛茶的含水量,凡毛茶含水量达 9％以上的需要复火后付制,称为"熟做熟取";含水量在 9％以下则不经过复火制的称为"生做生取"。付制前不复火,而付制中将含水量较大的毛茶头复火后再制,则称为"生做熟取"。

目前进厂的烘青毛茶含水量均在 9％以上,再由于贮存期较长,有的毛茶付制前含水量高达 12％左右。因此,只能采用熟做熟取的方法,将毛茶复火,控制毛茶含水量在 7％～8％,藉使条索恢复紧结状态,便于筛分处理,收到多取茶条、减少切次、提高精制率和保护品质的经济效益。如果烘干后毛茶含水量低于 7％,筛制过程则容易造成芽尖碎损,碎茶粉末增加而影响精制率。

2. 分路加工

茶坯的工艺处理,其生产流程大体上分三条作业线,习惯上称为"三路加工",即本身路、圆身路和轻身路。

毛茶付制后通过圆、切、抖等处理,第一轮的筛下茶称本身茶,其作业线即为"本身路"。本身茶的特点是条形完整紧结,秀长,有锋苗,是拼和本级或提级的主要半成品。"圆身路"是将筛取本身茶时各工序的筛面茶(工艺上称为头子茶的"三头"即毛茶头、捞头、紧门头)再进行筛切整形的作业线。这一路的半成品称圆身茶,其特点是条形短秃,多破碎,少锋苗,梗多粗长,质量次于本身茶。"轻身路"是从本身路和圆身路风选出来的轻质茶叶,再经筛切、风选、拣剔等处理的作业线。经过处理后的半成品其特点是多扁形茶,身骨轻飘,但从高级毛茶本身路提取的轻身茶,又多含芽尖,是拼和高级花茶坯的料子。

3. 分段取料

筛制过程中一般分上、中、下三段取料。此处所指的分段与分析标准样时所用的筛孔不同,是以圆孔筛直径 4.5 mm 和 2.5 mm 两面筛来分段。4.5 mm 筛面为上段茶(为上拣茶),4.5 mm 筛下 2.5 mm 筛面为中段茶(为不上拣茶),2.5 mm 筛下为下段茶(碎茶和片茶)。

4. 序序把关

毛茶付制过程,要求做到步步深入,序序把关。基本归纳为把"四关",即采取如下四条措施:

(1)抖筛取条,把好抖筛关,多取条茶,先宽后紧,即毛抖筛孔宽些,紧门筛孔紧些,再通过复紧,三抖定型,使茶条匀直平伏,可减少碎片,多取条茶,提高制率。

(2)切茶保梗,把好切断关,力求茶断梗不断,采取按切次配滚筒,滚筒规格先大后小,刀距则宜先宽后紧。

(3)风选要清,把好风选关,分清轻重。主要采取先重风后轻风,重风正口基本要清,轻风是弥补第一次风选不足。先重后轻使筛号茶灵清好看易拣,又不增加轻身路负担。

(4)轻身精选,把好轻身关,认真处理轻身茶,提取嫩条芽尖。轻身茶处理过程中,主要采取先圆后紧,先抽芽尖后风选再抽尖,再风选,反复切、筛、风、拣,把轻身茶中嫩条与粗片严格分清。

5. 多道取梗

取梗是精制工艺中费工最多的作业,因此在整个精制过程必须实行多道取梗去杂的措施。在处理上要掌握:能保就保,长梗防断,能集就集,避免分散,能取就取,不流入下工序,取梗在前不在后。拣梗时采用机械拣梗、静电拣梗与手工拣梗综合处理,取长补短,充分发挥各自的性能与特点。先通过捞筛取出长梗,再通过阶梯式拣梗机将付拣茶中的长条梗拣出,使手工拣梗量降到最低限度。

6. 单级付制,分级收回

按毛茶定级归堆或拼配后的级别,单级付制,产品以本级为主,分级收回。

7.4.2 精制工艺

精制前,将收购的各级毛茶,按其品质特征严格分级,然后根据花茶级型的质量标准定级、归堆,进行分批拼配。精制时,将拼配后的各批原料茶,分批投料,经过烘、筛、切、抖、风选和拣剔等工艺处理,整形去劣,分别制成长短、粗细、圆扁和轻重等质量符合规格标准的各种筛号茶,最后对照各级成品茶级型标准的内质和外形,将筛号茶按一定的配比进行拼和成为符合质量标准的精茶。

1. 精制基本程序

精制的基本程序如下:

毛茶复火→圆筛→切茶→抖筛→捞筛→分筛→紧门筛→风选→拣剔→拼和匀堆。

具体工艺流程,分为本身路、圆身路、轻身路和筋梗及中下段茶处理。分述如下。

2. 本身路具体工艺流程

本身路共计 14 道工序。

第一道工序:毛茶复火。

作业目的:降低毛茶水分,使茶身紧结而脆,便于整形切断和通过规格筛孔,提高工艺效果。

质量要求:烘后毛茶水分含量控制在 7%～8%,不可太干或太湿。太干,茶条易断碎,产生碎片末,影响产品质量,降低经济价值。太湿,切抖次数增加,同样会造成茶条断碎多、破片多并影响外观色泽,降低原料的经济价值。

工艺条件:现行工艺使用链条百叶板箱体式自动干燥机,进茶至出茶历时 8～12 min,机温为 100～130 ℃,每台产量为 550～600 kg/h,复火应根据毛茶含水量适当调整机温、转速和上茶量。

第二道工序:圆筛。

使用滚筒式圆筛机,转速为 31～39 r/min,斜度 3°,筛网配置如下:

表 7-1　滚筒式圆筛机网配置

顺序	1	2	3	4	5
方孔筛	6×6	6×6	6×6	6×6	7×7

注:方孔筛是指每平方英寸(即 2.45 cm²)面积的孔数。x×x 表示孔数,如 6×6 表示 36 孔简称 6 孔筛,下同。

滚筒式圆筛机有两种作用:一是用于翻抖,筛孔配置先宽后紧;二是用于分段,筛孔配置先紧后宽。本规程是用于代抖,筛孔按先宽后紧配置。圆筛工序要求取出紧、细的茶条,减少不必要的切断碎损。筛下茶大小基本接近。

第三道工序:切茶。

切茶采用滚筒切茶机,滚筒转速为 105～120 r/min,大小规格按切次配筒,第一次切茶配用一号筒,规格为 12×12 mm²,刀距 4～5 mm,第二、三次切配用二号筒规格为 10×10 mm²,刀距 4～5 mm。第四次切以及需要继续切断时,仍配用二号筒但刀距缩小为 3～4 mm。切茶质量要求茶条切断而不碎;茶断而梗不断。

第四道工序:抖筛。

抖筛斜度 4～5°,转速 220～240 r/min,要按级配置筛孔。其筛孔配置如下:

表 7-2　抖筛筛网配置表

级别	特级	一、二级	三、四级	五、六级
方孔筛	8×8	7×7	6×6	5×5

操作要点:

(1)进茶要持续均匀,铺满筛面,以不破面不堆集为原则。

(2)要经常洗筛,一般每 10 min 洗一次。洗筛时要多敲少刮,避免茶条刮碎。防止铁丝移位,筛孔变形而影响规格标准。

第五道工序:捞筛。

作业目的:捞出长条茶和长梗,把初步整形后的筛下茶捞分为三个号茶,即不合规格的长条茶,基本符合规格的条形茶和短形茶。

品质要求:分段要清楚。上段茶中不能含有长度 17 mm 以上的条形茶。

工艺条件:现行使用旋转式平面圆筛机,转速为 200～220 r/min,斜度 3～4°,均配铝制圆孔筛,按各级茶配置筛网如下:

表 7-3　捞筛筛网配置

级别	第一面筛	第二面筛
二级及二级以上	直径 10 mm	直径上半截 4.5 mm,下半截 4 mm
三级及三级以上	直径 22 mm	直径上半截 4.5 mm,下半截 4 mm

注:圆孔筛是以筛面圆孔直径 mm 为单位,阿拉伯数字表示孔径,如"6"即表示直径为 6 mm,下同。

第一次捞筛为初捞,配两面圆孔筛,分出三号茶,第一号称为捞头,第二号称为捞雨,第三号称为下段,为中、下段原料。二级及二级以上因条形细小,故第一面筛孔要比三级以下收紧 1 mm,第二面筛因流量不多,为了与筛号茶相符,故分上半截和下半截不同的配置。

筛号茶归路:

长形茶归圆身路处理,条形茶直接送入平圆筛,短形茶合并圆身为中、下段原料。

操作要点:

(1)进茶要持续均匀,铺满筛面,以不破面,不堆集为原则。

(2)上茶前要按级配筛。

(3)注意机械运转是否正常。

(4)定时洗筛,要点同前。

第六道工序:分筛。

作业目的:分筛是分长短,利用平面圆筛机回转运动,把经过捞筛后的条形茶分为六个长短不同的筛号茶。

品质要求:分筛出的各号茶要长短匀称。

工艺条件:使用平面圆筛机,转速 200～220 r/min,配置筛网五面如下:

表 7-4　筛网配置

顺序号	1	2	3	4	5
圆孔筛	10 mm	9 mm	8 mm	6 mm	4.5/4.0 mm

分筛又称平筛,起分号(分长短)作用,全部配圆孔筛。

筛号茶归路:第一号 10 mm 面归圆身路处理,第六号 4.5 mm 及 4 mm 下合并归中、下段处理,期间 9 mm、8 mm、6 mm、4.5 mm 四号面茶直接送紧门工序。

操作要点:同捞筛。但要注意开机与结束时由于筛面茶少,规格往往偏大应另行重新分筛。

第七道工序:紧门(即过规格筛)。

作业目的:紧门是分茶叶粗细的最后一道工序,以取出少量混入的粗茶条。即把上一工序分筛出的 9 mm、8 mm、6 mm、4~4.5 mm 面的筛号茶通过规格筛,使各筛孔茶的粗细程度符合各级产品标准的要求。

品质要求:各筛号茶粗细分清,符合各级规格。

工艺条件:现行使用的抖筛机,转速为 230~260 r/min,筛网组合见表 7-5。

表 7-5　规格筛筛网配置表

级别	特级	一级	二级	三级	四级	五、六级
筛网配置	10×10	9×9	8×8	7×7	6.5×6.5	6×6

抽筋:抽筋是属于紧门工序的部分作业,目的是抽出少量的细小筋梗。使茶中不含或少含筋梗,减少上拣量,避免花杂,提高产品净度。以上 9 mm、8 mm 两孔的面茶经过紧门后还要进行抽筋,配置筛网如下:

表 7-6　抽筋筛网配置表

分筛筛孔	直径 9 mm 面	直径 8 mm 面
特级	13×13	14×14
一级	12×12	13×13
二级	12×12	13×13
三级	11×11	12×12
四级	11×11	12×12
五级	11×11	12×12

第八道工序:风选。

作业目的:主要是把紧门后的各筛号茶分别分轻重,并扬去黄片、茶末及非茶类夹杂物等以保证各筛号茶符合产品标准。

品质要求:分清轻重,并去除砂粒等杂物。要求正茶中不含轻质茶,轻质茶中基本上不含有正茶。

工艺条件:现行工艺使用吸风式八口风选机,末端装排风器,排风器直径 600 mm,风量为 150 m³/min,转速 1 380 r/min。

操作要点:

(1)进茶时要按各筛号茶的轻、重把风力调节好。

一般中级茶重、高级茶较轻,低级茶更轻,上段茶重,中段茶次之,下段茶轻,正茶重,副茶轻。

(2)进茶量要持续均匀。

(3)启闭百叶板,以调节各口。第一口要风清。第七口、第八口的风力不宜过大。

第九道工序:机械拣梗。

作业目的:拣出较长大的粗筋梗和少量超标准的长条茶。

品质要求:拣出的长梗中不能含有较多的茶条,拣后的净茶中不能含有超规格的长梗。

工艺条件:使用阶梯式拣梗机。

拣出的梗杂等作退料集中处理,拣净的茶按加工路别、筛孔归堆,或转入下工序付静电拣梗机处理。

操作要点:

(1)按筛号茶调节好槽板与转动杆的距离,一般距离不超过茶叶最长度的 $50\%\sim60\%$,板与杆距离要先紧后宽。

(2)进茶要均匀,特别是第一面槽板以撒满为宜。

(3)第三、四出茶口排出的茶要反复排梗,使茶、梗基本分开为止,一般要反复排梗二至三次,以提高净度。

第十道工序:静电拣梗。

作业目的:拣出细筋梗,背筋黄,尖头黄,草毛等梗杂物。

品质要求:正茶中少含筋梗,拣出物中不含有重质正茶。

工艺条件:使用高压静电拣梗机。

操作要点:

(1)进茶要持续均匀,不要脱节,防止太多或太少。

(2)掌握电压在 10 000~15 000 V。气候干燥电压调高,气候潮湿,电压调低,茶叶含水量大,电压调低;含水量小,电压调高。正茶调高,副茶调低。

(3)机器内外,特别是正负极要保持清洁。

(4)注意调整好电压和分离板。

静电拣出的筋梗杂等另集中处理。拣净茶必要时通过手置辅助,或复抖(紧门)。

通过机拣、电拣后的茶叶,应尽可能达到拣净,以减少或不上手拣。

第十一道工序:复紧(双紧门)。

作业目的:弥补第一次紧门不足,使产品合乎规格,较均匀、平伏。

品质要求和操作要点基本上和前紧门工序相同。

紧门的筛面茶和筛下茶分别过捞筛或清风。

第十二道工序:复捞。

作业目的:主要是将七、八两孔茶中不上拣的茶叶分出来,以减少上拣量。

品质要求、操作要点与捞筛相同。

第十三道工序:清风。

作业目的:各筛号茶通过各流程后产生碎片灰末或断茶,经过清风可减少手拣辅助。

品质要求和操作要点与风选同。

第十四道工序:手拣。

机拣、电拣后,还没有拣净的梗杂等,通过手工辅助,把茶叶中含有的老梗、白梗、粗梗、细筋梗、红梗、摺片,梗朴以及各种非茶类夹杂物等拣净。

品质要求:净茶符合规格标准。无论哪一级均要把粗梗、老梗、白梗以及各种非茶类夹杂物等彻底拣净。其余要按各级规格要求进行拣剔。总之,6×6、7×7的筛孔茶要拣干净,8×8、9×9的筛孔茶,二级以上要拣净,三级以下可含少量细梗。

本身路工艺流程见图7-1。

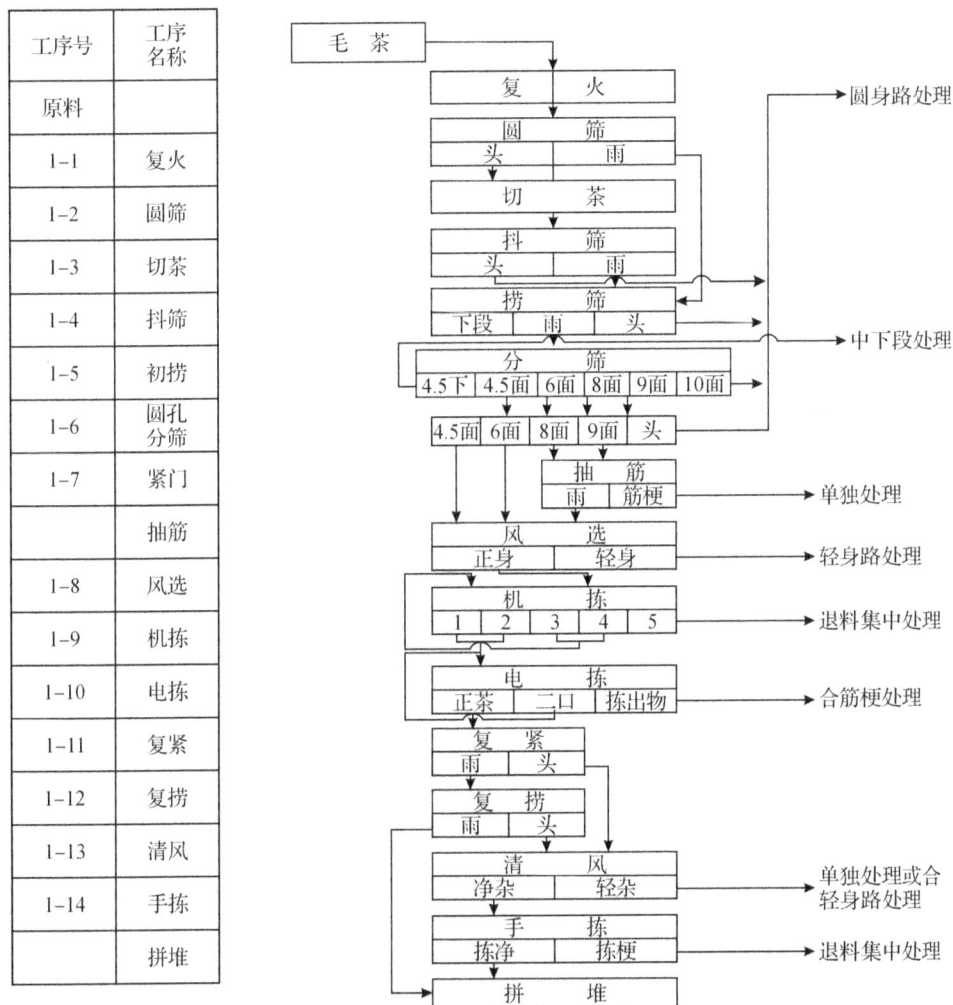

工序号	工序名称
原料	
1-1	复火
1-2	圆筛
1-3	切茶
1-4	抖筛
1-5	初捞
1-6	圆孔分筛
1-7	紧门
	抽筋
1-8	风选
1-9	机拣
1-10	电拣
1-11	复紧
1-12	复捞
1-13	清风
1-14	手拣
	拼堆

毛茶 → 复火 → 圆身路处理
圆筛(头、雨) → 切茶 → 抖筛(头、雨)
捞筛(下段、雨、头) → 中下段处理
分筛(4.5下、4.5面、6面、8面、9面、10面)
(4.5面、6面、8面、9面、头)
抽筋(雨、筋梗) → 单独处理
风选(正身、轻身) → 轻身路处理
机拣(1、2、3、4、5) → 退料集中处理
电拣(正茶、二口、拣出物) → 合筋梗处理
复紧(雨、头)
复捞(雨、头)
清风(净杂、轻杂) → 单独处理或合轻身路处理
手拣(拣净、拣梗) → 退料集中处理
拼堆

图7-1 本身路工艺流程

注:工序号前面的数字代表加工路别,后面的数字代表工序顺序。如前面的1代表本身路,2代表圆身路,3代表轻身路;1-1代表本身路第一工序,下同。

3. 圆身路具体工艺流程

圆身路共计14道工序。

圆身路是处理本身路的"三头"即毛茶头,捞头和紧门头的作业生产线。

圆身路作业流程是从茶头风选去杂开始,先去劣,后再切抖,以减轻副茶处理。

切料以下工序与本身路处理方法相似,但圆身路制造特点是切、抖反复次数多,因此,如何保持茶叶条索,而又便于取梗则是一个技术关键。

圆身路工艺流程见图7-2。

工序号	工序名称
原料	
2-1	风选
2-2	圆筛
2-3	切茶
2-4	抖筛
2-5	捞筛（圆孔）
2-6	分筛
2-7	紧门
	抽筋
2-8	风选
2-9	机拣
2-10	电拣
2-11	复紧
2-12	复捞
2-13	清风
2-14	手拣
	拼堆

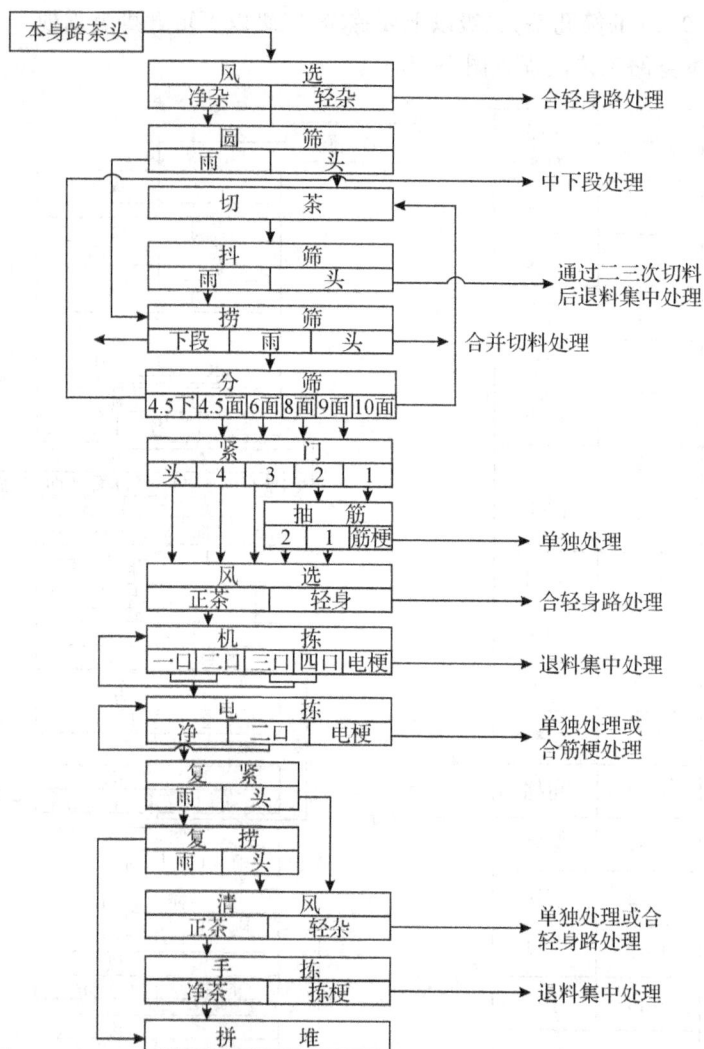

图 7-2 圆身路工艺流程

4. 轻身路具体工艺流程

轻身路共计 8 道工序。

轻身路是处理本身、圆身两路风选出来的第二、三两口轻质茶的作业生产线。

这一类茶中条细含有少量毫芽，并混杂朴片。

提纯去杂之后，部分可入正茶，对提高成品茶的形态有一定作用。

轻身工序分为：分筛，切断，紧门，风选，机拣、电拣，手拣，拼堆八道工序。

各工序作业基本上和本身路相似，但筛网组合、轻身茶配孔要紧于本身，例如平面捞筛或分筛要比本身紧一个孔口。

一般轻身茶最长不得超过 14 mm。轻身的紧门头和筛下分别过风选机。

风选出的第二口茶如果有毫芽，要再反复制造称为三轻身。少量可用手工辅助。

轻身路工艺流程见图 7-3。

工序号	工序名称
原料	
3-1	分筛
3-2	切断
3-3	紧门
3-4	风选
3-5	机拣
3-6	电拣
3-7	手拣
3-8	拼堆

轻身 → 分筛（9mm　6×6　7×7　8×8　4.5mm）合中下段

切断

紧门（雨　头）

风选（正轻身　次轻身）归副茶　均按轻身路反复处理

机拣（4　3　2　1　拣出物）→ 退料集中处理

电拣（拣净　拣出物）→ 退料集中处理

手拣（拣净　梗）→ 退料集中处理

拼堆

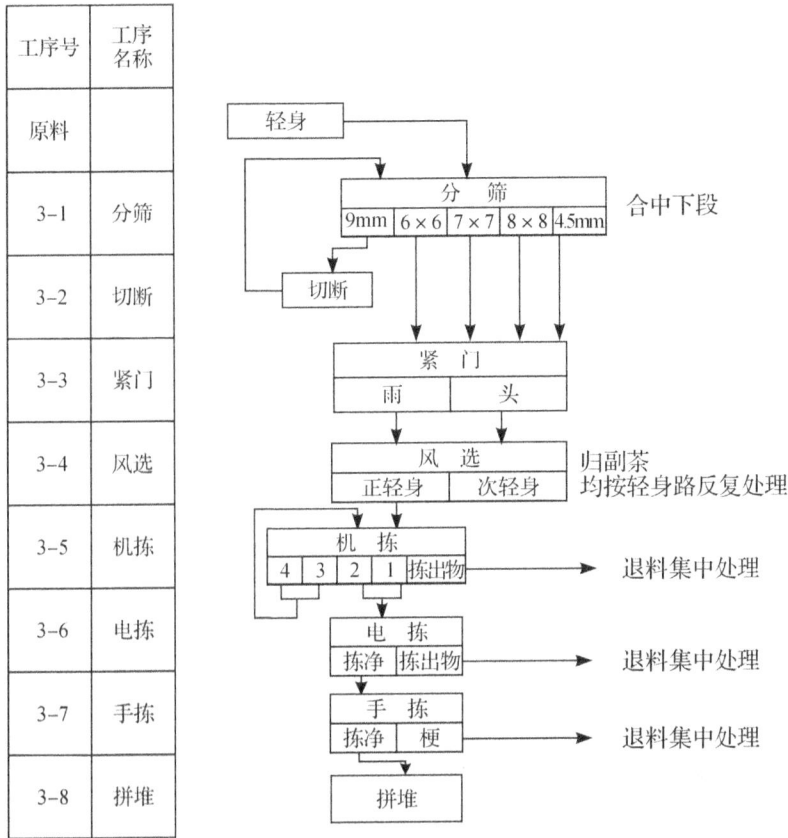

图 7-3　轻身路工艺流程

5. 筋梗茶处理

筋梗茶来源是紧门下抽出的筋梗茶和静电拣梗机拣出的细梗。筋梗茶特点是数量少，条形细，嫩度好，有芽尖或带毫，含茶多于含梗。通过处理后，可拼入高级茶。

工艺程序：分捞筛、切断、分筛、紧门、风选、机拣、手拣、拼堆共八道工序。以分清茶叶和梗为目的。第一道工序要捞去细短茶条、保持茶条的锋苗，防止切断不成形。切次不可过多，否则把叶子切破变成破张多，叶脊多，降低经济价值和增加拣工工时消耗。

6. 中、下段茶处理

各条作业线分出自径 4.5 mm 以下的中下段茶，一般体型小，不再拣剔，经分筛后清风去杂，即可供拼配。

工艺程序：分为分筛、风选、拼堆三道工序。中、下段分筛用两台小平圆分出 9 个号茶，其筛孔配置如表 7-7 所示。

表 7-7　中、下段茶分筛筛孔配置

顺序	5	6	7	8	9	10	11	12	13
筛网配置	9×9	10×10	12×12	16×16	20×20	24×24	32×32	60×60	60孔以下

中、下段茶工艺流程见图 7-4。

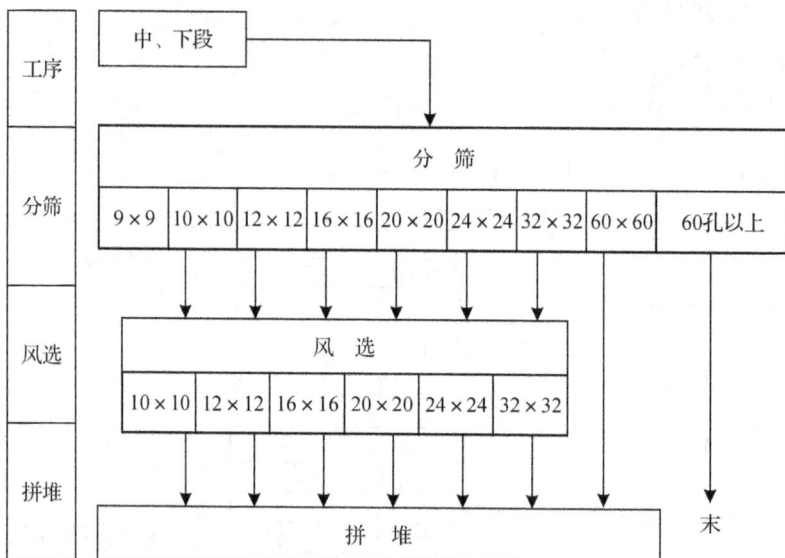

工序	
	中、下段
分筛	分　筛
	9×9 / 10×10 / 12×12 / 16×16 / 20×20 / 24×24 / 32×32 / 60×60 / 60孔以上
风选	风　选
	10×10 / 12×12 / 16×16 / 20×20 / 24×24 / 32×32
拼堆	拼　堆　　　　末

图 7-4　中、下段工艺流程

中、下段筛孔茶 12 孔以上轻质茶归副茶处理,12 孔以下轻质茶为片,16 孔以上正茶为级内拼堆茶,16 孔以下正茶为碎茶,32 孔以下直接拼为片茶,不通过风选工序,32 孔以上通过风选后重的为碎茶,轻的为片茶。

7.4.3　筛号茶拼和及产品标准规格

1. 筛号茶拼和

毛茶通过筛分处理后,产生 60 多种长短、粗细、轻重、净杂各异的筛号茶,必须按其品质及形态特征进行拼和,以成为符合各级标准的茶坯。

筛号茶拼和是毛茶拼配付制后,调整加工产品质量规格的一项重要技术措施。按照目前毛茶的品质情况,在实践中高档茶拼和,基本采用本级的筛号茶。不符合本级的一些筛号茶则降级拼和。二、三级茶拼和亦以本级筛号茶为主,然后按品质水平,适当搭配一部分上一级降级处理的半成品。四级以下茶坯则常以上一、二级降级的半成品为主适当搭配本级筛号茶。

拼和工作要掌握规格大小的比例、规格长短和上、中、下段的比例,以及各级升降比例。拼和前首先要了解各级毛茶出品率情况并研究逐年出品率的一般规律。其次要掌握本级、升级和降级的搭配比例。一般采用的原则如下:

本身路的筛号茶:7×7 孔以下,16×16 孔以上归本级,6 孔茶视情况降一个级或不降级,紧门头视情况而定,一般(圆筛)8 孔头不降级,7 孔头降一级。6 孔头降一个级或两个级。

圆身路的筛号茶:8、9 两孔归本级。6、7 两孔茶降级。紧门头降两个级或一个级。

轻身路的筛号茶:轻身路的筛下茶 8、9 两孔春茶可归本级,夏、秋茶应降级使用。6、7 两孔筛下茶视质量而定,品质好可归本级,不符合本级要求的与紧门头一律降级使用,夏、秋茶一般降两个级。上述各路筛号茶的升降级,还需要结合内质情况而定。

筋梗茶:因茶梗含量多,条形细,虽通过工艺处理但含梗量还是很多,本级茶只选用8、9,10三孔茶,其余一般降级使用。

筛号茶验收合格后进行拼和,先拼成小样核对标准样合格后进行匀堆,以保证产品质量。

由于毛茶质量因季节、地区、品种、初制技术等方面存在差异,制出的筛号茶也有不同。所以,对筛号茶的拼和工作要有一个全面的掌握。同时要熟悉产品标准,以便搞好升降搭配,进行合理安排。春、夏茶的合理搭配对品质的稳定和提高作用很大。茶叶系农产品,季节性强,毛茶要赶制成坯,不可能在毛茶原料拼配时进行春、夏茶搭配。因此,在半成品拼和时进行春、夏茶搭配是必要的也是可行的。

小样试拼程序要掌握:先拼本身茶,后拼圆身茶和轻身茶;先拼中段茶(7~10孔面),后拼面张茶(6孔)和下段碎茶;先拼条形茶,后拼短秃茶;对高级茶先拼本级茶,后拼降级茶,对低级茶先拼降级茶,后拼本级茶。

匀堆是精制的最后一个工序。筛号茶拼和后的小样经检验合格才能按拼和的比例进行匀堆。匀堆程序是先投入中段茶,再把上、中、下段交叉投入。量多的筛号茶可分两次或三次投入。每次投量可在10~12包(250~300 kg),同一号茶不可一次投入以免拼堆不匀。

2. 质量标准规格

精制的目的是将长短、粗细、轻重、圆扁混杂的毛茶群体,经过工艺处理,制成符合质量标准规格的精茶。所以,制定工艺技术必须根据国家规定的产品质量标准和规格的要求,企业决不可以根据毛茶质量高低或工艺的难易自行变动标准规格。

产品质量标准包括外形、内质两个项目,外形包括色泽、条索,内质包括香气、滋味、叶底嫩度、叶底色泽共六项。烘青绿茶现多用于窨制茉莉花茶,茉莉花茶各级产品质量标准,系以标准样品为依据。

产品规格:级内茶规格以茶条形的长短为主,分为上段、中段、下段、碎茶、粉末五个指标。以平圆筛7×7孔筛面为上段茶,7孔筛下~9孔筛面为中段茶,9孔筛下~14孔筛面为下段茶,14孔筛下~24孔筛面为碎茶,24孔筛下为粉末。现以1980年外销茉莉花茶级型标准样为依据,用直径280 mm线筛平面筛转15次测定结果,见表7-8。

表7-8　各级茉莉花茶条长短规格分析(%)

筛孔	7孔面	7孔下~9孔面	9孔下~14孔面	14孔下~12孔面	24孔下
特级	18.30	25.40	45.13	7.44	3.72
一级	18.96	30.66	40.15	6.02	4.21
二级	24.66	35.45	32.91	4.10	2.88
三级	26.09	35.96	32.24	3.22	2.48
四级	38.02	28.73	28.57	2.43	1.67
五级	41.37	27.50	24.23	3.63	3.27
六级	27.65	31.17	33.22	5.09	2.87

各级茶条的长度极限为:特、一级不超过15 mm,二、三级不超过16 mm,四、五级不超过17 mm,六级个别条长接近18 mm。

碎茶规格系圆筛13孔下,32孔上的重质茶,用一小罐样品手筛30 r分析比重见表7-9。

表7-9　茉莉花茶碎茶分筛号比重表

筛孔	14孔面	14孔～16孔面	16孔～18孔面	18孔～32孔面	32孔下
碎茶比重(%)	18～20	30～32	20～22	30～32	5～7

茶片规格系圆筛13孔下60孔上轻质茶,按筛孔分析含量见表7-10。

表7-10　茉莉花茶片按筛孔含量分析表

筛孔	茶片含量(%)
14孔面	8～10
14孔～16孔面	15～20
16孔～18孔面	20～25
18孔～32孔面	45～50
32孔以下	10～15

注:60孔～80孔面为茶末,80孔下为茶灰。

7.5　白茶精制

7.5.1　传统的白毛茶加工精制

毛茶加工的目的,在于分清等级,整理形态,剔除非茶类夹杂物,并通过复火提高香气与滋味,蒸发过多的水分,便于储运。白茶初制工艺细腻,因此加工精制较为简单。

高级毛茶应尽先付制,精工细微。高级产品,必须保持芽叶连枝,叶张不破碎,多用手工拣剔。凡粗老毛茶,叶张过大的,必须筛分做细。

1. 毛茶拼配

毛茶进厂后,对照标准样复评,按等级归堆,然后进行拼配。

毛茶品质优次,可从外形、嫩度和色泽来鉴定。芽叶连枝,叶张完整,色泽灰绿或铁灰,嫩度好的为优质;叶色黑、红、暗褐、青绿的为劣质。在拼配时,必须考虑地区、季节等对品质的影响,按适当比例拼配,使产品稳定并符合标准样的要求。

白茶一般采用多级拼配付制,单级成品收回的方法,以充分发挥毛茶的经济价值。

2. 加工技术措施

白茶加工精制比较简单,高级产品为保持芽叶连枝,不采用机械筛制,多用手工拣剔;中低级产品,由于叶张较大,需经筛分,打细处理。

(1)高级白牡丹、特级白茶:毛茶经品质复评验收后,进行打堆,再行拣剔,复火干燥,然后装箱。

（2）一、二级白茶：毛茶经打堆后，通过2.5孔和3.1孔的小圆筛，筛下茶分别拣剔后，梗、片归副茶处理，正茶为半成品。筛上茶较粗大，经拣剔后，先通过打片机打碎，后经2.5孔捞筛，捞头反复打碎至全部通过筛网，都属正茶，为半成品。拣剔出来的梗、片归副茶处理。

（3）中、低级白茶：毛茶经筛分分清粗细后，分别拣剔。拣出的梗经切短后，烘干装箱；拣出的片作为白茶片成箱。粗大片经打片机打碎后，通过45孔捞筛，反复捞、打两次，筛上茶为粗片，筛下茶为细片，都是半成品茶。

各级茶筛分后，按照各筛号茶按比例进行匀堆，打堆时要把得匀，动作要轻。高级白茶匀堆要在跳板上操作，防止压断茶叶。

3. 复火装箱

筛号茶匀堆后进行烘干。银针用文火烘干。除银针外，其他各花色，用烘干机复火。一般进口温度掌握120～130 ℃，厚度约2 cm，采用中速，约经15 min出茶。烘干后，茶叶含水量在5%左右。

白茶须趁热装箱，保持一定"火功"，如果待冷却后装箱，则叶张硬脆而容易断碎，摊放过久，又易吸潮。装箱时必须多摇动少加压，或稍用手轻压，尽量减少断碎。但低级白茶装箱时，可稍加压压实。装箱后立即封口，防止受潮变质。

7.5.2 新工艺白茶精制

新白茶精制过程比较简单，目前仍以手工操作为主，其精制程序为：毛茶→筛分→风选→拣剔→复焙→拼配成箱。其工艺流程如图7-5所示。

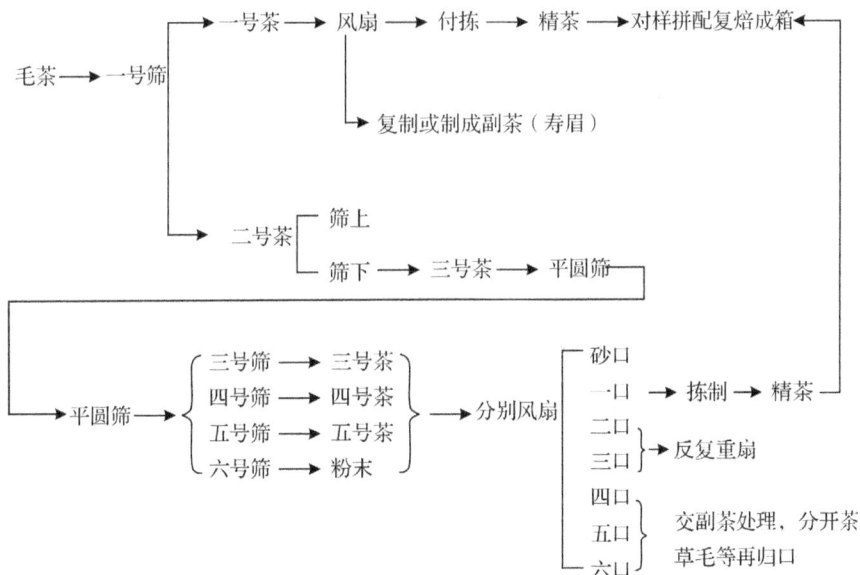

图7-5 新工艺白茶精制筛路示意图

注：平圆筛的筛孔有6孔、11孔、15孔、20孔、28孔、40孔及80孔之分，其中6、11、15或20孔用于一、二、三号茶，其余用于副脚茶。

新白茶精制烘焙火功要求较高，一般风温130～140 ℃，且长时慢烤，以形成新的高火香。以屏蔽其嫩度偏高而具有的粗薄感,高火功焙茶亦为新白茶工艺的特色之一。

7.6 青茶精制

精制加工的具体步骤,主要可分为三个阶段,即从选配、毛茶原料开始,经投制加工,至最后拼配成品。

7.6.1 原料定级归堆

经进厂验收后的毛茶,先通过开汤复评评定其加工等级,即某一等毛茶,可以加工成的主要产品的等级。例如,春二、三等毛茶,大多加工后,主要制成品符合一级标准样;这样,春二、三等毛茶即可定为一级。定级是全面了解毛茶品质情况和进行原料拼配的基础。定级准确,有利于原料合理选配的顺和进行。乌龙茶定级是以内质香气为主,结合外形条索、色泽、净度,并参考历年定级标评定等级归堆。定级过程是对原料进行分门归类。定级工作完成以后,再按照定级品质档次标准及地区的不同,分类归堆,以便于原料拼配时提取选择。

7.6.2 原料选配

投制一批产品,首先必须选配原料。通过合理的原料选配,可以使品质互相调剂,同级产品水平保持一致。同时在产品符合规格质量的前提下,充分发挥毛茶原料的最高经济价值。

选配原料的方法是在原料定级的基础上,结合产地、季节等因素,以及参考历年的拼配标准,根据当年的毛茶质量水平,制订原料的拼配比例计划。步骤为:

1. 选取毛茶

根据本批加工的等级要求,有针对性地选择提取这一级档次水平的毛茶。

2. 开汤审评

通过对选取的毛茶进行外形内质的审评,审核品质情况,作出各号毛茶的取舍决定。

3. 演制小样

将审核品质后留取的各号毛茶按一定的比例拼配成小样(约 0.5 kg),用手工方法模拟精制加工过程,根据手工模拟收回的成品情况,进行品质鉴定和产品成本的经济核算。如果不符合要求,可将选配的样茶加以调整。最后根据演制小样的成品收回标准,作为指导精制的参考和交付车间进行投制生产加工时的核算依据。

7.6.3 精制程序

前所述的是精制加工的基本方法和步骤。具体精制生产筛分线路、程序均因厂、设备等因素而异。下面列举福建省两个有代表性的南北乌龙茶厂家的生产流程,以供参考。

1. 安溪茶厂筛制线路

安溪茶厂原料拼配付制方式为多级拼配付制,单级收回。即计划投制一批某等级规格的产品,乃将与这一等级规格品质要求相近的各等毛茶原料拼配付制。最后成品收回正茶只有一个加工等级。其余为精制加工必然产生的副脚茶,即粗茶、细茶和茶梗。茶梗分光梗(也叫1号梗,手拣梗)、2号梗(机拣出来的茶梗,其中夹带有部分茶叶)。

(1)投料

根据原料拼配方案付投。付投时,注意检测茶叶水分,如果茶叶含水量超过8%~9%,不容易筛制,需经复火干燥后再制。反之,可直接筛制。

(2)筛分

原料先经滚筒圆筛机初分大小,在此基础上,再经平圆筛分离成各筛号茶。

(3)风选

经分筛处理后形成的各筛号茶及筛头茶,分别进入风选机进行风选。经风选处理,按轻重不同,一般分为6个出口。第一口为重质的砂子茶,含砂粒及重质的颗粒茶;第二口为正口茶,也称正茶,正茶经后续处理后,一般作为本级产品收回;第三口为子口茶;第四口为副子口茶,这两口茶可再经风力较小的选别机风选分离成重质茶片和轻质茶片,作为粗茶;第五、六两口称草毛片,经飘筛、捞筛、风选等处理,可作为副脚茶的拼料,以发挥原料的经济价值。

(4)拣剔

乌龙茶精制的拣剔,是一项劳动量很大的作业。经筛分处理后的中、上段茶,先经振抖机初分梗叶,再经槽式拣梗机、静电拣梗机,使梗叶分离。机拣梗中含有部分茶叶,即作为副脚茶的2号梗。根据等级质量要求,有的再经人工手拣,拣净茶梗和其他夹杂物,提高产品的纯净度。

20孔以下为下末,作细茶,可经风选处理后,直接装袋。

(5)官堆

根据小样拼配比例要求,将各筛号茶按比例打小堆,每堆数量为500 kg左右。

(6)烘焙

烘焙是乌龙茶干燥及吃足火功的过程。低级茶火功要求偏足,时间偏长,温度偏高;高级茶为保证固有的高香,火功要求偏轻,时间偏短,温度偏低(表7-11)。

表7-11 乌龙茶精制烘焙时间与温度

茶叶级别	温度(℃)	时间(min)	摊叶厚度(cm)
高级	140~160	60~90	2~4
中级	160~180	80~100	2~4
低级	160~200	80~120	2~4

(7)摊凉冷却

烘焙后茶堆温度可高达60~80℃,经摊凉降低叶温至室温左右。

(8)匀堆

冷却后的茶叶,按成品拼配要求,按比例均匀混合。这一次为匀大堆,整批茶叶一起均匀混合。安溪茶厂匀堆分两次进行,具有使火功更加均匀一致的作用。

(9)成品装箱

匀堆后,经过磅装箱,完成精制加工的整个历程。

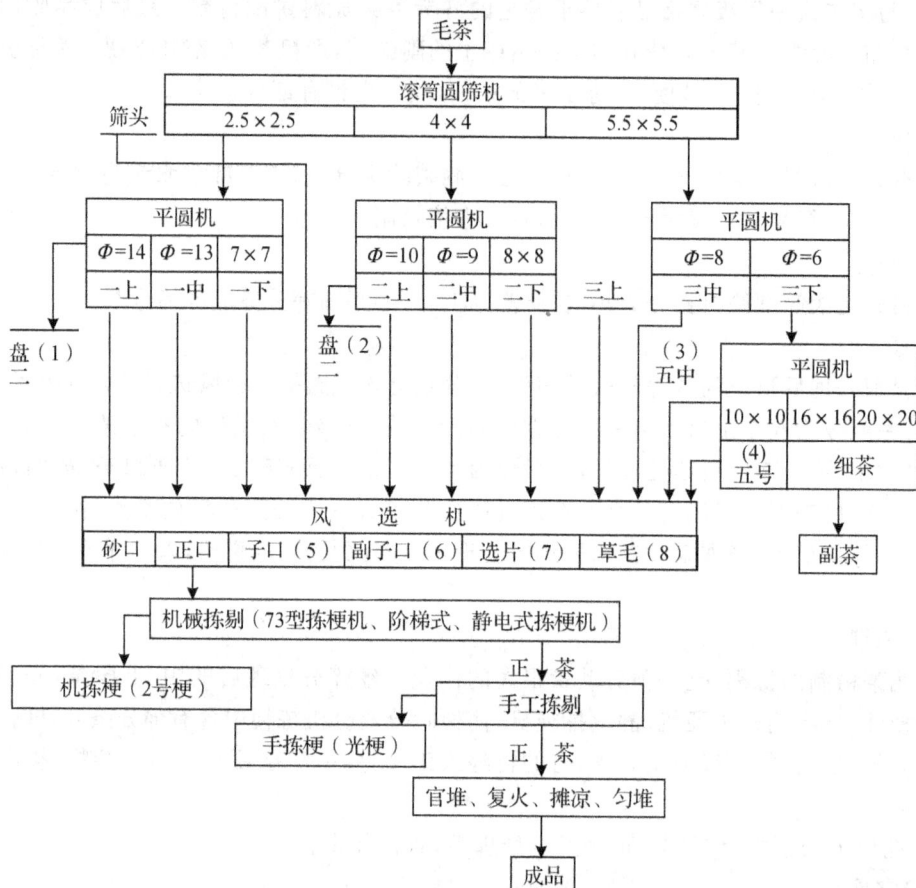

图 7-6　安溪茶厂筛分线路图

注:(1)、(2):回投。(3)、(4):完成风选后,正口茶不必拣剔,作为半成品待拼。(5)、(6):选用风力较小的风选机重复风选,分清重质茶片与轻质茶片。(7)、(8):经捞筛、飘筛等机器、手工处理分清茶片与草毛。

2.建瓯茶厂筛制线路

(1)投制方式

原料拼配付制方式为多级付制,单级产品收回。即由几个等级相近的毛茶,结合地区、季节等进行拼配付制,收回产品主要为一个级别。主产品制率一般为60%左右。其余作上升、下降处理。并在批次投料中,结合以交叉付制方式。即前期先投一批中级档次的产品加工,然后再投高档次、低档次的产品加工,以便将中级产品加工中上升、下降部分的筛号茶带拼出厂,以利于缩短生产周期。

(2)整形

毛茶投制,先经平圆筛分离粗大条,再经梗叶分离机,使梗叶分离并兼有适当筛分过于粗长、大条的作用。

（3）分路取料

筛制过程,将未经破碎或经轻度破碎而筛出的茶作"本身茶"(即本身路);将多次分离筛出的筛头茶作"圆身茶"(即圆身路),经风选的子口茶作"轻身茶"(即轻身路);还有下段茶的下段路等分别按路加工,以便于单独取料,进行半成品拼配。

①本身路:整形后的筛下茶,经筛分、风选后的正口茶经拣剔,待拼。

②圆身路:整形中无法过筛的筛面茶,作圆身茶,另行经圆身路加工。

③轻身路:凡本身、圆身各孔风选的子口茶,经平圆筛分号,再经抖筛控制粗细,经风选,分为轻身茶及副产品粗茶。

④下段路:经平圆机分筛分号后,经风选处理后待拼。

完成筛制分离的各筛号茶,经拼配、匀堆、烘焙、过磅装箱,完成精制的整个历程。

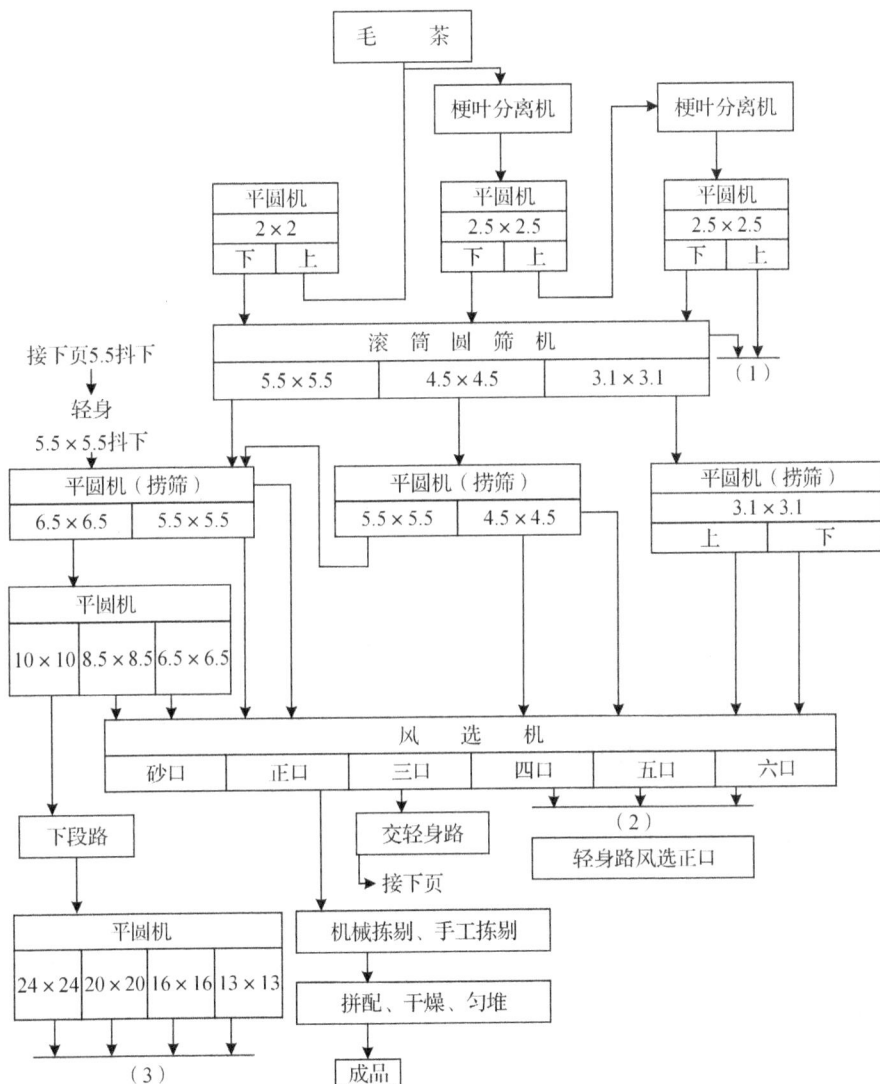

图 7-7　建瓯茶厂筛分线路图

（续前图）

本身路风选三口茶

```
                    轻身路
                      │
        ┌─────────────┴─────────────┐
        │          平  圆  机           │
        │ 3.1×3.1  │  4.5×4.5  │  5.5×5.5  │
        └─┬──────────┬──────────┬──────────┘
```

抖筛	抖筛	抖筛	抖筛
2.5×2.5	3.1×3.1	4.5×4.5	5.5×5.5
下 | 上	下 | 上	下 | 上	下 | 上

风 选 机						交本身路平圆机
砂口	正口	三口	四口	五口	六口	转上页平圆

交拣剔	粗茶		(4)

转上页拣剔

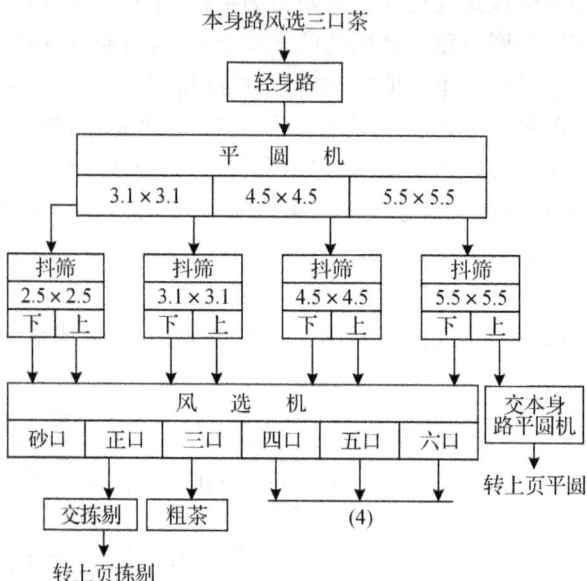

注：(1)一般经烘焙后再投放，最后视情况作为梗或粗茶处理。

(2)(4)经飘筛、风选等单机另行处理后，分清草毛片，作粗茶。

(3)单机另行处理后，可视情况拼入正茶或作细茶。

7.7　红茶精制

工夫红茶属条茶类，因毛茶加工精细而得名。过去加工很精细，现时已大为简化。由于毛茶质量和机器设备技术条件的不同，各厂加工技术不尽相同，成品茶的品质也有差别。但毛茶加工的目的、原理和基本筛制技术是相同的。现以安徽祁门茶厂毛茶加工的程序、方法为基础，简述如下，并简要介绍坦洋工夫红茶的精制。

7.7.1　祁门红茶精制

1. 毛茶的鉴定与保管

毛茶经集中转运到茶厂进行精制加工，贮运过程中，毛茶吸湿劣变，影响品质是很显著的。同时，收购毛茶的评级，不尽划一，调运中也会产生等级混乱，因此，毛茶进厂到加工付制需认真做好下述工作：

(1)毛茶验收　毛茶进厂，需根据国家规定的毛茶收购标准样(祁红现行标准七级十四等)，逐件扦样复评，审定级等。

(2)定级归堆　为保证加工质量，一般均结合毛茶进厂验收，同时对照厂内制定的毛茶定级加工参考样,实行开汤审评,以内质为主、结合外形,评定加工级别和堆别。分堆办法为:五级以上的毛茶分为正、副堆和次堆(现称坏茶),其中正堆从特级到三级各分上、下两个堆,四级至七级各分为两个堆,另外还有红朴、黑朴、青片等均应分开堆放,如发现有馊、酸、霉变、高火、焦等劣变茶,应单独另外堆放处理。

(3)毛茶贮藏　进厂毛茶原则应及时加工,既可保证品质,又减少贮存的麻烦和设备。但毛茶多而集中,一时加工不及,且为调剂前后产品品质一致,需储留一部分前期毛茶搭配付制,为保存品质,要专设仓库、做好毛茶贮存管理工作。毛茶入仓要按照评定加工级别和堆别,分地区、季节堆放,分别优次,避免品质混乱,以便调剂搭配付制。入库前,要进行水分检验,若水分超过规定标准,应复火后进仓。并经常检查,防止毛茶在贮存过程发生霉变劣变情况。

2. 成品茶级别花色

"祁红"是以传统的地方名茶销售于国际市场。过去"祁红"工夫不分级别,以唛头(俗称大面)为代号,1949年以来逐步实行分级标准,1956年正式建立各级标准样。

毛茶加工,仍按传统方法,以生产工夫茶为主,为提高品质和适应国际市场需要,又将工夫茶中的下盘茶分离出来,增加了细茶、片茶、末茶等花色。毛茶经加工后的产品,分为正茶、副茶、脚茶三大类。

(1)正茶类

①工夫茶:分一级至七级,和礼茶(超级)以及特级共九个级。一级至七级"祁红"工夫品质规格,如表7-12所示。

②碎茶:分高档一、二号;低档一、二号共四个花色。

③片茶:分中档一、二号;低档一、二号共四个花色。

④末片:中档不分号;低档分一、二号共三个花色。

(2)副茶类

包括茶梗、茶籽(茶蕊已不生产)、饮用茶灰、地茶灰(非饮用茶灰)共四个花色。

以上这些花色级别,是毛茶经过加工分筛成筛号茶半成品后,再进行拼配而成。

3. 毛茶加工程序和方法

毛茶加工首先拼配,调和品质,发挥毛茶最高经济价值。

(1)毛茶拼配付制　经过定级归堆的毛茶,虽然形质基本相同,但由于不同地区、不同季节,以及烘制技术水平的不同,造成形质上存在一定程度的差异。如有的毛茶外形紧结,色泽润鲜,而叶底红匀度不够;有的毛茶嫩度和叶底红匀度较好,但条索较松,色泽稍红;不同季节的毛茶,色、香、味都有差异。为使前后出厂的成品茶品质一致,在付制前,需要按地区、季节等不同品质按比例作适当搭配付制,以取长补短,共同提高品质。

表7-12　"祁红"正茶品质规格

级别	外形	香气与滋味	汤色	叶底
一级	条索细嫩,含有多量的嫩毫和显著的毫尖,长短整齐,色润泽。	香味高浓,有鲜甜清快的嫩厚香味,形成独有的"祁红"风格。	红艳	绝大部分是嫩芽组成,色鲜艳、匀整、美观。

续表

级别	外形	香气与滋味	汤色	叶底
二级	条索细正,锋苗显露,嫩芽比一级略少,匀整度稍逊,色润泽。	香味醇厚、鲜甜,具有"祁红"特有的果糖香,并有一定浓度。	红明,不及一级艳亮。	嫩毫均匀,"发酵"充分适度。
三级	条索紧实,较二级略粗,锋毫稍逊,嫩度均匀,面张稍轻,但不松泡。	香味醇正、鲜厚,有收敛性,"祁红"香味特征依然显著。	红明	嫩毫,"发酵"适度。
四级	条索粗壮,叶质稍轻,匀净度稍差,色泽带灰。	香味醇正,有相应浓度,仍有"祁红"风味。	红明较淡	有一定嫩度,匀整度较差,色红而欠匀,夹有花青。
五级	条索粗松,稍有筋片,净度较差,色泽灰带枯褐。	香味平淡,但无粗老味。	红淡	花青,稍硬薄。
六级	条索较松,夹有片朴,色泽花杂。	香味粗淡,浓度不足。	红淡,明亮不够	花杂,较硬。
七级	条索松泡,身骨轻,片朴露,色泽枯杂。	香味低淡,有粗老味。	淡而不明	粗暗硬薄。

毛茶付制,采取"单级付制、多级收回"的方法。通过精提细取,多提本级茶,多做工夫茶,提高正品茶制率,以充分发挥毛茶经济价值。例如,付制一批三级毛茶,经过筛制后,不但有保持本级的三级半成品,还有下降为四至七级的工夫茶和碎、片、末的半成品,与以下相应级别合并,因此采取"单级付制、多级收回"的方法,并按顺序级别付制。

三级以上毛茶采取"生做",即不复火先制本、长身茶,头子茶复火后做圆身茶;四级以下毛茶一般采取"熟做",即先复火,后筛制。

(2)毛茶加工方法 祁门茶厂毛茶加工,按技术流程划分为三个过程共 12 个工序。筛制过程分毛筛(滚筒圆筛)、抖筛、分筛、紧门、套筛、撩筛、切断、风选等八个工序;拣剔过程分:机拣、电拣和手拣;成品过程分拼和、补火,过磅装箱三道工序。近年,该厂将机器排列作了较大调整,把大多数作业机用传送带联接装置,形成了几个联合机组,改进了技术规程,节省了劳动力,降低劳动强度,提高了生产率。

①筛制:筛制是毛茶加工的主要过程,对产品品质和经济价值起着重要作用。筛制流程比较复杂,要根据在制品的具体情况采取相适应的工序,称为"看茶做茶",整个流程往复次数多,灵活机动性大。祁门茶厂把整个筛制过程划分为本长身路、圆身路、轻身路、碎茶路、片茶路、梗片头路六个联装机组,达到分路取料的目的。以三级毛茶为例,各筛路简介如下:

本长身路:本路机组有滚筒圆筛机 4 台,滚筒切茶机 6 台,抖筛机 14 台(抖筛 4 台、紧门 6 台、套头筛 4 台),平圆机 10 台(分筛 4 台、撩筛 6 台),双层风选机 8 台,作业机共 42 台,分为八道工序。三级毛茶通过两轮筛分:

第一轮筛分:毛茶先同时分别通过第 1、2 号滚筒圆筛机筛分(第一次筛分),分为筛上、筛下两段,筛上茶头流入 1、2 号滚切机切后,再送入第 3 号滚圆机(第二次筛分),又分为筛上、筛下两段。

通过第 1、2 号滚圆机的筛下茶,合并送到 1、2 号抖筛机进行毛抖,分出抖头和抖底,抖底合并交 1、2 号平圆机分筛,5 孔以上为平圆头子茶,筛下为 5 孔与 7 孔茶分别交 104 号紧门筛,并经套筛,通不过的为紧门头和套头,通过筛孔的,再交 1、2 号撩筛交叉撩出 5、6、7 三个本身筛号茶,送交风选后,对同号茶合并,即为 1~3 次 5、6、7 孔本身。平圆机 7 孔以下茶,直接送交 4 号平圆机,粗分出 8~12 孔茶,再送到 5 号撩筛机撩筛。

通过第二次滚圆筛分的筛上毛茶头,与抖头、平圆头、紧门头、套头、撩头等合并,通过 4 号滚切机切后,进入 4 号滚筒圆筛机进行筛分(第三次筛分),筛上毛茶头,与三、四号抖筛机的抖头合并,送 6 号滚切机切后待第二轮筛分做长身茶;筛底茶进入本长身路第二台联合机组,流程与一、二次滚圆机毛分后的筛底茶相同。分出 5、7、8、10、12 孔五个筛号茶(其中 8、10、12 孔不经过紧门),各号分别经风选后与上述 1~3 次本身茶按号归并。风选机二口交轻身路筛制后做本级轻身,三口和三口以下看茶而定能否提为本级或为降级轻身和片茶;本次筛分各种茶头合并做长身茶,撩筛 12 孔以下交碎茶路处理。

第二轮筛分为长身茶,流程和所出的筛号茶与第一轮筛分相同,但作业机筛网组合有所不同。附筛网组合如表 7-13、表 7-14 所示。

表 7-13　祁红三级工夫本长身路筛网组合表

次别		1—2	1—2	3	3	4—5	4—5	6	6
(孔)茶号		5	7	5	7	5	7	5	7
紧门筛网 (孔/25.4 mm)	上	$8\frac{1}{2}$	9	9	$9\frac{1}{2}$	$8\frac{1}{2}$	9	9	$9\frac{1}{2}$
	下	$9\frac{1}{2}$	10	$10\frac{1}{2}$	11	$9\frac{1}{2}$	10	$10\frac{1}{2}$	$10\frac{1}{2}$
套筛筛网		8	7	9		$8\frac{1}{2}$	7	$9\frac{1}{2}$	

表 7-14　祁红三级工夫本长身撩筛筛网组合表

撩筛机号	1	2	3	4	5	6
(孔)茶号	5	7	5	7	8	10
撩筛筛网 (孔/25.4 mm)	$3\frac{1}{2}$;4;7	$4\frac{1}{2}$;$5\frac{1}{2}$; $6\frac{1}{2}$;$7\frac{1}{2}$	4;4;7	$5\frac{1}{2}$;6;7	6;7;8	8;12;16;24
筛号茶	本身 5 孔	本身 6 孔、7 孔	长身 5 孔	长身 7 孔	本长身 8 孔	本长身 10 孔、12 孔

圆身路:由滚切机 1 台、紧门机 2 台、平圆(撩筛)3 台、风选机 4 台,共 10 台作业机组成为联合机组。茶坯来源为长身路的各种头子茶,须反复切断筛制,直至只剩少量头子茶交梗

片头路处理。各次筛制都经过切、抖、圆、风,分出圆身茶 5、7、8、10 孔(包括 12 孔)等筛号茶。第一、二次经风选机一口茶均为圆身茶,三次以下看茶决定降至何级圆身茶,风选二、三口的茶交轻身路做本级或降级轻身茶,三口以下做片茶。

轻身路:由滚切机 1 台,抖筛机 1 台,平圆机 2 台,风选机 4 台,共 8 台作业机组成轻身路联装机组。茶坯来源是本、长、圆等各路风选二至四口茶,经筛制作本级或降级轻身茶,最后剩少量头子茶交梗片头路处理。本、长身路的风选二口茶经本机组第一次筛制出 5、7、8、10 孔茶为本级轻身茶;第二次筛制的茶坯是本长身路的二口,圆身路二口及本机组第一次头子茶和风选机二口合并的,筛制出的筛号茶看茶决定能否保持本级或为降级轻身茶。第三次筛制及其以后的茶坯,是本长身路风选机四口,圆身路风选机三口及本机组的头子茶和风选三口茶等,所筛制出的筛号茶一般为降级轻身茶。

碎茶路:由 2 台平圆机、4 台风选机,共 6 台作业机组成,并与本长身路四号分筛机联装。茶坯是各路 12 孔以下的茶,经本机组分筛出 16、24、36、80 孔四个筛号茶。16 及 24 孔风选机一口为各档碎茶,视茶而定,二口为中、低档片茶或低档碎茶,三口和三口以下为低档片茶或副片、副末。36 孔茶视质量拼入末茶或片茶,一般色泽好的拼入末茶作面张,但过大的需要撩出。

片茶路:由破碎机 2 台、平圆机 2 台、风选机 4 台,共 8 台作业机组成。茶坯是从各风选机三、四口以下不能提取轻身茶的茶片。经破碎、筛分、风选各工序,筛制后剩少量头子茶交梗片头路处理。筛制分出 16、24、36、80 孔四个筛号茶。16、24 孔为片茶或副片,36 孔可并入片茶,也可并入末茶,视茶而定。80 孔为末茶或副末。

梗片头路:由风切机和打片机各 1 台,圆筛机 3 台,风选机 4 台,共 9 台作业机组成。茶坯是手拣的梗朴和机拣的梗头,圆身路的最后茶头,轻身路和片茶路的片头等,由本机组筛制做完为止。筛分出 8、10、12、16 孔四个筛孔茶,按质堆放、定级。

②拣剔:分机拣、电拣和手拣。目前,手拣的比重还较大。

机拣和电拣:目前使用的是阶梯式拣梗机和静电拣梗机两种。各类的 5 孔茶,一般先由阶梯式拣梗机拣后,再加静电拣梗机复拣,而后再交手拣。各类茶的 6、7 孔茶用静电拣梗机初拣、再手拣。为了保持茶叶的嫩芽,三级以上茶不经静电拣梗机。

手拣:各级茶 5~8 孔筛号茶,都要手拣。礼茶,特级一、二级的 10 孔茶全部经过手拣。

(3)成品拼配　经过筛制的各种筛号茶(半成品),须扦取具有代表性的茶样,并按各筛号茶重量登记,由审评室对各筛号茶审评,拼配出厂成品小样,务使达到各级成品标准样外形内质各项因子的要求。拼配起到调剂品质的作用,使出厂产品品质稳定一致。拼配前,要对各筛号茶的外形内质进行审评是否符合各级品质的要求。根据筛号茶的品质进行拼配,如品质有显著差异,采取升降或再整理(如复风、复撩、复套、复拣等)的方法进行调整。

预拼小样,要对照标准样的品质规格,各段茶的比重和品质特点,选择各半成品筛号茶,按比例拼配,务求拼和的小样内质各项因子符合标准,不要偏高偏低;并注意各段茶比例适当,防止脱挡现象。拼配时要做到掌握前后期产品品质基本稳定,品质过高过低时,采取选留某些筛号茶待下批拼用。小样经认真审评符合标准后,按小样各筛号茶重量比例进行匀堆成箱作业。

拼配中使用的筛号茶,一级茶以本身 5、6、7、8、10、12 孔茶为主,并拼入显毫、锋苗好、叶质重的轻身茶,共约 12 个筛号茶拼成。三级以本、长、圆、轻各路各筛号茶,共约 30 个筛号茶拼成。随批细茶用16孔、24孔重实的颗粒茶拼成;片茶用本路16、24孔茶拼成,末茶用匀齐、色泽、净度相当的36孔、80孔筛上茶拼成。

祁门茶厂1977年三级工夫拼配比例如表7-15所示。

表7-15　祁红三级工夫茶拼配比例

筛路 筛号	本身	长身	圆身	轻身	上批半制品 转入	小计
5孔	8.79	3.06	2.22	1.54	5.37	20.98
6孔	4.12	2.49		1.47	0.73	9.60
7孔	9.24	5.57	2.79	1.47	4.02	23.48
8孔	10.04	0.65	3.84	1.91	3.68	21.52
10孔	4.95	0.33	3.02	2.46	5.26	16.92
12孔	5.10			1.07	1.33	7.50
合计	42.34	12.01	11.87	9.92	20.39	100

成品过程最后为匀堆、补火、成箱包装。祁门茶厂的匀堆工序十分认真,前后分四次拼和。首先按筛号顺次序比例分层次地进入烘干机补火作第一次拼和,四台烘干机补火后分别输入四个小茶斗(第二次拼和),贮满后又开放输入四个大茶斗(第三次拼和),为避免先装箱的匀度不齐,将开始装箱的部分茶叶,重新倒入大茶斗拼和(第四次),通过四次拼和后匀度已基本达到要求,经审评符合小样,则继续装箱,装箱过程反复扦样审评、检验水分合格后、包装出厂。

补火温度一般为80~85℃中速,透发香气、防止高火、并保证含水量符合出厂标准。现行标准,外销工夫茶、细茶出厂水分标准为7%,片、末茶为8%;内销工夫茶、细茶为8%,片末茶为9%。

7.7.2　坦洋工夫红茶精制

坦洋工夫现国家标准分为特级至三级共四个级别,品质要求,见表7-16。

表7-16　坦洋工夫感观品质特征

级别	外观				茶质			
	条索	整碎	净度	色泽	香气	滋味	汤色	叶底
特级	肥嫩紧细、毫显、多锋苗	匀整	洁净	乌黑油润	甜香浓郁	鲜浓醇	红艳	细嫩柔软红亮
一级	肥嫩紧细、有锋苗	匀整	较洁净	乌润	甜香	鲜醇较浓	较红艳	柔软红亮

续表

级别	外观				茶质			
	条索	整碎	净度	色泽	香气	滋味	汤色	叶底
二级	较肥壮紧实	较匀整	较净稍有嫩茎	较乌润	香较高	较醇厚	红尚亮	红尚亮
三级	尚紧实	尚匀整	尚净有筋梗	乌尚润	纯正	醇和	红	红欠匀
紧压茶	方形、圆形或心形等；纹理清晰，平滑紧实、厚薄均匀、色泽乌润。				参照上述各等级茶质感官品质特征的指标要求。			

1．加工程序和方法

（1）毛茶定级、归堆

①定级：对进厂毛茶必须进行全面品质审评，对照加工级型标准，确定加工级别。

②归堆：在定级基础上，把原料分成季节堆、产地堆、品种堆、劣变堆。

（2）拼配

各批付制毛茶确定后，按各号茶数量比例扦取若干数量毛茶，以手工摸拟制坯，试制小样，将试制的小样对照标准样审评。

（3）各级筛网组合

①滚筒式圆筛筛网配置见表7-17。

表 7-17　滚筒式圆筛筛网配置

顺序	1	2	3	4	5
方目筛	5	6	6	7	7

②抖筛机筛网组合见表7-18。

表 7-18　抖筛机筛网组合

级别	特、一级	二、三级	四、五、六级
方目筛	9	8	7

③平圆机筛网组合见表7-19。

表 7-19　平圆机筛网组合

顺序	1	2	3	4	5
上段平圆方目筛	4	5	6	7	8
中段平圆方目筛	8	10	12	14	16
下段平圆方目筛	16	20	24	34	60

④紧门筛（规格筛）筛网组合见表7-20。

表 7-20　紧门筛筛网组合

级别	特级	一级	二级	三、四级	五、六级
上层筛网	10	10	10	9	8

(4)取料

主要分为本身路、圆身路、轻身路进行生产。采取定级付制,多级收回加工取料法。

①毛茶投制烘干技术要求:干燥机温度掌握 100~110 ℃。烘后水分要求 6%~7%。

②本身路:通过滚筒圆筛机筛下未经切断的本身茶和第一次切、抖下长身茶均归本身路处理。

A. 本身路筛号茶主要指 5、6、7、8、10 目茶,12 目以下交碎、片、末茶处理。

B. 特级至三级本身路中 5~7 目风选正口茶、需经捞筛紧门、机拣、复选后交手拣。

C. 四至五级本身路中 5~7 目风选正口茶经捞筛、机拣、风选后交手拣。六级茶除个别目号茶需抽拣外,一般不经拣剔工序。

D. 8~10 目茶选净后茶直接交半成品拼配。

E. 12~24 目交碎末茶处理。

F. 34~84 目交碎末茶处理。

G. 100 目交灰末处理。

③圆身路:来源于第一次切抖后的抖茶和平圆筛的头子茶,以及反复切抖后的筛下茶,交圆身路处理。圆身路抖筛、平圆筛、捞筛、紧门筛筛网配备与本身路相似。

④轻身路:来源于本、圆身风选机各目副口茶。

A. 轻身路抖筛机筛网配置均比本、圆身路抖筛筛网相应收紧一目。

B. 轻身抖下和轻头抖下分别送交轻身平圆机分号后过风选,正口为正轻身茶。副口为副轻身茶。

⑤碎片、末茶是来源于本、圆、轻身三路平圆机 12 目下各目茶(即 14、16、18、24、34、54、60、80 各目茶)。

A. 各号茶经风选机,剔除砂粒、去草毛、分轻重后交拼配定级。

B. 风选机正口 12~24 目颗粒紧细质地重实的各目号茶交拼片茶。

C. 风选机副口 12~24 目身较轻,灵清的片形茶交片茶。

D. 34~84 目细末茶剔净毛衣后交拼末茶。

⑥筛号茶质量要求

A. 毛茶经筛分处理剔净后而形成的各路筛号茶,经复选后需进行品质鉴定,确定等级。以交成品拼配。

B. 各机口筛号茶质量要求应符合表 7-21 规定:

表 7-21　各机口筛号茶质量要求

级型	筛号茶,目	质量要求
条茶	5~10	本身茶有锋苗,较紧秀,圆身茶紧结重实,轻身茶灵清。
碎茶	12~24	颗粒重实,均匀,色泽一致。

续表

级型	筛号茶,目	质量要求
片茶	12～24	大小规格均匀一致,色泽调和。
末茶	34～80	不含灰尘,灵清,无白点。

⑦拣剔质量要求

各级茶坯净度质量应达到级型标准样要求。

⑧筛号茶拼配

A. 经机口品质鉴定过的各孔筛号茶,须按级(批)花色、孔号叠放。注明标志后每号扦取 200 g 备查待拼。

B. 以本批加工的各筛号茶进行开汤审评,鉴定品质,本着结合少量升降原则,兼顾本、圆、轻各路茶拼配,以及上、中、下段茶适当比例。

C. 按比例数量初拼小样 200～500 g。对照标准样,对某项因子偏高、偏低或欠匀称进行调整,达到符合标准样后按比例拼堆,对于不能拼入本级的筛号茶待后处理。

⑨复火、匀堆

A. 符合质量要求的各筛号茶在匀堆前要进行烘焙,要求烘箱进风温度掌握在 110～120 ℃,上茶均匀,火候稳定,使烘后水分达到规定要求,作为商品茶销售含水分应不超过 7%。

B. 匀堆,在匀堆机匀堆进行初匀、复匀,做到上、中、下段各号茶分散均匀一致。

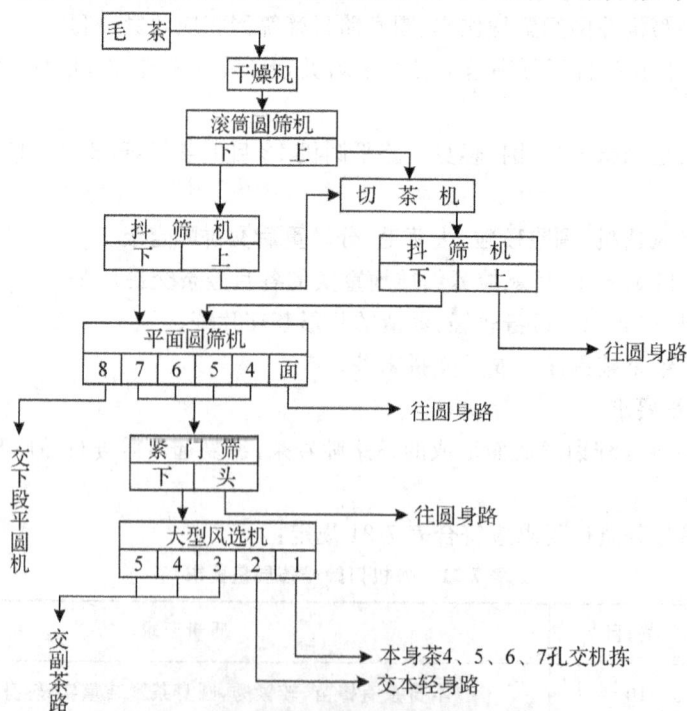

图 7-8　坦洋工夫本身路

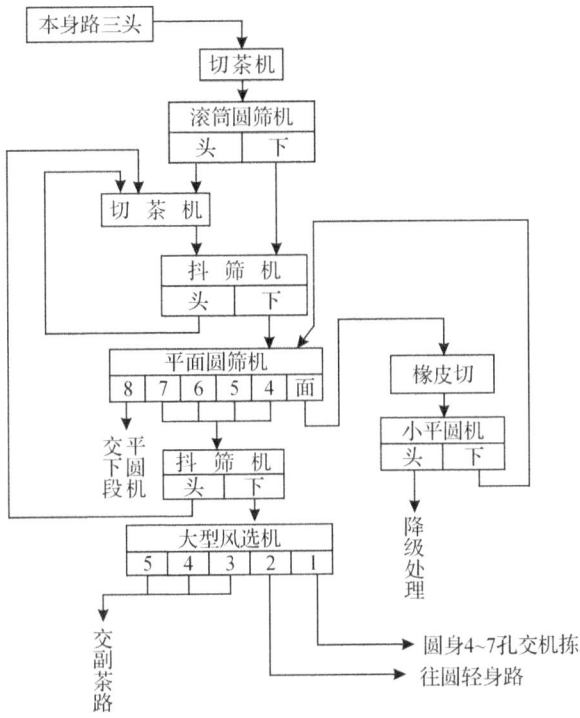

图 7-9　坦洋工夫圆身路

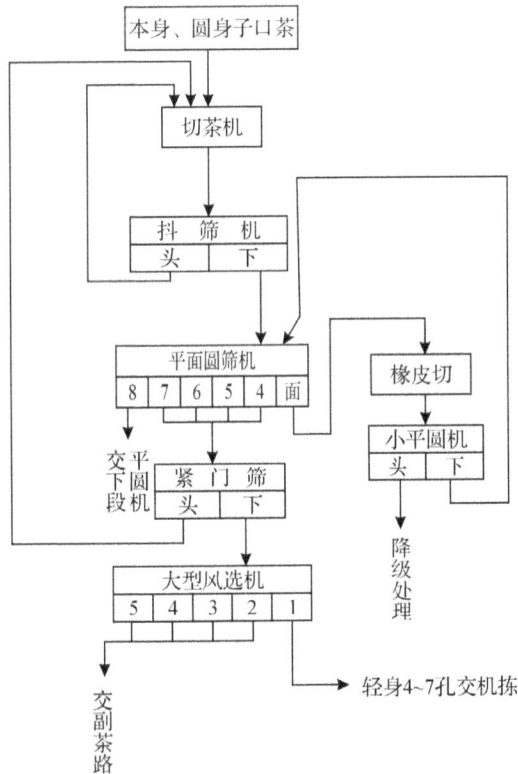

图 7-10　坦洋工夫轻身路

本章小结

茶叶有一定的等级与规格，我国茶区广大，茶类丰富多彩，生产分散，采摘老嫩混杂，制工不同，产品品质也不同，有些茶类必须再加工。再加工的技术措施，依对各类产品要求不同而有很大的差别。

毛茶加工的技术主要是筛分，切细，风选，拣剔，以及再干燥等作业。其生产流程大体上分三条作业线，习惯上称为"三路加工"，即本身路、圆身路和轻身路。

思考题：

1. 毛茶精制加工的目的是什么？
2. 毛茶精制加工的主要作业是什么？
3. 烘青绿毛茶加工的原则是什么？
4. 烘青绿毛茶加工的工艺流程是什么？
5. 乌龙茶毛茶加工的工艺流程是什么？
6. 红毛茶加工的工艺流程是什么？

第8章

花茶窨制

8.1　概　述

花茶是我国独特的一种茶叶品类。用清高芬芳或馥郁甜香的香花窨制而成。所谓"嫩茶窨香花,芬芳人人夸",两美兼备,别具风韵。

8.1.1　发展简况

花茶历史已很悠久。我国古时早有引花香以益茶的制法。据唐代陆羽《茶经》载,唐代煮茶时就有加茱萸、葱、姜、枣、橘皮等同烹的做法。在1000年前(宋初公元960年),就有在上等绿茶中加入龙脑香的做法。虽然还不能称为花茶,但在茶中和以香料,以增茶叶香味,意义与花茶相似。到了12世纪(宋宣和年间),在茶叶加入"珍菜香草",已很普遍。在明代程荣所著的《茶谱》一书中,叙述花茶的制法,其中:"木樨、茉莉、玫瑰、蔷薇、蕙兰、桔花、栀子、木香、梅花皆可作茶,诸花开放,摘其半合半放,蕊之香气全者,量其茶叶多少,扎花为拌……三停茶叶一停花始称,用瓷罐,一层茶,一层花,相间至满,低箬扎固入锅,重汤煮之,取出待冷,用纸封裹,置火上焙干收用。"对于当时茶用香花种类,香花采摘方法以及花茶窨制方法,均作了较为细致的描述。此外,在《茶谱》中对当时莲花茶的窨制,亦作了详尽的叙述。但那时的制法只是少量,民间零星的制法,不适宜大量的生产。

花茶较为大量的生产,始于1851—1861年的清代咸丰年间。到了1890年前后,花茶生产已较为普遍。

新中国成立后,花茶生产大发展。主要产地有:福建的福州,江苏的苏州、南京;台湾的台北;浙江的金华、杭州;安徽的歙县;四川的成都等地。目前,茉莉花的生产集中在广西横县及周边,茉莉花产量占全国的80%以上,占世界总产量的60%,已发展成为全国最大的茉莉花和花茶生产加工基地。

花茶畅销全国,北方人尤为喜爱。日本、法国、美国、德国、意大利等国家的人民均甚喜爱饮用中国的花茶。近年由于受其他茶类的冲击,花茶的国内市场份额逐年下降,但出口市场相对稳定。

8.1.2　花茶种类

花茶也称熏花茶、香花茶,我国北方称花茶为"香片"。依窨制的花类,分为茉莉花茶、白兰花茶、珠兰花茶、玳玳花茶、柚子花茶和桂花茶、玫瑰花茶等。每种花茶,因所用茶类不同,有各种不同的产品,如茉莉烘青、珠兰大方、玫瑰红茶、桂花乌龙、桂花龙井等。

目前对花茶茶坯、产品规格均作了统一规定,各地所窨花茶,虽然各具特色,但总的品质要求是一致的。高级花茶均要求香气鲜浓、持久、纯正;滋味浓醇鲜爽;汤色淡黄,清澈明亮;叶底嫩匀、明亮。

8.2　茶坯处理

花茶窨制前,需对茶坯进行适当的处理,目的是使茶坯达到一定的干燥度和坯温,并在窨花过程中促进鲜花香气的挥发和茶坯最大程度吸收花香。因此,茶坯处理得当与否,将直接或间接地影响花茶的质量。

鲜花香气在窨制时,随着水分挥发而被茶坯所吸收。茶坯吸收香气和水分的能力的大小与本身的含水量多少呈负相关。即茶坯含水量越少,吸收能力就越大,相反,吸收能力就越小。在窨花前茶坯须经过复火干燥,既要使茶坯充分干燥而又不使产生老火或烘焦。茶坯含水量控制在4%~5%为宜。高级茶含水量可适当稍低,低级茶可适当稍高。

茶坯复火的方法是采用"高温、快速、安全"烘干法。"高温"指烘干机进口温度在120~140 ℃;"快速"指速度调节在快盘上,时间8~12 min;"安全"则根据茶坯干湿程度调节上茶量,使烘出茶坯含水量安全控制在4%~5%范围内。

茶坯复火后,坯温上升可高达80~90 ℃,不适于窨花。复火后的茶坯必须经过自然冷却的过程(3~7天),对冷却后坯温高低,依鲜花种类不同,而有很大的差异,如窨制茉莉花茶,坯温30~33 ℃;窨制白兰花茶,坯温34~36 ℃;窨制玳玳花茶,坯温则要求高达60~70 ℃;有时甚至需要加温热窨。

窨制茉莉、白兰的茶坯温较低,如复火后茶坯未经冷却,而是热坯窨花,一方面鲜花"热死",使之失去吐香的能力;另一方面坯温过高,导致茶坯本身吸收花香能力减弱。相反,对玳玳花茶来说,如坯温过低,反而不能促使那些高沸点的芬香油挥发。因而坯温掌握不当,都不能获得较好的窨花效果。

几种主要花茶,其茶坯复火冷却后的坯温为,茉莉花茶30~33 ℃;白兰花茶34~36 ℃;玳玳花茶60~70 ℃(尚需加温热窨);珠兰花茶32~35 ℃;柚子花茶25~30 ℃;玫瑰红茶40~45 ℃;玫瑰绿茶30~35 ℃;桂花茶30~34 ℃。

8.3　鲜花

窨制花茶的香花种类颇多,但并非一切香花都可窨茶。所用的香花首先必须考虑对人体无毒害,符合食品安全要求。据前苏联《营养卫生学》资料,在鲜花中不应含有萘酚甲酯、萘酚乙酯、水杨酸甲酯、硝酸酯、亚硝酸酯和硝基萘等有毒成分。其次应考虑鲜花色泽和香气类型是否与茶叶的色、香、味相互协调。在品饮花茶时,既有芬芳清雅的花香,又有醇厚甘美的茶味。

8.3.1　鲜花的吐香特性

鲜花体内含有的芳香成分,在一定条件下向外挥发扩散,通常称"吐香"。根据鲜花开放吐香特性的不同,分为两种类型:气质花和体质花。

1. 气质花吐香特性

所谓气质花即花中的芳香油随着花朵的开放逐渐形成并挥发的花种,其特点是鲜花不开不香,开了才有香,开完了也不香,其体内芳香物质主要以甙的形式存在。茉莉花是一种典型的气质花。鲜花采收后,影响吐香的环境条件因素有:

(1)温度　酶对温度具有敏感性,因此,环境中的温度条件将影响气质花的一系列酶促化学转化过程,从而影响吐香效果。一般茉莉花最适宜的吐香温度为 35～37 ℃,低于 20 ℃以下不开放吐香;高于 38 ℃,开放吐香效果较差,如高于 50 ℃,鲜花就会被"烧死"。

(2)相对湿度　鲜花吐香的芳香物质是伴随着水分的挥发而挥发,如果环境中相对湿度偏高,必然影响芳香物质的挥发扩散使吐香效果不佳;但是如果相对湿度偏低,低于 70%,鲜花将因失水而枯萎,也会影响吐香效果。一般较适宜的湿度为 80%～85%。

(3)空气条件　鲜花吐香是伴随着体内的呼吸氧化代谢过程而进行的,如果此时环境中空气不流通、缺氧,那么花体将进行无氧呼吸,造成干物质损失以及芳香物质的损失,同时还会在无氧呼吸过程中产生一些令人不快的不正常气味。因此,在鲜花吐香过程,宜保证环境的空气流通。

2. 体质花吐香特性

体质花即花中的芳香油以游离的状态存在于花瓣中,花不开有香,花开了以后也还有香,吐香可持续到花瓣枯萎,玉兰花即为典型的体质花。影响体质花吐香的环境因素主要是温度。温度高,气体热运动速度加快,吐香浓烈;反之,温度低,吐香效果就差。但并非温度愈高,香气愈烈,这必须控制在维持鲜花生机的适宜温度范围内。

8.3.2　鲜花品质规格

通常是以色泽洁白、香气芬芳幽雅而无毒的茉莉、白兰、玳玳、珠兰、柚花窨制绿茶;用色泽浅黄香气清雅、鲜爽的桂花、白兰窨制青茶;用色泽深红,香气馥郁的玫瑰窨制红茶。但这也非绝对的,随着我国工农业生产的发展,国内外市场的扩大和消费者的需要,也有用桂花窨制绿茶,茉莉窨制青茶和玫瑰窨制绿茶等新花色品种。

1. 茉莉　要求朵大、成熟、饱满、洁白、香气芬芳持久、留爪(花萼)不留梗,当天采收当晚可开放之花苞。凡雨水花、开花、红斑花和轻微虫蛀花均属次之。

2. 白兰　要花朵大均匀、朵朵成熟、花瓣肥厚、色泽鲜润、香气鲜浓、花蒂短、无夹杂物,当天采收的鲜花。凡隔天花、雨水花、全开花和未成熟花朵均属次之。

3. 玳玳 要花朵成熟,朵大饱满,色泽洁白,香气鲜浓,无枝叶花果和其他夹杂物,当天采收的鲜花。开花、雨水花、隔天花均属次之。

4. 珠兰 要求花穗生长成熟,花粒丰润饱满,色泽绿黄,香气清雅解爽,花枝短,无花叶和其他夹杂物,在当天午前采收匀净的鲜花。雨水花、花粒开放或脱落,色泽金黄属次之。

5. 柚花 要生长成熟,朵大饱满,色泽洁白,香气清鲜,无夹杂物,在当天上午采收的鲜花。雨水花、开花者均次之。

6. 栀子 要花朵成熟,花瓣肥大,色泽洁白,香气新鲜,含苞初放,无小虫和其他夹杂物,在当天采收的鲜花。雨水花、全开花或花朵凋萎,色泽发黄均属次之。

7. 桂花 要花粒成熟,丰盛饱满,色泽鲜润。因桂花有银白色、淡黄色和金黄色三种,故有银桂、金桂和丹桂之分,其香气以含苞初放的花朵最佳。雨水花、开花、花朵枯萎者均属次之。

8. 玫瑰 要朵大成熟,花瓣肥厚,色泽鲜艳红润,香气馥郁持久,无枝叶等夹杂物,在当天采收含苞初放的鲜花。雨水花、开花或花瓣脱落者品质均属次之。

8.3.3 鲜花采收

1. 茉莉花的采收期

福建省种植栽培的茉莉花品种主要有两种:单瓣茉莉和双瓣茉莉。其中主要是双瓣茉莉,约占茉莉花总产量的99%以上。单瓣茉莉数量很少。一年中,茉莉花的花期因季节、气候、地理条件、栽培技术等因素的不同而有差异。福建省福州地区大约从5月中旬开始到10月底结束,历时160 d左右;闽东、闽北地区大约从5月下旬开始至10月中旬结束,历时140~150 d。鲜花生长采收呈波浪起伏的变化规律。即花期中每天每月的产量分布极不均衡。一年有3~4次花汛,分别称春花、伏花、秋花。其中5—6月的花称春花;7—8月的花称伏花;9—10月的花称秋花。各次花汛间隔时间有7天左右,俗称"大水花",旺采期前后为花量较少的淡采期,俗称"小水花"。在一次花汛中,大小水花产量相关可达10倍左右。全年以7—8月的伏花产量最高,约占全年总量的60%,质量也最好。在伏花期中,日产最高可占全年总产量的2%~5%。表8-1为福州地区各月产花量比例。

表 8-1 福州地区茉莉花各月产花量的比例(%)

月份	5月	6月	7月	8月	9月	10月	合计
比例	2	3	38	30	25	2	100

2. 茉莉花采收

(1)茉莉花开放吐香习性

茉莉花从萌芽孕蕾到成熟采收,一般春花约需50 d;伏花24 d;秋花约为30 d;花蕾多于开花前10~15 d现蕾,花蕾成熟开放过程的颜色变化从绿色→黄绿色→黄白色→乳白色→雪白色。饱满雪白发亮的花蕾即为成熟的当天可以开放的花蕾,宜适时采收。

茉莉鲜花具有晚上开放吐香的习性。即当天成熟的花蕾,不论其留在树上或采下,要到晚上 8:00—10:00 达到生理成熟期而开放吐香。留在植株上已开放的花朵一般经 48 h 左右的时间就凋谢了,开花后 24 h,花瓣变为红色,香味大部分消失。采下的花蕾,开放吐香的变化规律大致为:晚上 7:00—8:00 开始微开,9:00 开始正常吐香,10:00—12:00 为吐香高峰期,香气浓烈,次日 0:00—3:00 香气趋于平淡,4:00—5:00 香气带水闷味。

(2)茉莉花的采收

茉莉花采摘的时间与标准与鲜花的产量、质量有密切的关系(表 8-2)。在上午 8:00 以前采收,对产量和质量都有显著影响,这主要是由于花蕾摘得过早,离它本能的开放时间过久而得不到树液营养和水分等物质的供应,就会妨碍它继续发育,花就开不好,甚至因蒸发失水过多,还可能导致花蕾完全不能开放。而在下午 2:00—3:00 以后,当天花已充分发育成熟,芳香油的积聚已接近饱和时进行采摘,产量和质量都最高,但考虑到大面积生产中采收与运送时间的矛盾,采花一般提前在上午 9:00 以后开始。

表 8-2　不同时间采摘的茉莉花产量、质量分析

采摘时间	每 100 g 平均朵数 (朵/100 g)	单位采数重量增长 (%)	质量等级	田间气温(℃)	田间相对湿度(%)
7:00	431	100	5	28	85
9:00	410	105	4	31	78
11:00	394	109	3	32	70
13:00	376	115	2	34	69
15:00	358	120	1	34	66

根据茉莉花具有晚间开花的习性,同时也为了及时窨制茶叶,窨制花茶用的茉莉花采收标准是:花蕾已成熟,含苞欲放,能在当天晚上开放,外观饱满、肥大、清白,采摘时要带花萼、花柄,不要茎梗。田间的茉莉花,根据成熟情况可分为"当天花"、"青蕾"、"白花"三种。所谓"当天花"即为上所述及的采收标准。

"青蕾"是未成熟的花蕾。花蕾小而不饱满,色泽略带青色,花冠管较短,花萼尚包住花冠基部,当天晚上不能开放,须待成熟后采收。

"白花"是指昨天已成熟,漏采留在树上开放了的花,由于香气已大部分挥发,没有多大经济价值。

当天花愈临近开放时间,其外观愈容易与青蕾加以区别开来,所以只要条件许可,宜选择午后采摘茉莉花。

此外,生产上还出现有一些水渍花、隔夜花、变质花等。水渍花,指人为的浸水花,花蕊透水,鲜花处理机受了破坏,降低或失去使用价值。隔夜花指采摘后隔夜窨制的花。变质花是因装载运输通气不良,堆放时间长,花温超过 42 ℃等因素使花色黄白无光泽,有焖熟味,严重的花色变黄,甚至黏结成团。这些都是人为因素造成的经济损失,应尽量避免。

生产上鲜花分级标准(表 8-3)。

表 8-3　茉莉鲜花分级标准

级别	色泽	形态	净度		其他
			杂物	青蕾、病虫害蕾含量(%)	
一级	洁白鲜艳有光泽	充分发育成熟的当日花,饱满均匀,花冠筒充分伸长,花萼远离花冠基部,含苞欲放。	无	≤3	无闷热、异味、挤压等损伤。
二级	尚洁白有光泽	已发育成熟的当日花,尚饱满,含苞欲放。	无	≤6	无闷热、异味、挤压等损伤。
三级	尚洁白无光泽稍带微黄	受采摘过早或气温降低的影响,花朵小,不够饱满,含苞待放。	无	≤9	无闷热、异味。

8.3.4　鲜花处理

鲜花开放与空气的温度、湿度、通风、鲜花含水量、摊放厚度和时间密切相关。不同鲜花都共同具有含水量高(80%左右)和花瓣细嫩而薄的特点,因而鲜花组织容易遭受机械损伤,或对环境条件变化反映十分敏感。为了保持鲜花品质规格,对鲜花采摘管理和窨前处理都是必要的。

1. 采摘管理

为了防止鲜花凋萎、失香和变质,必须做到鲜花不损伤,不发热,不变色。保持鲜花的新鲜度和香气不受损失。因此,必须按标准适时采摘成熟花朵;采摘时不紧捏,盛装不紧压;收花时应放置阴凉通风处;随采随送,盛装要设通气筒;摊放场地要阴凉、清洁;摊放厚度依不同鲜花而定,一般宜薄不宜厚;并及时付窨。

2. 摊凉与堆积

不同鲜花由于开花习性和窨制技术要求的不同,鲜花采摘虽有迟有早,但一般都在中午或傍晚送进厂,经称重验收评级计价后,须及时进行摊凉和处理。

鲜花处理过程,是人为地控制鲜花开放吐香所必需的环境条件的过程,亦是防止鲜花堆积发热、失鲜和变色的过程。这个过程既要保持一定的温度、湿度促进花朵开放吐香,但又不能使温度过高,以致鲜花"热死"而失去新鲜度和香气。据温度、通风和湿度等自然环境条件的变化,采用"摊凉"或"堆积"的办法,抑制或促进鲜花氧化作用和蒸腾作用的进行。"摊凉"过程具有降温作用,鲜花由于在运输途中盛装堆积发热积累而使花温升高,若不及时进行摊凉,势必影响鲜花的色香味。气候寒冷空气中湿度低,就采取堆积技术措施。"堆积"过程产生的热量,使花温升高,在一定范围内有促进鲜花开放吐香的作用,但是如果堆积时间过长,升温过高,则产生相反的作用,甚至造成鲜花"热死"的现象。这也是鲜花堆积到一定时间或温度上升到一定范围时又需散堆摊凉、摊堆的过程,也是降温升温的过程。经过两、三次的摊堆,才能促使鲜花开放匀齐,吐香浓烈,经过堆积和摊堆,对鲜花内在物质来说,主要是甙类的氧化和水解,以及酶的催化作用,促进了芳香油的形成和挥发。

3. 筛花

经过摊凉堆积后,对于大小混杂和开放程度不匀的鲜花须进行一次筛花,以便开放的大花和未开放的小花分开,剔除无用的花蒂青蕾、枝叶和夹杂物,做到早开早窨,迟开迟窨,好花窨好茶,次花窨次茶。当鲜花有 60% 左右已开放,且开放度达 50~60°虎爪状时就可进行筛花。

有的花朵大或成串的鲜花,要经过折瓣和折枝,以增加与茶坯接触面积,使花香充分为茶坯所吸附。

8.4 窨制技术

花茶窨制技术,主要是香花与茶坯均匀混合,利用茶坯的吸附性能,吸附香花挥发的香气。花茶窨制的吸附作用是固体吸附气体,在窨制技术措施中,就要考虑固体——茶坯的吸附性能和气体——鲜花香精油的扩散量与速度。如茶坯的温度和含水量,香花的含水量和配合量,以及在窨制过程中温度变化对吸附作用和扩散作用的影响等。既要符合提高花茶品质的要求,又能充分利用香精油而不浪费香花。

8.4.1 茶坯温度与花香扩散

温度能影响花香扩散作用,而扩散作用又与花香的成分和性质很有关系,花香的成分和性质又因鲜花种类不同而异。花香扩散作用所要求的温度,也就因鲜花种类不同而异,有高有低。

珠兰花和玳玳花虽不是同种类,但是两者的花香有相同的成分,或相同的性质,在较高的温度下,都能同样挥发。柚子花和玳玳花虽是同种类,但是柚子花香的挥发不要求温度高,而和茉莉花一样,要求较低温度。由于在茶坯与鲜花拼和后,产生化学热,热量不易散失,对于不要求高温的鲜花,茶坯就不需要加温。需要一定温度的鲜花,除了拼和后产生自热外,茶坯还需要加温。因此茶坯温度,据目前配花量,一般要求柚子花茶坯温度在 21~25 ℃,最高不超过 30 ℃;茉莉花茶坯要求在 30~33 ℃,不超过 34 ℃;珠兰、白兰花茶坯要求在 34~36 ℃;玳玳花茶则须在拼和后加温至 85~90 ℃。

季节不同,掌握坯温也不同。福州茶厂的资料茉莉花春花季节,坯温控制在 30 ℃以内,一般以 27~28 ℃为宜;伏花季节控制在 33 ℃以内,正常掌握在 30~32 ℃。

8.4.2 茶坯水分与花香吸附

茶坯的含水量与吸附花香有直接关系,茶坯与鲜花直接拼和,花香是随着鲜花水分蒸发而被吸收到茶坯内的。一般说,茶坯的含水量愈低,吸附花香作用愈大。但是如果烘焙温度过高或时间过长,水分过少,不仅损害了茶叶组织,而且使咖啡碱升华,香精油挥发,甚至还会产生焦味,就降低了品质。茶坯的含水量低,在茶坯与鲜花拼和后吸收水分的性能虽加强,但并不等于花香也按比例增多。茶花拼和的主要目的,是使茶坯充分吸附花香,而不是吸附大量的水分。

待窨的茶坯,水分要求在 4.5%~5.5%,这样可以达到正常吸附花香的目的,如低于 4%,容易发生烘焙过度,降低品质,超过 6%,则吸附速度较慢而花香也没有吸附净,鲜花的利用率降低。

茶坯含水量的高低与茶坯质量有关,高级茶坯组织细嫩,香气高,含水量要稍低,一般在 4.5%~5%。低级茶坯组织粗老,用花量少,含水量可适当提高至 5.5%~6%。

"在窨品"的水分,是逐窨增加,在窨次增加,水分反要减少的情况下,则前一次窨花后的香气跟着损失。因此,既要保留前次的香气,又要再一次吸附花香,应从两方面来掌握在窨品的含水量,否则,产品质量会受到损失。

窨后湿坯的含水量,一般依配花量的增加而递增,但也有一定的限度,原则上不能超过 14%~20%,否则,吸附水分过多,条索松散,烘焙后也不能恢复窨前原状。水分过多,烘焙时也容易变劣而影响质量。

窨后烘前含水率可按下列公式计算:

$$茶坯窨后含水率 = \frac{茶坯窨前重量 \times 茶坯窨前含水率 + 鲜花用量 - 花渣重量}{茶坯窨前重量 + 鲜花用量 - 花渣重量} \times 100\%$$

如 100 kg 特级毛峰第一次窨用鲜花 36 kg,窨后花渣重量为 22 kg,茶坯窨前含水量 5%,则茶坯窨后含水率为 16.7%。鲜花含水率一般在 80%~88%,窨后重量减轻 40%~45%。

各窨次含水量应该增加多少,据福州茶厂 1955 年生产资料的分析:在提花前,最好能达到 7.5%~18%。高级茶因窨次多,最后一次,以 8% 为适度;低级茶窨次少,以 7.5% 为适度。各窨烘后的水分,应根据各窨配花量所占比例递升,使花香保留能够达到最大限度。一般各窨次升高 1%,保证产品含水量在 9% 以下,是比较适当。

8.4.3 茶坯与鲜花配合比例

目前花茶厂的鲜花配合量,有鲜花和茶坯等量的;有鲜花多于茶坯的;也有鲜花少于茶坯的,根据各厂生产情况不同而异。从理论说,茶坯与鲜花的配合比例,有关因素很多。香花品质好、香花含水量少、窨花次数多、茶坯组织细嫩,则配花量多,反之则少。从茶坯品质和花茶级别的不同来讲,如苏州花茶厂每 100 kg 特级毛峰花茶具体有配花 112 kg,一级毛峰花茶配花 95 kg,二级毛峰花茶配花 70 kg,三级毛峰花茶配花 40 kg。从鲜花种类的不同来讲,如福州花茶厂,每 100 kg 茶坯用花量,一级茉莉花茶 90 kg,一级珠兰花茶 22 kg,一级白兰花茶25 kg,一级柚花茶 35 kg。从鲜花所产季节的不同来讲,如芜湖茶厂茉莉花提花用量,春花 6~8 kg,伏花 6~7 kg,秋花 10~12 kg。从茶种类的不同来讲,如福州茶厂中等绿茶窨花,用茉莉花 28 kg,提 5 kg,而中等青茶莲心窨茉莉花只需 14 kg,提 5 kg,比绿茶少 14 kg。

同一类茶,吸附香气性能也有差异,用花量也应该不同。叶质厚重的吸附性能比轻薄的较强。苏州茶厂的资料,"下段茶"由于细嫩,吸附香气性能在相同配花量下,比"上段茶"强,因此,采取茶坯分段窨花是较合理的。

由于"在窨品"的水分是逐窨增加的,茶坯的吸附花香也是要求从内到外逐层盖上,才能达到花茶香气持久,浓而鲜爽。因此,各窨配花量的比例也应逐窨减少,而不是各窨平均分配,配花量各窨比例的多少,是今后研究的重要问题。

8.4.4　在窨时间与通花起花

在窨时间长短与气温和坯温、茶坯质量和大小、鲜花种类和配花量、窨堆的大小和厚度，以及在窨次数等都有关系，特别是茶坯质量、鲜花种类和配花量影响最大。

一般说，茶坯粗糙而吸湿快的，鲜花香气挥发快的，时间要短。相反，茶坯精细而吸湿慢的，鲜花香气挥发慢的时间要长。茉莉花茶配量多，时间较短。珠兰花茶配量少，时间较长。低级花茶较高级花茶时间长些。头窨比二窨长些，三窨比二窨短些。在窨时间逐窨缩短，可减少水分不必要增加而保持产品香气的鲜浓度。

在窨时间过长，会使茶坯劣变，同时也影响生产效率；时间过短，花香不能充分吸附，很不经济。在茶坯与鲜花拼和后，温度逐渐上升，达到通花温度时，就开始平稳保持一定时间，以后温度就逐渐下降。如果温度再复上升，表明产品将要变质，就必须起花。

在茶坯与鲜花拼和后，需要一段静置时间，以便于鲜花扩散花香为茶坯所吸附。在这段时间里，由于茶与花的自热作用而使堆内温度上升。一定范围内，这种温度的上升，有利于花香的扩散，是窨花过程中所需要的。超过一定限度，就会影响花茶的质量。茶坯水分增加，叶温上升，有引起劣变的可能，因此就需要通花，消除堆内过高的热气，防止温度上升，影响花茶质量。

窨后何时通花，根据茶坯温度上升快缓而定，温度上升到达限度快，通花时间提早，反之，通花时间推迟。通花时间又依季节不同而异，春末、秋末气温低可稍延长，夏伏气温高须稍缩短。

茶坯与鲜花拼和后，经过一段时间，花香已大部分为茶坯吸附，鲜花呈萎缩状态，这时如果继续留在茶内，由于鲜花的变质，就会影响产品的劣变，因此，必须及时起花，防止花渣引起不良作用。但有的花渣留在茶内没有不良影响，如珠兰等，就可不必起花，直接上烘。

起花要及时，到了时间就立刻起花。如福州茶厂茉莉花茶头窨一、二级 $10\sim12\,h$ 起花；三、四、五级 $10\sim13\,h$ 起花；二窨一、二级 $9\sim11\,h$ 起花。柚花头窨通花后 $5\,h$ 起花；二窨通花后 $4\sim5\,h$ 起花；提花 $12\,h$ 后起花。白兰 $48\,h$ 后起花。起花时间应尽量缩短，一般不超过 $2\,h$。起花必须掌握多次窨先起，少次窨后起；高级茶先起，低级茶后起；提花先起，顺序起花的原则，以保证产品质量和生产程序按计划进行。

8.5　窨花工艺

8.5.1　茶花拌和

茉莉花经过处理，达到生理成熟期，开放率和开放度符合技术标准，即应及时将处理好的茶坯与鲜花按规定配比进行拌和。茉莉花开放才吐香，如果未开放或开放度未达到一定要求，即与茶叶拌和，由于鲜花混在茶叶堆里受压、水分被吸收以及供氧不足等的影响，花蕾不能正常开放,也就未能释放出应有的香气。反之,若开放过度,则香气散失。所以,茶花拌和要等到茉莉花开放吐香达到工艺要求的最佳程度时才宜进行。

茶花拌和时,窨制量少者,目前仍以手工操作为主,较大规模的茶厂,则采用机器拌和。

手工拌和操作,先把茶坯总量的1/3~1/5,平摊于干净的板面上,厚度为10~15 cm,然后根据茶、花配比,将定量的符合付窨标准的茉莉花,同样分出1/3~1/5。均匀地撒铺在茶坯面上。这样一层茶、一层花相间3~5层,再用铁耙从横断面由上至下扒开拌和。茶坯与鲜花拌和均匀后,围囤成长方形或圆形的堆垛,堆的厚度25~35 cm,依窨次和气温而不同。一般头窨或气温低宜厚,否则薄些,并以小堆为宜。如果是高级茶而量少,可用手工把茶花拌均匀,贮放在茶箱里,厚度20~25 cm,不超过30 cm。

茶花拌和一般要掌握三个技术环节,一是恰当的茶、花配比;二是拌和的均匀度;三是拌和的速度。

1. 茶、花配比

茶、花配比指每100 kg的茶坯,配用的茉莉花总量及其分窨次的用量(均以净花计量,小号花按60%折算净花量)以及调香(打底)的用花量(如白兰花、柚子花——限用于中、低级茶)。

现行工艺中,由于各地鲜花供应量、生产设备、技术措施以及花茶产品质量标准要求不同,各级茉莉花茶的总用花量及其分窨次配花量,以及调香(打底)用花量等,各厂不大一致。但掌握的基本规律是相同的,即高级茶多用花,用好花,中、低级少用花;多窨次花茶头窨配花量较多,以后逐窨减少。又由于茉莉花的品质受季节和气温影响很大,配花量可以根据季节和鲜花质量进行调节。春花(或称"霉花")和秋花末期以及遇到气温低而茉莉花品质较差时,要多用花,一般在小暑前和秋分后的茉莉花配花量比伏花多5%~10%。

各级烘青茶坯配花量标准,各茶厂有所不同,1967年在苏州召开的全国花茶会议的讨论结果规定可供参考。见表8-4。

表8-4　各级茉莉烘青每100 kg茶坯配花量

单位:kg

级别	窨花次数	配花量					
		合计	一次	二次	三次	四次	提花
特	四窨一提	111	36	30	22	15	8
一	三窨一提	95	36	30	22		7
二	二窨一提	70	36	26	/		8
三	一窨一提	42	34	/			8
四	30%压70%窨,全提	30(40)	22(40)	/	/		8
五	半压半窨全提	25(40)	17(40)	/			8
六	半压半窨全提	20(40)	17(40)	/			8

附注:括号内系压花渣数量。

从表8-4配花量来看,各级总配花量差距无一定规律,特级与一级之差为16 kg,一级与二级之差为25 kg,二级与三级之差为28 kg,三级与四级之差为12 kg,四级与五级、五级与六级之差均为5 kg。为配合茶坯有统一的级型规格标准和明显的级距,各级茉莉花茶的香气也应该有统一的分级香气标准及级距,可考虑如下讨论意见:每100 kg茶坯,各级总用花量以三级为中心,总用花量为50 kg,三级以上每级递增20 kg,即二级为70 kg,一级为90 kg,特级为110 kg。三级至五级每级递减10 kg,即四级40 kg,五级30 kg,五级以下每级递减5 kg,即六级25 kg。四级以下在窨正花前采取压花渣40~50 kg,以去除粗老涩味,改善低级茶坯素质,并吸收其余香,以利提高品质。

提花用的茉莉花必须选取晴天采收的质量最好的大号(一号)花,以提高产品香气的鲜灵度。

凡是每100 kg茶坯中总用花量在50 kg以上的中、高级茉莉花茶的窨制,都要分次窨花,总窨次的配花量,应该逐渐减少,以利于茶叶的吸香、聚香和提高鲜花的利用率。头窨配花量要用足,使头窨能"窨倒"。所谓窨倒就是茶坯已充分吸收茉莉花的香气和水分,茶坯含水量增加到16%以上,茶坯已变绵软,鲜花已萎蔫呈鸡皮皱状态,这对于产品花香浓度影响很大。

已窨过并经起花筛取出来的茉莉花渣,仍有余香,可用于再窨中低级茶称为"压花"。"全压"即茶坯全数经过压花;"半压"或部分压花,即按茶坯总量的30%、50%、70%压花。

凡是窨次中配花量在15 kg以下时,以采取部分窨花措施为宜。即以50%~80%的茶坯窨花后匀堆。

"调香"亦称打底,中低级茉莉花茶的窨制,除使用茉莉花外,可用少量的白兰花或柚花,以起调香作用,这样可节约茉莉花用量又可提高茉莉花茶香气的鲜浓度。但用量不宜过多,以免成品透露白兰花香气(俗称"透兰")。一般每100 kg,中低级茶坯用白兰鲜花1 kg左右。用头窨时为0.7 kg左右,用于提花为0.3 kg左右。凡打底的起花时要把白兰花干全部筛出来,不可在茉莉花茶中残留有白兰花干,否则影响外观或露出白兰花香味,也就影响了茉莉花茶的清纯香味。

2. 拌和的均匀度

茶花拌和的均匀度对成品茶的质量关系很大。手工操作通常先一层茶,一层花,做到均匀平摊,然后,在开堆(耙开)时再交叉翻拌使之均匀。翻拌要轻快,不可过度,以免使茶坯损碎和鲜花受损伤而影响产品质量。如采用机器拌和,操作上首先要调节好输送茶、花原料的输送带速度,并要掌握茶、花进斗的流量均匀,还要注意经常把流到边角的香花随时清理到输送带上,力求茶、花按比例拌和均匀。

3. 拌和速度

拌和速度是指在茉莉花开放率和开放度达到技术标准时,必须在30~60 min之内,完成拌和作业。这样,可避免茉莉花香精油的大量挥发散失。特别是在茉莉花旺产期"大水花"的高峰期,更要计划和调度好按当晚茉莉花总量付窨茶坯的批级、窨次和配花量,分组组织好劳力,迅速完成拌和。茉莉花生产高峰期,窨制设备明显不足,有条件的可采取低温储存鲜花的方法,以延迟开放时间,这对缓解窨花设备压力,有一定效果。

8.5.2 静置窨花

茶花拌和后进入静置窨花。凡静置于箱内的,工艺上称为"箱窨",静置于板面上围成堆垛称为"囤窨"或"堆窨",静置于机内称为"机窨"。

"箱窨"适于窨花量少或某些特种花茶,多系手工操作。每箱窨茶量5~10 kg,厚度

20~25 cm,箱平放排列或交叉叠放,以利空气流通。

"囤窨"适于大批量生产,多为半机械或机械化操作。用篾帘围成圆囤,直径150~200 cm,高35~40 cm,每囤窨茶量200~300 kg。或在板面上堆成长方形,宽1~1.2 m,堆的长度根据茶量,每堆窨茶量500~1 000 kg,厚25~35 cm,厚度一般掌握头窨较厚,二、三窨宜薄些,气温低时宜厚些。堆中间放置一通气圆筒。

"机窨"适于大批量窨花机械化、连续化生产。例如福州茶厂的斗式立体窨花机和花茶窨制联合机,拌和后的茶、花混合物前者通过行车输送到机内各层窨花斗,后者送入百叶板平面窨花层静置窨花。不论采用哪一种方式,在窨品的茶堆厚度均以掌握低限标准为佳,不宜超过高限标准。此外,在窨品的堆面都要以本批级的茶坯薄薄地散布一层,厚度约为1 cm,达到鲜花不外露,以减少花香散失。这一操作技术,称为"盖面"。

静置窨花全过程历时10~12 h,中间经过通花后,复以静置状态继续窨花。

采下的达到工艺成熟的茉莉花蕾在气温35~38 ℃时,开放得早,开放率高,开放匀齐,花朵洁白,香气浓烈。在此温度范围内,单瓣茉莉花一般在傍晚6:00开放,双瓣茉莉花一般在晚上8:00开放,气温低于30 ℃时,一般要推迟1~2 h开放。在自然条件和正常气温下,茉莉花吐香的持续时间一般可达24 h。鲜花与茶叶拌和后,由于鲜花芳香物质和水分被干燥的茶叶所吸收而减少,以及鲜花在茶堆内受压,正常呼吸作用受到一定阻碍等原因,鲜花生机缩短,吐香持续时间一般缩短1/2左右。所以,静置窨花历时一般以10~12 h为宜。如果历时太短,则花香未被茶叶充分吸收,相反,历时过长,则花朵变质,影响成茶的质量。茉莉花从开始吐香以后的5 h内为吐香的旺盛期。在一般情况下,花朵的呼吸强度越强,干物质损失愈多,芳香油的挥发也愈烈,所以从干物质的损失量可以间接测知吐香状况。茉莉花干物质的损失,在吐香前是极微的,平均每小时减少0.1%~0.5%,吐香旺盛时平均每小时损失干物质1%~2%,也就是增加到4~10倍左右。10 h共损失15%左右,经过24 h一般损失20%左右。当鲜花已开放吐香逐渐趋向旺盛时,如果不及时与茶叶拌和窨制,则香气将逸散损失。所以,掌握好茉莉花的开放度,适时地进行茶花拌和、静置,让茶坯充分吸收花香是极其重要的技术关键。

8.5.3 通花

在静置窨花过程中,一方面香花挥发的芳香物质及其蒸发的水蒸气,被干燥的茶坯所吸收,同时放出热能;另一方面鲜花继续进行呼吸作用,不断吸入氧气,放出二氧化碳和热能。茶坯由于热量的积聚,茶坯温度逐渐上升。其上升的速度和幅度随着配花量的多少、茶坯窨前温度和气温的高低,在窨品堆积厚度和通气状况以及在窨历时等情况而不同。在一定范围内,这种温度的上升有利于促进茉莉花的呼吸和吐香,也有利于芳香油的扩散。但是,如果温度上升超过了一定限度,就会损坏鲜花生机而影响其正常的呼吸和吐香,甚至导致鲜花变质产生异味。窨花过程中如果氧气缺乏也会导致正常的呼吸转变为缺氧呼吸,产生不良气味,给产品质量造成不良影响。现行花茶窨制工艺,在窨品茶堆厚度较高,因此,经过一定的在窨时间(窨后5 h),在窨品堆温升高到一定限度时(通常为48 ℃左右),必须加以翻动摊开,工艺上称为"通花"。通花散热0.5~1 h,温度下降至36~38 ℃时,就要收堆续窨。

"通花"的作用,一是散发在窨品的过多热量,使堆温适当下降。二是使其透换新鲜空气,以驱除堆内积聚的二氧化碳,供给氧气。其目的是维护鲜花生机,使其保持正常呼吸作用,持续吐香和防止在窨品产生闷浊异味,并控制茶叶中各种化合物在水热条件下的化学反应。三是起着茶花再拌和的作用,使茶坯与香花接触吸香的机会均匀,以利茶坯充分吸香。

按现行规程,茉莉花茶各窨次在窨品温度的上升,在静置窨花的头5个小时内,一般头窨平均每小时上升3℃左右,二窨上升2.5℃左右。三、四窨上升1.8℃左右。各窨次都以窨后的头3个小时上升较快,这时鲜花的呼吸强度最大,吐香也最旺盛。第4,5个小时后温度上升较缓慢。温度上升到一定程度后基本稳定下来。

通花时间的决定有两种方法,一种是根据温度来决定,比较常用,但由于在窨品各部位温度常有不一致的现象,影响掌握上的准确性;另一种方法可根据在窨历时来掌握在窨品的温度变化,并决定通花时间。这是由于在同样的技术措施,同样的窨次,配花量、茶堆厚度、茶温、气温及同样设备等条件下,在窨品的温度上升与在窨历时呈正相关之故。后一种方法较便于机械化窨花的掌握,但是必须控制窨花的环境和有关技术条件。两种方法各有优缺点,应结合掌握以适应机械化生产。目前在生产实践上,夏季伏花季节气温高,通花时间的掌握多以堆温为主要指标,结合鲜花萎蔫状态和在窨历时来决定。春花早期和秋花后期气温低时,则以花朵萎蔫状态为主,结合在窨历时和堆温来掌握。

通花操作:手工通花通常使用铁齿耙把在窨品茶堆纵横交叉耙开,使在窨品全部翻动疏松,经30～60 min的摊凉,在窨品温度降低到37℃左右时,用花铲等工具再将其收拢,厚度比"通花"前低5～10 cm,叫作"收堆"。收堆后在窨品继续静置窨花。

机械通花系开动机器转动窨花层,藉窨花层百叶板和输送设备的传动,使在窨品翻转松散,反复1～2次后再回到窨花层或窨花斗内静置续窨。

茉莉花茶各窨次拌和静置至通花前历时及通花时坯温参照表8-5。

表8-5 茉莉花茶窨制通花时间及温度

窨次	从拌和静置到通花历时(h)	通花在窨品温度(℃)
头窨	5～5.5	48～50
二窨	4.5～5	44～46
三窨	4～4.5	42～44
四窨	4～4.5	40～42

通花时间及温度适用于双瓣茉莉花品种,如果是单瓣茉莉花其通花时间比双瓣花略早些,通花的温度亦应低2～3℃为宜。

通花摊凉历时及收堆温度见表8-6。

表8-6 茉莉花茶各窨次通花摊凉时间及收堆温度

窨次	摊凉历时(min)	收堆温度(℃)	通花前后温差(℃)
头窨	40～60	36～38	12～14
二窨	30～40	34～36	10～12
三窨	20～30	32～34	10～12
四窨	20～30	30～32	10～12

表 8-6 指标适用于手工囤窨过程的操作。使用窨花联合机时,通花摊凉时间可以缩短。据宁德茶厂试验,如果控制在窨品温度不超过 40 ℃,并有良好的通气供氧条件可以不通花。

在有多种窨堆的情况下,通花时要掌握:高级茶先通,中、低级茶后通;多窨次的先通,少窨次的后通,先窨的先通,后窨的后通;单瓣茉莉花窨的先通,双瓣茉莉花窨的后通。

8.5.4 起花

起花,亦称出花,是将已窨过茶的花渣筛出,使茶花由混合到分离。茶花拌和后经过静置、通花和续窨,茉莉花的呼吸作用减弱,生机衰退,芳香物质已大部分被茶叶所吸收,花形呈"鸡皮皱"的萎缩状态,茶坯则显水湿软绵,此时,必须迅速筛出花渣,防止因花渣酵化,损害茶叶质量。通常用起花机分离湿坯与花渣,湿坯应随即摊凉迅速烘焙,不可闷堆。提花因静置窨香时间短,起花时花色鲜白,尚有余香,可及时供"压花",或烘成花干。

起花操作要注意以下技术要点:

1. 适时

起花是否适时,是关系到窨后产品香气是否鲜浓和质量高低的主要因素之一。如果头窨起花太早,茶坯还没有充分吸收花香或吸在表面而尚未及里,表现窨后品香气虽鲜但浮而不浓,不符合头窨"窨倒"的要求。如果起花太迟,则鲜花已萎缩到失去生机,并在水热条件下开始发生磺味,熟烂变质,使茶坯已吸收的香气也受到损害,产生闷浊磺味。

茉莉花茶窨花过程,同批级同窨次的茶坯,在配花量、气温等条件相同的情况下,各窨次的在窨历时对窨制品的温度、湿度、花渣状态等,都有直接的影响。而这几种技术因素又影响着半成品的香气质量,所以可以参考在窨历时,来掌握各窨次的起花时间。不同等级的茶坯及其不同的窨次,在窨历时和起花时间也应有差别(见表 8-7)。各窨次可按正常在窨历时,参照在窨品温度,湿坯软绵状态,以及花渣的萎缩状态等(见表 8-8),掌握好适时起花。

表 8-7 茉莉花茶窨制各级各窨次在窨历时 单位:h

级别	头窨	二窨	三窨	四窨	提花
特级	11～12	10～11	9～10	9～10	6～8
一级	11～12	10～11	9～10		6～8
二级	11～12	10～11			6～8
三级	12～13	11～12			6～8
四级	12～13				6～8
五级	12～13				6～8
六级	12～13				6～8

表 8-8　茉莉花窨制起花时湿坯含水率及茶、花状态

窨次	湿坯含水率(%)	湿坯状态	湿坯香气	花渣状态
头窨	16~17	软绵,手握基本成团,松手稍散	香尚浓	呈鸡皮皱萎缩,稍白略有微香
二窨	13~15	较软绵,手握基本不成团,松手略散	香较浓尚鲜	呈鸡皮皱萎缩,尚白、尚有微香
三窨	11~12	尚软,手握不成团,松手尚散	香浓较鲜	呈鸡皮皱萎缩,较白有微香
提花	8~8.5	尚干燥,手握感刺	香浓鲜灵	较鲜白尚香

注:(1)提花在窨历时根据提花前水分实况与提花后水分要求掌握。

(2)各窨次在窨历时参照花渣状态、茶叶吸香吸湿程度而掌握,注意头窨要求窨倒。

茉莉花茶各窨次在窨过程在窨品温度变化情况如图 8-1 所示。

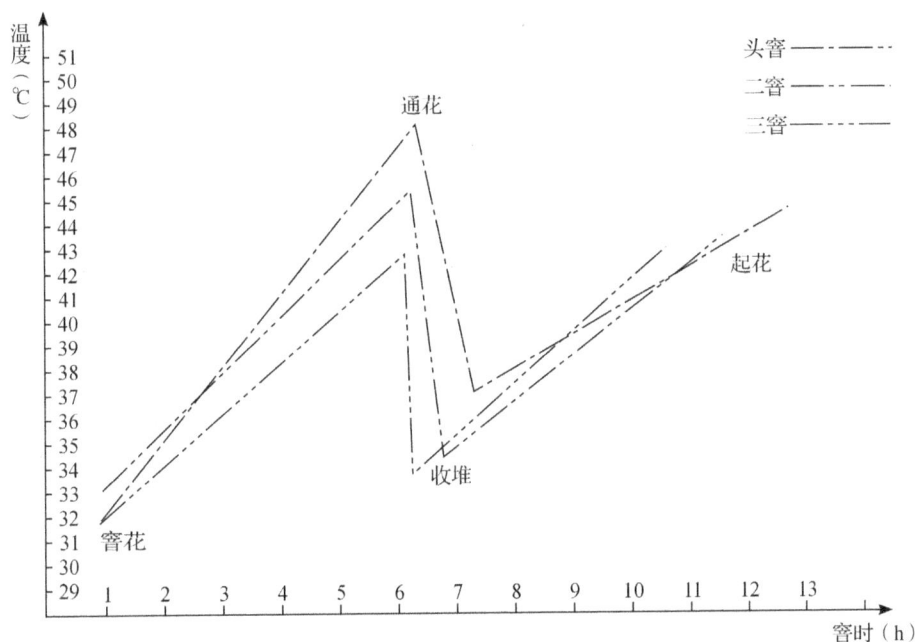

图 8-1　茉莉花茶在窨过程在窨品温度变化情况

2. 快速

现行工艺起花时间除了"提花"的起花之外,各窨次的起花一般都在上午 7:30~10:30 进行。要求在 3 h 内全部起完,最迟不得过中午,如果因为茉莉花高峰期产量多,起花设备生产能力不相适应,则要求先将在窨品摊松以散发热气,避免因起花不及时而影响质量。

3. 起净

起花要求起净,就是要求湿坯不带花和花渣无夹茶。要做到这两点,起花机必须均衡操作,筛网必须合理组合,并随时注意保持在窨品的均匀通过量,如果上茶量忽多忽少,筛面通过量太多或太少,都会影响湿坯净度或导致花渣夹茶。

起花时要先清扫工场及起花机具设备,以免夹杂物带进湿坯中,每批在窨品起花完毕后,也要清扫工场和机具设备,以免花渣或不同批的茶坯混入下批的花坯(带花的茶坯)中影

响质量。

经过起花的湿坯应随即陆续输送到干燥机房进行烘焙,上等的花渣供压花或输送到干燥机房烘成花干,一般花渣则废弃或供低级茶坯压花。

压花时间一般在上午 10:00—11:00 之间进行,并尽可能把起花后的花渣,稍经摊凉后及时用于压花,花渣与茶坯拌和后堆高 40~60 cm,静置 3~4 h 不超 5 h 即行起花,操作同上。

8.5.5 烘焙

烘焙作业对茉莉花茶的品质影响很大,它不单纯是烘干水分,而且还促进花茶的物理化学变化,是茉莉花茶窨制工艺的重要环节。

茶坯在静置窨花过程中,在吸收鲜花芳香物质的同时吸收了鲜花水分,其含水量不断地发生变化而且有一定的规律。茶、花拌和后静置窨花至通花这一阶段,茶坯吸收水分比通花后收堆续窨至起花这一阶段来得快些。据测定在一般情况下,前一阶段平均每小时水分增加 0.8%~1.5%,后一阶段平均每小时增加 0.3%~0.5%,全过程平均每小时增加0.6%~1.2%。在一定的配花量情况下,静置窨花过程中,从茶坯水分增长的情况可以基本判断本次的窨花程度是"窨倒"、窨得适当、还是窨得不够。

各窨次中"通花"时和"起花"时,湿坯的水分是随着窨次的增加和配花量的减少,而逐窨次减少,香气是随着窨次的增加而逐窨提高。各窨次茶叶含水率变化情况见图 8-2。

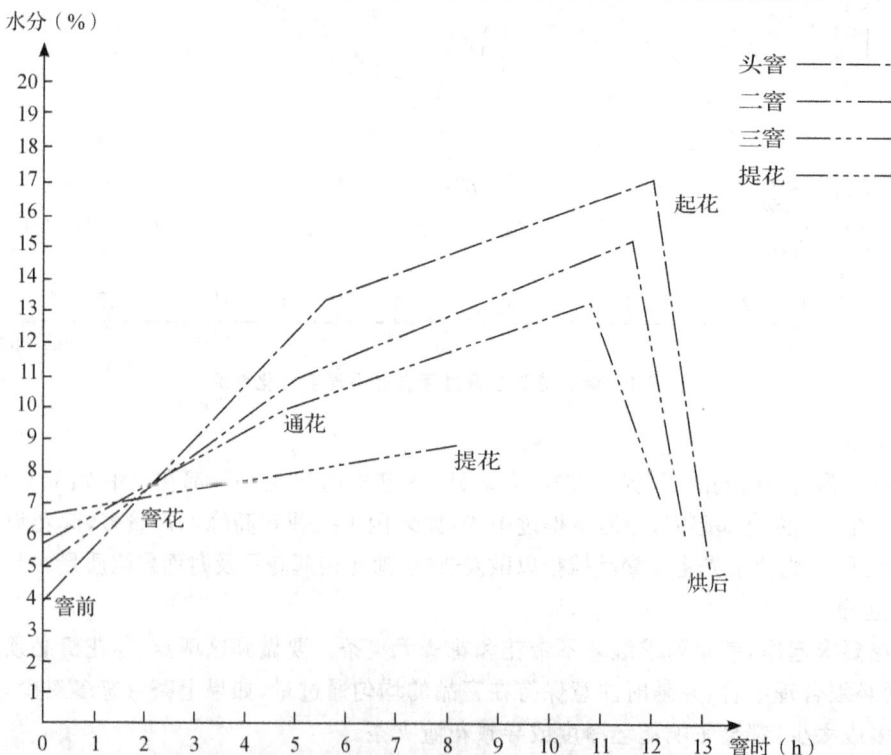

图 8-2 茉莉花茶窨花过程各窨次茶叶水分的变化

花茶窨后湿坯含水率的计算。

水分,是花茶窨制过程中影响品质的关键因子之一。它包括窨前茶坯含水率,在窨过程中在窨品水分的增长,以及湿坯烘后水分的控制等。为使烘后茶叶含水率符合工艺要求,必须采取相适宜的烘焙技术措施。这首先要预知待烘湿坯的含水率;求知湿坯的含水率的方法有三种。其一是仪器检验测定水分,如电烘箱检验茶叶水分,这是最可靠而准确的手段,但是,必须具备仪器设备,而且检验水分一般要花 30~60 min 的时间,这与要求窨后湿坯及时烘焙有矛盾;其二是以手捏茶的感触方法来判定,这种方法必须技术熟练,而且准确性较差,其三是采用公式计算,它既快速,又可避免取样的误差。

茉莉花茶窨后湿坯含水率的增长与配花量和在窨历时在一定范围内呈正相关,与茶坯窨前含水量呈负相关,作者参照这些关系,针对现行生产工艺实际,分析研究出不同相关因子的常数,提出如下简易的计算公式:

$$W = W_1 + Fk \times \frac{1}{100} = W_1 + W_2$$

$$F = \frac{W - W_1}{k} \times 100$$

式中,W=茶坯窨花后湿坯含水率(%);

W_1=茶坯窨花前含水率(%);

W_2=茶坯窨花后比窨花前含水率增长值(%),即:$W_2 = W - W_1$;

F=配花量(kg),即每 100 kg 茶坯,本窨次的用花;

k=常数,即参考茶坯窨前含水率和在窨历时,根据实践数据分析求得常数,可直接查 k 值表求得(见表 8-9)。

表 8-9　茉莉花茶窨制水分增长 k 值计算

档别	窨前茶坯水分(%)(W_1)	在窨历时(h)	k 值(%)
1	3.5~3.7	12~13	37
2	3.8~4.0	12~13	36
3	4.1~4.3	12~13	35
4	4.4~4.6	12~13	34
5	4.7~4.9	12~13	33
6	5.0~5.2	11~12	32
7	5.3~5.5	11~12	31
8	5.6~5.8	11~12	30
9	5.9~6.1	10~11	29
10	6.2~6.4	10~11	28
11	6.5~6.7	10~11,6~8	27、26
12	6.8~7.0	6~8	25
13	7.1~7.3	6~8	24
14	7.4~7.6	6~8	23

应用本公式可以求出提花配花量,例如:提花前含水率 7.0%,要求提花后成品水分达 8.5%,在窨历时 8 h,求配花量:

$$F = \frac{W - W_1}{k} \times 100$$

代入

$$F = \frac{8.5\% - 7.0\%}{k} \times 100$$

查 k 值表，$W_1 = 7.0\%$，在窨历 8 h，其 k 值，在第 12 档即 25%。

$$F = \frac{1.5\%}{25\%} \times 100 = 6(kg)，即提花用花量。$$

由于窨后茶叶含水量增加，必须进行烘焙，使茶叶具有一定干度，以利于在窨品转窨或成品保质，同时促进茶香和花香的更好结合。但是烘焙时，随着湿坯水分的蒸发，一部分芳香物质也会通过解吸作用而逸失。为了尽量减少香气的损失，应控制茶叶烘后含水量比窨前略高 0.5%～1.0%。烘焙工艺要掌握适宜的温度、摊叶厚度、在烘历时和通凉降温等技术因子。

1. 烘焙温度

茉莉花茶不宜高温烘焙，温度过高则香气损失多，导致品质下降。适当的温度结合薄摊，有利于提高香气鲜灵度。温度的掌握根据不同等级、不同窨次、窨后湿坯含水率和烘后含水率要求以及烘干目的等而不同。

表 8-10　各级茉莉花茶各窨次烘焙温度控制(℃)

等级	头窨	二窨	三窨	四窨
特级	115～120	110～115	100～105	烘提 90～95 烘装 80～85
一级	115～120	110～115	烘提 90～95 烘装 80～85	
二级	110～115	烘提 105～105 烘装 85～90		
三级	110～115	烘提 105～105 烘装 85～90		
四级	烘提 110～115 烘装 105～110			
五级	烘提 105～110 烘装 100～105			

2. 摊叶厚度

掌握了适当的摊叶厚度烘焙温度，还必须掌握适当的摊叶厚度，一般控制在 2 cm 左右。在同样温度下，湿坯水分大的，摊叶要薄些。湿坯水分少的，摊叶可稍厚些。

3. 在烘历时

从茶叶进机到出机历时一般掌握 8～10 min，通常要求快速烘焙。

4. 通凉降温

湿茶通过烘焙，从机口流出来的茶叶温度很高，水分仍在继续蒸发，通凉降温作业，在于迅速降低温度,避免因水热作用,导致香味失鲜,产生浑浊气味,影响产品质量。通凉降温的方法,通常采取从机口流出来的茶叶,自由散落在输送设备上,通过输送散落和多次翻转,使茶叶温度逐渐下降。但通凉时暴露的时间不宜过长,以免烘后茶的回潮。

烘焙总的掌握原则:头窨或湿坯含水率大的,机温可较高;二、三窨或湿坯含水率小的,机温则宜较低;"烘转"(即烘后供转窨的)机温宜较高于"烘提"(即烘后供提花的),而"烘提"机温宜稍高于"烘装"(即烘后成品装箱的)。"烘提"的烘后含水率要求比"烘装"的含水率略高,一般为 6.5%~7.0%,"烘装"的烘后成品含水率要掌握出厂水分标准,即现行规定茉莉花茶含水率 8%~8.5%。

为了判断香气质量和含水率是否符合不同烘焙目的和要求,在烘过程必须经常从机口检取茶叶样品,检视其香味质量及含水量,以判断烘焙程度,这对烘焙工艺来说是极重要的技术措施。

经过烘焙并通凉降温的茶叶,根据不同的目的要求,分别"烘转"、"烘提"和"烘装",以及分等级、分窨次、分批别分别输送到防潮条件好的储茶仓、储茶斗或装箱,以待转入下一工序。

8.5.6 提花

茉莉花茶窨花过程中,每一窨次经烘焙后,茶叶所吸收的花香部分随着水分的蒸发而逸失,部分保留在茶叶中,使成品既具茶香又有花香。但是,经过烘焙的茶叶,花香鲜灵不足。为了弥补这一缺点,工艺上采取在最后一窨次以少量优质的茉莉鲜花与茶叶拌和后静置6~8 h,不经通花,起花后不再经过烘焙,即行匀堆成箱。这一作业叫作提花。准备提花的茶叶水分含量通常在 6.5%~7.0%。因此,提花后的水分含量增长幅度,必须控制在1%~1.5%,以保证成品茶的水分含量符合技术标准。

8.5.7 匀堆装箱

匀堆装箱是茉莉花茶窨制过程最后一道工序。匀堆装箱前,先拼配小样,经过水分、粉末等检验和品质鉴定符合产品规格标准时,才可按比例进行匀堆装箱。同时检取大堆成品样品进行理化检验和品质鉴定。

匀堆作业有的较简单,有的较复杂。因为,批唛数量有大有小,既有单批堆的,又有多批堆的匀堆。如有的单纯是提花或烘装,有的则既有提花又有烘装,要混合匀堆等等;但自始至终匀堆都要均匀。多批堆的首先要按照各批堆数量,计算好比例,调节好匀堆装箱机各进茶口的进茶比例,按比例控制其流量,使匀堆均匀。

现行生产所用的匀堆装箱机,在匀堆装箱前,应该先开空机运转 15 min 左右,清洁机身、储茶斗、输送设备和机具等,以避免非茶类夹杂物或非本批级的茶叶混入,并要在装箱机的出茶口处装置除杂筛网及磁铁栅,防止非茶类夹杂物包括铁类等杂物混入茶叶,同时,装箱前的空茶箱要逐个检验并认真清除箱内可能有的任何杂物、灰尘,确保箱内无灰尘、无杂物、无异味的完全清洁的卫生条件。

8.6 茉莉花茶连窨技术

茉莉花茶连窨技术是我国茶业科技工作者继茉莉花茶香气及茶叶吸香特性研究后,在窨制工艺上取得的重大发展,它打破茶坯愈干吸香愈强的传统观念,当茶坯含水率在10%条件下,连续两次窨制,中间不必复火干燥。这种新技术,茶坯着香效果好,具有耗能低、用花省、生产周期短、花工少、劳动强度低等优点。其工艺流程为:

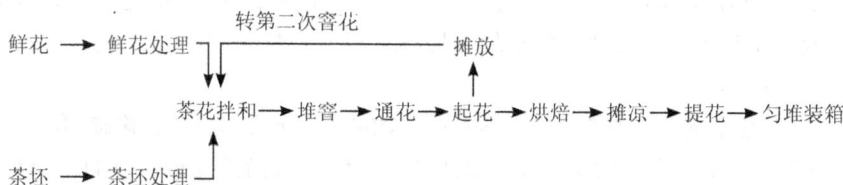

```
                            转第二次窨化
鲜花 ──→ 鲜花处理 ──────────┐        ┌──→ 摊放
                            ↓        │
                  茶花拌和──→堆窨──→通花──→起花──→烘焙──→摊凉──→提花──→匀堆装箱
                            ↑
茶坯 ──→ 茶坯处理 ──────────┘
```

8.6.1 连窨技术着香机理

分析连窨技术着香机理,除茶坯的表面物理吸附以外,还可归纳为以下几点:其一,连窨技术有利于维护茉莉鲜花生机,延长吐香时间。传统工艺中当茶花拌和时,干燥的茶坯吸水力极强,与含水率高,并正处于吐香高峰的茉莉鲜花接触,便迅速从鲜花中吸取水分,花瓣因失水而逐渐凋萎。此时,窨堆中鲜花的呼吸热不断产生和积累,堆温迅速上升,从而对鲜花生机造成破坏,影响了吐香能力。而连窨技术则是在茶坯含水率10%～15%的条件下进行,茶花拌和后,从鲜花中吸取的水分相对较少,速度也较慢,这有利于维护鲜花的生机和吐香气能力,茶坯在香气浓度高的条件下着香,吸香时间长。其二,根据渗透理论,当气体或液体的梯度存在时,气体或液体就能以梯度作动力,进行渗透扩散。窨花时茉莉鲜花含水率在80%以上,适逢开放吐香高峰,形成较大的水分梯度和香气浓度,而且其含水率在80%以上,这种鲜花与茶坯在香气、水分上形成梯度,从而使香气、水分由鲜花向茶坯扩散转移。这时香气分子与水蒸气分子以氢键结合,或呈络合状态,以水作载体,逐步向茶坯的内层渗透扩散,进入吸水膨胀的茶条内部间隙和组织内部,为内表面和内含物质的吸香提供机会。其三,连窨有利于茶坯内含物质对香气的吸附。连窨是在茶坯有一定的含水量的条件下进行,水分作为介质,其含量的提高,使一些内含物质处于潮解状态,为化学吸附创造了条件。据骆少君等对夫除茶浸出物样的着香研究,认为去水浸出样和去水、去醚浸出样,在窨花后无茉莉花茶的香气特征。因此,茶叶中水浸物不仅对茶叶吸香气有一定的作用,可能还具一定的选择吸香特性,是否与水溶性的具体苯环的酚类化合物有关,有待进一步研究证实。

8.6.2 连窨工艺的技术要点

1. 适用范围与技术措施

连窨工艺适用于三级以上,中、高档茶坯的窨制。

特级茶坯窨前含水率在7.0%以下时,利用提花花渣先行压花,使其水分增至10.0%左右,为连窨创造适宜的水分条件,并可充分利用花渣的余香。压花后,窨品不复火,直接转入连续两次窨制。

一、二级花坯只要品质正常,窨前可不必复火,在含水率7.0%~10.0%的条件下,连续两次窨制。对于窨前需要复火的一、二级茶坯,复火后,可采用摊凉、增湿或压花(质量好的花渣)等措施,将茶坯水分控制在10.0%左右,再转入连窨。

三级茶坯通常较粗涩,欠醇。为改善品质,窨前必须复火。复火后,茶坯含水率大都在5.0%左右,这时以连窨花渣压花,待含水率升至10.0%时,再付窨对提高品质有利。

高档名优茉莉花茶,也可采用连窨技术,但应采取分段连窨的技术。如"四窨一提"的名优茉莉花茶,可分两段连窨,中间烘焙一次;"六窨一提",分三段连窨,中间烘焙两次,同样可取得明显效果。

2. 花量分配

连窨技术有利于维护茉莉鲜花生机,延长吐香时间,提高鲜花利用率,因而比传统工艺减少配花量20%以上。各窨次的花量分配,采用先少后多的分配方法(表8-11)。

表8-11 连窨工艺与配花量参数表(kg/100 kg茶坯)

级别	工艺	配花量				合计	备注
		压花	头窨	连二窨	提花		
特级	压花连二窨一提	(30)	27	38	6	75	( )内为提花流量,按13%计鲜花量。
一级	连二窨一提	—	22	35	6	63	
二级	连二窨一提		20	25	6	51	
三级	压花连窨一提	(40)	28	—	6	36	( )内为连窨花流量,按10%计鲜花量。

连窨配花量由少到多,是依据工艺特点制定的。茶坯先行压花,以调节茶坯水分为主,利用香为辅。压花时窨品的含水率应严格控制在10%左右。头窨配花量不宜过多,窨后湿坯含水率也须控制在12%~14%,不得超过15%。否则湿坯水分太高,再经连二窨,易使窨品条索松散、色泽黄暗、产生水闷味等,对品质不利。因此,连二窨结束,湿坯含水率也应控制在18%~19%,最高不得超过20%。否则,除有以上不良后果外,还易造成烘焙困难,香气损失增加。因此,掌握好配花量至关重要。

3. 堆窨厚度及窨制时间

连窨时,窨堆厚度以25 cm为好,以不超过30 cm为宜。如堆积过厚,堆温迅速上升,鲜花丧失生机速度加快,并且迅速黄萎变质,影响花茶品质。因此,连窨必须采取薄堆、低温窨花措施,以延长鲜花生机。在不超过水分指标的前提下,可适当延长堆窨历时。堆窨时应控制堆温不超过40 ℃为宜,当堆温达42 ℃时,应及时通花散热,以确保鲜花生机,避免对花茶品质产生不良影响。

此外,窨后的摊凉不容忽视,从头窨结束到连二窨开始,这段时间长达10 h以上,湿坯处理不当,不仅使花茶品质下降,甚至有劣变危险。摊放环境要求宽敞、清洁、卫生、阴凉而不潮湿,摊放厚度在15 cm以下,并进行适当翻动,避免堆温升高影响品质。

4. 复火干燥技术

连窨结束,湿坯含水率高达19%左右,比传统工艺高3%~4%,因此必须迅速干燥,烘焙掌握高温、薄摊、短时的原则,这是减少香气损失的有效措施。一般烘温控制在110~120 ℃,摊叶厚度也应较传统工艺薄。

连窨过程,尤其二窨结束后,窨品含水量高,湿热作用剧烈,内含物质转化会加速,不同程度地影响花茶外形和内质。因此,对未能及时干燥的湿坯,要妥善管理,以防品质变劣。

5. 提花

采用连窨技术制花茶,仍需提花,以提高花茶的鲜灵度。连窨复火后窨品的含水率在7.2%左右,较传统工艺略高,所以提花的配花量、时间要严格掌握。

长期以来,茉莉花茶的窨制以手工或半手工操作为主。劳动强度大,生产效率低,制约了花茶的发展。20 世纪 70 年代以来,我国花茶窨制机械化程度有了很大的提高。首先福州茶厂创制了木制斗式窨花机,随后又研制了 75 型和 76 型花茶联合窨制机。76 型花茶联合窨制机由主机、筛(起)花机、茶花拼和机、传动输送装置、控制系统及贮茶斗等组成。摊花、筛花、拌和、窨花、通花、起花等工序一机完成,并采用电子皮带秤,用随支调节原理,实现茶花自动跟踪配比给料,采用温控报警,自动通花,日产花茶(一窨)12 t。随着花茶生产的发展,苏州茶厂又研究了斗式和链板式窨花机。1985 年,金华工业科学研究所与武义茶机厂联合研制成功花茶隔离气流循环式窨花机。进入 20 世纪 90 年代,福建省茶科所又研制了适合中小茶厂使用的 60X−75 型增湿窨花机,具有茶坯增湿、茶花拌和、通花三种功能,为中小花茶厂实现窨花机械化作出了贡献。

8.7 工艺花茶

工艺花茶是近年来市场上比较畅销的一种高档茶叶新花色,它是带嫩茎的茶芽,经杀青、干燥等工艺制成的绿茶长脚银针经手工整形、捆扎,将各种可食用干花固定其中初制成茶坯,再经鲜花窨制,最后烘干的一种再加工茶。

8.7.1 品质特征

工艺花茶有其独特的观赏性,冲泡时茶粒迅速吸水并缓慢下沉,包裹在外围的茶芽依次展开,内饰花从茶粒的中央缓缓绽放,整个冲泡过程充满动感。冲泡后,茶叶和花朵在茶汤中争相绽放,争奇斗艳,品茶时不但可以品味香高味醇的茶叶品质,也欣赏茶叶在茶汤中绽放的景象,让人赏心悦目。

8.7.2 鲜叶采摘

工艺花茶是以一芽二、三叶的茶鲜叶为原料,对采摘下来的芽叶,先将叶片摘掉,仅保留茶芽和茶梗,然后进行摊晾备用。

8.7.3 干花的选择

用于制作工艺花茶的鲜花要求具有浓郁的香气,香型必须纯正温和,要求是可食用的花卉,符合饮料卫生标准,鲜花的香气与茶叶本身所具有的香气可以融合。主要有茉莉花、千日红、桂花、熏衣草、百合花、菊花、茉莉花、桂花、康乃馨和玫瑰花等。

8.7.4 加工工艺

工艺花茶的工艺程序,是制坯→打湿回潮→捆扎→造型→干燥→窨花→包装贮藏。

1. 制坯

长脚的茶芽经摊晾后,按烘青绿茶制法,经过杀青→摊晾→理条→焙烤脱水至芽叶适宜的含水量制成原料素坯。

2. 打湿回潮

首先要将茶坯与干花用喷雾器喷水打湿回潮,目的是使原料软化,便于原料捆扎造型。原料打湿回潮的含水率为15%~17%为宜,原料打湿回潮含水率太高了容易产生自动氧化变质,原料打湿回潮含水率太低了捆扎造型过程容易产生断碎。而且要求打湿回潮的原料当天制作完成,不留到第二天,以免原料变质。

3. 捆扎

先将茶坯用棉纱线捆扎成定量(一般是3 g)的一束一束,捆扎的位置是在茶芽基部嫩茎上,不能捆扎在芽和嫩茎的连接处,这样在造型时芽容易脱落;最后剪平嫩茎基部,然后再用棉纱线捆扎脱水鲜花,捆扎位置在花梗处,有只捆扎一朵的,也有两朵的,个子小的可以几朵捆扎成一串,比如茉莉花干。

4. 造型

做荔枝形、元宝形、仙桃形、葫芦形的工艺茶用线将捆扎好的脱水鲜花穿过捆扎好的茶坯嫩茎的一头的中间位置,使捆扎好的茶坯和捆扎好的脱水鲜花反向连在一起,将捆扎好的脱水鲜花压在捆扎好的茶嫩茎上(如丹桂飘香的桂花不捆扎,直接撒放在捆扎好的茶芽头和百合上头),然后用茶芽头反向把脱水鲜花包到里面再用干净的纱布包好用棉纱线包好扎紧,捏成荔枝形、元宝形、仙桃形即可;葫芦形的是靠近芽基部位置60%,芽尖位置40%用棉纱线捆扎成葫芦形;制作草菇形工艺茶的是将捆扎好的脱水鲜花从捆扎好的茶坯芽尖处插入到中间位置,脱水鲜花放入茶坯的芽的中间包好;将捆扎好的茶坯的嫩茎向外翻起,用干净的纱布包好用棉纱线包好扎紧,压成草菇的形状;还有将捆扎好的每个芽从芽的中间位置折弯,再压成花朵形,然后三个或者五个捆扎成一束中间捆扎上脱水鲜花或者心状茶束,也要用干净的纱布包好扎紧,做成三束或五束花朵状连在一起的工艺茶;菊花形的工艺茶只要将捆扎好的茶坯从中心位置压扁菊花形,上下两束嫩茎位置捆扎连在一起即可。

5. 干燥

由于工艺茶是个子大,烘干时茶叶内部水分不容易散发,如果烘干温度过高容易造成外干内湿,这样茶叶就易变质,不耐贮藏,所以要使用文火慢烘法烘干,分两次烘干。使用6CTH-6箱式提香机烘干,将用纱布包好扎紧成形的工艺茶直接放入烘干箱中烘干,第一次烘干温度为80~90 ℃,烘 30 min 左右,摊放要求工艺茶不重叠,烘至含水率为10%~12%,解开纱布,放置摊凉2 h,再进行第二次烘干,烘干温度为60~70 ℃,烘 60 min 左右,摊放也是要求工艺茶不重叠,烘至含水率为6%左右。

6. 窨花

菊花形工艺茶还要经过窨制茉莉花,使之香气更为馥郁,用湿坯连窨新工艺窨制,配花量 63 kg 茉莉花/100 kg 茶叶,头窨 22 kg 茉莉花/100 kg 茶叶,连二窨用 35 kg/100 kg 茶叶,提花用 6 kg 茉莉花/100 kg 茶叶,使用箱窨方式窨花,窨堆厚 20 cm,连窨中间摊凉要求工艺茶不重叠。连窨结束将工艺茶烘干至含水量约 7.0%,然后提花,提花结束工艺茶含水量为 8.0%。

7. 包装贮藏

将制作好的工艺花茶用透明塑料袋真空包装好,放入冷柜保存。

工艺花茶作为一种新型的再加工茶,窨制工艺有些可以借鉴茉莉花茶的窨制工艺,有些工艺又有其自身的特点。具体的技术要点需要在实际生产中不断摸索和总结,从而提高艺术花茶的窨制工艺。

本章小结

花茶是我国独特的一种茶叶品类,用清高芬芳或馥郁甜香的香花窨制而成。依窨制的花类,分为茉莉花茶、白兰花茶、珠兰花茶、玳玳花茶、柚子花茶和桂花茶、玫瑰花茶等。每种花茶,因所用茶类不同,有各种不同的产品,如茉莉烘青、珠兰大方、玫瑰红茶、桂花乌龙、桂花龙井等。对花茶茶坯、产品规格均作了统一规定,各地所窨花茶,虽然各具特色,但总的品质要求是一致的。高级花茶均要求香气鲜浓、持久、纯正;滋味浓醇鲜爽;汤色淡黄,清澈明亮;叶底嫩匀、明亮。

花茶窨制技术,主要是香花与茶坯均匀混合,利用茶坯的吸附性能,吸附香花挥发的香气。工序主要包括茶坯的处理,鲜花的采收与处理,茶花拌和,静置窨花,通花,起花,烘焙,提花等。

茉莉花茶连窨技术是我国茶业科技工作者继茉莉花茶香气及茶叶吸香特性研究后,在窨制工艺上取得的重大发展,它打破茶坯愈干吸香愈强的传统观念,当茶坯含水率在 10% 条件下,连续两次窨制,中间不必复火干燥。这种技术,茶坯着香效果好,具有耗能低、用花省、生产周期短、花工少、劳动强度低等优点。

思考题:

1. 茶用香花应具备哪些基本条件?

2. 简述茉莉鲜花进厂管理。

3. 花茶窨制中提花窨制的技术特点是什么?

4. 窨制茉莉花茶时,通花散热应掌握哪些技术要点?

5. 通花的目的是什么,通花温度应如何掌握?

6. 绘出茉莉花茶窨制流程图。

7. 试比较花茶传统窨制技术与新技术的原理。

下篇
茶叶审评

第1章

茶叶审评的基本知识

　　茶叶感官审评,是通过专业审评人员正常的视觉、嗅觉、味觉、触觉感受,对茶叶产品的感官特性(外形、色泽、香气、滋味和叶底等)进行鉴定,是确定茶叶品质优次和级别高低的主要方法。正确的审评结果对指导茶叶生产、改进制茶技术、提高茶叶品质、合理定级给价、促进茶叶贸易均具有极其重要的作用。

1.1　评茶的设备与要求

　　评茶设备是评茶的基本条件,设备用具的一致性,才有评茶结果的同一性。而评茶设备方面比较简单而特殊,一些用具是专业性的,基本是国际化的,一般的情况下,市面没有出售,需要业内统一制作,对其规格要求,较为严密,以免产生人为误差。可按 GB/T18797-2002《茶叶感官审评室基本条件》的一般导则、实验室的一般要求、实验室的布局执行。

1.1.1　评茶室的要求

　　茶叶感官审评室应建在环境清静、空气清新、北向无高层建筑及杂物阻挡,无反射光,周围无异气污染的地区,以避免嘈杂的环境和污浊的空气对评茶人员感觉器官灵敏度的影响。感官审评室内要求光线均匀、充足,避免阳光直射。阳光直射茶汤或叶底,产生雀斑光点易产生误差。地处北半球地区的评茶室应背南朝北,窗户宽敞,不装有色玻璃。北面透射的光线早晚都较均匀,变化较小。评茶室内外不能有异色反光和遮断光线的障碍物。为了避免窗外反射光的干扰,宜在北窗外沿,装一突出倾斜 30°的黑色斜斗形的遮光板,用以遮障外来直射的光线及窗外其他有色的干扰物,使光线从斜斗上方玻璃射入,评茶台面光线柔和。干评台工作面光线照度要求约1 000 lx。湿评台面照度不低于 750 lx,为了改善室内光线,墙壁、天花板及家具均漆成白色。评茶台的正上方,可安装模拟日光的标准光源(4 管或 5 管并列)备作自然光较差时使用。应使光线均匀、柔和、无投影,在恒温评茶室,则作为主要的评茶光源。

　　评茶室内设有干评台、湿评台、样茶柜架等设备。

　　1. 干评台　评茶室内靠窗口设置干评台,用以放置样茶罐、样茶盘,用以审评茶叶外形的形态和色泽。干评台的高度一般为 90～100 cm,宽 50～60 cm,长短视审评室及具体需要而定,台面漆成黑色,台下设置样茶柜。

2. 湿评台　用以放置审评杯碗,冲泡审评内质用,包括评审茶叶的香气、汤色、滋味和叶底。一般湿评台长 140 cm,宽 36 cm,高 88 cm,台面镶边高 5 cm,台面一端应留一缺口,以利台面茶水流出和清扫台面,全刷白漆。湿评台设置在干评台后面。

3. 样茶柜架　审评室要配置适量的样茶柜或样茶架,用以存放样茶罐。柜架放在湿评台后面或放在评茶室的两侧。

1.1.2　评茶用具

评茶用具是专用品,数量备足,规格一致,质量上乘,力求完善,尽量减少客观上产生的误差。评茶常用器具有如下几种:

1. 审评盘　亦称样茶盘或样盘,是审评茶叶外形用的。用硬质薄木板制成。有长方形和正方形两种,正方形一般长、宽、高为 23 cm×23 cm×3 cm,长方形为 25 cm×16 cm×3 cm,木质无异味,漆成白色。盘的左上方开一缺口,便于倾倒茶叶。正方形盘方便筛转茶叶,长方形盘节省干评台面积。审评毛茶一般采用篾制圆形样匾,直径为 50 cm,边高 4 cm。

2. 审评杯　用来泡茶和审评茶叶香气。瓷质纯白,杯盖有一小孔,在杯柄对面的杯口,有一排锯形缺口,使杯盖盖着横搁在审评碗上,从锯齿间滤出茶汁,审评杯的容量一般为 150 ml,国际标准审评杯规格是:高 65 mm、内径 62 mm、外径 66 mm,杯柄相对杯缘的小缺口为锯齿形。杯盖上面外径为 72 mm、下面内径 61 mm,审评杯盏均要求高低厚薄大小一致。

3. 审评碗　为特制的广口白色瓷碗,用来审评汤色和滋味,毛茶用的审评碗容量为250 mL、精茶为 150 mL,瓷色纯白一致。国际标准的审评碗规格为外径 95 mm、内径 86 mm、高 52 mm。

4. 叶底盘　审评叶底用,木质叶底盘有正方形和长方形两种,正方形长宽为 10 cm、边高 2 cm,长方形长、宽、高为 12 cm×8.5 cm×2 cm,通常漆成黑色。此外配置适量长方形白色搪瓷盘,盛清水漂看叶底。

5. 样茶秤　为特制的铜质称茶的衡器,称秤的杠杆一端有碗形铜质圆盘,置有 3 g 或 5 g重的扁圆铜片一块,另一端带有尖嘴的椭圆形铜盘,用以装盛样茶。无称秤者,采用小型粗天平、电子天平(1/10 g 灵敏度)亦可。

6. 砂时计或定时钟　砂时计为特制品,用以计时,一般采用定时钟,5 min 响铃报时。

7. 网匙　用细密铜丝网制成,用以捞取审茶碗中的茶渣碎片。

8. 茶匙　瓷质纯白,5 mL 容量,用以取汤评审滋味用。

9. 汤杯　放茶匙、网匙用,用时盛开水。

10. 吐茶筒　审评时用以吐茶及装盛清扫的茶汤叶底。有圆筒形或半圆形两种,圆筒高 80 cm、直径 35 cm、蜂腰直径 20 cm,两节,上节底设筛孔,以滤茶渣,下节盛茶汤水用。

11. 烧水壶　电热壶(铝质或不锈钢质均可),或用一般烧水壶配置电炉或液化气燃具。

1.2　茶叶扦样

扦样又称取样、抽样或采样,是从一批茶叶中扦取能代表本批茶叶品质的最低数量的样茶,作为审评检验品质优劣和理化指标的依据,扦样是否正确,能否具代表性,是保证审评检验结果准确与否的首要关键。

1.2.1　扦样的意义

茶叶审评的对象,一般说是毛茶、精茶、再加工茶和深加工茶。每个样茶,都是由许多形态互异的个体组成,品质则是由构成品质的诸多因子组成,关系十分复杂。即使是同批茶叶,形状上有大小、长短、粗细、松紧、圆扁、整碎的差异,有老嫩、芽叶、毫梗质地差异,内含成分有组分的多少,比例及质与量的差异。而且地域、品种、加工条件和工艺技术的不同,外形、内质是有许多差别的。即使经拼配的精茶,也有上、中、下三段品质截然差别的现象:上段茶条索较长略松泡,中段茶细紧重实,下段茶短碎;内质汤味有淡、醇、浓,香气有稍低、较高、平和之别;叶底上段茶完整下段茶短碎带暗,中段茶较为嫩软之别。正是由于茶叶具有不均匀性,要扦取具有代表性的样品,更需认真细致。从大批茶取样要准确,审评检验时的取样同样要准确。开汤审评需样数量只有 3~5 g,更需严格,这 3~5 g 茶的审评结果,是对一个地区、一个茶类或整批产品给予客观正确的鉴定,关系着全局。因此说,没有样品的代表性,就没有审评检验结果的正确性。

扦取样品,从收购、验收角度来看,样茶是决定一批茶的品质等级和经济价值,是体现按质论价的实物依据。从生产、科学研究角度来说,样茶是反映茶叶生产水平和指导生产技术改进,正确反映科研成果的依据。从茶叶出口角度讲,样茶反映茶叶品质规格是否相符,关系到国家信誉。总之,扦样工作,绝不是一项无关紧要的技术工作,直接间接涉及贯彻执行政策问题,应该引起高度重视。

1.2.2　扦样的办法

1. 精制茶取样

按照 GB/T 8302—2002《茶　取样》规定执行。具体操作如下:

(1)取样用具:开箱器、取样铲、有盖的专用茶箱、专用塑料布、分样器、茶样罐、包装袋。

(2)取样件数:取样以批为单位,每批产品要求品质一致,并是在同一地点、同一期间内加工包装的。取样件数按以下规定:

1~5 件,取样 1 件;

6~50 件,取样 2 件;

51~500 件,每增加 50 件(不足 50 件者按 50 件计)增取 1 件;

501~1 000件,每增加 100 件(不足 100 件者按 100 件计)增取 1 件;

1 000件以上,每增加 500 件(不足 500 件者按 500 件计)增取 1 件。

(3)取样步骤

①包装时取样:即在产品包装过程中取样。在茶叶定量装件时,每装若干件(按照上述取样件数规定)后,用取样铲取样约 250 g,所取的原始样品盛于有盖的专用茶箱内,全批取样结束后,将样品充分混匀,用分样器或分样板按四分法逐步缩分至 500~1 000 g,作为平均样品,(四分法:是将样茶充分混和摊平一定的厚度,再用分样板按对角划"×"形的沟,将

茶分成独立的 4 份,取 1、3 份,弃 2、4 份,反复分取,直至所需数量为止)。分装于两个茶样罐中,供检验(审评)用。

②包装后取样:即在产品成件、打包、刷唛后取样。

A. 大包装茶取样:在整批茶叶包装完成后的堆垛中,从不同堆放位置随机抽取规定的件数。逐件开启后,分别把茶叶全部倒在专用塑料布上,用取样铲各取出有代表性的样品约 250 g,置于有盖的专用茶箱中,混匀。用分样器或四分法逐步缩分至 500～1 000 g,作为平均样品,分装于两个茶样罐中,供检验(审评)用。

B. 小包装茶取样:在整批包装完成后的堆垛中,从不同堆放位置随机抽取规定的件数,逐件开启。从各件内不同位置处,取出 2～3 盒(听、袋)。所取样品保留数盒(听、袋),盛于防潮的容器中,供进行单个检验。其余部分现场拆封,倒出茶叶混匀,用分样器或四分法逐步缩分至 500～1 000 g,作为平均样品,分装于两个茶样罐中,供检验(审评)用。

(4)样品封签:所取的平均样品,分装于茶样罐中,贴上标签,注明样品名称、等级、生产日期、批次、取样基数、产地、样品数量、取样地点、日期、取样人姓名及所需说明的重要事项。

2. 毛茶取样

(1)匀堆取样法:将该批茶叶拌匀成堆,然后从堆的各个部位分别扦取样茶,扦样点不得少于八点。

(2)就件取样法:从每件上、中、下、左、右五个部分各扦取一把小样于扦样圃(盘)中,并查看样品间品质是否一致。若单件的上、中、下、左、右五部分样品差异明显,应将该件茶叶倒出,充分拌匀后,再扦取样品。

(3)随机取样法:按 GB/T 8302-2002 规定的抽取件数随机抽件,再按就件取样法扦取。

上述各种方法均应将扦取的原始样茶充分拌匀后,用对角四分法扦取 200～300 g 两份作为审评用样,其中一份直接用于审评,另一份留存备用。

3. 称取开汤样茶

开汤审评内质,只用一小撮(3～5 g)茶叶作代表,撮取时必须十分仔细。从样罐中倒出 200～300 g 样茶在评茶盘中,充分拌匀,稍微拨拢成堆,再轻轻地稍为压平,用拇指、中指和食指从堆面中间插到盘底撮取,然后放到天平上称取所需的数量投入审评杯中。撮取的样茶应包括上、中、下三层茶,使之具有充分的代表性。每次称取应一次抓够,宁可手中稍有余茶,不宜多次抓茶添增,称后将手中多余的茶放回评茶盘中。

扦取茶样动作要轻,尽量避免将茶叶抓断导致审验误差。

1.3 评茶用水

审评茶叶是通过沸水冲泡或煮渍后来鉴定的,而评茶用水的软硬清浊,对茶叶品质影响极大,尤其是对色泽、香味的影响更甚。一杯好的红茶,用好的水质冲泡,汤色红艳,香味浓强鲜爽,而用含铁量较高的水冲泡,汤色乌暗,铁腥气味淡而苦,使人生恶,可见评茶用水的重要。

1.3.1 用水的选择与处理

水可分天然水和人工处理水两大类,天然水又分地表水和地下水两种。地表水包括河水、江水、湖水、水库水等。该水从地表流过,溶解的矿物质较少,这类水的硬度一般为 $1.0\sim8.0$ mg/L(当量),水中带有许多黏土、砂、水草、腐殖质、盐类和细菌等,我国江河水含盐量通常为 $70\sim990$ mg/L。地下水主要是井水、泉水和自流井等,由于经过地层的浸滤,溶入许多的矿物质元素,一般含盐量为 $100\sim5\,000$ mg/L,硬度为 $2\sim10$ mg/L(当量),有的高达 $10\sim25$ mg/L(当量),由于水透过地质层,起到过滤作用,含泥沙悬浮物和细菌较少,水质较为清亮。

地表水和地下水质量不同,同一类型的水质亦有差异。同是江水,江中心的水与江岸边的水质量不同,同是井水,深井水与浅井水泡出的茶是两种不同的色香味。陆羽《茶经》记有:"其水用山水上,江水中,井水下。其山水,拣乳泉,石池漫流者上,其瀑涌湍激勿食之",又说:"其江水取去人远者,井水取汲多者。"陆羽把山水,乳泉石池漫流的水看成是最好的泡茶用水是有科学道理的。明朝张大复在《梅花草堂笔谈》中记有:"茶性必发于水,八分之茶,遇十分之水,茶亦十分矣。八分之水,试十分之茶,茶只八分耳。"许次纾《茶疏》中曰:"精茗蕴香,借水而发,无水不可与论茶也",可见水之重要。宋徽宗赵佶的《大观茶论》记有:"水以清轻甘洁为美,轻甘乃水之自然,独为难得,古人品水,虽曰中零惠山为好,然人相之远近,似不常得,但当取山泉之清洁者,其次则井水之常汲者可用。"他不喜取江河之水,认为江河水有"鱼鳖之腥,泥泞之污,虽轻甘无取"。

古人称颂山泉,山泉之水,长流不息,经自然过滤后,已经形成泾流,少夹有机物及过多的矿物质,水中有较充足的空气,保持水质的凛冽与鲜活。又如明朝张源在《茶录》中所载"山顶泉清而轻,山下泉清而重,石中泉清而甘,砂中泉清而冽,土中清泉淡而白,流于黄石者为佳,泻于青石无用,流动者愈于安静,负阴者胜于向朝,真源无味,真水如香",上面所说的水的轻重,即有当今的软水与硬水之意。

根据彭乃特(Punnett P. W.)和费莱特门(Fridman C. B.)试验,证明水中矿物质对茶叶品质有较大的影响:

氧化铁:当新鲜水中含有低价铁 0.1 mg/L 时,能使茶汤发暗,滋味变淡,愈多影响愈大。如水中含有高价氧化铁,其影响比低价铁更大。

铝:茶汤中含有 0.1 mg/L 时,似无察觉,含 0.2 mg/L 时,茶汤产生苦味。

钙:茶汤中含有 2 mg/L,茶汤变坏带涩,含有 4 mg/L,滋味发苦。

镁:茶汤中含有 2 mg/L 时,茶味变淡。

铅:茶汤中加入少于 0.4 mg/L 时,茶味淡薄而有酸味,超过时产生涩味,如在 1 mg/L 以上时,味涩且有毒。

锰:茶汤中加入 $0.1\sim0.2$ mg/L,产生轻微的苦味,加到 $0.3\sim0.4$ mg/L 时,茶味更苦。

铬:茶汤中加入 $0.1\sim0.2$ mg/L 时,即产生涩味,超过 0.3 mg/L 时,对品质影响很大,但该元素在天然水中很少发现。

镍:茶汤中加入 0.1 mg/L 时就有金属味,水中一般无镍。

银:茶汤中加入 0.3 mg/L,即产生金属味,水中一般无银。

锌:茶汤中加入 0.2 mg/L 时,会产生难受的苦味,但水中一般无锌,可能由于锌质自来水管接触而来。

盐类化合物:茶汤中加入 1~4 mg/L 的硫酸盐时,茶味有些淡薄,但影响不大,加到 6 mg/L 时,有点涩味,在自然水源里,硫酸盐是普遍存在的,有时多达 100 mg/L,如茶汤中加入氯化钠 16 mg/L,只使茶味略显淡薄,而茶汤中加入亚碳酸盐 16 mg/L 时,似有提高茶味的效果,会使滋味醇厚。

水的硬度影响水的 pH,茶叶汤色对 pH 高低很敏感,当 pH 小于 5 时,对红茶汤色影响较小。如超过 5,总的色泽就相应地加深,当茶汤 pH 达到 7 时,茶黄素倾向于自动氧化而损失,茶红素则由于自动氧化而使汤色发暗,以致失去汤味的鲜爽度。用非碳酸盐硬度的水泡茶,并不影响茶汤色泽,这用蒸馏水泡茶相近,汤色变化甚微,但用碳酸盐硬度的水泡茶,汤色变化很大,钙镁等酸式碳酸盐与酸性茶红素作用形成中性盐,使汤色变暗,如将碳酸盐硬度的水通过树脂交换进行软化,即钙被钠取代,则水变成碱性,用此法软化的水,pH 达到 8 以上,用这种处理的水泡茶,汤色显著发暗,因为 pH 增高,产生不可逆的自动氧化,形成大量的茶红素盐。所以泡茶用水,pH 在 5 以下,红茶汤色显金黄色,用天然软水或非碳酸盐硬度的水泡茶,能获得同等明亮的汤色。

另据日本西条了康对水质与煎茶品质关系的研究,水的硬度对煎茶的浸出率有显著影响。硬度 40 度的水浸出液的透过率仅为蒸馏水的 92%,汤色泛黄而淡薄。用蒸馏水沸水溶出的多酚类有 6.3%,而硬度为 30 度的水,多酚类只溶出 4.5%,因为硬水中的钙与多酚类结合起着抑制溶解的作用。同样,与茶味有关的氨基酸及咖啡碱也使水的硬度增高而浸出率降低。可见,硬水冲泡茶叶对浸出的汤色、滋味、香气都是不利的。蒸馏水冲泡茶叶之所以比硬水好,是因蒸馏水中除含少量空气和 CO_2 外,基本上不含其他溶解物,这些气体在水煮开后即消失了,而河水,尤其是硬水,一般含矿物质较多,对茶叶品质有不好的影响。

泡茶用水,古今中外都有一定的选择。但在水源困难的地方,不可随心所欲地取得理想的泡茶用水,只要不含有肉眼所能见到的悬浮微粒,为无色、无臭、无味的液体,不含有腐败的有机物和有害的微生物,可以认为是良好的饮水。在农村,一般饮用的河水溪水,只要清晨挑用就比较清洁,在城市中用的自来水,如再用过滤器过滤一下就很好。

当前,我国水资源的污染较为严重。在无自来水的地区,除有较好的泉水、井水、溪流库区水源外,评茶用水均需进行处理。

水的处理分净化与软化两个内容,净化主要是除去水中的悬浮性杂质,使水清亮透明。软化则是除去水中溶解性的杂质,达到饮用水质的标准。

净化处理,主要是依靠沉淀、混凝和过滤的办法使水澄清。一杯浊水,放置一个时候,大的泥沙颗粒迅速沉淀于杯底,水渐变清,但到一定的时候,水就不继续澄清变亮,杯的下部浑浑浊浊,这是一些细小的悬物和胶体物质所致,这时就需在杯中加入混凝剂,使细小的悬物及胶体物互相吸附,结合成较大的颗粒沉淀下来,这就是"混凝"或叫"凝聚"。另一种方法就是"过滤",使细小的悬浮物和胶体物质,直接吸附在一些相对大的颗粒表面而除弃。混凝剂常用明矾{硫酸铝钾[$KAl(SO_4)_2$]·$12H_2O$,或 K_2SO_4·$Al_2(SO_4)_3$·$24H_2O$}是一种复盐,在水中 $Al_2(SO_4)_3$ 发生水解生成氢氧化铝,而氢氧化铝是一种溶解度很少的化合物,在近乎中性的自然水中,氢氧化铝带正电荷,而水中胶体物大多带负电荷,它们之间可起电性中和作用和相互吸聚作用,微粒逐渐变大,最后形成絮状,把一些不带电荷的悬浮物也裹入絮状物中一并沉淀,水质变清。明矾的用量一般为 $0.001\% \sim 0.02\%$。

过滤则是水通过粒状滤料层时,其中一些悬浮物及胶状物被截留在滤料层的介质表面上,达到水质清透的目的。在一般无自来水的单位,可自制一大口径木桶,内装砂粒,上细下粗,即上层滤料层孔隙小,下层滤料层孔隙大,当水由上往下流时,直径较大的杂质,先被截留在上层小孔隙间,从而使表面的滤料孔隙越来越小,更能有效地拦截后来更细的颗粒,在滤层表面逐渐形成一层由截留颗粒组成的薄膜,起到过滤作用,同时产生重力沉降,当原水通过滤层时,只要速度适宜,其中的悬浮物就会向这些沉降面沉降。而且构成滤料的深层砂粒同样具有巨大的表面积,对微小的悬浮颗粒有吸附作用,砂粒在水中带负电荷,能附着带负电荷的微粒(如铝、铁等胶体微粒)而改变形成吸附表面带正电荷,再吸附带负电荷的有机胶体物,使其凝聚在砂粒上,起到澄清水质的作用。目前市面上的砂滤棒过滤器,亦可作过滤水质用。砂滤棒又名砂芯,是由微粒硅藻土和骨灰等有机物混合,在高温下焙烧,使其熔化可燃性有机物(如骨灰),变为气体逸散,形成许多直径为 $0.000\ 16 \sim 0.000\ 41$ mm 小孔,原水经过加压,在一定的压力下,通过微孔,把存在于水中的微小悬浮物及部分微生物,被微孔吸附,在砂芯棒表面,滤出的水,清洁透亮,细菌较少。

水的软化方法很多,有石灰软化法、电渗析法、反渗析法、反渗透法及离子交换软化法等。最为常用的是离子交换软化法。深井水,以及矿藏丰富地区的井水,其含盐量有时候高达 500 mg/L,硬度达 $10 \sim 25$ mg/L(当量),这种水必须经过离子交换树脂软化。

硬度通用单位是 mg/L(当量),也可以用德国度来表示,即 1 L 水中含有 10 mg CaO 为硬度 1 度。

1 mg/L(当量)$=2.804$ 度 $=50.045$ mg/L(以 $CaCO_3$ 表示)

离子交换树脂,是一种球形网状固体高分子共聚物,不溶于酸、碱和水,但吸水膨胀。树脂分子含有极性基团和非极性基团两部分,当树脂吸水膨胀后,极性基团可扩散离子与水中的离子起交换作用,而非极性基团则为离子交换树脂的骨架,离子交换树脂在水中是解离的,如阳离子树脂 RSO_3H 解离成 $RSO_3^- + H^+$,阴离子树脂 R_4NOH 解离成 $R_4N^+ + OH^-$,若原水中有 K^+、Na^+、Ca^{2+}、Mg^{2+} 等阳离子和 SO_4^{2-}、Cl^-、HCO_3^-、$HSiO_3^-$ 等阴离子,通过阳树脂层时,水中的阳离子被树脂吸附,树脂上的阳离子 H^+ 被置换在水中。

$RSO_3^- + H^+ + Na^+ \rightarrow RSO_3Na + H^+$

水中的阴离子被阴树脂所吸附,树脂上的 OH^- 置换到水中

$R_4N^+ + OH^- + Cl^- \rightarrow R_4NCl + OH^-$

原水通过离子交换树脂时,其水中的阴阳离子被树脂所吸附,将树脂的 H^+ 和 OH^- 置换进入水中,而达到水质软化的目的。

经净化和软化处理的水,则是很好的评茶用水。而净化和软化装置,要注意在一定时候进行反洗或再生,可重复使用。

在有自来水的地区,可以用符合生活用水水质标准(GB5747-85,见表 1-1)的自来水评茶,如系本单位自装的自来水,水中矿物质较多者,需装一套离子交换树脂进行软化处理。

表 1-1　生活用水水质标准(GB5747-85)

项目	标准	项目	标准	项目	标准
色	<15 度	挥发酚类	<0.002 mg/L	铬(6 价)	<0.05 mg/L
浑浊度	<3 度	阴离子合成洗涤剂	<0.3 mg/L	铅	<0.05 mg/L
臭和味	不得有异臭异味	硫酸盐	<250 mg/L	银	<0.05 mg/L
肉眼可见物	不得含有	氯化物	<250 mg/L	硝酸盐(以氮计)	<20 mg/L
pH	6.5~8.5	溶解性总固体	<1000 mg/L	细菌总数	<100 个/mL
总硬度(以碳酸钙计)	<450 mg/L(实际<100 mg/L)	氟化物	<1.0 mg/L	总大肠菌群	<3 个/L
铁	<0.3 mg/L	氰化物	<0.05 mg/L		
锰	<0.1 mg/L	砷	<0.05 mg/L		
铜	<1.0 mg/L	汞	<0.001 mg/L		
锌	<1.0 mg/L	镉	<0.01 mg/L		

1.3.2　泡茶的水温

审评泡茶用水的温度应达到沸滚起泡的程度,水温标准是 100 ℃。沸滚过度的水或不到 100 ℃的开水用来泡茶,都不能达到评茶的良好效果。

陆羽《茶经》云:"其沸,如鱼目、微有声,为一沸,边缘如涌泉连珠,为二沸,腾波鼓浪为三沸,以上水老,不可食也。"明许次纾《茶疏》云:"水一入铫,便需急煮,候有松声,即去盖以消息其老嫩。蟹眼之后,水有微涛,是为当时。大涛鼎沸,旋至无声,是为过时,过则汤老而香散,决不堪用。"

以上是古人对烧水煮茶的历史记载可供参考。评茶烧水应达到沸滚而起泡为度,选择的水冲泡茶叶才能使汤的香味更多地发挥出来,水浸出物也溶解得较多。水沸过久,能使溶解于水中的空气,全被驱逐变为无刺激性。用这种开水泡茶,必将失去像用新沸滚的水所泡茶汤应有的新鲜滋味。俗称千滚水是不能喝的。如果水没有沸滚而泡茶,则茶叶浸出物不能最大限度地泡出(表 1-2)。

表 1-2　不同水温对茶叶主要成分泡出量的影响(%)

样品	成分	100 ℃		80 ℃		60 ℃	
		含量	相对	含量	相对	含量	相对
龙井特级	水浸出物	16.66	100	13.43	80.61	7.49	44.96
	游离氨基酸	1.81	100	1.53	87.29	1.21	66.85
	多酚类化合物	9.33	100	6.70	71.81	4.31	46.20
龙井一级	水浸出物	21.83	100	19.50	89.33	14.16	64.86
	游离氨基酸	2.20	100	1.97	89.55	1.54	70.00
	多酚类化合物	11.29	100	8.36	74.05	5.59	49.51

资料来源:中国农业科学院茶叶研究所王月根等,1980 年。

水浸出物是茶叶经冲泡后所有可检测的可溶性物质,水浸出物含量多少在一定程度上反映茶叶品质的优劣。表 1-2 显示以 100 ℃的沸水泡出的水浸出物为 100%,80 ℃热水的泡出量约为 80%,60 ℃温水的泡出量约为 45%。沸水与温水冲泡后的水浸出物含量相差一倍多,游离氨基酸及多酚类物质的溶解度与冲泡水温完全呈正相关。另外,绿茶中富含维生素 C,其浸出量也是随着水温提高而增加(表 1-3)。

表 1-3 不同水温对茶叶维生素 C 泡出量的影响

处理项目		一杯茶汤中维生素 C 含量(mg)	每克茶叶中维生素 C 含量(mg)	占含量(%)
全量法测定			5.25	100
5 min 杯泡法	100 ℃热水	12.66	4.83	92.0
	90 ℃热水	12.13	4.63	88.2
	80 ℃热水	12.25	4.68	89.1
	70 ℃热水	11.43	4.35	82.9
	60 ℃热水	11.06	4.22	80.4

从以上分析可知,用样茶 3 g,注入 150 ml 水冲泡 5 min,以沸滚适度的 100 ℃开水,能得到较为理想的茶汤品质。此外,审茶杯的冷热对茶叶品质审评也有影响。据测试冷的审茶杯在开水冲下去后,水温就降为 82.2 ℃(180 ℉),5 min 后降低到 67.7 ℃(154 ℉)。所以古人泡茶有熠盏程序。目前凡审评或品饮乌龙茶时,通常先将钟形审茶瓯或饮茶小杯先以开水烫热便于准确鉴评其香味优次。所以审评其他茶叶品质以慎重计,往往也有先将审茶杯用开水烫热,这样冲泡半分钟后水温只降到 88.8 ℃(192 ℉),3 min 后是 82.2 ℃(180 ℉),5 min 时 78.8 ℃(174 ℉),能取得审评的良好效果。至于泡饮细嫩名茶,从欣赏角度出发,保持汤清叶绿,有的以落滚开水注入杯中然后放入茶叶。日本的高级玉露茶,采用 50 ℃左右的开水冲泡,中级煎茶用 60~80 ℃开水冲泡,一般香茶则用 100 ℃开水冲泡。

1.3.3 泡茶的时间

茶叶汤色的深浅明暗和汤味的浓淡爽涩,与茶叶中水浸出物的数量特别是主要呈味物质的泡出量和泡出率有密切关系。根据中川致之1970年试验资料,取上级煎茶 3 g,投入小茶壶内,冲入沸水 180 mL,泡 2 min 后,将茶汤倒出待测定用,第一次泡出的茶再用 180 mL 沸水冲入,同样地在 2 min 后倾出茶汤待测,第三泡茶汤重复同一操作,测定的主要成分如表 1-4 所示:

表 1-4 上级煎茶茶汤主要成分测定(%)

冲泡别	氨基酸			儿茶素				咖啡碱	
	泡出量	泡出率	其中茶氨酸	酯型	游离型	泡出量合计	泡出率	泡出量	泡出率
头泡	1.29	66.12	0.88	2.64	2.72	5.36	52.04	1.81	65.10
二泡	0.50	25.50	0.36	1.77	1.27	3.04	29.52	0.80	28.71
三泡	0.17	8.38	0.10	1.28	0.62	1.90	18.44	0.17	6.19
1~3泡合计	1.96	100	1.34	5.69	4.61	10.30	100	2.78	100

表 1-4 显示,绿茶主要呈味成分各次冲泡后的泡出量是:头泡最多,而后直线剧降。各个成分的浸出速度有快有慢。如呈鲜甜味的氨基酸和呈苦味的咖啡碱最易浸出,头泡 2 min 的泡出率几乎占总泡出量的 2/3,头泡二泡共 4 min 可浸出量达 90% 以上;而呈涩味的儿茶素浸出较慢,头泡泡出率为 52%,二泡约 30%,头泡二泡共浸出约 80%,其中滋味醇和的游离型儿茶素与收敛性较强的酯型儿茶素两者浸出速度亦有差别的,游离型儿茶素的浸出速度较快,头泡二泡 4 min 可浸出 87%,而酯型儿茶素泡出量为 76%。另据中国农业科学院茶叶研究所王月根试验资料,以 3 g 龙井茶用 150 mL 水冲泡 3 min、5 min、10 min,其主要成分泡出量是不同的(表 1-5)。

表 1-5　不同冲泡时间对茶叶主要成分泡出的影响

化学成分	3 min		5 min		10 min	
	含量(%)	相对(%)	含量(%)	相对(%)	含量(%)	相对(%)
水浸出物	15.07	74.60	17.15	85.39	20.20	100
游离氨基酸	1.53	77.66	1.74	88.32	1.97	100
多酚类化合物	7.54	70.07	8.98	83.46	10.76	100

表 1-5 显示在 10 min 内随着冲泡时间的延长,泡出量随之增多。其中游离型氨基酸因浸出较易,3 min 与 10 min 浸出量相比出入甚微。多酚类化合物 5 min 与 10 min 相比,虽冲泡时间加倍,而浸出量增加不到 1/5,冲泡 5 min 以后的浸出物,主要是多酚类化合物残余的涩味较重的酯型儿茶素成分,这对滋味品质属于不利成分。良好的滋味,要在适当的浓度基础上,涩味的儿茶素、鲜味的氨基酸、苦味的咖啡碱、甜味的糖类等呈味成分组成之间的相调和是最为重要的。实践证明,冲泡不足 5 min,汤色浅,滋味淡,红茶汤色缺乏明亮度,因茶黄素的浸出速度慢于茶红素。超过 5 min,汤色深,涩味的多酚类化合物特别是酯型儿茶素浸出量多,味感差。尤其是泡水温度高,冲泡时间长,引起多酚类等化学成分自动氧化缩聚的加强,导致绿茶汤色变黄,红茶汤色发暗。

假定茶叶中水分含量为 3.3%,咖啡碱含量为 2.4%,多酚类含量为 11.0%,则 3 g 茶样中,含咖啡碱 0.07 g,多酚类 0.32 g。不同冲泡时间 150 mL 茶汤中咖啡碱和多酚类的含量以及两者的比率见表 1-6。

表 1-6　不同冲泡时间茶汤中主要成分的溶解(g)

冲泡时间(min)	1	2	5 *	10
咖啡碱	0.027	0.050	0.062	0.067
多酚类	0.089	0.131	0.182	0.294
多酚类/咖啡碱	3.3	2.6	2.9	4.4

注:* 为 4 min 与 6 min 的平均值。

从表 1-6 亦可得出概念,在 150 mL 茶汤中,多酚类含量少于 0.182 g 的味淡,多则浓,过多又变涩。而多酚类与咖啡碱在浸出的含量须成一定的比率,以 3∶1 为适宜。综上所述,审评红、绿茶的泡茶时间,国内外一般定为 5 min,是有一定科学根据的。

1.3.4 茶水的比例

审评的用茶量和冲泡的水量多少,对汤味浓淡和液层厚薄很有关系。评用茶量多而水少,叶难泡开,并过分浓厚。反之,茶少水多,汤味就过淡薄。同量茶样,冲泡用水量不同,或用水量相同,用茶量不同,都会影响茶叶香气及汤味的差别或发生审评上的偏差。根据温格纳(Wigner G. W.)研究,用同一种茶同量样茶(2.82 g)冲泡,其用水量和水浸出物的关系如表 1-7 所示。

表 1-7 泡水量与水浸出物的关系

泡水量(mL)	200	100	50	20
水浸出物(%)	34.10	30.55	27.55	22.90

表 1-7 表明,用茶量相同,冲泡时间相同,因用水量不同,其可以浸出的水浸出物就不同。水多,茶叶中可冲泡出的水浸出物量就多;水少,可以浸出的水浸出物量就少。如用水200 mL 就能浸出 34.10% 而 20 mL 只能浸出 22.90%。

假定用 3 g 茶样,水分含量为 3.3%,则干物质为 2.9 g,因用水量不同,水浸出物与茶汤浓度如表 1-8 所示。

表 1-8 不同用水量对茶叶汤味的影响

用水量(mL)	50	100	150	200
水浸出物(%)	27.6	30.6	32.5	34.1
水浸出物(g)	0.80	0.89	0.94	0.99
茶汤滋味	极浓	太浓	正常	淡

审评茶叶品质往往多种茶样同时冲泡进行比较和鉴定,用水量必须一致,国际上审评红绿茶,一般采用的比例是 3 g 茶用 150 mL 水冲泡。如毛茶审评杯容量为 250 mL,应称取茶样 5 g,茶水比例为 1∶50。但审评岩茶、铁观音等青茶,因品质要求着重香味并重视耐泡次数,用特制钟形茶瓯审评,其容量为 110 mL,投入茶样 5 g,茶水比例为 1∶22。

1.4 审评人员

茶叶感官审评,就是利用人的视觉、触觉、嗅觉和味觉的生理特性,对茶叶品质的外形形状、色泽以及内质的香气、滋味、汤色、叶底作出全面的客观、公正的评价,而这种客观、公正评价的准确度,又是建立在评茶人员的业务素质上,包括身体条件和能力要求。

1.4.1 身体条件

1. 身体健康,个人卫生条件好。不得是肝炎、结核等传染病患者。

2. 具备正常的视觉、味觉、嗅觉和触觉。凡符合下列条件者即可视为感觉器官正常。

（1）视力　按国际标准视力表，裸眼或矫正后视力不低于 1.0。

（2）辨色　无色盲。以重铬酸钾分别配成浓度为 0.10%、0.15%、0.20%、0.25%、0.30% 的水溶液色阶，密码评比，能由浅至深顺序排列者。

（3）嗅觉　以香草、苦杏、玫瑰、茉莉、薄荷、柠檬等芳香物质，分别配成不同浓度水溶液，能正确识别，且灵敏度接近多数人平均阈值者。

（4）味觉　以蔗糖、柠檬酸、奎宁、氯化钠、谷氨酸钠，分别配成不同浓度水溶液，能正确识别，且灵敏度接近多数人平均阈值者。

（5）无不良嗜好，不嗜烟酒。评茶前不吃油腻及辛辣食品，不涂擦芳香气味的化妆品。

1.4.2　能力要求

1. 有良好的职业道德，能实事求是，秉公办事。

2. 具有相应的制茶专业基础理论和生产知识，注重制茶和评茶实践经验的积累，经常注意积累各种茶或非茶的香味感受，有计划地、长期地进行系统感官训练。

3. 获得"评茶员"国家职业资格证书，或具备相应的专业技能。

1.5　评茶程序

茶叶品质的好坏，等级的划分，价值的高低，主要根据茶叶外形、香气、滋味、汤色、叶底等项目，通过感官审评来决定。

感官审评分为干茶审评和开汤审评，俗称干看和湿看，即干评和湿评。一般说，感官审评品质的结果应以湿评内质为主要根据，但因产销要求不同，也有以干评外形为主作为审评结果的。而且同类茶的外形内质不平衡不一致是常有的现象，如有的内质好，外形不好，或者外形好，色香味未必全好，所以，审评茶叶品质应外形内质兼评。

茶叶审评项目一般分干评外形和湿评内质。红、绿毛茶外形审评分条索、色泽、整碎、净度 4 项因子（或分嫩度、条索、色泽、整碎、净度 5 项因子），结合嗅干茶香气，手测毛茶水分。红、绿成品茶外形审评因子与毛茶相同。内质审评包括香气、汤色、滋味、叶底 4 个项目。这样外形、内质各 4 个项目习惯上称 8 项因子。若把外形条索、色泽、整碎、净度 4 项因子统称外形，再加内质香气、汤色、滋味、叶底 4 个项目，则称 5 项因子。评茶时必须内外干湿兼评，深入了解各个审评因子的内容，熟练地掌握审评方法，进行细致的综合分析、比较，以求得正确的审评结果。

茶叶感官审评按外形、香气、汤色、滋味、叶底的顺序进行，现将一般评茶操作程序分述如下：

1.5.1　外形审评

1. 把盘

把盘,俗称摇样匾或摇样盘,是审评干茶外形的首要操作步骤。

审评干茶外形,依靠视觉触觉而鉴定。因茶类、花色不同,外在的形状、色泽是不一样的。因此,审评时首先应查对样茶、判别茶类、花色、名称、产地等,然后扦取有代表性的样茶,审评毛茶需 250~500 g,精茶需 200~250 g。

审评毛茶外形一般是将样茶放入篾制的样匾里,双手持样匾的边沿,运用手势作前后左右的回旋转动,使样匾里的茶叶均匀地按轻重、大小、长短、粗细等不同有次序地分布,然后把均匀分布在样匾里的毛茶通过反转顺转收拢集中成为馒头形,这样摇样匾的"筛"与"收"的动作,使毛茶分出上中下三层次。一般来说,比较粗长轻飘的茶叶浮在表面,叫面装茶,或称上段茶;细紧重实的集中于中层,叫中段茶,俗称腰档或肚货;体小的碎茶和片末沉积于底层,叫下身茶,或称下段茶。审评毛茶外形时,对照标准样,先看面装,后看中段,再看下身。看完面装茶后,拨开面装茶抓起放在样匾边沿,看中段茶,看后又用手拨在一边,再看下身茶。看三段茶时,根据外形审评各项因子对样茶评比分析确定等级时,要注意各段茶的比重,分析三层茶的品质情况。如面装茶过多,表示粗老茶叶多,身骨差,一般以中段茶多为好,如果下身茶过多,要注意是否属于本茶本末,条形茶或圆炒青如下段茶断碎片末含量多,表明做工、品质有问题。

审评圆炒青外形时,除同样先有"筛"与"收"动作外,再有"削"(切)或"抓"的操作。即用手掌沿馒头形茶堆面轻轻地像剥皮一样,一层一层的剥开,剥开一层,评比一层,一般削三四次直到底层为止。操作时,手指要伸直,手势要轻巧,防止层次弄乱。最后还有一个"簸"的动作,在簸以前先把削好的各层毛茶向左右拉平,小心不能乱拉,然后将样匾轻轻地上下簸动 3 次,使样茶按颗粒大小从前到后依次均匀地铺满在样匾里。综合外形各项因子,对样评定干茶的品质优次。此外,审评各类毛茶外形时,还应手抓一把干茶嗅干香及手测水分含量。

审评精茶外形一般是将样茶倒入木质审评盘中,双手拿住审评盘的对角边沿,一手要拿住样盘的倒茶小缺口,同样用回旋筛转的方法使盘中茶叶分出上中下三层。一般先看面装和下身,然后看中段茶。看中段茶时将筛转好的精茶轻轻地抓一把到手里,再翻转手掌看中段茶品质情况,并权衡身骨轻重。看精茶外形的一般要求,对样评比上中下三档茶叶的拼配比例是否恰当和相符,是否平伏匀齐不脱档。看红碎茶虽不能严格分出上中下三段茶,但样茶盘筛转后要对样评比粗细度、匀齐度和净度。同时抓一撮茶在盘中散开,使颗粒型碎茶的重实度和匀净度更容易区别。审评精茶外形时,各盘样茶容量应大体一致,便于评比。

2. 外形审评项目和审评因子

毛茶外形审评对鉴别品质高低起重要作用,现根据外形审评各项因子的内容分述如下:

(1)嫩度

嫩度是决定茶叶品质的基本条件,是外形审评的重点因子。一般说来,嫩叶中可溶性物质含量高,饮用价值也高,又因叶质柔软,叶肉肥厚,有利于初制中成条和造型,故条索紧结重实,芽毫显露,完整饱满,外形美观,而嫩度差的则不然。审评时应注意一定嫩度的茶叶,具有相应符合该茶类规格的条索,同时一定的条索也必然具有相应的嫩度。当然,由于茶类不同,对外形的要求不尽相同,因而对嫩度和采摘标准的要求也不同。例如,青茶和黑茶要求采摘具有一定成熟度的新梢;安徽的六安瓜片也是采摘成熟新梢,然后再经扳片,将嫩叶、老叶分开炒制。所以审评茶叶嫩度时应因茶而异,在普遍性中注意特殊性,对该茶类各级标准样的嫩度要求进行详细分析,并探讨该因子审评的具体内容与方法。嫩度主要看芽叶比例与叶质老嫩,有无锋苗和毫毛及条索的光糙度。

①嫩度好　指芽及嫩叶比例大,含量多。审评时要以整盘茶去比,不能单从个数去比,因为同是芽与嫩叶,仍有厚薄、长短、大小之别。凡是芽及嫩叶比例相近、芽壮身骨重、叶质厚实的品质好。所以采摘时要老嫩匀齐,制成毛茶外形才整齐。而老嫩不匀的芽叶初制时难以掌握,且老叶身骨轻,外形不匀整,品质就差。

②锋苗　指芽叶紧卷做成条的锐度。条索紧结、芽头完整锋利并显露,表明嫩度好,制工好。嫩度差的,制工虽好,条索完整,但不锐无锋,品质就次。如初制不当造成断头缺苗,则另当别论。芽上有毫又称茸毛,茸毛多、长而粗的好。一般炒青绿茶看锋苗,烘青看芽毫,条形红茶看芽头。因炒青绿茶在炒制中茸毛多脱落,不易见毫,而烘制的茶叶茸毛保留多,芽毫显而易见。但有些采摘细嫩的名茶,虽经炒制,因手势轻,芽毫仍显露。芽的多少,毫的疏密,常因品种、茶季、茶类、加工方式不同而不同。同样嫩度的茶叶,春茶显毫,夏秋茶次之;高山茶显毫,平地茶次之;人工揉捻显毫,机揉次之;烘青比炒青显毫;工夫红茶比炒青绿茶显毫。

③光糙度　嫩叶细胞组织柔软且果胶质多,容易揉成条,条索光滑平伏。而老叶质地硬,条索不易揉紧,条索表面凹凸起皱,干茶外形较粗糙。

(2)条索　叶片卷转成条称为"条索"。各类茶应具有一定的外形规格,这是区别商品茶种类和等级的依据。外形呈条状的有炒青、烘青、条茶、长条形红茶、青茶等。条形茶的条索的要求紧直有锋苗,除烘青条索允许略带扁状外,都以松扁、曲碎的差,青茶条索紧卷结实,略带扭曲。其他不成条索的茶叶称为"条形",如龙井、旗枪是扁条,以扁平、光滑、尖削、挺直、匀齐的好,粗糙、短钝和带浑条的差。但珠茶要求颗粒圆结的好,呈条索的不好,黑毛茶条索要求皱褶较紧,无敞叶的好。

①长条形茶的条索比松紧、弯直、壮瘦、圆扁、轻重

A. 松紧。条细空隙度小,体积小,条紧为好。条粗空隙度大,体积粗大,条松为差。

B. 弯直。条索圆浑、紧直的好,弯曲、钩曲为差。可将茶样盘筛转,看茶叶平伏程度,不翘的叫直,反之则弯。

C. 壮瘦。芽叶肥壮、叶肉厚的鲜叶有效成分含量多,制成的茶叶条索紧结壮实、身骨重、品质好。反之,瘦薄为次。

D. 圆扁。指长度比宽度大若干倍的条形其横切面近圆形的称为"圆",如炒青绿茶的条索要圆浑,圆而带扁的为次。

E. 轻重。指身骨轻重。嫩度好的茶,叶肉肥厚,条紧结而沉重;嫩度差,叶张薄,条粗松而轻飘。

②扁形茶的条形比规格、糙滑

A. 规格。龙井茶条形扁平,平整挺直,尖削似碗钉形。大方茶条形扁直,稍厚,较宽长且有较多棱角。

B. 糙滑。条形表面平整光滑,茶在盘中筛转流利而不勾结的称"光滑",反之则为"糙"。

③圆珠形茶比颗粒的松紧、匀正、轻重、空实

A. 松紧。芽叶卷结成颗粒,粒小紧实而完整的称"圆紧",反之颗粒粗大谓之"松"。

B. 匀正。指匀齐的各段茶的品质符合要求,拼配适当。

C. 轻重。颗粒紧实,叶质肥厚,身骨重的称为"重实";叶质粗老,扁薄而轻飘的谓之"轻飘"。

D. 空实。颗粒圆整而紧实称之"实",与重实含义相同。圆粒粗大或朴块状,身骨轻的谓之"空"。

虽同是圆形茶尚有差别,如珠茶是圆珠形,而涌溪火青和泉岗辉白是腰圆形,贡熙是圆形或团块状并有切口或称破口。

（3）色泽　干茶色泽主要从色度和光泽度两方面去看。色度即指茶叶的颜色及色的深浅程度,光泽度指茶叶接受外来光线后,一部分光线被吸收,一部分光线被反射出来,形成茶叶色面的亮暗程度。各类茶叶均有其一定的色泽要求,如红茶以乌黑油润为好,黑褐、红褐次之,棕红更次;绿茶以翠绿、深绿光润为好,绿中带黄者次;青茶则以青褐光润为好,黄绿、枯暗者次;黑毛茶以油黑色为好,黄绿色或铁板色都差。干茶的色度比颜色的深浅,光泽度可从润枯、鲜暗、匀杂等方面去评比。

①深浅　首先看色泽是否符合该茶类应有的色泽要求。对正常的干茶而言,原料细嫩的高级茶颜色深,随着茶叶级别下降颜色渐浅。

②润枯　"润"表示茶叶表面油润光滑,反光强。一般可反映鲜叶嫩而新鲜,加工及时合理,是品质好的标志。"枯"是茶叶有色而无光泽或光泽差,表示鲜叶老或制工不当,茶叶品质差。劣变茶或陈茶的色泽多为枯且暗。

③鲜暗　"鲜"为色泽鲜艳、鲜活,给人以新鲜感,表示鲜味新鲜,初制及时合理,为新茶所具有的色泽。"暗"表现为茶色深且无光泽,一般为鲜叶粗老,贮运不当,初制不当或茶叶陈化等所致。紫芽种鲜叶制成的绿茶,色泽带黑发暗。过度深绿的鲜叶制成的红茶,色泽常呈现青暗或乌暗。

④匀杂　"匀"表示色调和一致。色不一致,茶中多黄片、青条、筋梗、焦片末等谓之"杂"。

（4）整碎　指外形的匀正程度。毛茶基本上要求保持茶叶的自然形态,完整的为好,断碎的为差。精茶的整碎主要评比各孔茶的拼配比例是否恰当,要求筛档匀称不脱档,面张茶平伏,下盘茶含量不超标,上、中、下三段茶互相衔接。

（5）净度　指茶叶中含夹杂物的程度。不含夹杂物的为净度好,反之则净度差。茶叶夹杂物有茶类夹杂物和非茶类夹杂物之分。茶类夹杂物指茶梗、茶籽、茶朴、茶末、毛衣等,非茶类夹杂物指采制、贮运中混入的杂物,如竹屑、杂草、砂石、棕毛等。

茶叶是供人们饮用的食品,要求符合卫生规定,对非茶类夹杂物或严重影响品质的杂质,必须拣剔干净,禁止混入茶中。对于茶梗、茶籽、茶朴等,应根据含量多少来评定品质优劣。

1.5.2　内质审评

内质审评汤色、香气、滋味、叶底4个项目,将杯中茶叶冲泡出的茶汤倒入审评碗,茶汤处理好后,先嗅杯中香气,后看碗中汤色(绿茶汤色易变,宜先看汤色后嗅香气),再尝滋味,

最后察看叶底。

1. 开汤

开汤,俗称泡茶或沏茶,为湿评内质重要步骤。开汤前应先将审评杯碗洗净擦干按号码次序排列在湿评台上。一般红、绿、黄、白散茶,称取样茶 3 g 投入审评杯内(毛茶如用 200 mL 容量的审评杯则称取样茶 4 g),杯盖应放入审评碗内,然后以沸滚适度的开水以慢快慢的速度冲泡满杯,泡水量应齐杯口一致。冲泡时第一杯起即应记时,并从低级茶泡起,随泡随加杯盖,盖孔朝向杯柄,5 min 时按冲泡次序将杯内茶汤滤入审评碗内,倒茶汤时,杯应卧搁在碗口上,杯中残余茶汁应完全滤尽。

开汤后应先嗅香气,快看汤色,再尝滋味,后评叶底,审评绿茶有时应先看汤色。但收茶站审评毛茶内质,除特种茶外,一般是以叶底为主,香味汤色作为参考,一般只要求正常。

2. 嗅香气

香气是依靠嗅觉而辨别。鉴评茶叶香气是通过泡茶使其内含的芳香物质挥发,挥发性物质的气流刺激鼻腔内嗅觉神经,出现不同类型不同程度的茶香。嗅觉感受器官是很敏感的,直接感受嗅觉的是嗅觉小胞中的嗅细胞。嗅细胞的表面为水样的分泌液所湿润,俗称鼻黏膜黏液,嗅细胞表面为负电性,当挥发性物质分子吸附到嗅细胞表面后就将表面的部分电荷发生改变而产生电流,使嗅神经的末梢接受刺激而兴奋,传递到大脑的嗅区而产生了香的嗅感。

嗅香气应一手拿住已倒出茶汤的审评杯,另一手半揭开杯盖,靠近杯沿用鼻轻嗅或深嗅,也有将整个鼻部深入杯内接近叶底以增加嗅感。为了正确判别香气的类型、高低和长短,嗅时应重复一二次,但每次嗅的时间不宜过久,因嗅觉易疲劳,嗅香过久,嗅觉失去灵敏感,一般是 2~3 s,不宜超过 5 s。另外,杯数较多时,嗅香时间拖长,冷热程度不一,就难以评比。每次嗅评时都将杯内叶底抖动翻个身,在未评定香气前,杯盖不得打开。

嗅香气应以热嗅、温嗅、冷嗅相结合进行。热嗅重点是辨别香气正常与否及香气类型及高低,但因茶汤刚倒出来,杯中蒸汽分子运动很强烈,嗅觉神经受到烫的刺激,敏感性受到一定的影响。因此,辨别香气的优次,还是以温嗅为宜,准确性较大。冷嗅主要是了解茶叶香气的持久程度,或者在评比当中有两种茶的香气在温嗅时不相上下,可根据冷嗅的余香程度来加以区别。审评茶叶香气最适合的叶底温度是 45~55 ℃。超过 60 ℃时感到烫鼻,低于30 ℃时茶香低沉,特别对染有烟气木气等异气茶随热气而挥发。凡一次审评若干杯茶叶香气时,为了区别各杯茶的香气,嗅评后分出香气的高低,把审评杯做前后移动,一般将香气好的往前推,次的往后摆,此项操作称为香气排队,审评香气不宜红、绿茶同时进行。审评香气时还应避免外界因素的干扰,如抽烟、擦香脂、香皂洗手等都会影响鉴别香气的准确性。

(1)嗅觉生理

①嗅觉的生理特点

嗅觉是辨别各种气味的感觉。嗅觉的感受器是嗅细胞,它存在于鼻腔上端的嗅黏膜(也称嗅上皮)中。正常呼吸时,气流携带挥发性物质分子,进入鼻腔,经过嗅上皮,穿越内鼻孔,进入肺部。在吸气过程,嗅上皮暴露,与气流接触,嗅觉细胞接受刺激,嗅觉从此开始发生。嗅觉的适宜刺激物必须具有挥发性和可溶性的特点,否则不易刺激嗅上皮,无法引起嗅觉。嗅细胞容易产生疲劳,而且当嗅觉细胞等中枢系统由于气味的刺激陷入负反馈状态时,感觉受到抑制,气味感消失,这便是对气味产生了适应性。所以,对产品气味的检查或对比,数量和时间都应尽量控制,以避免嗅觉疲劳。

嗅觉的个体差异很大,有嗅觉敏锐者和嗅觉迟钝者。嗅觉敏锐者并非对所有气味都敏锐,因不同气味而异。如长期人事评茶工作的人,其嗅觉对茶香的变化非常敏感。人的身体状况可以影响嗅觉器官。如人在感冒时,品尝茶叶的香味显然不如平常那样芳香扑鼻。当身体疲倦或营养不良时,都会引起嗅觉功能的降低。

②嗅觉理论和气味分类

根据当代信息论推算,有13种嗅觉受体,便可以对万种气味作出是非判断;若有20种以上嗅觉受体,则可以对万种气味迅速无误作出响应。迄今已有50多种嗅觉理论,都是试图找出有限的基本气味,用于解释不同的气味品质。这里仅介绍几种值得注意的嗅觉理论。

A. 立体化学理论　这一理论是Amoore在1964年提出的,其假设所有的气体分子都有不同的分子尺寸和形状,使其插入嗅觉受体的相应位置中,犹如钥匙与锁的位置关系。有五种受体位置接受气体分子尺寸和形状,另外两种位置接受与气体分子电荷相关的刺激性气味和腐烂气味。他比较了各种气味特性,提出了七种基本气味,即樟脑味、麝香味、花香味、薄荷香味、乙醚味、刺激味和腐烂味。任何一种气味的产生,都是由七种基本气味中几种气味混合的结果。

B. 膜刺激理论　膜刺激理论是Davies于1967年提出的。这种理论认为,气味分子被吸附在化学受体柱状神经薄膜的脂质膜界面上。在神经周围有水存在,吸附分子的亲水基朝向水并推动水,形成了空穴。离子进入这个空穴,神经产生响应。这一理论推导了气味分子功能团横切面概念与吸附自由能的热力学关系式,从而确定气体分子的尺寸、形状、功能团分布位置与吸附自由能之间的关系。

C. 振动理论　振动理论是Wright于1957年提出的。这一理论认为气味特性与气味分子振动特性相关。在体温条件下,气味分子的振动能量处在红外光谱或拉曼光谱区,特别是在$100 \sim 700 \ cm^{-1}$区,人的嗅觉受体能感受分子的振动能谱。这种理论解释现有的气味物质的分子光谱数据与气味特性的相关性,还能预测一些化合物的气味感觉特性。

(2)香气审评项目和审评因子

香气是茶叶冲泡后随水蒸气挥发出来的气味。茶叶的香气受茶树品种、产地、季节、采制方法等因素影响,使得各类茶具有独特的香气风格,如红茶的甜香、绿茶的清香、青茶的花果香等。即使是同一类茶,也会因产地不同而表现出地域性香气特点。审评茶叶香气时,除辨别香型外,主要比较香气的纯异、高低和长短。

①纯异　"纯"指某茶应有的香气,"异"指茶香中夹杂有其他气味。香气纯要区别三种情况,即茶类香、地域香和附加香。茶类香指某茶类应有的香气,如绿茶要清香,黄大茶要有锅巴香,黑茶和小种红茶要松烟香,青茶要带花香或果香,白茶要有毫香,红茶要有甜香等。在茶类香中又要注意区别产地香和季节香。产地香即高山、低山、洲地之区别,一般高山茶香气高于低山茶。季节香即不同季节香气之区别,我国红、绿茶一般是春茶香气高于夏秋茶;秋茶香气又比夏茶好;大叶种红茶香气则是夏秋茶比春茶好。地域香即地方特有香气,如同是炒青绿茶的嫩香、兰花香、熟板栗香等。同是红茶有蜜香、橘糖香、果香和玫瑰花香等地域性香气。附加香是指外源添加的香气,加以茶用香花茉莉花、珠兰花、白兰花、桂花等窨制的花茶,不仅具有茶叶香,而且还引入了花香。

异气指茶香不纯或沾染了外来气味,轻的尚能嗅到茶香,重的则以异气为主。香气不纯如烟焦、酸馊、陈霉、日晒、水闷、青草气等,还有鱼腥气、木气、油气、药气等。但传统黑茶及小种红茶均要求具有松烟香气。

②高低　香气高低可以从以下几方面来区别,即浓、鲜、清、纯、平、粗。所谓"浓"指香气高,充沛有活力,刺激性强。"鲜"犹如呼吸新鲜空气,有醒神爽快感。"清"则清爽新鲜之感,其刺激性不强。"纯"指香气一般,无粗杂异味。"平"指香气平淡但无异杂气味。"粗"则感觉有老叶粗辛气。

③长短　即香气的持久程度。从热嗅至冷嗅都能嗅到香气,表明香气长,反之则短。香气以高而长、鲜爽馥郁的好,高而短次之,低而粗为差。凡有烟、焦、酸、馊、霉、陈及其他异气的为低劣。

3. 看汤色

汤色靠视觉审评。茶叶开汤后,茶叶内含成分溶解在沸水中的溶液所呈现的色彩,称为汤色,又称水色,俗称汤门或水碗。审评汤色要及时,因茶汤中的成分和空气接触后很容易发生变化,所以有的反评汤色放在嗅香气之前。汤色易受光线强弱、茶碗规格、容量多少、排列位置、沉淀物多少、冲泡时间长短等各种外因的影响。冬季评茶,汤色随汤温下降逐渐变深,在相同的温度和时间内,红茶色变大于绿茶,大叶种大于小叶种,嫩茶大于老茶,新茶大于陈茶,在审评时应引起足够注意。如果各碗茶汤水平不一,应加调整。如茶汤混入茶渣残叶,应以网丝匙捞出,用茶匙在碗里打一圆圈,使沉淀物旋集于碗中央,然后开始审评,按汤色性质及深浅、明暗、清浊等评比优次。

(1)视觉生理

人类在世界,获取知识的过程中,90%的信息是靠视觉提供的。在感官审评中,视觉检查占有重要位置,几乎所有产品的检查都离不开视觉检查。在市场上销售的产品能否得到消费者的欢迎,往往取决于"第一印象",即视觉印象。

①视觉的生理特点　视觉的产生依赖于视觉的适宜刺激和视觉的生理机制。视觉的适宜刺激为波长380～780 nm电磁波。这部分电磁波又叫光波,属可见光部分,它仅占全部电磁波的1/70。可见光又分为两类:一类是由发光体直接发射出来,如太阳光、灯光等;另一类是光源照射到物体表面,由反光体把光反射出来。我们平常所见的光多数为反射光。在完全缺乏光源的环境中,就不会产生视觉。

②视觉的敏感性　在不同的光照条件下,眼睛对被观察物的敏感性是不同的。在明亮光线的作用下,人眼可以看清物体的外形和细小的地方,并能分辨出不同的颜色。但在暗弱光线的作用下,只能看到物体的外形,而且无彩色视觉,只有黑、白、灰视觉。所以,在感官审评中的视觉检查应在相同的光照条件下进行,特别是同一批次的样品检查。

(2)汤色审评项目和审评因子

汤色指茶叶冲泡后溶解在热水中的溶液所呈现的色泽。汤色审评要快,因为溶于热水中的多酚类等物质与空气接触后很易氧化变色,使绿茶汤色变黄变深,青茶汤色变红,红茶汤色变暗,尤以绿茶变化更快。故绿茶宜先看汤色,即使其他茶类,在嗅香前也宜先快看一遍汤色,做到心中有数,并在嗅香时,把汤色结合起来看。尤其在寒冷的冬季,避免嗅了香气,茶汤已变冷或变色。汤色审评主要从色度、亮度和清浊度三方面去评比。

①色度　指汤颜色。茶汤汤色除与茶树品种和鲜叶老嫩有关外,主要是制法不同,使各类茶具有不同颜色的汤色。评比时,主要从正常色、劣变色和陈变色三方面去看。

A. 正常色。即一个地区的鲜叶在正常采制条件下制成的茶叶，经冲泡后所呈现的汤色。如绿茶绿汤，绿中呈黄；红茶红汤，红艳明亮；青茶橙黄明亮；白茶浅黄明净；黄茶黄汤；黑茶橙黄浅明等。在正常的汤色中由于加工精细程度不同，虽属正常色，尚有优次之分，故对于正常汤色应进一步区别其浓淡和深浅。通常汤色深而亮，表明汤浓，物质丰富；汤色浅而明，则表明汤淡，物质不丰富。至于汤色的深浅，只能是同一地区的同一类茶作比较。

B. 劣变色。由于鲜味采运、摊放或初制不当等造成变质，汤色不正。如鲜叶处理不当，制成绿茶汤色轻则汤黄，重则变红；绿茶干燥炒焦，汤色变黄浊；红茶发酵过度，汤色变深暗等。

C. 陈变色。陈化是茶叶特性之一，在通常条件下贮存，随时间延长，陈化程度加深。如果绿茶初制时各工序间不能连接，或杀青后不能及时揉捻，或揉捻后不能及时干燥，则会使新茶制成陈茶色。绿茶的新茶，汤色绿而鲜明，陈茶则灰黄或昏暗。

②亮度　指亮暗程度。亮表明射入茶汤中的光线被吸收的少，反射出来的多，暗则相反。凡茶汤亮度好的，品质亦好。茶汤能一眼见底的为明亮，如绿茶看碗底反光强就明亮，红茶还可看汤面沿碗边的金黄色的圈（称金圈）的颜色和厚度，光圈的颜色正常，鲜明而厚的亮度好；光圈颜色不正且暗而窄的，亮度差，品质亦差。

③清浊度　指茶汤清澈或浑浊度。清指汤色纯净透明，无混杂，清澈见底。浊与混或浑含义相同，指汤不清，视线不易透过汤层，汤中有沉淀物或细小悬浮物，发生酸、馊、霉、陈变等劣变的茶叶，其茶汤多是浑浊不清。杀青炒焦的叶片，干燥烘焦或炒焦的碎片，冲泡后进入茶汤中产生沉淀，都能使茶汤浑而不清。但在浑汤中有两种情况要区别对待，其一是红茶汤的"冷后浑"或称"乳凝现象"，这是咖啡碱与多酚类物质的氧化产物茶黄素及茶红素间形成的络合物，它溶于热水，而不溶于冷水，茶汤冷却后，络合物即可析出而产生"冷后浑"，这是红茶品质好的表现。还有一种现象是诸如高级碧螺春、都匀毛尖等细嫩多毫的茶叶，一经冲泡，大量茸毛便悬浮于茶汤中，造成茶汤浑而不清，这其实也是表现此类茶叶品质好的现象。

4. 尝滋味

滋味是由味觉器官来区别的。茶叶是一种风味饮料，不同茶类或同一茶类而产地不同都各有独特的风味或味感特征，良好的味感是构成茶叶质量的重要因素之一。茶叶不同味感是因茶叶的呈味物质的数量与组成比例不同而异。味感有甜、酸、苦、辣、鲜、涩、咸、碱及金属味等。味觉感受器是满布舌面上的味蕾，味蕾接触到茶汤后，立即将受到刺激的兴奋波经过传入神经传导到中枢神经，经大脑综合分析后，于是有不同的味觉。舌头各部分的味蕾对不同味感的感受能力不同。如舌尖最易为甜味所兴奋，舌的两侧前部最易感觉咸味而两侧后部为酸味所兴奋，舌心对鲜味涩味最敏感，近舌根部位则易被苦味所兴奋。

审评滋味应在评汤色后立即进行，茶汤温度要适宜，一般以45～55 ℃较合评味要求，如茶汤温度超过70 ℃茶汤太烫时评味，味觉受强烈刺激而麻木，影响正常评味，如茶汤温度低于40 ℃，味觉受两方面因素影响，一是味觉尝温度较低的茶汤灵敏度差，二是茶汤中对滋味有关的物质溶解在热汤中多而协调，随着汤温下降，原溶解在热汤中的物质逐步被析出，汤味由协调变为不协调。评茶味时用瓷质汤匙从审评碗中取一浅匙（4～5 mL）吮入口内，由于舌的不同部位对滋味的感觉不同，茶汤入口在舌头上循环滚动，才能正确地较全面地辨别滋味。尝味后的茶汤一般不宜咽下，尝第二碗时，匙中残留茶液应倒尽或在白开水汤中漂净，不致互相影响。审评滋味主要按浓淡、强弱、鲜滞及纯异等评定优次。为了正确评味，在审评前最好不吃有强烈刺激味觉的食物，如辣椒、葱蒜、糖果等，并不宜吸烟，以保持味觉和嗅觉的灵敏度。

（1）味觉生理

①味觉的生理特点　味觉的感觉受体是味蕾，主要分布在舌的上面，特别是舌尖和舌侧缘的乳头上，会厌和咽后等处也有。乳头有茸状、轮廓、叶状和丝状四种。除丝状乳头外，茸状乳头主要分布在舌尖和舌侧部位，轮廓乳头呈"V"字形分布在舌根部位，叶状乳头主要位于靠近舌两侧后区。每个乳头的沟内有几千个味蕾。味蕾是由40～60个椭圆形味细胞和支持细胞组成，味觉细胞末端有纤毛，从味蕾的味孔伸出舌面。支配味蕾的神经末梢连接着味觉细胞。水溶性物质刺激味觉细胞，使其呈兴奋状态，由味觉神经立即传入神经中枢，进入大脑皮层，产生了味觉。

位于不同类乳头的味蕾对不同味的敏感性不同。茸状乳头对甜、咸味敏感，其中舌尖处对甜味，舌前部两侧对咸味敏感。轮廓乳头对苦味最敏感，叶状乳头对酸味最敏感。

从刺激味感受器到出现味觉，一般需1.5～4.0 ms。其中咸味的感觉最快，苦味的感觉最慢。所以，一般苦味总是在最后才有感觉。味觉的强度和出现味觉的时间与味刺激物（呈味物质）的水溶性有关。完全不溶于水的物质实际上是无味的。只有溶解在水中的物质才能刺激味觉神经，产生味觉，味觉产生的时间和维持时间长短因呈味物质的水溶性不同而有差异。水溶性好的物质味觉产生快消失也快，水溶性较差的物质味觉产生较慢，但维持时间较长。蔗糖和糖精就属于这不同的两类。

味觉与温度的关系很大。即使是相同的呈味物，相同的浓度，也因温度的不同而感觉不同。最能刺激味觉的温度在10～40 ℃之间，其中以30 ℃时味觉最为敏感。也就是说，接近舌温对味的敏感性最大，低于或高于此温度，各种味觉都稍有减弱。如甜味在50 ℃以上时，感觉明显地迟钝。

不同年龄的人对呈味物质的敏感性不同。随着年龄的增长，味觉逐渐衰退。据研究报道，50岁左右味觉敏感性明显衰退，甜味约减少1/2，苦味约减少1/3，咸味约减少1/4，但酸味减少不明显。

②四种基本味觉　关于味的分类方法，各国有一些差异，我国是"酸、甜、苦、辣、咸"，欧洲是"甜、酸、咸、苦、金属性、碱性"等。味觉生理分类认为，味觉与颜色的三原色相似，具有四原味，即甜、酸、咸、苦是四种基本味觉，其他所有的味觉都是由四原味组合而成。而辣味是呈味物质刺激口腔黏膜引起的一种痛觉，也伴有鼻腔黏膜以及皮肤的痛觉。涩味是物质使舌黏膜收敛引起的感觉。鲜味是由如味精与其他呈味物质配合产生的感觉。因此，有人把鲜味剂当作风味强化剂或增效剂。四原味与鲜味的刺激阈见表1-9。

表1-9　四原味与鲜味的刺激阈

味	物质	刺激阈（%）
咸	食盐	0.2
甜	砂糖	0.5
酸	醋酸	0.001 2
苦	奎宁	0.000 05
鲜	味精	0.03

（2）滋味审评项目和审评因子

滋味是评茶人的口感反应。茶叶是饮料，其饮用价值取决于滋味的好坏。审评滋味先要区别是否纯正，纯正的滋味可区别其浓淡、强弱、鲜、爽、醇、和。不纯的可区别其苦、涩、粗、异。

①纯正　指品质正常的茶应有的滋味。"浓"指浸出的内含物丰富，有厚的感觉。"淡"则相反，指内含物少，淡薄无味。"强"指茶汤吮入口中感到刺激性或收敛性强。"弱"则相反，入口刺激性弱，吐出茶汤口中味平淡。"鲜"似食新鲜水果感觉，"爽"指爽口。"醇"表示茶味尚浓，回味也爽，但刺激性欠强。"和"表示茶味平淡正常。

②不纯正　指滋味不正或变质有异味。其中苦味是茶汤滋味的特点，对苦味不能一概而论，应加以区别：如茶汤入口先微苦后回甘，这是好茶；先微苦后不苦也不甜者次之；先微苦后也苦又次之；先苦后更苦者最差。后两种味觉反映属苦味。"涩"似食生柿，有麻嘴、厚唇、紧舌之感。涩味轻重可从刺激的部位来区别，涩味轻的在舌面两侧有感觉，重一点的整个舌面有麻木感。一般茶汤的涩味，最重的也只在口腔和舌面有反映，先有涩感后不涩的属于茶汤味的特点，不属于味涩，最重的也只在口腔和舌面有反映，先有涩感后不涩的属于茶汤味的特点，不属于味涩，吐出茶汤仍有涩味才属涩味。涩味一方面表示品质老杂，另一方面是夏秋季节茶的标志。"粗"指粗老茶汤味在舌面感觉粗糙。"异"属不正常滋味，如酸、馊、霉、焦味等。

茶汤滋味与香气关系相当密切。评茶时凡能嗅到的各种香气，如花香、熟板栗香、青气、烟焦气味等，往往在评滋味时也能感受到。鉴别香气、滋味时可以互相辅证。一般说香气好，滋味也是好的。

5. 评叶底

评叶底主要靠视觉和触觉来判别，根据叶底的老嫩、匀杂、整碎、色泽和开展与否等来评定优次，同时还应注意有无其他掺杂。

评叶底是将杯中冲泡过的茶叶倒入叶底盘或放入审评盖的反面，也有放入白色搪瓷漂盘里，倒时要注意把细碎黏在杯壁杯底和杯盖的茶叶倒干净，用叶底盘或杯盖的先将叶张拌匀、铺开、撤平、观察其嫩度、匀度和色泽的优次。如感到不够明显时，可在盘里加茶汤撤平，再将茶汤徐徐倒出，使叶底平铺看或翻转看，或将叶底盘反扑倒在桌面上观察。用漂盘看则加清水漂叶，使叶张漂在水中观察分析。评叶底时，要充分发挥眼睛和手指的作用，手指按撤叶底的软硬、厚薄等。再看芽头和嫩叶含量、叶张卷摊、光糙、色泽及均匀度等区别好坏。

茶叶品质审评一般通过上述干茶外形和汤色、香气、滋味、叶底五个项目的综合观察，才能正确评定品质优次和等级价格的高低。实践证明，每一项目的审评不能单独反映出整个品质，但茶叶各个品质项目又不是单独形成和孤立存在的，相互之间有密切的相关性。因此综合审评结果时，每个审评项目之间，应作仔细的比较参证，然后再下结论。对于不相上下或有疑难的茶样，有时应冲泡双杯审评，取得正确评比结果。总之，评茶时要根据不同情况和要求具体掌握，有的选择重点项目审评，有的则要全面审评。凡进行感官审评时都应严格按照评茶程序和规则，以取得正确的结果。

（1）触觉生理

①触觉的生理特点

皮肤是人体面积最大的结构物质，具有辨别物体的机械特性和温度的感觉。皮肤受到机械刺激尚未引起变形时的感觉为触觉。若刺激强度增加,使皮肤变形,此时的感觉为压觉。二者是相互联系的。故又称为触压觉。而触摸觉是相对于触压觉而言的,即手部肌肉参与的主动触觉。

触觉的感觉器在有毛的皮肤中为毛发感受器,在无毛发的皮肤中主要是迈斯纳小体。压觉感受器是巴西环层小体。这些感受器接受了机械刺激后,产生神经冲动,并由传入神经将信息传到大脑皮层中央返回,产生触压觉。皮肤分布着冷点与温点,若以冷或温的刺激作用于冷点或温点,便可产生温度觉。

②触觉的敏感性

触压觉的感受器在皮肤内的分布不均匀,所以不同部位有不同的敏感性。四肢皮肤比躯干部敏感,手指尖的敏感性强。此外,不同皮肤区感受两点之间最小距离的能力也有所不同,舌尖具有最大敏感性,能分辨两个相隔 1.1 mm 的刺激。手指掌面能分辨 2.2 mm。

皮肤分布着冷点与温点,且冷点多于温点,两者之比为 4:1~10:1。所以,皮肤对冷敏感,而对热相对不敏感。面部皮肤对热和冷有最大敏感性。一般躯干部皮肤对冷的敏感性比四肢皮肤大。

③触觉的感官检查

触觉检查是用人的手、皮肤表面接触物体时产生的感觉来分辨,判断产品质量特性的一种感官检查。触觉检查主要用于检查产品表面的粗糙度、光滑度、软、硬、柔性、弹性、塑性、热、冷、潮湿等感觉。人体自身的皮肤(手指、手掌)是否光滑,对分辨物品表面的粗糙、光滑程度等也有影响。如果皮肤表面有伤口、炎症、裂痕时,触觉的误差会更大。

(2)叶底审评项目和审评因子

叶底即冲泡后剩下的茶渣。干茶冲泡时吸水膨胀,芽叶摊展,叶质老嫩、色泽、匀度及鲜叶加工合理与否,均可在叶底中暴露。看叶底主要依靠视觉和触觉,审评叶底的嫩度、色泽和匀度。

①嫩度　以芽及嫩叶含量比例和叶质老嫩来衡量。芽以含量多、粗而长得好,细而短的差,但应视品种和茶类要求不同而有所区别,如碧螺春细嫩多芽,其芽细而短、茸毛多。病芽和驻芽都不好。叶质老嫩可从软硬度和有无弹性来区别:手指撤压叶底柔软,放手后不松起的嫩度好;质硬有弹性,放手后松起表示粗老。叶脉隆起触手的为叶质老,叶脉不隆起平滑不触手的为嫩。叶边缘锯齿状明显的为老,反之为嫩。叶肉厚软的为嫩,软薄者次之,硬薄者为差。叶的大小与老嫩无关,因为大的叶片嫩度好也是常见的。

②色泽　主要看色度和亮度,其含义与干茶色泽相同。审评时掌握本茶类应有的色泽和当年新茶的正常色泽。如绿茶叶底以嫩绿、黄绿、翠绿明亮者为优;深绿较差;暗绿带青张或红梗红叶者次;青蓝叶底为紫色芽叶制成,在绿茶中认为品质差。红茶叶底以红艳、红亮为优;红暗、乌暗花杂者差。

③匀度　主要从老嫩、大小、厚薄、色泽和整碎去看。上述因子都较接近,一致匀称的为匀度好,反之则差。匀度与采制技术有关。匀度是评定叶底品质的辅助因子,匀度好不等于嫩度好,不匀也不等于鲜叶老。匀与不匀主要看芽叶组成和鲜叶加工合理与否。

审评叶底时还应注意看叶张舒展情况,是否掺杂等。因为干燥温度过高会使叶底缩紧,泡不开、不散条的为差,叶底完全摊开也不好,好的叶底应具备亮、嫩、厚、稍卷等几个或全部因子。次的为暗、老、薄、摊等几个或全部因子,有焦片、焦叶的更次,变质叶、烂叶为劣变茶。

茶叶感官审评就是利用人的视觉、嗅觉、味觉和触觉的生理特性,对茶叶品质的外形形状、色泽以及内质的香气、滋味、汤色、叶底作出全面、客观、公正的评价,确定其品质优次,是有科学依据的。而这种客观、公正评价的准确度,又是建立在评茶人员的业务素质上,评茶人员必须珍惜自己感官的灵敏度,经常注意积累各种茶或非茶的香味感受,有计划地、长期地进行系统感官训练;尽可能不沾烟酒,少吃带刺激性的食物。一个对各类茶叶品质特征极其了解,而又能快捷、准确地评定其品质优次的评茶师,无疑是我国茶叶行业的宝贵人才。

本章小结

茶叶品质是依靠人的嗅觉、味觉、视觉和触觉等感觉来评定的。而感官评茶是否正确,除评茶人员应具有敏锐的感官审评能力外,也要有良好的环境条件、设备条件及有序的评茶方法,诸如对评茶用具、评茶水质、茶水比例、评茶步骤及方法等,都作相应的规定。具体依据 GB/T 18797－2002《茶叶感官审评室基本条件》。

茶叶审评项目一般分干评外形和湿评内质。红、绿毛茶外形审评分条索、色泽、整碎、净度 4 项因子(或分嫩度、条索、色泽、整碎、净度 5 个因子),结合嗅干茶香气,手测毛茶水分。红、绿成品茶外形审评因子与毛茶相同。内质审评包括香气、汤色、滋味、叶底 4 个项目。评茶时必须内外干湿兼评,深入了解各个审评因子的内容,熟练地掌握审评方法,进行细致的综合分析、比较,以求得正确的审评结果。

思考题:

1. 简述评茶室的基本要求。
2. 简述评茶用具的种类与规格。
3. 简述不同茶类审评的茶水比例。
4. 简述评茶的基本程序。

第2章

茶叶品质形成

2.1　茶叶的形状

我国茶类多,品种花色丰富多彩,是世界其他产茶国无可比拟的。我国茶叶形状绚丽多姿,多数具有一定的艺术性,可供欣赏。有的形似花朵,有的具有完整叶片,茶叶形状是人们看得见摸得着的,既可区别花色品种,又可区分等级,因而是决定茶叶品质的重要项目。

2.1.1　形状的形成

干茶形状与叶底形状的形成,除与茶树品种和栽培条件等有关外,主要是制茶技术。

条形茶,经过杀青或萎凋,使叶子除去部分水分进行揉捻、揉紧条索,经过解块理条,再行烘干或炒干,烘干者茶条颖长扁直,表面毛糙,如条形红毛茶及烘青等。炒干的茶叶沿圆弧的锅壁滚动摩擦,加以茶叶自身相互挤压,愈滚愈紧,愈挤愈实,条索圆紧光滑。

圆形茶多为绿茶,揉捻初干后在专用的斜锅中采取相互挤压的作用逐步造型,先炒三青做成虾形、然后做对锅,做成圆茶坯,再做大锅做成紧结圆球形。

扁形茶从杀青后就要使用压扁手法,如龙井茶的青锅,分拖、抖、拓(搭)、摩、挺等手势,辉锅分拖拓、荡、钩、摩、吐等手势才能翻成扁平光滑的特有外形。

针状茶杀青后多系在平底锅或平底烘盒上紧条,搓揉时双手手指并拢平直,茶条从双手两侧平平落入平底锅或烘盒中,边搓条,边理直,边干燥,挺直似针,光滑圆浑。

片形茶造型只需保持叶片原来形状,不弯曲折叠,如六安瓜片,炒生锅时用特制的芒花帚翻动叶子,不起搓揉卷紧作用,只是转动受热均匀,使叶面平展,炒熟锅则须用扫帚轻拍压平叶子,拍压展平,而后烘干。

颗粒形茶的制法,须用特制的揉切机具,如碎红茶的传统制法采用揉切机,先揉成条索然后切碎成颗粒;采用 C.T.C. 制法,则揉叶成条后,经 C.T.C. 机的一快一慢两个合金钢滚筒的压碎、破裂、卷紧的作用,产生匀齐紧实的颗粒;采用转子机制法,揉叶经过转子的推进挤压后,进入切碎区,经绞切、破碎、卷曲,再进入花板切割,颗粒紧卷重实。莱格制法是先将叶子切成细丝,然后揉切成颗。

团块茶多系黑茶,也有红砖、绿砖。毛茶复制后经过汽蒸后灌模,再行机压或锤棒筑压成各种形状,各种团块形的茶叶均要求压紧,忌龟裂、断甑、要求形状端正,模纹清晰,棱角分明。

各种制法得出各种形状,相似形状的茶叶,又可能有两种全不相同的叶底形状。如圆珠形的珠茶和贡熙,珠茶芽叶完整,叶底盘卷成朵,而贡熙叶底则是半叶类型。

以上各种形状的茶叶,从审评角度来区别各分成许多不同的类型。

2.1.2 形状的类型

形状的类型分干茶形状的类型和叶底形状的类型两种。

1. 干茶形状的类型

各种干茶的形状,根据茶树品种、采制技术的不同,可分为长条形、卷曲条形、扁形、针形、尖形、花朵形、毛笔形、颗粒形、片末形、圆形、砖形、饼形、碗形及枕形等。

长条形 长条形茶的长度比宽度大许多倍,有的外表圆浑光滑,有的外表棱角毛糙,均要求紧结有锋苗。此类型茶数量极多,如绿茶中的炒青、烘青、晒青,特珍、珍眉、特针、雨茶,红茶中的工夫红茶、小种红茶及红碎茶中的叶茶(包括花橙黄白毫、橙黄白毫、白毫等),黑茶中的黑毛茶、湘尖、六堡茶及青茶中的水仙、岩茶等,特种茶中的信阳毛尖、韶峰茶、云雾茶、峨芯、黄芽等。

卷曲条形 凡鲜叶细嫩、满布白毫、条索紧细卷曲,此类型茶多属特种茶类如碧螺春、高桥银峰,都匀毛尖等。

圆形 分珠圆和腰圆两种形状。珠圆形如珠茶,滚圆细紧,状似珍珠。贡熙呈圆块状,有棱角。腰圆形如涌溪火青,呈腰、圆卷结,造型亦美。

螺钉形 凡鲜叶生长比较成熟成开面,一般为驻芽二、三叶,经制造中揉捻和包揉,茶条顶端扭转成"螺钉形",如青茶中闽南的铁观音、乌龙、色种等。

扁形 凡条形扁平挺直,制茶工艺中有专门做扁动作,属此类型的有龙井、旗枪、大方等茶,以龙井为典型。高级龙井扁平光滑,挺直尖削,芽稍长于叶,毫锋显露,形似"碗钉"。旗枪形状近似龙井,但不及龙井细嫩,平扁苗直,有旗(叶)有枪(芽)。高级大方,较龙井、旗枪均长而厚,鲜叶为一芽三、四叶,干茶形似竹叶,俗称"竹叶大方"。

针形 凡茶条紧圆挺直两端略尖似针状的属此类型,如银针、松针、雨花茶、玉露等。其中银针为肥实芽头制成,白毫满布,如白茶类的白毫银针,黄茶类的君山银针以及绿茶类的蒙顶石花等。松针形的茶系一芽一叶初展鲜叶制成,细紧圆直,白毫显露,茶条秀丽,形似松树针叶,如安化松针、南京雨花茶等。恩施玉露系蒸青茶,条细直,也具较锐锋苗;此外,日本蒸青玉露茶的形状亦属针形。

花朵形 凡鲜叶较嫩,制造中不经或稍经揉捻,再行烘干的茶叶,芽叶相连似花朵,如白牡丹,小兰花茶等。白牡丹要求一芽二叶毫心肥壮的鲜叶,采回后让其自然晾干收缩,干茶芽叶松展似花朵,芽毫银白,叶片灰绿调和。小兰花茶鲜叶为一芽二叶,杀青后稍经轻揉,再烘干,芽叶相连,芽有白毫,叶片稍卷,形似兰花开放。

尖形 凡干茶两叶抱芽,并自然伸展,两端略尖属此类,如太平猴魁,一芽二叶,芽壮叶厚,芽与两叶的尖端在自然状态下,如将三尖相连近似直线,经制造后二叶包芽,扁展似玉兰花瓣,若两叶包不住芽形似花朵,不合猴魁外形规格。

束形　凡经初制后的芽叶一条条顺理,用红绿丝线捆扎成不同形状的茶属此类,如束后形似菊花的菊花茶,束成毛笔形的龙须茶。

颗粒形　凡紧卷成颗,略具棱角的茶属此类型,如绿碎茶及红碎茶中的碎茶,红碎茶包括花碎橙黄白毫,碎橙黄白毫,碎白毫等,屑片形状皱褶,形似木耳,质稍轻,如花碎橙黄白毫片、碎橙黄白毫片、白毫片、橙黄片等。此外,采用冷冻干燥方法制成的速溶茶,呈不定型的颗粒状。而在显微镜下观察,则呈片状结晶。

片形　分整片形和碎片形两种,整片形如六安瓜片,叶缘略向叶背翻卷,形似瓜子。碎片形的有秀眉、三角片。

粉末形　凡体型小于34孔/英寸末茶,均属此类。如花香、副花香,红碎茶中的末茶等,其中红碎茶的末茶呈砂粒状,固体型较小,均属粉末型。

团块形　凡毛茶复制后经过蒸压造型呈团块形状的均属此类。成型工序分机压、锤棒、杠杆和重踩压造四种方法。机压的要求压紧,忌龟裂断甑,四角完整,棱角分明,商标字模清晰,这类团块型的有呈砖形的黑砖、花砖、茯砖、老青砖、米砖等。棍锤筑造的有枕形的金尖、康砖和芽细等。杠杆和铅饼压造的砖形的紧茶和普洱方茶及碗臼形的沱茶。用重踩压造的方包形散茶如六堡茶。过去黑茶的天、贡、生尖以及方包茶等。

2. 叶底形状的类型

叶底即冲泡后的茶渣,本来是废物,为什么把它作为品质项目?因为茶叶在冲泡时吸收水分涨大到鲜叶时的大小,比较直观,容易通过叶底分辨茶叶的真假,还可以大略分辨品种栽培情况,可以观察到采制中的一些问题,再结合其他品质项目,可较全面地综合分析品质特点及影响因素。

根据叶底的形态及叶质的软硬,大体可分类如下:

芽形　凡由单芽组成的叶底是属此型。如君山银针,白毫银针、蒙顶石花等。这类型叶底均具有欣赏性质,如君山银针,芽头肥实,冲泡时,芽尖骤顶水面,而后徐徐下沉,似金枪直立,再沉于杯底,又似鲜笋出土。芽影水光,交相辉映。芽形叶底一般呈雀咀张开,茸毛满布。

朵形　凡叶底芽叶完整成枝而扭盘成朵均属此类。如火青、猴魁、白牡丹、龙井、旗枪、小兰花、各种毛尖、毛峰等。高级珠茶,一芽二叶,芽叶亦完整成朵。

整叶形　凡由芽叶或单叶制成的茶的叶底,整叶或枝叶完整属于此类,一般炒青烘青及红毛茶叶底,未经精制,芽叶完整。六安瓜片系半成熟单叶制成,叶底全叶完整无缺,叶缘向叶背微卷。

半叶形　凡经过精制筛切整形后的条形茶精茶叶底,多呈半叶形状,如工夫红茶、珍眉绿茶等,因精茶外形匀整平伏,叶底基本大小匀齐一致,老嫩基本相同。

碎叶形　凡经过揉切破碎工序制成的毛茶或精茶叶底均属此类。如红碎茶的碎、片、末茶,绿碎茶、花香、秀眉等。

2.1.3　影响形状的因素

茶叶形状多样化的原因,主要是制茶工艺处理的多样化。但是,影响形状,尤其是干茶形状的因素却很多,如茶树品种、栽培条件、采摘标准等,这些一般不是形状形成的决定因素,对形状的优美和品质条件却很重要,个别的因素在某种程度上亦起着支配地位。弄清形状与这些因素的关系,对全面地、准确地审评形状,是非常必要的。

1. 形状与品种的关系

茶叶的形状与茶树品种有密切的关系,因制茶用的鲜叶是从茶树上采下的新梢,茶树品种不同,鲜叶的形状、叶质软硬,叶片的厚薄及茸毛的多少有明显的差别,鲜叶的内含成分也不尽相同,一般说鲜叶质地好,内含有效成分多,有利发挥制茶技术,有利造型,尤其是以品种命名的茶叶,一定要用该品种鲜叶采制,形状的特点才能具备该品种的叶子形态的特征,如水仙种鲜叶制,外形叶脉柄宽才能有"沟"状的特征。铁观音茶一定要用铁观音品种鲜叶制,龙井茶要用龙井种鲜叶制,才能具芽长过叶,形似碗钉,等等。除品种茶要用品种鲜叶制外,鲜叶形状、叶片的厚薄及芽叶上的茸毛多少与品种均有关系。

茶叶形状与鲜叶形状,品种不同,叶片的形状大、小不同,云南大叶种叶片大,适宜做体型大而壮的滇红功夫,及一、二套标准的红碎茶;小叶种叶片小,只适宜做体型小的龙井,碧螺春等。长叶形品种,适宜做条形、圆珠形茶,因圆珠形茶先做条,其后卷转成圆。椭圆叶形具有不长、不短、不宽、不狭的叶形特点,适制性强,可做各种形状不同的茶叶,如驰名中外的祁门功夫红茶,屯溪炒青都是用椭圆叶形的祁门槠叶种所制。外形美如"观音"的铁观音茶,是用椭圆形的铁观音品种做的。以形美、色翠、香郁、味甘四绝闻名的龙井茶,是用椭圆形的龙井种鲜叶做的。1965年全国茶树品种会议上推荐的20多个品种,按叶形统计,绝大多数属椭圆叶形品种,看来此叶型品种具高产、优质的特点。

品种不同,鲜叶的厚薄、软硬不同。各种茶形状不同对鲜叶厚薄、软硬的要求也不一样,如讲究外形的龙井茶,用薄而软的嫩叶才能做出扁平光削的外形,如用厚而硬或厚而软的鲜叶,最好的制茶技术也做不出符合龙井形状规格的茶。重内质的青茶类,一般要求鲜叶厚而脆,做青茶的优良品种铁观音、梅占、毛蟹等,都具有叶厚而硬脆的特点。如外形与内质兼重的绿茶类,则以厚而软的叶子为好,如休宁牛皮种、淳安鸠坑种、福鼎白毫等品种都是叶厚而软,是做上等炒青绿茶的材料。闽东烘青和凌云白毫茶采用的鲜叶也是厚而软,做出凌云白毫茶,条索肥壮重实,白毫显露。

品种不同,芽叶上茸毛多少不同,各种茶对外形白毫的要求也不同。如各种银针要求芽头肥壮、白毫满布,而福鼎白毫种,乐昌白毫种都具有芽壮而白毫满布的特点,适宜做银针茶。而佛手品种,芽壮毫少,不适于做银针,用来做青茶具有特殊的雪梨香,品质优异。

2. 形状与栽培条件的关系

茶树栽培条件有一般气候、土壤、地势地形及肥培管理等方面。栽培条件直接影响茶树生长,叶片的大小质地软硬及内含的化学成分,而鲜叶的质地及化学成分,是决定茶叶品质的物质基础,与茶叶形状品质有密切的关系。一般讲茶树生长在日照适度、水湿适宜、温软、土壤肥沃、保水、保肥、通气性良好、肥料充足并及时中耕除草,防治病虫害的环境中生长良好,正常芽叶多,叶厚实而质软,持嫩性好,内含可溶成分多,汁水多,这种鲜叶因叶质软,可塑性好,黏稠性高,黏合力大,有利做形,干茶重实,叶底柔软。反之,茶树生长在光照强、水湿差、温度高、土壤稀薄、保肥、保水、通气性差、肥培管理不当的环境中,则茶树生长差,对夹叶多,叶质硬,易老化,持嫩性差,内含可溶性物质下降,不溶性物质增多,汁水少。这种鲜叶质硬,易老化,持嫩性差,汁水少,黏稠性低,黏合力差,做形就比较困难而且干茶轻飘。

春、夏、秋茶品质季节性差异大,一般来说,春茶形状、嫩度、匀度较夏秋茶好。这与各季节气候特点有密切的关系。

春季天气温暖,日照适度,水湿适宜,茶树生长适合,茶树本身(在冬季贮藏)有一定养分供应,春茶前期肥培管理好。因此,春茶鲜叶具有叶肉厚,叶质柔软,新梢上、下叶形大小相似,芽头长而壮。春茶如用来做红、绿条形茶,条索紧结,有锋苗,老嫩均匀,身骨重实,嫩梗略扁,梗端卷曲,叶底老嫩均匀,柔软,叶脉平滑,不突起。大多数名茶用春茶,不用夏秋茶制,这与春茶鲜叶品质好有关。

夏季日照较强,气温较高,雨水较多,茶树生长很快,机械组织发达,纤维素含量高,易老化,夏茶叶肉薄,叶质粗而硬,叶脉突出,芽头短小,新梢上、下叶形大小与叶质老嫩相差明显,叶梗易老化,夏茶外形老嫩欠匀,条索松紧不一,芽头瘦小,叶脉突出,朴片较多,身骨较轻飘,嫩梢较细,梗基部圆形,木质化。叶底芽头短小,叶片老嫩大小不匀,叶张薄,叶质硬,叶脉较粗、突出、形状差。

秋季气候特点是秋高气爽,日照较强,气温较高,雨水较少,而茶树蒸腾作用强,水分平衡失调,茶树生长受阻碍,往往出现芽头短小,叶张薄,叶质硬,或大量对夹叶,鲜叶易老化,秋茶外形往往与夏茶相似。如雨水调匀,秋茶的品质,间于春、夏茶之间。

3. 形状与采摘的关系

鲜叶的老嫩,直接决定茶叶的老嫩,审评时干评外形、湿评叶底,都要鉴别嫩度。茶叶嫩度不同,叶子的形态与内含成均不相同。了解鲜叶形态和内含成分,对采、制、审评都有积极作用。

采摘的嫩度,同一品种在相同栽培条件下,茶叶老嫩的形态特点是不相同的,嫩叶形状小,叶质柔软,锯齿靠紧,锯齿有排水孔,叶脉较平滑,这种嫩叶因叶质柔软,制造中可塑性好,能做各种形状的茶叶。干茶重实,叶表组织平滑饱满,油润度好,品质好。

一定成熟的叶片较大,叶质有硬化感,锯齿之间分开。叶片基部老化,叶脉突出,叶端较嫩,叶脉平滑不突出。这种嫩度叶,可塑性较差,做形受到一定影响,如做条形茶呈现出半老半嫩的特点,即靠叶柄这头条较松,表面粗糙,叶脉突出,色较浅,靠叶尖这头,茶条尚紧,表面平滑叶色较深。品质一般。

老叶的叶片较大,叶质粗硬,叶缘锯齿明显,锯齿尖呈褐色,叶脉突出,粗糙。这种叶做条形茶,显粗松,碎片多,叶表粗糙,身骨轻飘,叶脉突出明显。叶底粗老,摊张叶多,较碎、质硬、色暗。品质差。

老嫩不匀的鲜叶,叶形有大、有小;叶质有软有硬,基础极不一致,初制技术很难适合两者的要求。这种鲜叶做的条形茶粗松,短碎,老嫩不匀,大小不一,色泽花杂,叶底老嫩不匀,短碎、花杂。

各种茶的形状不同,采摘标准也不同。如青茶要求采叶开面的新梢三、四叶,才能做成钉头状或螺旋形;黄大茶要求采一芽三、四叶,芽叶长 10～13 cm,才能做出大叶长枝,枝象钩杆的形状;君山银针要求采刚萌发叶片未展、芽内包有 3～4 片幼叶,芽头肥壮重实,长25～30 mm,宽 3～4 mm,芽基部 2～3 mm 长的嫩茎,干茶似银针,冲泡后,个个在杯中直立,不是横卧、斜躺。白牡丹要求一芽二叶,芽身要壮,白毫满布,才能制出芽叶相连,形似花朵的特点。红茶类及绿茶类的炒青、烘青、条茶等要求一芽二、三叶。在此嫩度范围内,芽叶组成比例不同,形状的大小、粗细、松紧不同,以祁红毛茶为例,鲜叶嫩度与茶叶形状关系见表 2-1。

表 2-1　各级祁红鲜叶和毛茶形状的关系

级别	采摘标准	鲜叶规格	形状
特级	一芽一至二叶	一芽一叶占重量 10%～20% 一芽二叶占重量 50%～60%	条索细紧,白毫多,毫头占 40%左右,黑褐油润,无梗杂
一级	一芽二至三叶	一芽二叶占重量 36%～50%	条索细紧,白毫多,毫头占 30%左右,黑褐油润,无梗杂
二级	一芽二至三叶	一芽二叶占重量 21%～35%	条索细紧,白毫多,毫头占 20%左右,黑褐油润,微有嫩茎梗,无杂物
三级	一芽二至三叶	一芽二叶占重量 12%～20%	条索尚紧,微有白毫,毫头占 10%左右,梗朴 3%以下
四级	一芽三叶	一芽三叶占重量 37%～45%	条索粗壮带结,色微花,梗朴 5%以上
五级	一芽三叶	一芽三叶占重量 37%～45%	条索粗松,色花杂,梗朴 7%以上

上述各种形状的类型,与精细严格的采摘要求是分不开的。

　　针形　安化松针采一芽一叶初展,白毫满布的幼嫩芽叶,严格做到"六不采",即不采虫伤芽叶,紫色叶,雨水叶,露水叶,节间过于长大或粗壮的芽叶。采摘特别注意不使芽叶受机械损伤,鲜叶采下后避免阳光直晒,并及时运送制茶厂,优质鲜嫩匀整的鲜叶才能做出细、直、圆、秀丽和尖锐如针的松针茶。

　　扁形　龙井茶,采摘细嫩,高级龙井茶采一芽一、二叶,芽长于叶,一般长在 3 cm 以下,要求芽叶均匀成朵,不带夹蒂、碎片,中级龙井茶采一芽二叶,一般长度在 3.5 cm 左右,芽尖与第一叶长度相等的较好,芽头短于第一叶的较差。采时手中不紧握,篮里不掀压,采后及时运送到茶厂,这种鲜叶才为高级龙井茶制出形似碗钉,扁平光滑,挺直尖削,小巧玲珑、均匀整齐,芽锋显露,无单叶条,叶底柔嫩成朵特点的龙井茶提供了物质条件。

　　卷曲条形　如碧螺春在清明前后 3～4 d 开采,音芽显露,一芽一叶初展,芽叶的总长度为 1.5 cm,每 0.5 kg 茶约 6 万个芽头,采回鲜叶要经精细的拣剔,将鱼叶、嫩茶果、二片叶拣去,拣净后用湿布遮盖,入晚进行炒制。这种鲜嫩芽叶才能具备制碧螺春条索纤细卷曲、满身白毫的外形特点。

　　片形　六安瓜片,采摘刚开面的一芽三、四叶,采回后进行扳片,老嫩分开,即三、四叶及一、二叶各放一堆,划一品质,便于炒制,老片、嫩片及梗子划一。制茶鲜叶嫩度一致,使叶缘向背面翻卷形瓜皮片状。如采摘太嫩,易做成麻绳条,采摘太老易制成摊片,都制不出外形合规格的瓜片形。

　　尖形　猴魁是尖型茶类的典型,它的品质具两叶抱一芽,扁而伸展、挺直,芽不外露,两头尖,似玉兰花瓣,并且叶肉肥嫩,肉里嵌毛,含毫不露,叶底成朵,平齐、肥厚、叶脉下凹,成泡形隆起。猴魁的品质特点,除品种及产地优越的自然条件外,也与特别精细严格的采摘分不开,猴魁采摘有"四拣八不要"的规定。四拣:拣山——拣高山、阴山,茶树长势好的茶园;拣棵——拣生长健壮的柿大茶茶棵;拣枝——拣芽叶匀整、肥大、叶片发乌,枝杆粗壮,节间短挺直的茶枝采摘;拣尖——出早工在雾中采摘,雾退(10:00)收工。采回后将鲜叶倒在"拣板"上,一朵一朵选芽叶肥壮正常,老嫩适度一致的一芽二叶(所谓两刀一枪)。第二片叶以刚开面,即叶缘锯齿不明显,摊平而不老。老了成茶翘散,嫩了成条。在拣尖中有八不要:无尖不要,小不要,大不要,瘦不要,弯曲不要,病虫害的不要,色淡不要,紫色不要。采摘标准一芽三、四叶,拣尖时将第二叶以下的叶片连梗折去,制成魁片花色。

此外,形状与贮藏条件也有关系。足干的茶叶贮藏在不受外力挤压的茶箱或茶筒中,水分保持原来水平,经贮藏,茶叶的直度比贮藏前好。茶叶贮藏在软质的容器,如塑料袋或布袋中,遭受外力的挤压,往往下盘茶比贮藏前多些。

足干的茶叶贮藏在干燥的环境中,形状变化很小,贮藏在湿度较大的环境中,茶叶吸收水分而形状涨大,松开,发软,吸水过多,如含水量超过12%,往往霉菌孳生而霉变。出现霉花,菌丝,霉变严重的茶叶各个个体粘在一起结成块状,霉轻的叶底筋骨差,霉严重的叶底霉烂不成形。

茶叶贮藏时间长,叶底发展发硬感。

要使茶叶在贮藏中形状相对稳定,茶叶要充分干燥,含水量控制在6%以下,贮藏环境要干燥,最好贮藏在防潮的茶箱或茶筒中。

2.2 茶叶色泽

茶叶色泽包括干茶色泽、汤色和叶底色泽三个方面。色泽是鲜叶内含物质经制茶发生不同程度降解、氧化聚合变化的总反映。色泽是茶叶分类的重要依据;也是区别品质优次的重要因子,是茶叶主要品种特征之一。茶叶的色泽与香气、滋味有内在联系,色泽的微小变化易被人们视觉感知,审评时抓住色泽因子,便可从不同的色泽中推知香味优劣的大致情况。茶叶色泽因鲜叶和加工方法不同而表现出明显的差别。

2.2.1 色泽的形成

色泽与鲜叶中的有色物质及其在制茶中的变化有关。鲜叶中存在着各种有色物质,主要有叶绿素、胡萝卜素、叶黄素、黄酮类物质和花青素等。前三种属汁溶性色素、后两种属水溶性色素。叶绿素是鲜叶中的重要色素,一般含量占干物质重量0.24%～0.85%,在正常情况下,其他色素被叶绿素掩盖,故鲜叶呈绿色。当叶绿素破坏减少后,黄色显露出来。叶绿素有a、b两种,叶绿素a呈深绿色,叶绿素b呈黄绿色。鲜叶中叶绿素a和b的含量及其比例不同,所以鲜叶有黄绿色和深绿色不同。胡萝卜素呈黄色或橙色,在鲜叶中含量为0.018%,在制茶过程中易被破坏。叶黄素呈黄色,含量0.045%,在制茶过程中减少甚微。黄酮醇含量为3%～4%,呈黄色,易氧化,产物大都呈黄色或棕红色。花青素呈红、紫、蓝色,紫芽种或紫色芽叶中花青素含量高达5～10 mg/g。黄烷醇类含量占干物质12%～

24％,其水溶液无色。

1. 绿茶的有色物质

绿茶经高温杀青,破坏酶的活性,制止了多酚类的酶促氧化。有色物质与红茶类不同。

绿茶的干茶色泽和冲泡后的汤色是茶叶中有色物质综合反应的结果。绿茶中的有色物质,有的是鲜叶中有的,有的是在制造过程中转化而来的。绿茶的有色物质也分脂溶性和水溶性色素两种,脂溶性色素主要有叶绿素、胡萝卜素、叶黄素。叶绿素 a 在制造中转化和破坏较多,经杀青、烘炒后残留甚少,而叶绿素 b 尚存有 30％,同时还有少量脱镁叶绿素存在,为褐色。胡萝卜素含量在鲜叶中为 17.5 mg/g,制成绿茶后为 15.2 mg/g。叶黄素含量在鲜叶中为 4.5 mg/g,制成绿茶为 2.3％～4.2 mg/g。

水溶性色素主要有黄酮醇(即花黄素),花青素、黄烷酮、黄烷醇及其氧化物。黄酮醇在茶叶中发现 23 种之多,含量为 1.3％～2％,呈黄色。在制茶过程中氧化产物呈橙黄色或棕红色,是绿茶汤暗黄或泛红的原因之一。花青素含量高时干茶发暗,汤色深暗,叶底呈靛蓝色,对品质有不利的影响。黄烷酮类发现 19 种,它们具有高水溶性,在水溶液中呈深黄绿色。黄烷醇在绿茶中发生氧化聚合等变化,其产物有部分溶于茶汤呈黄色或棕红色。黄烷醇氧化后与氨基酸作用能形成有色物质。

茶叶表面的油润度与果胶物质等黏稠物质含量有关。鲜叶嫩果胶物质含量多,干茶油润度好。老叶含量少,干茶枯而不润。

2. 红茶中的有色物质

红茶的色泽也是茶叶中的有色物质综合反映的结果。红茶中的有色物质有胡萝卜素、叶黄素、叶绿素及多酚类物质氧化产物。多酚类物质氧化产物是红茶的主要有色物质。鲜叶中叶绿素含量高的红茶,对红茶色泽不利,往往显青褐色。制红茶的鲜叶以黄绿色为好。如红茶萎凋、揉捻、发酵程度不足,叶绿素破坏不多,而其他有色物质变化不足时,红茶产生干茶泛青,叶底花青等不良色泽。

红茶制造过程中,多酚类物质的氧化聚合产物,是一些有色的物质,这些有色物质在干燥中随水分蒸发而浓缩,与其他有色物质综合反映,使干茶色泽呈现乌黑油润的特征。至于红茶汤色主要是茶黄素类和茶红素类。茶黄素是红茶汤色鲜明亮度的重要因素,含量为 0.4％～1.8％,此物质还具有鲜爽、强烈的味感。茶红素类是复杂的混合物,是红茶红色程度的主体,与叶底色度也有关,含量为 7％～17％。茶黄素类和茶红素类物质的多少及其比率大小,是构成茶汤色泽的主要因素,对红茶汤色深浅和明暗有关。两者含量高,比例适当,则汤色红艳明亮,冲以牛奶呈乳色红、棕红、粉红鲜亮;如果茶黄素含量比例多,茶红素过少,茶汤偏黄、叶底红黄色。深度不够,这是发酵不足或过轻的特征。若茶红素含量比例过高,茶黄素过少,即茶黄素过多转化为茶红素,茶汤转暗红不鲜亮,叶底暗红。这是发酵过度或偏重的象征。而且茶红素能进一步氧化成为茶褐素,使叶底出现暗叶。

红茶汤品质的好坏,除与多酚类有十分密切的关系外,与咖啡碱含量亦有关系,优良的茶汤常有“冷后浑”现象的出现,这主要是茶黄素、茶红素与咖啡碱形成乳状络合物,这种物质在热水中溶解度高,其溶解度随温度下降而降低,在茶汤中含量高时会出现“冷后浑”。茶汤中的乳状络合物的色泽和茶汤一样,随着茶黄素与茶红素的比值而异,比值小时橙黄色,比值大时色灰暗(表 2-2)。

表 2-2　汤色与茶黄素茶红素的关系

花色	茶黄素(%) TF	茶红素(%) TR	TR/TF	汤色	
				水色	乳色
B.O.P.F	0.52	11.89	22.8	浓欠亮	浓而姜黄
B.O.P.F	1.01	14.42	14.3	明亮	棕黄明亮
B.O.P.F	1.59	16.15	10.2	欠深	粉红明亮

注:四川新生茶场样茶。

各种茶叶有各自的色泽特点,现分别按干色泽、汤色及叶底色泽分类型如下。

2.2.2　色泽的类型

1. 干茶色泽的类型

干茶色泽的类型,是帮助我们鉴别茶叶品质是否正常的依据。干茶色泽要求正常、调和、忌花杂和枯暗。现将各种正常的干茶色泽类型列下:

翠绿型　鲜叶嫩度好,为一芽一、二叶初展,新鲜、绿茶制法、杀青质量好、迅速破坏酶活性、其余工序处理合理、及时、并具有香清鲜或清花香、味鲜醇、汤浅色鲜亮,叶底嫩绿鲜亮。属此类型的茶为高级绿茶、瓜片、龙井、旗枪、庐山云雾、高桥银锋、峨芯、蒙顶甘露及部分毛尖、毛峰等新茶。

深绿型　鲜叶嫩度好,为一芽二叶,新鲜、绿茶制法、杀青投叶量较多、质量好、其余工序处理及时、合理、外形条形紧结、色泽深绿、汤色绿亮、叶底嫩绿明亮,属此类型的茶有高级炒青、珍眉、太平猴魁等。深绿在评茶术语上也有作为苍绿。

墨绿型　鲜叶尚嫩,一般分为一芽二、三叶制成烘青绿茶,外形色泽墨绿光润。珠茶、火青亦属此色型。

黄绿型　鲜叶嫩度一般为一芽三叶,第三叶已近成熟,或相应嫩度的对夹叶,制工正常的中下档烘青、炒青等属此色型。

浅黄型　鲜叶细嫩,一芽一叶初展或开展,经杀青闷黄等工序的黄茶属此型。干茶色泽浅黄,茸毛满布,如蒙顶黄芽、平阳黄汤等。

金黄型　凡鲜叶细嫩,或单芽或一芽一叶初展,经制造后干茶色泽金黄,如君山银针属此型。芽头肥壮,芽色金黄,芽毫闪光,有"金镶玉"之称。沩山毛尖亦属此色型、俗称寸金茶。黄山毛峰金黄隐翠,俗称"象牙色"。

黄褐型　干茶色泽黄中带褐,如黄茶中之黄大茶,叶色褐黄油润,梗色棕褐。

黑褐型　干茶色泽黑褐,如黑毛茶及黑茶中的六堡茶、湘尖等。

灰绿型　凡鲜叶细嫩,单芽或一芽二叶初展,经制造后干茶色泽绿中带灰白,如白茶中的白牡丹,毫心银白,叶面灰绿,叶背铁青色,白毫银针为"银白灰绿"的,满布白毫。珍眉上霜亦称灰绿色。

铁青型　干茶色泽铁青,背面灰绿属此类型,如白茶贡眉。

砂绿型　干茶色泽呈砂绿并具光泽,俗称"砂绿润",如铁观音、乌龙等茶色泽。而高级铁观音还须青蒂绿腹蜻蜓头——即叶基青色,叶中绿、头部红色的三节色。

青褐型　干茶色泽褐中泛青属此型,如青茶中水仙的色泽。

乌黑型　干茶色泽乌黑而有光泽,如功夫红茶,高级条形红毛茶,系用一芽二叶的鲜叶制成。传统制法的红碎茶碎茶上档往往具有乌黑型色泽。

黑褐型　干茶色泽黑褐而不乌亮属此型。如功夫红茶中级、传统制法的红碎茶中档茶的色泽。

棕红型　干茶色泽棕红,如转子机或 C.T.C. 制法的红碎茶的碎、片、末茶,功夫红茶的花香的外形色泽均属此类型。

2. 汤色和叶底色泽类型

汤色和叶底的色泽,无论从色相、亮度、鲜度上均有区别,但审评角度不同,习惯上使用同等评语予以表达,因而列入同一色泽类型。

浅绿型　凡鲜叶柔嫩为一芽二叶初展、绿茶制法,揉捻轻,细胞破坏率不高,制造及时、合理,一般香清鲜、味鲜醇、汤色叶底浅绿鲜亮,属此类型的茶大多数为名茶,如猴魁、庐山云雾、银锋、松针、石亭绿、毛峰、毛尖等。

碧绿型　凡鲜叶细嫩,制造得法的高级龙井,具有碧绿的汤色和叶底。但审评习惯上,属此类型的叶底又称翠绿。高级玉露茶的汤色和叶底亦属此类型。

深绿型　凡鲜叶为一芽二叶展开,制造中采用高温透杀轻揉烘干的叶底,属此类型。如多数的烘青,叶底带深绿色。

黄绿型　凡鲜叶为一芽二、三叶,新鲜,绿茶制法,全用炒干的汤色和叶底,绿中有黄,均属此类型。

浅黄型　凡鲜叶幼嫩,全芽或一芽一叶初展,新鲜,杀青后稍有闷黄或经初包、复包的黄茶汤色和叶底,均属此类型。

金黄型　凡鲜叶具一定的成熟度,青茶制法,汤色金黄属此类型。如铁观音汤色金黄,又称"茶油色"。

橙黄型　凡鲜叶具有一定的成熟度,青茶中的岩茶制法,多酚类氧化程度较深,具有橙黄的汤色属此类型。如闽北水仙。

紫红型　凡具一定嫩度的鲜叶,经杀青后渥堆较重,多酚类氧化程度深,具紫红的汤色,属此类型,如黑茶中的六堡茶。

黄褐型　凡鲜叶较粗老,杀青后有闷黄或渥堆过程的茶叶叶底,属此类型,如黑茶中的黑毛茶,黄茶中黄大茶的叶底色泽。

青褐型　凡鲜叶具一定成熟,青茶制法,经萎凋、摇青,多酚类作轻度氧化,后经杀青,保持一定的青绿色的叶底色泽,属此类型,如青茶、中间青、边缘红褐,俗称"绿叶红镶边"的叶底色泽。

红艳型　凡鲜叶内含物质丰富、尤其是多酚类含量高、新鲜、红茶制法、制造及时、合理。味浓、强、鲜、叶底红艳。属红茶最优良汤色和叶底色泽。

红亮型　凡鲜叶较嫩、新鲜、红茶制法、制造及时、合理、干茶黑褐油润、味醇厚、叶底红亮、属较好的红茶汤色和叶底色泽。

红暗型　凡鲜叶粗老、汤色、叶色红而发暗,均属此类型,如低级红茶汤色和叶底色泽。

2.2.3　影响色泽的因素

茶鲜叶本身具有的各种内含物,经过不同的制造技术处理,形成以上各类型的干茶,茶汤和叶底的色泽,是色泽形成的主要原因,而影响色泽的因素也是多方面的。现将色泽有关的几个因素分述如下:

1. 色泽与品种的关系

茶树品种不同,叶子中所含的色素及其他成分也不同,叶片呈现出深绿、黄绿、紫色等不同的颜色,这些不同颜色的鲜叶与适制茶类有一定的关系。深绿色叶子蛋白质、叶绿素含量较高,多酚类的含量较低,这种色型的优良品种有淳安鸠坑种、大叶乌龙(又叫高脚乌龙)、紫阳槠叶种、休宁牛皮种等适制绿茶,制绿茶干茶色绿,汤色叶底绿亮,香味也好,如用来制红茶则因多酚类含量低、叶绿素含量高,制成干茶色泽青褐,叶底乌暗,味淡薄。这是因为有利红茶的多酚类含量低,不利红茶的叶绿素含量高影响的结果。黄绿色叶子一般内含多酚类含量高,而蛋白质和叶绿素含量低些,这种色型的优良品种有云南大叶种、英红(一号)高桥早、槠叶齐、崇庆枇杷种、祁门九号、安徽一号、云台山大叶种、迎春种等。如用来制红茶,干茶色泽乌黑油润、汤色、叶底艳红、味浓、香高品质好,如用来做绿茶品质表现不如红茶。

福建水仙、湘波绿、祁门槠叶种等,它们的颜色不同,有绿、有黄绿,但水浸出物及多酚类等的含量较高,水浸出物为 37%~44%,多酚类为 22%~24%,鲜叶物质基础较好,采用合理的制茶工艺,制红、绿茶品质均适宜。

紫芽种的叶子中花青素含量高,做红、绿茶的色泽均差,做红茶汤深红,叶底乌暗花青,做绿茶茶汤暗淡,发黑,叶底靛青色,夹有紫蓝色。

2. 色泽与栽培条件的关系

栽培条件综合影响茶树的生长及叶子的颜色,与茶叶色泽有较密切的关系。

茶区纬度不同、温度、湿度、日照长短、强弱等气候因素不同,茶叶的叶色及内含成分也不同。一般讲纬度低的茶区,温度高,日照强,适合大叶种生长,内含水浸出物、多酚类、儿茶素的含量高,酶的活性强,这种鲜叶制成红茶,汤色及叶底红艳,品质好,制绿茶干茶色深暗、汤色叶底较黄,品质不如红茶。纬度高的偏北茶区,适合于小叶种生长,鲜叶中叶绿素、蛋白质含量高,多酚类含量较低,酶活性较弱,这种鲜叶制绿茶干茶的汤色和叶底绿亮、品质好,如用来制红茶,则干茶叶底青暗、味淡、品质差。

高山、平地地势不同,气候因素不同。我国宜茶地区的高山,一般是云雾弥漫,雨量充沛,日照时间短而弱,漫射光占优势,日夜温差大,土壤肥沃,茶树生长正常,叶质柔软,持嫩性好,这种鲜叶用来制茶,干茶光泽特好,群众称它为"宝色",如特级黄山毛峰,干茶具金黄色,又叫象牙色。又如武夷水仙,干茶具碧砂宝色,都具色泽调匀的特点。一般平地茶园,光照较强,多直射光、气温高,温度低,持嫩性差,叶子易老化,叶质硬,内含水浸出物等有效成分降低,不利品质的纤维素含量增多,这种鲜叶做茶叶,色枯而不活,品质差。要提高平地茶叶的品质,创造建立适宜茶树的小气候很有必要。

阴山、阴坡、阳山、阳坡地势、地形不同,气候土壤不同。一般阴山、阴坡光照时间短,湿度高,温度低,土壤中有机质丰富,有利于蛋白质、叶绿素形成,茶叶叶质柔软,持嫩性好,制绿茶色绿汤清品质好,干茶叶底色泽调和,制红茶色泽较暗。反之,阳山、阳坡日照长而强,湿度低,温度高,茶叶机械组织发达,易老化、叶质硬,这种鲜叶制茶露筋梗,色花杂,对品质不利,如能加强水肥、遮阴等栽培措施,有利提高茶叶产量和质量。土壤是茶树生长的基地、扎根的场所,又是茶树生长吸收水分和养分最主要的地方,土壤种类不同,它们的质地、结构、土层深度及通气、保水、保肥的状况不同,生长在不同土壤上的茶树,茶叶的品质必然不同(表2-3)。

黑油砂土,冲积土壤肥沃,有机质含量高,茶树生长在这些土壤中,叶片肥厚、色绿,做绿茶色绿油润,汤绿清澈明亮,叶底绿色调匀,并且味醇厚,耐冲泡,品质好。

水肥供给充足,茶树生长好,正常芽叶多,叶质柔软,持嫩性好,制茶色泽一致,油润。反之,干旱或缺肥,茶树生长受阻碍,叶子瘦小,叶质硬,易老化,机械组织发达纤维素含量增加,持嫩性差,对夹叶多,这种鲜叶制茶,干茶色泽干枯、花杂、叶底也花杂、品质差。

表 2-3　不同土壤与茶叶品质的关系

土壤类别	感官审评			
	香气	汤色	滋味	叶底
黄绿色页岩风化而成的换色粗骨土	高	红、淡明	浓	红色
浅灰色细砂质石灰岩风化而成的黄壤	青气	较淡	青气	青暗
第四纪黄色黏土发育而成的黄壤	稍带青气	红深	稍带青气	红暗

不同季节、气候特点不同,茶树生长及叶片色泽不同,黄酮类成分的含量也不同(表2-4),春季温度逐渐上升,日照适度,水湿适宜,茶树生长好,芽毫肥壮,新梢上、下叶嫩度相近,蛋白质、黄酮类含量高。春茶色泽特征:红茶乌黑油润、叶底红匀;绿茶色泽绿润,叶底绿匀,汤绿亮,品质好。

表 2-4　不同季节黄酮类主要成分含量

季别　黄酮类	头茶(%)	二茶(%)
槲皮甙	0.49	0.22
飞燕草甙	0.35	0.16
云香甙	0.15	0.05

夏茶季节气温高,日照强,茶叶生长很快,易老化,芽头小,新梢上、下叶老嫩差异大,多酚类及花青素含量高,而蛋白质、黄酮类含量低,影响夏茶色泽,制绿茶色泽青绿带暗,叶底靛蓝色,制红茶色红褐,汤色、叶底尚红亮。

秋茶温度高,在水温供应差的情况下,茶树生长受阻碍,对夹叶多,正常叶少,制绿茶色泽青绿不匀,汤色较浅暗,叶底青绿较暗,制红茶干茶棕红色,汤红尚明,叶底红暗。

茶树受病、虫危害,产量降低,茶叶品质也下降,尤其是芽叶害虫,如蚜虫、绿盲蝽象、小绿叶蝉等,危害幼嫩芽叶,受害叶出现萎缩、破碎并留下害斑点,致使成茶品质不正常,如用蚜虫为害叶制茶,干茶叶底破碎不匀整,能看到蚜虫残体。汤色暗,影响品质影响卫生。茶绿盲蝽象为害叶用以制绿茶,外形松碎,干茶色花,叶底破碎、不匀整,有为害斑点,色泽黄暗、味浓涩不正常。小绿叶蝉为害叶萎缩、变红、叶质脆硬,制茶外形和内质均差。

3. 色泽与采制的关系

茶叶嫩度不同,叶片色泽及内含成分也不同,采摘必须照各种茶标准要求进行。这样可为各种茶提供合乎要求的鲜叶,制出干茶、叶底色泽才能调匀直,采摘的鲜叶老嫩混杂,制出茶的色泽花杂。

采摘下的鲜叶要保持新鲜,加上制茶及时、合理,茶叶色泽才具鲜活、汤色明亮,叶底鲜亮的特点。反之,采下的鲜叶放在茶篮中压得太紧,放的时间太长,或放在太阳晒到的场所、鲜叶发热、变质、变红。这种鲜叶制茶、干茶色花枯、汤色暗浊、叶底花杂,发暗或红梗红叶,香味低次、品质下降。

采摘鲜叶切忌机械损伤,鲜叶受机械损伤严重,叶子发热、红变。这种鲜叶制的茶,干茶色暗、绿茶汤变橙红或红汤、叶底红暗花杂,红茶汤暗、叶底红暗、香味也低次。采摘还需做到不同品种分开,不同颜色叶子分开,不同时间的分开,使鲜叶老嫩度、匀度、新鲜度、色泽一致,干茶色泽才会一致。

鲜叶是绿色的,经不同的制茶工艺,就可制出绿、黄、青、白、红等不同颜色的茶类,这说明茶叶色泽与制茶关系密切,各茶类制造合理就能得到各茶类所需的色泽,制造不合理就会产生不合理要求的色泽,茶类不同,影响色泽的因素也不同。现以红、绿茶为例,分述如下:

绿茶类的干茶色泽,制造正常的色泽,鲜嫩芽叶的干茶翠绿或绿色,叶底绿色明亮。如果制茶不正常,绿色灰暗或绿色不鲜活,虽鲜叶肥嫩,但杀青程度偏轻,茶汁多与铁锅作用,形成部分多酚铁盐,或炒干时温度低,滚炒时间长等原因而产生。暗黄是鲜叶贮存堆积过久,或湿坯堆积过长,炒干温度过低,叶量过多,时间长,干燥不及时闷黄所致。焦黄是由于炒干温度过高,时间过长。爆点在条索边缘,尖端或嫩茎有黄白色泡点,由于炒干火温过高。暗褐红梗是杀青不足或不匀,火温太低,鲜叶摊放过厚过久,局部产生红梗"红变"。紫色芽叶制的干茶呈现暗褐色泽。此外杀青火温太高、翻拌不匀,则产生焦斑焦叶。而鲜叶老嫩混杂、净度差、杀青不匀则叶色花杂。

绿茶的汤色,制茶正常的一般是黄绿明亮。制茶不正常的,如杀青闷炒、热揉、炒坯温度低、时间长或投叶量多,制茶过程高温时间长,绿茶就会产生黄汤。而杀青温度低、不足、不匀则产生红汤。或者鲜叶嫩、揉捻重,鲜叶或湿坯变质,制茶场所不清洁,汤色就浑浊。紫色芽叶制成的,汤色往往深暗。

绿茶叶底色泽,制茶正常的绿色鲜亮或黄绿明亮,不正常的,则有时产生红梗红叶,原因是鲜叶红变、杀青温度过低,杀青程度不足,杀青操作不匀而引起。靛蓝色是紫芽鲜叶或雨水叶杀青不匀。青绿色是杀青温度高,时间短,未抖散。黄暗是杀青闷炒或闷炒时间长,烘坯、炒坯温度低、投叶量多,时间长,杀青后加工不及时,时间长等原因而产生。花杂是鲜叶老嫩混杂、杀青不匀所产生。焦斑叶是杀青温度太高,叶量少,翻炒不匀所致。

红茶类的干茶色泽,制工正常的红褐油润或乌黑油润,芽毫金黄色。不正常的则有时产生枯黑色。芽毫褐色,是由于鲜叶红变,发酵过度,烘培火温过高。青褐色及芽毫白色,是由萎凋过度,揉捻不足,发酵不足引起。灰褐色,芽毫灰色,鲜叶瘦薄,萎凋过嫩,揉捻茶汁流失。花枯是鲜叶老嫩不匀,夹杂物多,萎凋不匀,揉捻、发酵不足。

红茶的汤色,制茶正常的呈红艳或红亮。而汤色红暗,是鲜叶变质,发酵过度所致。汤色浅黄,往往是揉捻或发酵不足所致。

叶底色泽,制工正常的叶底红艳或红亮。不正常的则产生花青,主要是因为揉捻和发酵不足、不匀。乌暗是鲜叶粗老或红变,发酵过度,烘干不及时所致。

4. 色泽与贮藏的关系

茶叶贮藏条件好,色泽比较稳定,变化小,茶叶贮藏条件不好,色泽变化很大,影响品质。贮藏中影响色泽变化主要有水分、温度、氧气和光线几个方面:

(1)色泽变化与水分 茶叶含水量在5%以下较耐贮藏,含水量的增高则促进茶叶内含物的氧化反应,这种反应释放出部分热能,在茶堆中积累,堆温逐渐增高,而温度升高又加速化学反应的进行,茶叶品质随之陈化,干茶色泽由鲜变枯,汤色、叶底色泽由亮变暗。

(2)色泽变化与光线 足干的茶叶贮藏在密闭无光的容器中茶叶色泽稳定,变化很小,如把茶叶放在有光环境,特别是直射光下,绿茶失去绿色,变成棕红色。茶叶老嫩不同,对光线的灵敏不同,茶叶愈好对光灵敏度愈高,色泽变化愈大。日本研究也认为高级绿茶对光特别灵敏,经过10 d的照射完全变色,普通绿茶经20 d照射也退去鲜绿色泽。

(3)色泽变化与温度 贮藏温度低、茶叶色泽稳定,变化小而慢。茶叶色泽变化随温度升高而加快。温度高茶叶含水量又高时,茶叶色泽变化更快。据试验,温度在0～5 ℃条件下,茶叶能在较长时间内保持原来色泽,在10～15 ℃时,色泽减退很慢,保色效果尚好,常温下茶叶色泽不稳定,易变化。贮藏中与色泽有关成分的变化,一是多酚类的氧化聚合,产生有色物质使色泽变深、变暗。二是叶绿素的破坏,使绿茶失去原有的绿色。三是茶黄素氧化降解或聚合与蛋白质氨基酸等作用逐步形成茶褐素,使汤色加深发暗。

为使贮藏中茶叶色泽相对稳定,茶叶本身要充分干燥,含水量控制在5%以下。贮藏中不增加水分。同时,茶叶要贮藏在干燥、低温、无光照射的场所。

2.3 茶叶香气

茶叶的香气是由性质不同、含量差异悬殊的众多物质组成的混合物。迄今为止已鉴定的茶叶香气物质约有650种,其中构成鲜叶的香气种类较少,约100种,绿茶中有200多种,红茶中有400多种。随着科学的不断发展,新的香气物质还在不断发现。茶叶芳香物质的组成可分为15大类。茶叶香气成分虽然很多,但其含量却微乎其微,鲜叶中仅有0.03%～0.05%(占干物质)、绿茶中仅有0.005%～0.01%(占干物质)、红茶中仅有0.01%～0.03%(干物质)。

各类茶叶中有各自的香气特点,是由于品种、栽培条件和鲜叶老嫩度不同,经过不同制茶工艺,形成了各种香型不同的茶叶。

2.3.1 香气的形成

茶叶香气类型不同主要是鲜叶中芳香物质的成分与含量不同,及在制茶过程中发生理化变化有关。

1. 鲜叶中的芳香物质

鲜叶中的芳香物质是形成茶叶香气的物质基础,鲜叶中的芳香物质,主要是芳香油,但蛋白质、氨基酸及多酚类等在制茶中的变化,对茶叶香气也有较大的作用。鲜叶中的芳香油含量极少,为 0.03%~0.05%,它的种类很多,有酸类、醛类、酮类、醇类、酚类、萜烯类、酯类等。鲜叶中香气组合成分,现已发现近 100 种。鲜叶芳香油中含量最多的是青叶醇,沸点 156~157 ℃,其含量占芳香油总量的 60%。青叶醇有顺、反两种构型,顺型的青叶醇具有很强烈的青草气,反型的青叶醇具有清香,顺型青叶醇占青叶醇总量的 94%~97%,而反型青叶醇只占 3%~6%。

醛类有青气,含量占鲜叶芳香油的 20%,其中 α、β-乙烯醛占芳香油总量的 15%,沸点为 140 ℃,也具有很重的青草气。青叶醇、青叶醛在正常的制茶条件下,绝大部分挥发逸散,而留下的极微量与其他香气组成协调,使茶叶有清香和悦鼻的茶香。

鲜叶中还含有花香,果实香的芳香物质,属高沸点(200 ℃左右)芳香物质,如脂类有水果香,苯甲醇有花香,苯乙醇有玫瑰花香,茉莉酮有强烈的花香,芳樟醇有花香,含量占芳香物质总量的 2%。

此外,在鲜叶中有一类本身并没有香气,如萜烯类和棕榈酸,但具有很强的吸附能力,能吸附比较容易挥发的香气,使茶叶保持特有的香气。但这类物质也可以吸收异气,如茶叶存放的地方不当就会吸附异气,降低茶叶品质。

鲜叶中的氨基酸在制茶过程中与多酚类的氧化产物结合,产生醛类物质,参与香气组成,氨基酸本身也有香味,如丙氨酸、谷氨酸、乙氨酸均具有花香气,苯丙氨酸有玫瑰香,苏氨酸有酒香味等。

鲜叶中的蛋白质和多酚类物质,本身都没有香气,由于在茶叶制造过程中经分解和结合等变化,参与香气组成,因此鲜叶中的蛋白质与多酚类等含量的多少,间接地影响茶叶的香气。

鲜叶中各种水溶性糖在一定温度下,本身的变化与其氨基酸多酚类等物质相互作用,也形成一定的香气。

2. 绿茶的香气

绿茶香气的主体是芳香物质,含量在 0.02% 左右,其含量虽较少,但经鉴定的有 100 多种,其中 29 种是鲜叶中原有的,76 种是制造过程中新形成的。鲜叶中原有的在制造过程部分地散失了。如绿茶经过杀青和炒制,顺型和反型的青叶醇都大部分挥发,只留下微量,两者的微量相结合,并与二甲基硫相互作用,产生了清香和新茶香。但二甲基硫不稳定,随着茶叶的陈化而消失。

青草气部分通过制造挥发出去,芳香部分透露出来。具有良好香气部分,如苯甲醇、苯丙醇、芳樟醇、反型青叶醇、苯乙醇,其中含量较高而有高级香气的芳樟醇(沉香醇)具花香,在鲜叶中占芳香油成分的 2%,制成绿茶增加到 10%,对绿茶香气有良好的影响,绿茶中的紫罗酮具紫罗兰香,茉莉酮具有茉莉花香,橙花叔醇具有花香,含量不多,对香气影响较大。

绿茶制造第一道工序杀青,破坏了酶的活性,抑制了醇类的氧化作用,因此,绿茶芳香油中含有较多醇类,烘炒过程中糖类受热,随温度高低不同散发出甜香、高火气、老火气、焦气,这些香气是糖类物质焦糖化的特点,绿茶制造中掌握好"火候"有利促进香气的发挥。

绿茶制造前适当摊放,能提高绿茶的香气,这是因为鲜叶在摊放的过程中有部分青草气发散,同时蛋白质分解为氨基酸,与儿茶素氧化过程中产生的邻醌作用后形成的苹果香。

3. 红茶的香气

鲜叶中的芳香物质含量为 30.9 mg/g(干物),而红茶只有 8.2 mg/g(干物)。约为鲜叶中含量的 1/4,红茶芳香物质含量虽甚少,其组成较复杂,已分离出 325 种。

鲜叶经第一道工序萎凋,芳香物质有显著的增加,羰基化合物增长 10 倍,增长醉倒的正乙醇,橙花醇,反-2-乙烯酸,其次反-2-乙烯酸,沉香醇氧化物,正戊醛、乙醛、正庚醛、反-2-乙烯醛、其次反-2-辛烯醛,苯甲醛、苯乙醛、正丁酸、异戊酸、正乙酸、顺-3-乙烯酸、水杨酸及邻-甲苯酚等均有增加,而顺-2-戊烯醇沉香醇,牛儿醇、苯甲醇、苯乙醇和乙酸则显著减少。

茶叶揉捻(切)后,由于酶的催化作用,加速了多酚类物质的氧化聚合等变化,多酚类虽不直接参与红茶香气的组成,但在其氧化过程中所引起的次生和伴随反应,对红茶香气的形成较重要。揉捻中主要由于氧化脱氨等作用形成了芳香物质。

在发酵过程中芳香物质的组成均有增有减、增减协调使发酵叶初步具有红茶香气特点。如正乙醇,反-2-乙烯醇,顺-3-乙烯酸,水杨酸、苯甲醛、正乙酸均有增加。而正乙醇、顺-3-乙烯醛、水杨酸甲脂有所减少,这些物质在发酵中转化为其他物质。

干燥过程,由于热的作用,促使芳香物质变化很大,如乙酸、丙酸、异丁酸等都相应地增加到 30.20%,12.90% 及 12.11%,而大多数醇类、酚类和酸类化合物却显著减少。其中只有正乙醇,反-2-乙烯醇、橙花醇、沉香醇氧化物(顺呋喃型)除外,这些香气成分增减适当,相互协调,对显露红茶香气有良好作用。据研究,鲜叶比红茶较多的成分有:正丙醇、异丙醇、异戊醇、顺-2-戊醇、正乙醇、顺-3-乙烯醇、苯甲醇、水杨酸甲脂。红茶比鲜叶多的成分有甲酸、正乙醛、反-2-乙烯醛、苯乙醛、乙酸苯甲脂、正乙酸、顺-3-乙烯酸,从这些成分组成说明鲜叶中富含醇类芳香物质。而红茶制造过程发酵,以多酚类物质为中心的氧化反应,则富含醛类、酸类等芳香物质。

香气中具青草气成分(有甲酸、正乙醛、异戊醇、反-2-乙烯醛、正乙醇、乙酸、顺-3-乙烯酯、顺-3-乙烯醇),鲜叶中占 14.0%,红茶中占 13.2%。而花香和果实香气成分(如沉香醇及氧化产物,苯乙醛、乙酸苯甲脂、水杨酸甲脂、牛儿醇、苯甲醇、β-苯乙醇),鲜叶中占 54.4%,红茶中占 36.2%。

此外,鲜叶中的氨基酸、蛋白质、多酚类、有的有香气,如丙氨酸、谷氨酸、乙氨酸、苯丙氨酸本身有花香气。有的没有香气,但它们在茶叶制造过程中经分解、结合等变化,参与香气组成,因此,鲜叶中的蛋白质、多酚类、氨基酸间接地影响茶叶香气。

2.3.2　香气的类型

按鲜叶品质,制法及茶叶香气特点、香气分类如下:

毫香型　凡有白毫的鲜叶,嫩度在一芽一叶以上,经正常制茶工艺过程,干茶显白毫,冲泡时这种茶叶散发出的香气,叫毫香,各种银针茶具典型的毫香,如碧螺春及部分毛峰,毛尖尚有嫩毫香。如鲜叶白毫丰富,制茶操作不当,毫毛脱落,茶叶无毫香,就不能属此香型。

嫩香型　凡鲜叶新鲜柔嫩,一芽二叶以上,制茶及时、正常,新茶具有鲜嫩香,如峨芯,各种毛尖、毛峰都有嫩香特点。

花香型　凡新鲜的一芽二叶,经正常制茶,茶叶散发出类似各种鲜花的香气,或窨制花香,花香型按其青、甜特点分,青花香的有兰花香、栀子花香、珠兰花香;甜花香的有玉兰、桂花、玫瑰花香。闽南青茶,如铁观音、色种、乌龙,广东的凤凰单枞、水仙、浪菜等都属花香型,由于品种及制法上的稍有差异,花香种类及高低、长短各有特点。绿茶的小兰花茶、火青一级舒绿珍眉等有兰花香优良品种的鲜叶,制造得法的红茶往往出现栀子花香。花茶类的所有花香都属此类型,由于窨花种类不同,有各自的花香气。

果香型 凡茶叶中散发出类似水果香气的茶叶,如蜜桃香、李子香、雪梨香、橘子香、香橼香、菠萝香等,闽北青茶及部分品种茶属此香型。

清香型 凡鲜叶一芽三叶新鲜,经正常的第一道工序杀青,如清香,清高香,清纯香,清正香,清鲜香都属此类型,清香型属绿茶典型香。炒青绿茶因干热的条件不同、有似熟板栗香属甜香类型。另外少数堆闷程度较轻,干燥程度不很高的黄茶类及青茶类中摇青,做青叶缘细胞破碎少,程度偏轻,火工不足欠饱满的也属此类型。

松烟香型 凡在制造的干燥工序中采用直接松柴明火干燥的茶叶,均属此类型。如小种红茶,黑茶中的黑毛茶等。

2.3.3 影响香气的因素

由于香气组成复杂,目前各类茶叶香气的形成规律还不清楚,除地域性高香茶常见外,一般地区的高香、花香茶的出现往往带有偶然性。但是对于影响香气形成的各种因素,早已被生产实践所证实。现将几种影响因素介绍如下:

1. 香气与品种的关系

品种不同,鲜叶中的芳香物质及茶叶香气有关的成分,如蛋白质、氨基酸及多酚类等含量也各不相同。祁门槠叶种制的红茶特具蜜糖的甜香,云南大叶种制的红茶具滇红高锐鲜香,其他适制红茶的品种,如云台山大叶种、政和大白茶、崇庆枇杷种等,由于内含有利红茶品质的水浸出物、多酚类,特别是黄烷醇含量丰富、多酚氧化酶的活性较强,制出红茶具有鲜爽或带花香甜香高长。适制绿茶的品种:如上海洲种,休宁牛皮种,九坑种及龙井43号等,全氮含量及蛋白质较高,多酚类含量较低,多酚氧化酶的活性较弱,富含各种芳香物质,制出的绿茶具有优良的花香,清鲜香或熟板栗香。适制青茶的铁观音品种,制的铁观音茶具爽快的兰花香,水仙品种制的凤凰单枞具黄栀花香,梅占种制的青茶具玉兰花香,黄棪品种制的青茶具蜜桃香,佛手品种制的青茶具雪梨香,等等。含白毫丰富的品种,如福鼎白毫、乐昌白毛茶等品种做的茶具明显的毫香。

不同品种内含香气成分不同,根据我国台湾省用埤叶种制的红茶,印度用阿萨姆种制的红茶和日本用红誉种制的红茶,分析其香气成分,结果认为:正乙酸、顺-3-乙烯酸、反-2-乙烯酸的含量高为共同特征,醇类有顺-2-戊烯醇、正乙醇、顺-乙烯醇,三种沉香醇氧化物的异构体,沉香醇、橙花醇、牛儿醇、苯甲醇、苯乙醇等。羰基化合物有:苯乙醛、正丁醛、异丁醛、甲乙酮、苯甲醛、异戊醛、反-2-乙烯醛等。这三种红茶香气在组分上没有差别,但含量比例不同,特别是沉香醇和沉香醇氧化物三种异构体,对牛儿醇、苯甲醇和苯乙醇的比,阿萨姆种和埤叶种中含有较多的沉香醇和沉香醇氧化物,而牛儿醇、苯甲醇和苯乙醇则较红誉种所含的特别少。

总之,不同的品种有不同的物质基础,同一品种生长在不同的环境中,其内含物不同,对香气的影响也不同。

2. 香气与栽培条件的关系

茶树生长在不同环境中,香气特点是有不同的。茶树生长在云雾弥漫、空气湿度高,日照较短,较弱,多蓝紫光及日夜温差大的环境中,形成蛋白质氨基酸及芳香油等较多,糖类、多酚类含量较少,叶质柔软、持嫩性好,用这种鲜叶制绿茶香高品质好,如做红茶香气不如绿茶。因红茶制造中蛋白质与多酚类结合成不溶性物质,影响香味的发挥,成茶香味差。群众说的"高山出好茶","好山好水出好茶","高山云雾茶"等,指的是上述气候条件下所出产的茶叶。因我国宜茶地区的"高山"都具上述条件。如黄山毛峰、庐山云雾、齐云山瓜片、武夷岩茶,海拔均在700~900 m。有些地方海拔不高,气候、土壤条件具备与"高山"相同的洲茶、园茶,茶叶品质相当"高山"茶,如驰名中外屯绿高档茶产区——凫溪口、流口、溪口。龙井高档茶产地狮峰,银峰产地高桥等地,海拔不高,绿茶香气优异。

做红茶用的鲜叶物质基础与绿茶不同,要求多酚类含量高,因此,茶树生长环境要求日照较强、温度较高,湿度稍低,形成糖类、多酚类较多,而含氮物较少,制红茶有利香气品质的发挥。

茶叶香气受施肥品种类影响,施肥种类不同,影响茶叶香气,影响鲜叶内含成分。一般多施氮素肥料,可促进鲜叶蛋白质、氨基酸含量增加,限制一部分糖分向多酚类转化,使多酚类降低,这种鲜叶制绿茶香高,味醇,品质好。

在氮素肥料相当的情况下,配合施磷肥,可以促进多酚类、儿茶素的形成和积累,蛋白质等含氮物相对地减少,有利红茶香气,滋味品质。

茶叶香气受季节性的影响,不同季节、温度、湿度、雨量、日照强度、光的性质均有变化。我国茶区一般季节性明显,茶叶香气,一般讲春茶高,夏秋茶香低。日本季节性香气与我国相同,也是春茶好,夏茶差。据分析,夏茶中的青叶醇、青叶醛、正乙醛等成分比春茶少,而二甲硫、沉香醇、牛儿醇比春茶更少,又据西条了康等研究,不同季节红茶、芳香油提取量、春茶最多,夏茶次之,秋茶最少(表2-5)。

表2-5 季别茶与芳香油含量的关系

黄酮类 \ 季别	春茶	夏茶	秋茶
红誊种(做红茶的日本变种)	94(100)	86(92)	68(72)

注:()内系相对于头茶的值

表2-5说明茶叶季节香气与芳香油含量有密切关系,提取量多,茶叶香气好,提取量少香气差。

茶叶香气季节性差异内因,过去都解释为烯萜类是由醋酸盐途径衍生而来,近来研究资料提出亮氨酸途径,由叶绿素膜外的亮氨酸途径比膜内的醋酸盐途径能合成更多的烯萜类。

3. 香气与采摘的关系

鲜叶品质好,是制好茶的先决条件。鲜叶品质好坏除受品种、栽培条件影响外,采摘的老嫩、匀净度直接影响香气。如采摘细嫩,茶叶有嫩香、甜香,采摘粗老,茶叶有粗老气。采摘贯彻及时、分批,按各种茶的标准采摘可为各茶类提供老嫩、均匀度一致的鲜叶。

采下的鲜叶要保持新鲜,在装运中不能紧压,最好及时把鲜叶运到茶厂,以便及时制茶。

鲜叶新鲜,加工及时合理,茶叶有鲜香。如采下的鲜叶装运中压得太紧,堆放太厚,时间太长或存放场所不通风阴凉,而受太阳晒,鲜叶闷蒸发热而变质。变质的鲜叶制出的茶叶香气低劣,变质轻的茶叶有闷气,变质重的茶叶有馊酸气味。

采摘鲜叶还需注意净度,采摘时不带入老叶、老梗、杂草、泥沙等夹杂物。也不采农药残效期内的鲜叶,保证鲜叶质量和卫生,这是提高香气品质的基础。

采摘鲜叶切忌机械损伤,鲜叶受机械损伤严重,叶子发热、变红,这种鲜叶制茶,轻则香低闷,严重则有酸馊或臭气,影响香气品质。

4. 香气与制茶的关系

鲜叶品质好,制茶及时、合理、鲜叶中与香气有关物质能得到充分发挥,茶叶香气好。鲜叶品质好,制茶不当,就会产生低次的气味,如青气、水闷气、酸馊气等。如同一种鲜叶按红茶的制法,茶叶具有红茶的甜香;按绿茶制法,茶叶具有绿茶的清香,这说明制茶与香气有十分密切的关系,茶类不同香气与制茶的关系也不同,现将绿、红茶香气与制茶关系分述如下:

绿茶正常的香气为清香、鲜爽、高长或具熟板栗香。这些香气与杀青程度、干燥火候有很大关系,如杀青程度正常,干燥火候适当,茶叶具鲜爽的清香。杀青适度偏老、干茶火候适当,茶叶仍具清香型,但鲜爽感差。如杀青适度偏老,干燥火工足,恰当,会产生熟板栗香气。如果杀青不足不匀,则有生青气。雨水叶或露水叶带水杀青闷炒,烘干或炒干温度过低,杀青叶、揉捻叶、烘坯或炒坯叶堆积过久,则往往产生水闷气。如干燥温度太高,糖类焦糖化,产生高火香。如杀青、烘干、炒干温度过高或出叶子不净,茶汁粘锅结成锅巴,没有及时清洗而烧焦,则有轻焦和重焦烟气味。鲜叶处理不当,湿坯叶干燥不及时、发生馊酸气。杀青机、烘干机或炒干机等及炉灶漏烟,茶叶炒制中烧焦的烟被茶叶吸收则有烟气。太阳晒的有日腥气。

红茶正常香气为甜香。因产品种类不同,香气特点在共同甜香下略有差异,功夫红茶具有典型的甜香,这与萎凋、发酵程度适度,足干低温慢烘有关。红碎茶萎凋较功夫偏重,发酵程度较功夫偏轻,茶有鲜爽的甜香。小种红茶鲜叶较功夫、红碎茶老些,干燥用纯松柴熏干,具甜枣香或干果香。如果制造上不当,产生青气主要由于萎凋、揉捻、发酵不足。

烟气则因烘干机漏烟,手工烘干时木炭头未烧尽或上、下烘时茶末落入火中生烟被茶叶吸收。闷气是鲜叶不新鲜。萎凋湿度大、温度低、时间长、揉捻叶温高,毛火茶堆积过厚、过久、足火茶欠干,毛火或足火茶未及时薄摊散热。高火气是烘干温度高、火急,糖类焦糖化引起。焦气是由于烘干温度太高、翻拌不勤、不匀而焦化而致,或为烘干机扫仓茶。而鲜叶变质,发酵过度,毛火温度低,毛火后堆放过久,未及时烘干则产生馊酸气。香气不鲜爽是鲜叶不新鲜,加工不及时,红碎茶制造中高温快速萎凋或发酵偏重有关。日晒气则由于发酵叶或毛火叶在日光下摊晒引起。

5. 香气与贮藏的关系

茶叶贮藏好,香气较稳定,变化小。茶叶贮藏不好,茶叶吸收异气或陈化,品质下降。茶叶中含有烯萜物质,具有吸收异气的特性,贮藏时一定要注意环境和容器的清洁、卫生,不能有异气,否则正常香气的茶叶吸收异气,变成有异气的茶叶,致使品质下降。

茶叶香气与贮藏容器有关,茶叶含水量在7.5%常温条件下,分别用茶袋装、罐装用石蜡密封两种处理:茶袋装贮藏香气下降快。贮藏时茶叶香气较高,贮藏1个月审评香气较低,经 5 个月贮藏茶叶有茶袋气。罐装贮藏,贮藏时香气较高,经贮藏 1~2 个月香气提高,到第 3 个月香气同贮藏时相同、较高,第 5 个月香欠纯。

茶叶贮藏好,即使制造中稍有问题的茶叶香气会向好的芳香转化,如有些茶叶干燥时火工饱满,新茶有火燥气,其他香气被掩盖,经一段时间良好的贮藏,香气透发较原来香气好。如武夷岩茶、六安瓜片都有此特点。有些茶叶刚制成时"生青气",经过适当贮藏,"生青气"消失,香气渐变,有爽快感。西湖龙井刚制成时带有"生青气",必须经 1~2 月的石灰缸贮藏,"生青气"消失,高香馥郁。这说明有些香气稍有不正的,经一定时间贮藏,香气品质有提高。

贮藏中影响香气变化的因子,主要有光线、水分、温度等。茶叶最好贮藏在无光的容器或仓库中。贮藏中如受到日光照射,茶叶就有不愉快的日晒气。茶叶含水量在 5%以下,茶叶较耐贮藏,香气变化小,当茶叶含水量超过 6.5%时,存放 6 个月,茶叶产生陈气。含水量越高、陈化越快、陈气加重,茶叶含水量达 8.8%时,茶叶开始发霉,发霉的茶叶有霉气,含水量达 12%,霉菌孳生,茶叶霉气重,香气明显下降。此外,茶叶贮藏与温度有密切关系,足干的茶叶,贮藏在 0 ℃时,香气保持原来的新鲜,香最高,贮藏在 5 ℃时,香气比原来的稍低。贮藏在 10 ℃时,香气微有新鲜香而无变质气,常温下贮藏的有陈气。这说明茶叶含水量低,低温冷藏香气较稳定,变化小。要使茶叶香气相对稳定,少变化,必须具备茶叶本身要足干,含水量在 5%以下,贮藏的容器、仓库要干燥,使水分不再增加,无异气,无光,低温冷藏。这样的环境条件能使茶叶在较长的时间内保持原来的香气。

茶叶在贮藏过程中,内含成分发生变化,如脂类物质逐渐水解,使茶叶产生陈气。某些芳香物质中的羟基化合物与氨基酸进行缩合变化,使茶叶香气具鲜爽感的重要成分含量降低,导致香气"滞钝"缺乏鲜爽感。香气成分中的含硫化合物,如二甲硫和硫化氢等新茶香气成分,随茶叶陈化而消失,使茶叶无新茶香而变为陈气。

2.4　茶叶滋味

茶叶是饮料,它的饮用价值,主要体现为溶解在茶汤中对人体的有益物质含量的多少,及有味物质组成配比是否适合消费者的要求。因此,茶汤滋味是组成茶叶品质的主要项目。

茶叶从作为饮料以来,就开始研究其饮用价值。对滋味的形成和转化,从 19 世纪中叶着手研究。至今已基本弄清了鲜叶中主要有味物质及有关成分在制造中的变化,茶叶中可溶性成分与滋味及不同冲泡条件下有味物质的溶解度与滋味的关系等一系列的问题。目前认为影响红茶和绿茶滋味的主要物质有:多酚类、氨基酸、咖啡碱、糖类和果胶物质等,这些物质都有各自的滋味特征,如同一种成分因含量不同构成感官上的差异,而各类物质相互配合所引起滋味的综合感觉也就构成滋味不同类型。因此探讨滋味的形成、分类和影响滋味的各种因素,对全面地准确地认识茶叶的滋味很有必要。

2.4.1 滋味的形成

滋味的形成与鲜叶中的有味物质,及它们在制造中的变化具有直接的关系。

1. 鲜叶中的成分及有味物质

鲜叶中的成分直接、间接影响茶叶的滋味。从溶解性分为可溶于水与不溶于水两大部分。溶于水的成分与滋味有直接的关系,不溶于水的成分,制造过程中在酶及热的作用下,有部分转变为溶于水,这对滋味有一定的影响。茶芽叶中可溶成分与不溶成分如表2-6所示。

表2-6 芽叶中水可溶与水不可溶成分组成

成分	水不溶解物含量%	成分	水溶解物含量%
粗纤维素、水质素	22	多酚类	30
蛋白质	16	咖啡碱	4
脂肪	8	糖、胶质	3
叶绿素、色素	1.5	氨基酸	7
不溶性果胶	4	矿质(灰分)	4
淀粉	0.5		
合计	52.0	合计	48.0

鲜叶中含有各种有味物质。主要有味物质如下:

涩味物质 主要是多酚类。鲜叶中的多酚类含量占干物质的30%左右,其中儿茶素类(又叫黄烷醇类)物质所占百分比最高,儿茶素中酯型儿茶素含量占80%左右,具有较强的苦涩味,收敛性强,非酯型儿茶素含量不多,稍微涩味,收敛性弱,喝茶后有爽口的回味。黄酮类有苦涩味,自动氧化后涩味减弱。

鲜味物质 为氨基酸类,含量占干物质总量的7%左右。大多数氨基酸都具有鲜味。由于它们的分子结构中都有氨基,并具有甜味。但由于结构的改变,基团的不用,不同氨基酸具有鲜甜味,谷氨酸有酸鲜味,精氨酸有苦甜味,有的氨基酸没有鲜甜味,个别的氨基酸有怪味等。

香醇味物质 主要是可溶性糖,因糖分子中羟基(—OH)属甜味团,羟基愈多味愈甜。糖类中的可溶性果胶有黏稠性,使茶汤有"味厚"感。

苦味物质 有咖啡碱,含量占干物质的4%左右,花青素有苦味。紫芽种及夏茶花青素含量高,苦味重。

2. 滋味的成因

用鲜叶直接冲泡,无茶味,味也不好。但经不同制造后的茶叶冲泡就有各种滋味,说明各种茶叶的滋味是鲜叶内含物质(内因),经过制茶措施(外因)发展来的。

绿茶的滋味主要形成于绿茶制造的第一道高温杀青工序。较快地破坏酶的活性,多酚类在酶促作用下的变化不大。但在高热的条件下,多酚类发生了差向异构,由于热聚合和热分解等作用,多酚类的含量有所降低,鲜叶中含有 18.07％,绿茶中含有 14.90％。多酚类的主要部分儿茶素约保留 68％,减少了 32％。儿茶素受热转化新增加四种儿茶素,即 L-EGC、L-EC、L-EGCG 和 L-ECG。这些物质增加减少变化的结果,改变着多酚类的数量和质量,饮茶时,使人们尝到不同的滋味与此有关。

在绿茶制造中,由于蛋白质的水解,氨基酸的含量有增加。鲜叶中含量为 0.48％,绿茶中含量为 0.662％,增加 0.25 左右(表 2-7)。氨基酸尤其是茶氨酸,对于绿茶滋味起着较重要的作用。一般认为儿茶素与氨基酸比率较能反映滋味品质。高级茶比率低,低级茶比率高,多酚类和氨基酸两者含量都高而比率低,则具有味浓而鲜美的特点,两者含量都高而比率高,则味浓而涩。

表 2-7　红茶、绿茶制造中主要成分变化及其滋味

(儿茶素 mg/g,其他成分为干物％)

成　分＼茶　名	鲜叶	红茶	鲜叶	绿茶	滋味
L-EGC	18.31	1.30	18.99	11.50	苦味
DL-GC	8.14	微量	8.11	4.68	
L-EC＋DL-C	10.15	微量	11.61	6.35	苦味
L-ECG	35.41	5.09	88.58	61.14	苦涩味
L-EGCG	78.87	10.02	31.09	25.04	苦涩味
儿茶素总量	150.9	16.4	158.38	108.71	
蛋白质	18.87	14.27	21.95	17.62	
氨基酸	0.564	0.407	0.408	0.662	鲜味
咖啡碱	2.90	2.39	3.029	2.650	苦味
可溶性糖总量	0.457	0.754	2.228	3.360	甜味
可溶性果胶	—		1.764	2.297	黏稠性"厚"味
多酚类物质	18.07	6.85	18.07	14.90	苦涩味

绿茶中花青素含量较高有苦味。在审评中常遇到同一批紫芽鲜叶做的绿茶,有的苦味较重,有的苦味较轻,这说明不同的制造措施,可改变花青素对滋味品质的不良影响。

在绿茶制造中咖啡碱有少量升华散失,表 2-7 表明鲜叶中含量 3.029％干物,绿茶中含有 2.65％。咖啡碱具有药理作用,是一种血管扩张剂,促进发汗,刺激肾脏有利尿作用,并有兴奋作用,使人脑清醒,恢复肌肉的疲劳等作用。

在绿茶制造中,由于淀粉的水解而使可溶性糖的含量增加,鲜叶中含有 2.228％,绿茶中含有 3.36％。可溶性糖有甜味,可增进茶汤的甜醇度。可溶性果胶也有增加。可溶性果胶有黏稠度,直接对滋味发生影响,如饮茶时,味觉对汤味的厚、薄感及回味的长、短等感觉,这都与可溶性果胶的黏稠度有关。绿茶的滋味,除与上述物质数量、质量有关系外,饮茶时

的汤味与各种成分的浸出率也有关(表 2-8)。

表 2-8　审评茶汤中成分浸出率与煎茶成分含量的相关系数

成分	浸出率(%)	相关系数	成分	浸出率(%)	相关系数
多酚类	44.96	0.562 *	谷氨酸	89.47	0.777 *
L-EGC	55.88	0.123	茶氨酸	81.16	0.989 *
L-EGCG	38.21	0.556 *	咖啡碱	66.71	0.859 *
氨基酸合计值	81.58	0.987 *	糖	35.61	0.662 *
精酸氨	75.42	0.991 *			

注:* 显著水平为 1%。

从表 2-8 可知,多酚类、糖浸出较少,氨基酸浸出较多,咖啡碱浸出中等。

综上所述,构成绿茶滋味物质有苦涩味、收敛性的多酚类,有鲜味的氨基酸,有甜味的糖,有苦味的咖啡碱及有黏稠度的果胶物质等。绿茶滋味是各种成分彼此协调,相互配合综合的结果。

红茶滋味的形成,是红茶制造经过萎凋工序,增强酶的活性,揉捻破坏叶细胞,使酶与多酚类大量接触而氧化,发酵工序是促使多酚类的酶促氧化达到适度,干燥是用高温迅速破坏酶的活性,制止多酚类的继续酶促氧化,在干热条件下,多酚类发生热裂解等作用。在茶叶制造中多酚类进行极其深刻的变化,含量由鲜叶的 18.07%,降到红茶的 6.85%,约减少 70%,其中儿茶素的变化最剧烈,鲜叶中含 150.9 mg/g 干物,红茶中只含有 16.4 mg/g 干物,只剩下 1/10 左右。

红茶制造中多酚类的氧化物有茶黄素和茶红素,各具有不同的滋味,是构成茶叶汤味的主要物质,茶黄素是汤味刺激性强烈和鲜爽度的重要成分,含量为 0.4%～1.8%,茶红素是汤味甜醇主要因素,刺激性较弱,其含量是红茶中最多的一类化合物,含量占总干物质重的 7%～17%。茶黄素和茶红素的含量及比例直接影响红茶滋味,两者含量比例适当,味醇厚,鲜爽,具功夫红茶的特点。红碎茶一次浸出量多,是滋味浓的基础,其中茶黄素和茶红素两者含量高而比率适当,味浓、强、鲜爽而富有刺激性的滋味特点。若茶黄素含量比例过多,茶红素过少则涩味重,并带有青味,发酵不足的茶常有此滋味特点。茶红素含量过少,味淡薄,为发酵过度茶的毛病。红茶制造中其他有味物质,如有鲜味的氨基酸,有苦味的咖啡碱,有甜味的可溶性糖及有黏性的可溶性果胶等是共同构成红茶滋味的因素,这些物质含量适当,比率适宜,组成协调,使红茶滋味具浓厚、强烈、醇和、鲜爽等良好的味感。反之,如含量、比率组成等不适当,不协调则往往产生枯涩、淡薄等滋味。

2.4.2　滋味的类型

按鲜叶的质量、制法的不同,茶汤滋味分如下几种类型。

浓烈型　凡芽肥壮,叶肥厚,嫩度较好的一芽二、三叶,内含的滋味物质丰富或优良品种鲜叶,制茶合理,这类味型绿茶还具清香或熟板栗香,叶底较嫩,肥厚,外形较壮,尝味时,开始类似苦涩感,稍后味浓而不苦,富有收敛性而不涩,回味长有爽口甜感,似吃新鲜橄榄味。

高级炒青绿茶或眉茶具有此味型。如屯绿、婺绿珍眉一级,滋味浓烈,回味甘爽。

浓强型 凡鲜叶嫩度较好,内含与味有关物质丰富或优良品种或大叶种制成的红碎茶,萎凋适度,揉切充分,发酵偏轻的滋味属此类型。所谓"浓"即表示茶汤浸出物丰富,茶汤吮入口中,感觉滋味浓厚黏滞口舌,"强"是指刺激性的程度大,凡茶汤入口有黏滞感而后具较强烈的刺激性的红碎茶,均属浓强型滋味。

浓醇型 凡鲜叶嫩度较好,制造得法的茶叶,茶汤入口感到内含物质丰富,刺激性和收敛性不强,回味甜或甘爽,均属此类型。如良种或大叶种制的高级功夫红茶,一般毛尖、毛峰绿茶,以及青茶等。其中青茶鲜叶具一定成熟,同等茶叶数量冲泡浸出量不及高级红绿茶,使用茶量多而用水量少,是青茶"浓"的基础。

醇爽型 凡鲜叶嫩度好,加工及时、合理,滋味不浓不淡,不苦不涩,回味爽口者属此类型。如黄茶的黄芽,一般中上级功夫红茶。

醇甜型 凡鲜叶嫩度好,萎凋,干燥合理的白茶,滋味醇而不苦涩,回味甜和属此类。

醇和型 凡滋味不苦涩而有厚感,回味平和较弱属此类型。如黑茶的湘尖、六堡茶,中级功夫红茶。

平和型 鲜叶较老,整个芽叶约一半以上老化,制茶正常,属此味型的茶也很多,有红茶类、绿茶类、青茶类、黄茶类中下档及黑茶的中档茶,属此味型的各类茶味除有平和、有甜感,不苦,不涩之外,具有其他品质因素的特点,如红茶伴有红汤、香低,叫底花红。绿茶伴有黄绿色或橙黄汤色,叶底色黄绿稍花杂。青茶伴有橙黄或橙红汤色,叶底色花杂。黄茶伴有深黄色,叶底色较黄暗,黑茶伴有松烟气。

淡薄型 包括平淡、粗淡。红茶类、绿茶类、黄茶类、青茶类、黑茶类的低级茶属此味型,并伴有汤暗,叶底粗老,叶质硬,摊开,色暗而花杂。

2.4.3 影响滋味的因素

研究影响滋味的因素,对于提高滋味的质量,具有积极的意义。滋味和香气有着非常密切的关系。同样,滋味与品种、栽培、采制及贮藏有关。

1. 滋味与品种的关系

茶树品种不同内含与滋味有关的成分也不同,有的品种各种内含成分都高,有的多酚类含量高,其他成分一般,有的含氮物质如蛋白质、氨基酸、咖啡碱等含量高,其他成分含量一般。一般讲全氮、蛋白质、氨基酸等含氮成分高,而多酚类及其组成中的 L-EGC 和 L-EGCG 含量较低的适制绿茶,制出的绿茶味好,制红茶味淡,品质差。而多酚类含量高,含氮化合物含量低的适制红茶,制出的红茶味好,品质好,制绿茶味苦涩。不同品种与茶汤味及成分含量的关系如表 2-9、表 2-10 所示。

表 2-9 不同品种的茶汤滋味

品种 \ 滋味	绿茶滋味	红茶滋味	适制性
福鼎白毫	鲜醇	稍淡	绿茶
政和大白茶	苦涩	浓烈鲜爽	红茶

表 2-10　不同品种的成分含量

成　分\n\n品　种	多酚类（%）	儿茶素总量（%）	儿茶素组成		L-EGC+L-EGCG（mg/g）	全氮（%）	咖啡碱（%）	氨基酸（mg%）	茶氨酸（mg%）	儿/氨比值
			简单	复杂						
福鼎白毫	27.09	133.92	30.5	69.5	85.89	6.32	3.66	190.3	516	81
政和大白茶	30.86	150.36	31.8	68.2	95.37	5.82	3.33	152.6	400	119

注：全氮、氨基酸为 1966 年资料，其他成分为 1964 年春、夏、秋三季茶的平均值。

上两表说明，全氮、咖啡碱、氨基酸、茶氨酸的含量都高，而多酚类、儿茶素总量及组成中的 L-EGC+L-EGCG 的含量和儿茶素与氨基酸比值都低，制绿茶品质优，滋味好，制红茶味浓，品质差。反之，多酚类、儿茶素总量及其组成中的 L-EGC+L-EGCG 含量高，儿/氮比值大，全氮、咖啡碱、氨基酸、茶氨酸的含量较低。制红茶品质优良，滋味浓烈、鲜爽，制绿茶味苦涩，品质差。

制红茶滋味浓强度好的品种有云南大叶种、云台山大叶种、政和大白茶、宁州种、英红一号、槠叶齐、高桥早、湘波绿及各种南方型品种。

制青茶滋味好的品种有铁观音、水仙、乌龙、梅占等，制出的青茶具有味浓醇，耐冲泡等特点。

各种茶树品种，在茶叶品质上具有不同的特点。如何根据各地区气候、土壤、栽培条件及茶类制造的特点，选用推广优良品种栽培，是高产优质的根本途径。

2. 滋味与栽培条件的关系

茶树生长既受到自身固有的内因所控制，又受到环境条件这个外因的影响。因此，茶树栽培条件，管理措施合理与否影响茶树生长，鲜叶的产量质量以及内含物质的形成和积累。

优良的栽培条件，茶树生长正常，有利内含物质的形成和积累，茶叶产量高，品种好，味浓有刺激性。茶树生长环境不良，分解大于合成，水浸出物、多酚类、蛋白质、氨基酸等含量降低，纤维素增高，茶叶表现老化，这种鲜叶制茶味淡，有粗老味。长期阴雨土壤缺乏空气，水分多的影响茶树吸收养分，茶树制造有机物质缺少原料，影响与味有关的有机物的合成和积累，滋味必然差。

茶树生长随纬度而变化。一般纬度低的地方，气温高，雨湿充沛，日照强度大。我国南方茶区具此气候特点，生长在此环境下的茶树，叶片较大，组织结构疏松，多酚类含量高，酶活性强，做红茶品质好，滋味浓强，做绿茶味苦涩。反之，纬度高的地方，气温低，雨量减少，日照增长，我国北方茶区有此气候特点，生长在此环境下的茶树，叶片较小，叶组织紧密，多酚类含量低，酶活性减弱，叶绿素、蛋白质等含量增高，做绿茶品质好，做红茶味淡，叶底往往青暗，品质差。

茶树生长在云雾弥漫，湿润、日照弱、日夜温差大，土壤质地好，肥沃的环境中，叶片肥厚，柔软，持嫩性好，内含蛋白质等含氮化合物高，这种鲜叶制绿茶味醇厚，耐冲泡，色相俱佳。我国名茶产地如黄山、庐山、凫溪口、太平猴坑等地都具有此气候、土壤特点。香、味特别优良别具风格的武夷岩茶，其产地的气候、土壤条件基本上也有上述特点，这说明茶树栽培条件与滋味的关系密切。

施肥是茶树高产优质的重要设施。肥料种类不同对茶树的生长和内含物的形成和积累也不同,氮素肥料有利茶树生长,正常芽叶多,持嫩性好,并能促使鲜叶中含氮化合物如蛋白质、氨基酸增加,可限制一部分糖分向多酚类转化,多酚类含量降低,这种鲜叶制绿茶品质好,做红茶味淡薄,叶底暗,品质差。磷肥可促进多酚类含量的提高,尤其是在施氮肥的基础上,配合施磷肥后,多酚类含量高,叶绿素含量低,芽叶呈黄绿色,这种鲜叶制的红茶,易制出"浓厚、强烈、鲜爽"的风格,香正,色红,叶底红明。

根据日本资料,有机肥料和制茶品质有深切的关系,有机肥可提高茶叶的鲜爽味。

不同季节茶树生长和鲜叶内含成分的量有很大的差异,茶叶品质有很显著的不同。一般春茶味醇厚,鲜爽;尤其是早期春茶味特别醇厚,鲜爽。这与春季气候温和、水湿适宜,光合强度较低,茶树生长正常,氨基酸、果胶物含量多,多酚类含量少,特别是春茶初期各种成分含量丰富而又协调,所以春茶初期的茶味特别醇厚、鲜爽。夏茶生长季节,气温较高,日光较强,多酚类及其组分中的酯型儿茶素含量高,氨基酸、果胶物质含量较低。使氨基酸与儿茶素含量比率低,夏茶做绿茶味苦涩,品质差,制红茶味浓厚,品质好。

3. 滋味与采制的关系

鲜叶老嫩度不同,内含与味有关的成分不同,采摘时,必须按各茶类的标准,及时分批采。这样使鲜叶老嫩一致,匀度好,有利制茶技术的发挥,使滋味符合各种茶的要求。

一把捋,一扫光的采法,鲜叶老嫩混杂,破碎,鲜叶基础不一致,不但萎凋,杀青程度不匀,揉捻、发酵、干燥各工序难以掌握,影响茶叶品质和滋味。

采下的鲜叶要保持新鲜,使茶味鲜爽活泼。采下的鲜叶不要紧压,久堆,否则发热变质变红,使滋味淡薄或不正,甚至有酸馊味。

鲜叶冲泡味不好,经不同的制茶后冲泡,就能尝到浓的、淡的、醇的、苦的、爽的、涩的、正常的与不正常的各种不同的滋味。这说明滋味是在鲜叶基础上,经制茶过程中形成和发展起来的。茶类不同,影响滋味的因素也不同,现以绿茶、红茶为例,简述制茶与滋味的关系如下:

绿茶类 制茶正常的滋味,入口有枯涩感,很快转为浓烈、醇爽、醇和、平和等滋味,有收敛性、回味爽快回甘。制茶不正常的滋味及其产生原因如生青味是杀青不足,不匀,干燥温度低。红茶味是鲜叶红变或杀青不足不匀,干燥温度低红变。水闷味:雨水或露水带水杀青闷炒,烘干或炒干温度过低,叶量多,时间长或杀青叶、揉捻叶、烘坯或炒坯叶堆积过久,热揉,干燥不足,堆放回潮等引起。味淡是揉捻不足,细胞破坏率过低,冲泡时浸出物少,或杀青偏嫩,揉捻中茶汁流失。相反地如揉捻过分,细胞破坏率高于70%,则茶味浓涩。此外,焦味、烟味、馊酸味、霉味及日晒味其产生原因与上述香气类型发生同样气味的原因基本相同。

红茶类 正常的滋味,带甜味的浓强、醇厚、醇和、平和和鲜爽等味。因产品种类不同,滋味特点要求略有差异,功夫红茶要求茶味醇厚、醇和、鲜爽,与萎凋、发酵要适度,足干要低温慢烘有关。红碎茶要求滋味浓厚,强烈、鲜爽与萎凋程度偏重,叶细胞破坏率高,发酵程度偏轻,干燥速度较快有关,小种红茶滋味要求甜醇味与纯松烟香协调,似桂元汤的甜醇味。小种红茶制造中的萎凋、揉捻、发酵与功夫红茶基本相同。干燥用纯松柴烟烤,这点与功夫红茶、红碎茶不同。红茶不正常的滋味如生青气、闷气、烟味、焦味、馊酸味、苦涩味、日晒味等与上述不正常香气所产生的原因基本相同。

4. 滋味与贮藏的关系

茶叶中含有萜烯类物质,具有吸收异气味的特性,因此茶叶贮藏的环境及容器必须清洁,不能有异气味。否则茶叶吸收异味,使品质下降。

新做好的茶叶往往带有"生青味",经一段时间的贮藏变化,可成为醇和可口的滋味。如继续延长贮藏时间,滋味逐渐变淡,最后成为缺乏刺激性、味软、淡薄的陈茶味。

茶叶贮藏好,滋味的浓度、收敛性、鲜爽度变化小,尚能保持在贮藏前的滋味特点;贮藏不好,滋味变淡,收敛性减弱,鲜爽度下降,使茶叶产生陈味或霉味品质下降。贮藏中影响茶叶陈化变质的原因主要有两方面,一是茶叶内含与味有关成分发生变化,如茶叶中的类脂物质的氧化或水解,使茶叶产生陈味。多酚类物质发生氧化、聚合作用,含量降低,使茶味变淡,收敛性减弱,鲜爽度下降而有陈味。氨基酸的氧化和脱氨、脱羧作用,使氨基酸的含量低,导致鲜味下降而陈味。二是茶叶贮藏陈化变质的外因:主要是温度、水分、光线、氧化。茶叶含水量在 3%~5% 较耐贮藏,含水量增高,则促进氧化反应而加快变质,含水量超过 7% 滋味受影响,当含水量达到 9%~12% 时霉菌孳生,茶叶发霉,有霉味。为使茶叶在贮藏中滋味少变化,要求含水量在 6% 以下,并在贮藏中不再增高。贮藏中采用防潮性高的材料包装,防止茶叶发生变质。在茶叶贮藏中,温度愈高则变质愈快。高温促使茶叶中吸收水分加快,而加速茶叶陈化变质。低温贮藏可降低茶叶中各种成分的氧化变化,使茶叶变质缓慢、推迟。温度在 10 ℃ 左右贮藏效果好。如降低到 0~5 ℃ 内贮藏效果更好。此外光线具有热能和化学能,茶叶贮藏受光线的照射,茶叶变质快,并有日晒味。贮藏中创造无光环境,可推迟减慢茶叶陈化变质。茶叶贮藏中氧化速度与含水量、温度、贮藏时间呈正相关。但贮藏时,茶叶含水量在 6% 以下,并在贮藏中不再增高,贮藏在降温有防湿装置,不通气,无直接光照射的环境中,茶叶耐贮藏,滋味较稳定。

本章小结

茶叶的品质基本上可概括为外形(包括干茶的形状和色泽)、香气、汤色、滋味、叶底(包括叶底形状和色泽)五个因子。

茶叶形状绚丽多姿,多数具有一定的艺术性,可供欣赏。有的形似花朵,有的具有完整叶片,茶叶形状是人们看得见摸得着的,既可区别花色品种,又可区分等级,因而是决定茶叶品质的重要项目。干茶形状与叶底形状的形成,除与茶树品种和栽培条件等有关外,主要受制茶技术的影响。

茶叶色泽包括干茶色泽、汤色和叶底色泽三个方面。色泽是鲜叶内含物质经制茶发生不同程度降解、氧化聚合变化的总反映。茶叶的色泽与香气、滋味有内在联系。茶叶色泽因鲜叶和加工方法不同而表现出明显的差别。

茶叶的香气是由性质不同、含量差异悬殊的众多物质组成的混合物,茶叶香气成分虽然很多,但其含量却微乎其微,鲜叶中仅有 0.03%~0.05%(占干物质)、绿茶中仅有 0.005%~0.01%(占干物质)、红茶中仅有 0.01%~0.03%(干物质)。各类茶叶中有各自的香气特点,是由于品种、栽培条件和鲜叶老嫩度不同,经过不同制茶工艺,形成了各种香型不同的茶叶。

茶叶的饮用价值,主要体现为溶解在茶汤中对人体的有益物质含量的多少,及有味物质组成配比是否适合消费者的要求。因此,茶汤滋味是组成茶叶品质的主要项目。目前认为影响红茶和绿茶滋味的主要物质有:多酚类、氨基酸、咖啡碱、糖类和果胶物质等,这些物质都有各自的滋味特征,如同一种成分因含不同构成感官上的差异,而各类物质相互配合所引起滋味的综合感觉也就构成滋味不同类型。滋味的形成与鲜叶中的有味物质,及它们在制造中的变化具有直接的关系。

思考题:

    1. 茶叶的色、香、味、形的类型有哪些?

    2. 茶叶的形状、香气、色泽、滋味是怎样形成的?

    3. 影响茶叶色、香、味、形的因素各有哪些?

第3章

茶叶品质特征与标准

　　茶叶品质,一般是指茶叶的感官品质,即茶叶的色、香、味、形。我国生产的茶类有绿茶、白茶、黄茶、青茶(俗称乌龙茶)、红茶和黑茶六大类,各大茶类又分若干花色品种,具有不同的品质特征与规格要求。茶类的形成,主要是由于初制加工方法不同,使鲜叶中的主要化学成分特别是多酚类中的一些儿茶素发生不同程度的酶性或非酶性氧化,其氧化产物的性质不同,从而形成不同品质风格的茶类。福建生产的茶类涉及绿茶、白茶、青茶和红茶四大类,是生产茶类最多的省份之一。

　　所谓标准,其本质属性是一种"统一规定",作为有关各方"共同遵守的准则和依据"。它以科学、技术和实践经验的综合成果为基础,经有关方面协商一致,由主管机构批准,以特定形式发布。茶叶标准,是根据一定时期的茶叶科技水平和经济状况而制定的,是在一定时期和一定条件下,对茶叶的育种、栽培、生产、加工、质量和检验等方面所作的"统一规定"。

3.1　绿茶品质特征与产品标准

　　绿茶是不发酵茶,品质特点是绿汤绿叶,一般经过杀青、揉捻、干燥三道工序加工而成。杀青是形成该茶类品质的关键工序,杀青方法有锅炒杀青和蒸汽杀青两种。共同特点是用高温破坏鲜叶中酶的活性,制止儿茶素的酶促氧化,从而使绿茶具有"绿汤绿叶"的品质特征。

3.1.1　绿茶分类及品质特征

　　绿茶初制过程,鲜叶经锅炒杀青、揉捻后,按干燥方式的不同,可分为炒干、烘干和晒干,毛茶分别称为炒青、烘青和晒青;干燥方式既有炒干又有烘干工序的,称为半烘炒绿茶;蒸汽杀青后经揉捻、烘干工序的,称为蒸青。绿茶分类见图3-1。福建以生产烘青绿茶为主,少量生产炒青和蒸青。

```
                      ┌ 长炒青  眉茶、花茶坯等
              ┌ 炒青 ─┼ 扁炒青  龙井、大方等
              │       └ 圆炒青  珠茶
              │       ┌ 普通烘青  烘青茶坯
              │ 烘青 ─┤
              │       └ 特种烘青  天山绿茶、黄山毛峰、太平猴魁等
   绿茶 ──────┤
              │ 半烘炒  花茶坯
              │ 晒青
              │       ┌ 煎茶
              └ 蒸青 ─┼ 玉露
                      └ 其他蒸青
```

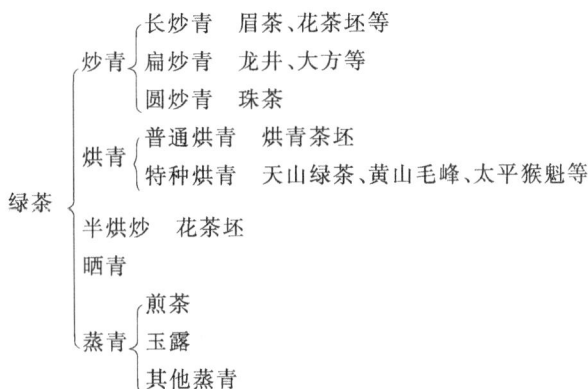

图 3-1 绿茶分类图

1. 烘青绿茶品质特征

烘青分普通烘青和特种烘青两种。普通烘青采用一芽二、三叶制成,毛茶精制后主要供作窨制花茶的茶坯。特种烘青一般都在清明前后采取一芽一叶或二叶初展的幼嫩芽叶精心制作,因茶树品种不同以及制造操作上的差别,成茶形态不一,各具特征。

(1)烘青毛茶品质特征

烘青毛茶为条形茶,外形条索紧直、完整、显锋毫,色泽深绿油润;内质香气清高,汤色清澈明亮,滋味鲜醇,叶底匀整嫩绿明亮。

闽烘青毛茶按其感官品质分为一级至六级共六个级别,各级品质特征见表3-1。

表 3-1 福建烘青毛茶品质特征

级别	外形				内质			
	条索	色泽	整碎	净度	香气	滋味	汤色	叶底
一级	紧细,有锋苗,稍露毫	绿润	匀整	洁净	清高浓纯	鲜醇爽口	清澈明亮	嫩绿匀亮
二级	紧结,尚有锋苗	尚绿润	较匀整	尚净、稍带嫩茎	清纯	醇和	清澈尚亮	尚绿柔软
三级	尚紧结稍壮	黄绿	尚匀整	稍带梗片	纯正	纯和	黄绿尚明	黄绿尚柔软
四级	尚紧,面张稍松扁	黄绿稍花	尚整欠匀	带梗片	平和	平淡	深黄尚明	暗绿稍粗
五级	粗大稍松	稍花黄	稍匀欠整	梗朴稍多	稍粗	粗淡稍涩	深黄	黄暗粗展
六级	粗松	花黄枯暗	欠匀整	梗朴片较多	粗老	粗涩	黄暗泛红	黄暗粗硬

(2)烘青(茶坯)品质特征

烘青毛茶经精制后的成品茶外形条索紧结细直,有芽毫、平伏,匀称,色泽深绿油润;内质香味醇和,但汤色叶底较毛茶稍黄。

福建烘青成品茶(茶坯)等级分为特级、一级、二级、三级、四级、五级和六级,各级品质特

征见表 3-2。

表 3-2　福建烘青成品茶(茶坯)品质特征

级别	外形				内质			
	条索	色泽	整碎	净度	香气	滋味	汤色	叶底
特级	细紧多毫	绿润	匀齐平伏	洁净	清高	鲜醇	绿明亮	嫩绿明亮
一级	紧结有毫芽	尚绿润	匀齐平伏	洁净	清纯	鲜爽	绿尚亮	嫩绿尚明亮
二级	尚紧结有锋苗	绿尚润	匀整	尚净略带嫩茎	尚清纯	尚鲜爽	黄绿尚明亮	绿尚亮
三级	壮结	尚绿	尚匀整	尚净略带筋梗	纯正	醇和	黄绿	黄绿尚亮
四级	尚实稍松	黄绿	尚匀	带有筋梗	平正	平和	绿黄	黄绿
五级	粗松	黄绿带暗	稍短碎	稍花杂	稍粗	稍粗淡	绿黄稍暗	黄暗粗展
六级	粗松轻飘	花黄	欠匀	含梗片多	粗	粗淡	黄暗	粗老暗杂

2. 炒青绿茶品质特征

炒青绿茶香气一般高于烘青,炒青绿茶在干燥中,由于受到机械或手工的作用力不同,形成长条形、圆珠形、扁平形、针形、螺形等不同形状,故又分为长炒青、圆炒青、扁炒青等。以长炒青的产地最广,产量最多,其中又以江西婺源的婺炒青和安徽屯溪的屯炒青品质为佳。福建在龙岩地区有少量生产长炒青,在闽东等茶区有少量生产圆炒青和扁炒青(仿龙井)。现将长炒青品质特征介绍如下:

长炒青的品质特征是:高档茶条索紧结、浑直匀齐、有锋苗,色泽绿润;中档茶条索尚紧结,色泽黄绿尚润;低档茶条索粗实或稍粗松,色泽绿黄或黄稍枯。内质高档茶香气清高持久,滋味浓醇,汤色黄绿清澈明亮,叶底嫩匀黄绿明亮;中档茶香气尚高,滋味醇和,汤色黄绿,叶底尚嫩匀黄绿;低档茶香气平正或稍粗,滋味平和或稍粗涩,叶底稍粗老,绿黄或黄稍暗。

3. 蒸青绿茶品质特征

蒸汽杀青是我国古代杀青方法之一,唐朝时传至日本,相沿至今,故日本的茶叶基本上以蒸青绿茶为主,如抹茶、玉露茶、碾茶和煎茶等,而我国则自明代起即改为锅炒杀青。我国除湖北省有少量蒸青玉露茶生产外,20 世纪 70 年代,从日本进口蒸青茶机生产蒸青煎茶,外销日本,但为数不多。

蒸青绿茶的品质特征是"三绿",即干茶色泽深绿、茶汤浅绿、叶底青绿,香气带青气,滋味较涩,不及锅炒杀青绿茶那样鲜爽。蒸青煎茶高档茶条索细紧圆整、挺直呈针形,匀称有尖锋,色泽鲜绿有光泽;香气似苔菜香,味醇和,回味带甘,茶汤清澈呈淡黄绿色。中、低档茶条索紧结略扁,挺直较长,色泽深绿,香气尚清香,滋味醇和略涩,叶底青绿色。

4. 晒青绿茶品质特征

晒青绿茶由于在日光下晒干,所以品质不及炒青和烘青。品质特征是:外形条索尚紧结、色泽乌绿欠润,香气低闷,常有日晒气,汤色及叶底泛黄、常有红梗红叶。

晒青绿茶在中南、西南各省茶区和陕西均有生产,一般以产地为名,如滇毛青、鄂毛青、川毛青、黔毛青、湘毛青、豫毛青和陕毛青等。品质以云南大叶种的滇毛青最好。晒青毛茶一部分精制后以散茶形式供应市场,一部分作为普洱茶和紧压茶原料。在再加工过程中,不堆积的如沱茶、饼茶等仍属绿茶;经过堆积的如紧茶、七子饼茶实质上与青砖茶相同,应属黑茶类。

5. 福建传统特种绿茶品质特征

特种绿茶多为名茶,是色、香、味出众,有独特形状的高级茶。一般生长在优越的自然环境中,茶树品种优良,采摘细嫩,制工精湛。加工方法有炒青、烘青、半烘炒三种,但色、香、味、形各有特色,绚丽多彩。

1. 天山绿茶　产于福建宁德、古田、屏南三县的天山山脉,是闽东烘青绿茶的极品,素以香高、味浓、色翠、耐泡四大特色而负盛名。外形条索壮实,色泽绿润;内质香气芬芳持久似珠兰花香,滋味醇厚,回味甘甜,汤色碧绿、清澈明亮,叶底嫩绿肥厚。

2. 七境堂绿茶　产于罗源县西部七境堂,属炒青绿茶。外形条索匀整壮结,色泽油绿稍灰;内质香气鲜嫩持久,含自然花香,滋味醇厚、润滑爽口,汤色、叶底润绿明亮。

3. 石亭绿　产于南安丰州,系炒青绿茶,以具有"三绿三香"的品质风格而驰名中外。其外形条索紧结重实,色泽银灰带绿、汤水清澈碧绿、叶底明翠嫩绿,有"三绿"之美;滋味醇爽,香气浓郁,随着采制季节的变化,产生类似兰花、绿豆及杏仁的不同香气,有"三香"之誉。

4. 龙岩斜背茶　产于龙岩江山斜背,属炒青绿茶。斜背茶以其条索灰绿带黄、汤色黄绿、叶底嫩绿黄亮之"三著黄绿"而别具一格;内质香气清高而稍带艾香,滋味浓厚,回甘持久。

3.1.2　绿茶产品标准

1. 国家标准

(1)GB/T 9172-1988《花茶级型坯》,该标准规定了以烘青为原料,经精制加工,供窨制花茶用的各级茶坯的品质要求、理化指标和卫生指标。该标准拟进行修订,以扩大原料范围,适应市场需求。

(2)GB/T 14456.1-2008《绿茶　第1部分:基本要求》,该标准适用于以茶树的芽、叶、嫩茎为原料,经杀青、揉捻、干燥等工序制成的绿茶。该标准规定了绿茶的分类、感官基本要求、理化指标和卫生指标。

(3)GB/T 14456.2-2008《绿茶　第2部分:大叶种绿茶》,该标准适用于以大叶种茶树新梢的芽、叶、嫩茎为原料,经过杀青、揉捻、干燥等工艺制成的初制茶(或称毛茶)和经整形、归类等工艺制成的精制茶(或称成品茶)。该标准规定了蒸青、炒青、烘青、晒青的毛茶和精茶的等级设置、感官品质要求、理化指标和卫生指标。

(4)绿茶地理标志产品国家标准

①GB/T 18650-2008《地理标志产品　龙井茶》

②GB/T 18665-2008《地理标志产品　蒙山茶》(含绿茶、黄茶、花茶等)

③GB/T 18957-2008《地理标志产品　洞庭(山)碧螺春茶》

④GB/T 19460-2008《地理标志产品　黄山毛峰茶》

⑤GB/T 19691-2008《地理标志产品　狗牯脑茶》

⑥GB/T 19698-2008《地理标志产品　太平猴魁茶》

⑦GB/T 20354-2006《地理标志产品　安吉白茶》

⑧GB/T 20360-2006《地理标志产品　乌牛早茶》

⑨GB/T 20605-2006《地理标志产品　雨花茶》

⑩GB/T 21003-2007《地理标志产品　庐山云雾茶》

⑩GB/T 22737-2008《地理标志产品　信阳毛尖茶》

2. 行业标准

①SB/T 10168-1993《闽烘青绿茶》(拟修订)

②NY/T 482-2002《敬亭绿雪茶》

③NY/T 781-2004《六安瓜片茶》

④NY/T 782-2004《黄山毛峰茶》

⑤NY/T 783-2004《洞庭春茶》

⑥NY/T 784-2004《紫笋茶》

⑦NY/T 785-2004《蒸青煎茶》

⑧NY/T 863-2004《碧螺春茶》

⑨WMB48(1)-1981《茶叶品质规格》(含绿茶、乌龙茶、红茶、花茶、白茶和压制茶 6 类)

3. 福建省地方标准

①DB35/361-1999《天山绿茶》

②DB35/T 148.7-2001《绿茶标准综合体　绿茶(烘青)毛茶》

③DB35/T 148.9-2001《绿茶标准综合体　绿茶(烘青)成品茶》

④DB35/T 673-2006《蒸青绿茶　毛茶》

⑤DB35/T 675-2006《蒸青绿茶　成品茶》

⑥DB35/764-2007《针螺茶　成品茶》

3.2　白茶品质特征与产品标准

　　白茶是我国特种茶类之一,主要产于福建的福鼎、政和、建阳等地,台湾也有少量生产。白茶属微(轻度)发酵茶,初制特点是不揉不炒,只经萎凋和干燥两道工序。萎凋是白茶品质形成的关键工序,在长时间的萎凋过程中,随着鲜叶水分的逐渐散失,内含成分发生复杂的理化变化,多酚类物质轻度氧化,从而形成白茶特有的"形态自然,白毫不脱,毫香清鲜,滋味甘和"的品质特征。

3.2.1　白茶分类及品质特征

白茶传统产品因其鲜叶原料和茶树品种不同,有白毫银针、白牡丹、贡眉、寿眉等不同的花色类型。无性系品种大白茶或水仙茶,芽头肥壮、茸毛洁白,所采的嫩芽、叶可制珍品,一是白毫银针,纯以肥壮单芽采制而成;二是白牡丹(毛茶称"大白"、"水仙白"),一芽二叶,芽叶连枝,白毫显露,形态自然,形似花朵。有性系菜茶品种一芽二、三叶制成的毛茶称"小白",其条索细嫩,色泽灰绿,叶缘垂卷,微曲如眉,成品茶称贡眉(现在菜茶原料少,多用品质较次的大白茶原料制作)。由制白毫银针时采下的嫩梢经"抽针"后,剩下的嫩叶制成的成品及大白(或水仙白)、小白精制后的副产品统称寿眉。("抽针"是指从大白茶的茶树上采摘的一芽二、三叶,在室内用手指把芽与叶分开,将选择的肥壮单芽供制白毫银针,是采制白毫银针的方法之一)。

除上述传统工艺白茶外,福鼎于1969年又研制开发出了新工艺白茶产品,称为新白茶。新白茶鲜叶原料采自中、小叶种茶树鲜叶,原料嫩度相对较低,其初制工艺:萎凋→轻揉→干燥,外形较传统白茶卷紧成条。

白茶分类见图3-2。

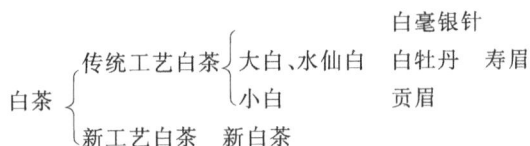

```
                                        白毫银针
         传统工艺白茶 ┌ 大白、水仙白 ┤ 白牡丹  寿眉
白茶 ┤           └ 小白       贡眉
         新工艺白茶  新白茶
```

图 3-2　白茶分类图

1. 白毛茶品质特征

白毛茶总的品质特征是:外形毫心肥壮、叶张肥嫩、叶缘垂卷、芽叶连枝,毫色银白,叶色灰绿(或深绿、翠绿);内质毫香显露,滋味鲜醇,汤色杏黄明亮(或橙黄),叶底嫩匀。因鲜叶原料的茶树品种不同,其品质特征有所差别。

(1)大白、水仙白毛茶　外形毫芽肥壮银白,叶张肥嫩,叶态伸展,叶缘垂卷、芽叶连枝,叶色灰绿;内质毫香鲜浓,滋味鲜醇,汤色橙黄明亮(或浅杏黄),叶底肥嫩匀,芽头多。大白及水仙白毛茶各等级品质特征见表3-3。

表 3-3　大白及水仙白毛茶各等级品质特征

级别	外　形				内　质			
	嫩度	色泽	形态	净度	香气	叶底	滋味	汤色
一级二等	一芽二叶初展,芽多而肥壮	叶面翠绿或灰绿,匀润,叶背有白茸毛,芽银白	芽叶连枝,叶态平伏伸展,叶缘垂卷,叶尖翘起,叶面有波纹隆起	无老叶和老梗	鲜嫩、浓爽,毫香显	芽多而肥,叶张软嫩,芽叶连枝,叶脉微红,叶色带黄绿,匀亮	鲜爽、浓厚、清甜,毫味重	橙黄,清澈

续表

级别	外形				内质			
	嫩度	色泽	形态	净度	香气	叶底	滋味	汤色
二级四等	一芽二叶,芽多,稍肥壮	叶面翠绿或灰绿,尚匀润,叶背有白茸毛,芽银白	芽叶连枝,叶态平伏伸展,叶缘垂卷,叶尖翘起,叶面波纹隆起	无老叶和老梗	鲜嫩、浓爽,有毫香	芽多而肥,叶张软嫩,芽叶连枝,叶脉微红,叶色带黄绿,匀亮	鲜爽、浓厚、清甜,毫味重	橙黄,清澈
三级六等	一芽二叶开展,有部分芽,稍瘦	部分嫩叶灰绿或暗绿,少部分青绿叶,个别红张	芽叶连枝,叶面摊展或稍有折皱	无老叶和老梗	鲜纯	叶张尚软嫩,略有芽,较瘦,略有红张,色尚匀	鲜厚,尚清甜	橙黄
四级八等	一芽二叶开展,个别三叶,有驻芽尖	青绿、黄绿、暗绿或红暗	部分驻芽连叶,单片叶多,叶面平展或稍折皱	有梗及粗叶、腊质叶	尚鲜纯	叶张稍大尚软,色黄绿,有红张	尚鲜浓	橙黄稍红或淡黄
五级十等	驻芽叶,稍有瘦小芽	青绿、黄绿、暗绿或红暗	多单片叶,叶面摊展或稍折皱	有梗及粗叶、腊质叶	稍粗淡	叶张稍大,多单片叶,色黄绿微红	尚鲜,稍粗浓或稍淡	深黄稍红或淡黄

(2)小白毛茶 外形毫芽银白,叶张嫩匀,叶态伸展,叶缘垂卷、芽叶连枝,叶色翠绿或墨绿;内质毫香鲜显,滋味鲜爽,汤色浅黄明净,叶底嫩匀,芽头较小。小白毛茶各等级品质特征见表3-4。

表3-4 小白毛茶各等级品质特征

级别	外形				内质			
	嫩度	色泽	形态	净度	香气	叶底	滋味	汤色
特级	一芽二叶初展,芽肥毫多	叶面灰绿、润匀,第一、二叶叶背青白,有茸毛,芽毫银白	芽叶连枝,叶态平伏伸展,叶缘垂卷,叶面呈龟背纹隆起状	无腊叶和老梗	鲜嫩清爽,毫香显	毫心多而肥,叶张软嫩,色泽灰绿,匀亮	鲜嫩浓爽,毫味显	清澈,清黄

续表

级别	外形				内质			
	嫩度	色泽	形态	净度	香气	叶底	滋味	汤色
一级	一芽二叶占90%,其余是一芽二、三叶初展,芽毫多	叶面灰绿、润匀,第一叶叶背青白,有茸毛,芽毫银白	芽叶连枝,嫩叶叶态平伏伸展,叶缘垂卷,叶面呈龟背纹隆起状	无腊叶和老梗	鲜嫩清爽,有毫香	毫心多,叶张软嫩,色泽灰绿、匀亮	鲜嫩浓爽	清澈,清黄
二级	一芽二叶占50%,其余是一芽二、三叶初展,有芽毫,但稍瘦	叶面尚灰绿润匀,稍有青绿色叶和个别泛红叶	芽叶连枝,嫩叶叶缘垂卷,叶面略呈龟背纹隆起状,第三叶叶面平展	无老梗,有个别腊叶	鲜嫩清爽	有毫心,叶张软嫩,色泽灰绿尚匀亮	鲜嫩,尚浓醇	清澈,黄
三级	一芽二叶占30%,一芽三叶占70%,第三叶叶张大,含有芽尖	部分嫩叶为灰绿色,部分为青绿叶,个别红张	部分芽叶连枝,脱落单片叶多,叶面平展	无老梗,有个别腊叶	鲜纯	尚软嫩,色泽稍灰绿,有个别红张	尚鲜醇	清澈,黄
四级	大部分对夹叶及部分驻芽叶,芽尖不显	极少数灰绿嫩叶,大部分青绿叶、泛红叶,少数红色叶	多单片叶,叶面平展或折皱	无积,有个别老梗	稍粗淡	稍粗挺,色泽黄绿,夹杂红张	尚鲜,稍粗淡	深黄或淡黄

2. 白茶(成品茶)品质特征

(1)白毫银针 外形单芽肥壮,满披白毫,色泽银白,形状似针;内质香气清鲜毫香浓、滋味鲜爽微甜、汤色浅杏黄色明亮,叶底肥壮、匀齐,软亮。银针品质依产区不同有所差异,福鼎银针为银白色,滋味清鲜。政和银针为银灰色,毫显芽壮,滋味鲜爽浓厚。采摘季节不同,品质亦有差异,如福鼎地区在清明前采制的银针,外形芽头肥壮,身骨重实,茸毛疏松,色白如银。清明后采制的外形芽头扁瘪,身骨轻虚,茸毛伏贴,色带灰白。

(2)白牡丹 外形呈自然叶态,一芽二叶,芽叶连枝,两叶抱心绿叶夹银毫,形似花朵,叶张肥嫩且波纹隆起,叶缘微向叶背垂卷;叶色黛绿或墨绿,银色芽毫显露,叶背满披白毫,绿面白底,俗称"天蓝地白"或"青天白地"。内质毫香显,味鲜醇,汤色杏黄,清澈明亮,叶底浅绿,叶脉微红。

(3)贡眉、寿眉　贡眉形似白牡丹,但形体偏瘦小,品质次于白牡丹。毫心尚显,叶色灰绿带黄,香鲜纯,味醇爽,汤色橙黄或深黄,叶底黄绿,叶脉带红。低档贡眉即寿眉,不带毫芽,香味清淡,汤色橙黄或微红,叶底摊展粗杂,红张多。

(4)新白茶　既具有白茶的品质特征,又带有些红茶风格。外形半卷紧稍曲,叶张略有卷褶,色泽暗绿带褐,香气清醇甜和,滋味浓醇,汤色橙红,叶底色泽灰带黄红,叶张开展,筋脉泛红。

3.2.2　白茶产品标准

1. 国家标准

(1)GB/T 22109-2008《地理标志产品　政和白茶》,该标准规定了在福建省政和县行政区域内生产的政和白茶的分类(白毫银针、白牡丹)、等级设置、感官品质要求、理化指标和质量安全指标。

(2)GB/T 22291-2008《白茶》,该标准适用于以茶树的芽、叶、嫩茎为原料,经萎凋、干燥、拣剔等特定工艺过程制成的白茶。该标准规定了白茶的分类(白毫银针、白牡丹和贡眉)、等级设置、感官品质要求、理化指标和卫生指标。

2. 福建省地方标准

(1)DB35/T152.15-2001《白毛茶》,该标准规定了大白、水仙白、小白毛茶的等级设置、感官品质要求、理化指标和卫生指标。

(2)DB35/T152.17-2001《白茶》,该标准适用于白牡丹、贡眉,规定了白牡丹和贡眉的等级设置、感官品质要求、理化指标和卫生指标。

3.3　乌龙茶(青茶)品质特征与产品标准

乌龙茶又称青茶,属半发酵茶,是我国特种茶类之一。与其他茶类相比,乌龙茶的采制工艺最为精细复杂。其采制特点是:要求嫩梢达到一定的成熟度,等到新梢芽叶已经展开,顶芽形成驻芽时采2~4叶,俗称"开面采"。鲜叶先经萎凋(晒青、凉青)和做青(摇青、凉青),促使多酚类物质适度氧化,再用高温杀青破坏酶的活性,制止进一步氧化,然后进行揉捻(包揉)、干燥。"做青"是乌龙茶品质形成的关键工序,摇青与凉青交替进行,通过叶缘摩擦促进适度酶促氧化,形成绿叶红边的特征,为形成乌龙茶特有的色、香、味奠定基础。

3.3.1　乌龙茶分类及品质特征

乌龙茶产区主要分布于福建、广东和台湾省,其他省也有少量生产,但以福建所产的乌龙茶量多质优,花色品种最多。福建乌龙茶又分闽北和闽南两大产区。闽北乌龙茶主要产区包括武夷山、建瓯、建阳等地,根据品种和产地不同,有武夷岩茶、闽北水仙、闽北乌龙等;闽南乌龙茶主要产区包括安溪、华安、永春、平和、南靖、漳平、大田等地,根据品种和产地不同,有安溪铁观音、永春佛手、闽南水仙、平和白芽奇兰、漳平水仙茶饼、诏安八仙茶等。广东乌龙茶主要品种有凤凰单枞和凤凰水仙等。台湾乌龙茶按其发酵程度的轻重主要有包种茶、冻顶乌龙、和白毫乌龙(又名红乌龙)等。乌龙茶分类见图3-3。

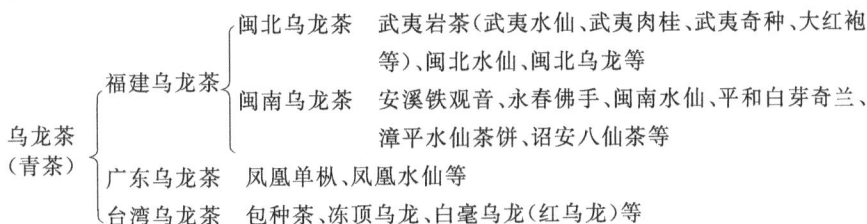

图3-3　乌龙茶分类图

1. 福建乌龙茶品质特征

福建乌龙茶分闽北乌龙茶和闽南乌龙茶两大类,因品种和产地工艺不同,品质特征各异。闽北乌龙茶做青时发酵程度较重,揉捻时无包揉工序,因而外形条索条形、壮结或紧结弯曲,干茶色泽较乌润,香气为熟香型,滋味醇厚,汤色橙黄明亮,叶底三红七绿,红镶边明显。闽南乌龙茶做青时发酵程度较轻,揉捻较重,干燥过程兼有包揉工序,因而外形条索卷曲形或圆结形,干茶色泽砂绿油润,香气为清香型,滋味清醇,汤色金黄,叶底绿叶红点或红镶边。

(1)武夷岩茶　武夷岩茶指武夷山茶区所生产的乌龙茶。历史上武夷岩茶按产地不同划分为正岩茶、半岩茶和洲茶。正岩茶指武夷山三坑二涧即牛栏坑、慧苑坑、倒水坑、流香涧和梧源涧各岩坑谷所产的茶,品质最佳,"岩韵"显;半岩茶指武夷山范围以内、三坑二涧以外和九曲溪一带低山所产的茶,品质稍逊于正岩茶,"岩韵"稍弱;洲茶指山下溪边洲地所产的茶,品质又逊一筹,不具"岩韵"。

武夷岩茶花色品种很多,大多数以茶树品种的名称命名。用水仙品种采制成的,称"武夷水仙",用肉桂品种采制成的,称"武夷肉桂",以菜茶或其他品种采制的,称"武夷奇种"。还有许多品质特优、风格独特的优良"单枞"单独采制,形成众多品级花名,分为名岩名枞:如大红袍、铁罗汉、白鸡冠、水金龟、半天妖等;普通名枞:如千里香、金锁匙、金柳条、不知春等。此外,还有如乌龙、梅占、观音、奇兰、佛手等众多品种茶。

武夷岩茶的品质特征总体概括为:成茶条形扭曲壮结,色泽绿褐鲜润,部分叶张呈现蛙皮状小白点;内质具有特殊的"岩韵",香气馥郁,持久性长,具幽兰之胜,锐者浓烈,幽者清远,滋味醇厚,鲜滑回甘;汤色深橙黄、清澈明净,叶底软亮、叶缘朱红,"绿叶红镶边"。

目前,武夷岩茶主要的当家品种有大红袍、武夷水仙、武夷肉桂、武夷奇种等,品质特征分述如下:

①大红袍　外形条索紧结,叶端稍扭曲,色泽铁青带褐油润;内质香气浓郁持久或清幽细长或清香幽远,滋味醇厚甘润或清醇鲜爽,岩韵显,汤色橙黄,叶底柔软黄亮、红边鲜艳匀齐。

②武夷岩水仙　外形条索壮结沉重或肥壮紧结,叶端稍扭曲,叶张主脉宽、黄、扁,色泽绿褐油润或灰褐油润或绿褐间带蜜黄油润,部分起蛙皮状小白点;内质香气花香鲜锐或浓郁,滋味醇厚鲜爽、回甘,岩韵显,汤色橙黄清澈,叶底肥软、黄亮,叶缘红边鲜红。

③武夷岩肉桂　外形条索壮结或紧结,叶端稍扭曲,色泽青褐泛黄带砂绿;内质香气辛锐或花香浓郁清长、带乳香或桂皮香或果香,滋味醇滑甘润,岩韵显,汤色橙黄清澈,叶底柔软、黄亮,叶缘红边朱红色鲜明。

④武夷奇种　外形条索紧结,叶端稍扭曲,色泽铁青带褐较油润或绿褐油润;内质香气清而细长,滋味醇和甘爽,岩韵显,汤色橙黄、清明,叶底柔软、绿叶红镶边。

(2)闽北水仙　条索壮结沉重,叶张主脉宽、黄、扁、色泽乌润间带砂绿蜜黄,香气浓郁,滋味醇爽回甘、品种特征显,汤色橙黄,叶底肥软、黄亮、红边鲜艳。

(3)闽北乌龙　条索紧细,色泽乌润,香气清、细长,滋味醇厚较爽,汤色橙黄,叶底绿叶红镶边。

(4)安溪铁观音　外形紧卷结实沉重,色泽砂绿油润,香气馥郁芬芳或浓郁持久或馥郁幽香,滋味醇厚鲜爽回甘、音韵显,汤色金黄清澈,叶底肥厚软亮、红边鲜明。

(5)永春佛手　外形肥壮卷曲较重实,色泽乌润砂绿或乌绿润,香气浓郁、清长似香橼果香,滋味醇厚回甘、品种特征显,汤色橙黄,叶底肥厚、红边显。

(6)平和白芽奇兰　外形紧卷,色泽油润青褐略间带蜜黄,香气清高较浓,滋味醇厚,品种特征显,汤色金黄,叶底叶张主脉浮现、稍显白色,黄亮、红边明。

(7)漳平水仙茶饼　外形用模具压制成扁平四方形,色泽乌褐油润,香气清高具兰花香,滋味醇厚爽口、品种特征显,汤色金黄或深金黄,叶底黄亮、红边显现,叶张主脉宽、黄、扁。

(8)诏安八仙茶　条索紧结,色泽乌褐油润,香气较浓锐、持久,滋味浓厚微苦,品种特征显,汤色金黄,叶底较肥厚,柔软黄亮,红边明。

(9)闽南水仙　外形紧结卷曲,色泽砂绿蜜黄,香气浓郁或鲜锐,滋味醇厚爽口,汤色金黄,叶底黄亮、红边明,叶张主脉宽、黄、扁。

2. 广东乌龙茶品质特征

广东乌龙茶的主制品种有岭头单枞、凤凰单枞无性系——黄枝香单枞、芝兰香单枞、玉兰香单枞、蜜兰香单枞等以及少量凤凰水仙。

(1)岭头单枞　条索紧结挺直,色泽黄褐油润;香气有自然花香,滋味醇爽回甘,蜜味显现,汤色橙黄明亮,叶底黄腹朱边柔亮。

(2)凤凰单枞　主产于潮州市潮安县的名茶之乡凤凰镇凤凰山区。是从凤凰水仙群体品种中筛选出来的优异单株,品质优于凤凰水仙。其初制加工工艺接近闽北制法,外形也为直条形,紧结重实,色泽金褐油润或绿褐润;其香型因各名枞树型、叶型不同而各有差异,有浓郁栀子花香的,称为黄枝香单枞,香气清纯浓郁具自然兰花清香的,为芝兰香单枞,更有桂花香、蜜香、杏仁香、天然茉莉香、柚花香等。其滋味醇厚回甘,也因各名枞类型不同,其韵味及回甘度有区别。

(3)凤凰水仙　外形条索肥壮匀整,色泽灰褐乌润;内质香气清香芬芳、有花香,滋味浓厚回甘,汤色清红,叶底厚实鲜嫩、红边绿心。

3. 台湾乌龙茶品质特征

台湾乌龙茶主要品种有青心乌龙、金萱、翠玉等。按其发酵程度的轻重主要有包种茶、冻顶乌龙和白毫乌龙(又名红乌龙)。

(1)包种茶　是目前台湾生产的乌龙茶中数量最多的,它的发酵程度是所有乌龙茶中最轻的,品质较接近绿茶。外形紧结呈直条形,色泽深翠绿,带有灰霜点;汤色蜜绿或蜜黄,香气有浓郁的兰花清香,滋味醇滑甘润,叶底绿翠。

(2)冻顶乌龙　产于台湾南投县的冻顶山,它的发酵程度比包种茶稍重。外形条索卷曲成半球形,色泽青绿,略带白毫,香气兰花香、乳香交融,滋味甘滑爽口,汤色金黄中带绿意,叶底翠绿,略有红镶边。

(3)白毫乌龙　是所有乌龙茶中发酵最重的,而且鲜叶嫩度也是乌龙茶中最嫩的,一般为带嫩芽采一芽二叶。其外形茶芽肥壮,白毫显露,茶条较短,色泽呈红、黄、白三色;汤色呈鲜艳的橙红色,香气有天然的花果香,滋味醇滑甘爽,叶底红褐带红边,叶基部呈淡绿色,芽叶完整。

3.3.2　乌龙茶产品标准

1. 国家标准

(1)GB/T 18745-2006《地理标志产品　武夷岩茶》,该标准规定了在福建省武夷山市行政区域内生产的武夷岩茶的分类(大红袍、名枞、肉桂、水仙、奇种)、等级设置、感官品质要求、理化指标和质量安全指标。

(2)GB/T 19598-2006《地理标志产品　安溪铁观音》,该标准规定了在福建省安溪县行政区域内生产的铁观音产品的分类(清香型和浓香型)、等级设置、感官品质要求、理化指标和质量安全指标。

(3)GB/T 21824-2008《地理标志产品　永春佛手》,该标准规定了在福建省永春县行政区域内生产的佛手茶的等级设置、感官品质要求、理化指标和质量安全指标。

2. 福建省地方标准

(1)DB35/405-2000《安溪乌龙茶》

(2)DB35/T121.8-2001《闽北水仙毛茶》

(3)DB35/T121.10-2001《闽北水仙成品茶》

(4)DB35/T97.6-2006《八仙茶　毛茶》

(5)DB35/T97.8-2006《八仙茶　成品茶》

(6)DB35/787-2007《漳平水仙茶》

(7)DB35/T824-2008《白芽奇兰茶　毛茶》

(8)DB35/T825-2008《白芽奇兰茶　成品茶》

(9)DB35/T 906-2009《金观音乌龙茶综合标准　成品茶》

(10)DB35/T 943-2009《地理标志产品　福建乌龙茶》

3.4　红茶品质特征与产品标准

红茶为全发酵茶,红茶的制法是鲜叶先经萎凋,增强酶的活性,然后再经揉捻或揉切、发酵和烘干。"发酵"是红茶品质形成的关键工序,在一定的温湿度条件下,多酚类化合物深度氧化,从而使红茶具有"红汤红叶、香味甜醇"的品质特征。

3.4.1 红茶分类及品质特征

红茶根据加工方法的不同,分为红碎茶和红条茶。红碎茶是在揉捻过程中,边揉边切,或直接经切碎机械将茶条切细成为颗粒状。红碎茶品质要求汤味浓、强、鲜,发酵程度偏轻。红条茶又有工夫红茶和小种红茶之分,工夫红茶滋味要求醇厚带甜,发酵较充分;小种红茶因加工过程中有熏烟工序,使其香味带有浓烈的松烟香味。红茶分类见图 3-4。

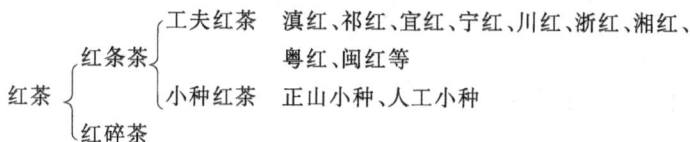

红茶 {
红条茶 {
工夫红茶 滇红、祁红、宜红、宁红、川红、浙红、湘红、粤红、闽红等
小种红茶 正山小种、人工小种
}
红碎茶
}

图 3-4 红茶分类图

1. 工夫红茶品质特征

我国工夫红茶根据产地分有云南的滇红、安徽的祁红、湖北的宜红、江西的宁红、四川的川红、浙江的浙红(也称越红)、湖南的湘红、广东(海南)的粤红、福建的闽红等。其中品质优良,较有代表性的工夫红茶为大叶种的滇红和小叶种的祁红。

(1)滇红 产于云南省的勐海、风庆、临沧、云县等地,茶树品种为云南大叶种,根据鲜叶的嫩匀度不同,一般分为特级、一至五级。其中高档滇红外形条索肥壮重实,显锋苗,色泽乌润显毫,香气嫩香浓郁,有特殊的地域香,滋味鲜浓醇,收敛性强,汤色红艳,叶底肥厚柔嫩,色红艳;中档茶外形条索肥嫩紧实,尚乌润有金毫,香气浓纯,类似桂圆香或焦糖香,滋味醇厚,汤色红亮,叶底尚嫩匀,红匀尚亮;低档茶条索粗壮尚紧,色泽乌黑稍泛棕,香气纯正,滋味平和,汤色红尚亮,叶底稍粗硬,红稍暗。

(2)祁红 产于安徽省祁门及其毗邻各县,茶树品种以小叶种中的槠叶种为主,按鲜叶原料的嫩匀度分为特级、一级至五级。其中高档祁红外形条索细紧挺秀,色泽乌润有毫,香气鲜嫩甜,带蜜糖香,滋味鲜醇嫩甜,汤色红艳,叶底柔嫩有芽,红匀明亮;中档茶条索紧细,色泽乌尚润,香气尚鲜浓,滋味醇和,汤色红亮,叶底嫩匀,红匀尚亮;低档茶条索尚紧细,色泽乌欠润,香气纯正,滋味尚醇,叶底尚匀,尚红稍暗。

(3)闽红 福建工夫红茶以坦洋工夫、白琳工夫和政和工夫为代表:

坦洋工夫以有性群体菜茶为主要原料,外形条索紧细圆直,色泽乌润或略带棕红,毫显金黄;内质香气高爽,汤色红艳,滋味醇厚,叶底红亮。

白琳工夫以福鼎大白茶为主要原料和小叶种菜茶配制而成,外形条索紧结细秀稍弯曲,色泽黄黑油润,毫芽显露,呈橙黄色;内质香气鲜纯毫香鲜爽带甘草香,汤色浅红明亮,滋味清鲜甜和,叶底鲜红带黄。

政和工夫以政和大白茶为主要原料辅以小叶种菜茶配制而成,外形条索肥壮重实、匀齐,色泽乌黑油润,毫芽显露,呈金黄色;内质香气浓郁芬芳带鲜甜似紫罗兰香气,汤色红艳,滋味浓厚鲜爽,叶底肥壮红亮。

2. 小种红茶品质特征

小种红茶是福建省的特产,鲜叶要求达到一定的成熟度,以小开面一芽二、三叶最好,初制工艺是鲜叶经萎凋、揉捻、发酵、过红锅(杀青)、复揉、熏焙六道工序。由于采用松柴明火加温萎凋和干燥，干茶带有浓烈的松烟香。小种红茶以武夷山市星村桐木关所产的品质最佳，称"正山小种"或"星村小种"。其他外地用工夫红茶熏烟仿制的称"人工小种"或"烟小种"，品质较差。

(1)正山小种　外形条索肥壮，紧结圆直，不带芽毫，色泽乌黑油润有光；汤色鲜艳浓厚，呈深金黄色，内质香气高锐，带有特殊的松烟香，滋味醇厚爽口类似桂圆汤味，叶底肥厚，呈古铜色。

(2)人工小种　条索近似正山小种，身骨稍轻而短钝；带松烟香，汤色稍浅，滋味醇和，叶底略带古铜色。

3. 红碎茶品质特征

红碎茶是世界上红茶贸易的主要品种，我国是在20世纪60年代初为适应对外贸易需要而开始生产的。主要产区为云南、贵州、四川、广东、广西、湖南等省，福建也有少量生产。

现行标准GB/T13738.1-2008《红茶　第1部分：红碎茶》将红碎茶产品分为大叶种红碎茶和中小叶种红碎茶两个品种，各品种又有碎茶、片茶、末茶各个花色。各品种红碎茶因产地、品种不同，品质特征有很大差异，总体要求是：香气高锐持久，滋味浓强鲜爽，汤色红艳，加入牛奶白糖后，仍然显出浓鲜的茶味和茶香。

3.4.2　红茶产品标准

1. 国家标准

(1)GB/T 13738.1-2008《红茶　第1部分：红碎茶》，该标准适用于以茶树的芽、叶、嫩茎为原料，经萎凋、揉切、发酵、干燥等工艺制成的红碎茶。该标准规定了红碎茶的分类(大叶种红碎茶和中小叶种红碎茶)、花色、感官品质要求、理化指标和卫生指标。

(2)GB/T 13738.2-2008《红茶　第2部分：工夫红茶》，该标准适用于以茶树的芽、叶、嫩茎为原料，经萎凋、揉捻、发酵、干燥和精制加工工艺制成的工夫红茶。该标准规定了工夫红茶的分类(大叶工夫和中小叶工夫)、等级设置、感官品质要求、理化指标和卫生指标。

(3)GB/T 24710-2009《地理标志产品　坦洋工夫红茶》，该标准规定了在福建省福安市行政区域内生产的坦洋工夫红茶的等级设置、感官品质要求、理化指标和质量安全指标。

2. 行业标准

(1)NY/T 780-2004《红茶》，该标准规定了大叶种工夫红茶、小叶种工夫红茶、红碎茶、小种红茶、名优红茶的等级(花色)设置、感官品质要求、理化指标和卫生指标。

(2)SB/T 10167-1993《祁门工夫红茶》，该标准规定了祁门工夫红茶等级、技术要求、检验方法、检验规则和标志、包装、运输、储存。

3.5　茉莉花茶品质特征与产品标准

花茶为我国的主要茶类之一，它是将茶叶窨以香花而制成的再加工茶类。用于窨制花茶的茶坯主要是烘青，还有部分长炒青，少量红茶、乌龙茶。用于窨制花茶的香花有茉莉、白兰、珠兰、米兰、玳玳、柚子、栀子、桂花、玫瑰、树兰等。花茶种类依窨制的香花不同,分为茉莉花茶、白兰花茶、珠兰花茶、玳玳花茶、柚子花茶、桂花花茶、玫瑰花茶等。也有把花名和茶名连在一起的,如茉莉烘青、珠兰大方、桂花乌龙、玫瑰红茶等。各类花茶中以茉莉花茶产销数量最多,故茉莉花茶遂成为花茶类中最具代表性的产品。茉莉花茶中又以茉莉烘青为主,因此一般泛称花茶时多指茉莉烘青。福建是我国茉莉花茶的发源地和主产区。

茉莉花茶的窨制工艺,是产制茉莉花茶特有的技术环节,对于产品的香气和品质风格的形成,具有关键性的作用。窨制茉莉花茶的原料,一是茶叶,二是茉莉花。开放的鲜花具有吐香的特性,干燥的茶叶则有很强的吸附能力。窨制过程在水热的作用下,一吐一吸,既有物理变化,又有化学反应,"茶引花香以益茶味",从而形成茉莉花茶特有的"香气鲜灵浓郁,滋味浓醇鲜爽"的品质特征。

3.5.1 茉莉花茶花色及品质特征

福建茉莉花茶分普通(大宗)茉莉烘青和特种茉莉花茶。生产上根据不同等级产品的质量标准,采用不同的下花量和窨次。高级茉莉花茶用花量多,采用多窨次;中、低级茉莉花茶用花量较少,采用少窨次或单窨次。各种产品因茶坯和用花量不同,品质特征各异。

1. 茉莉烘青品质特征

福建茉莉烘青外形条索精细匀整、平伏,色泽绿润;内质香气浓郁鲜灵、纯正、持久,滋味浓醇鲜爽,汤色黄绿、清澈明亮,叶底嫩匀。现行《茉莉烘青花茶》标准,按产品质量分为毛尖、毛峰、银毫、春毫、香毫、特级、一级、二级、三级、四级、五级和六级共12个级别,此外还有碎茶和片茶,各级品质特征见表3-5。

表3-5 福建茉莉烘青品质特征

项目			外形			内质		
等级	条索	整碎	净度	色泽	香气	滋味	汤色	叶底
毛尖	紧结肥壮、锋苗毫显	匀整平伏	洁净	绿润	鲜灵浓郁持久清幽	鲜爽醇厚润滑	黄绿、清澈明亮	肥嫩匀亮芽显
毛峰	紧结芽壮毫显	匀整平伏	洁净	绿润	鲜灵浓郁持久尚清幽	鲜爽醇厚尚润滑	黄绿、清澈明亮	肥嫩匀亮显芽
银毫	紧结肥壮毫显	匀整平伏	洁净	绿润	鲜灵浓郁持久	鲜爽醇厚	黄绿、清澈明亮	肥嫩匀亮
春毫	紧结细嫩显毫	匀整平伏	洁净	绿润	鲜灵浓郁	鲜浓醇厚	黄绿、清澈明亮	细嫩明亮
香毫	紧结显毫	匀齐平伏	洁净	绿润	鲜灵尚浓郁	鲜浓尚醇厚	黄绿明亮	匀嫩明亮
特级	紧结多毫	匀齐尚平伏	净、略含嫩筋	黄绿尚润	鲜浓	鲜浓醇	黄、明亮	嫩软匀亮
一级	紧结有毫芽	匀整	净、稍含嫩筋	黄绿稍润	鲜尚浓	鲜尚浓	黄尚亮	软亮

续表

项 目		外 形			内 质		
等级	条索	整碎	净度	色泽	香气	滋味	汤色	叶底
二级	较紧结	匀整	尚净、略含筋梗	尚黄绿	尚鲜浓	尚醇	黄尚明	尚绿尚柔软
三级	尚紧实	尚匀齐	略含细梗	绿黄	尚纯浓	纯和	黄稍明	尚绿稍软
四级	稍粗壮	尚匀	有筋梗	尚绿黄	尚浓	尚纯和	黄欠明	尚绿稍摊展
五级	粗松	稍欠匀	稍花杂有梗朴	绿黄稍枯	淡带粗	淡薄有粗味	黄稍暗	粗展
六级	松扁轻飘	欠匀	含梗、多朴片	黄稍枯	粗淡	粗淡带涩	黄暗	粗老花杂

注:引自 DB35/799-2007《烘青茉莉花茶》。

2. 特种茉莉花茶品质特征

福建茉莉花茶除上述统一级型产品外,还有多种名优产品,兹简介于下:

(1)造型茉莉花茶

造型茉莉花茶是在各种造型名优绿茶的基础上,再用茉莉花窨制成外形独具特色、品质优异的特种茉莉花茶。在外形形状上有针形、圆珠形、卷曲形、花朵形、环形、束形、麻花形等,大大丰富了茉莉花茶的种类,使人们在品尝茉莉花茶的同时,还可欣赏其独特外形。

(2)传统名优茉莉花茶

①茉莉大白毫 由福州茶厂创制,是福州茉莉花茶中的珍品。其茶坯原料系精选福安大白茶、政和大白茶、福鼎大白茶等良种,采早春带有毫芽的嫩梢特制成坯,再选用福州近郊最优质的双瓣茉莉品种与单瓣茉莉品种交叉重窨,经过七窨一提而成。其产品风味独具一格,外形毫芽肥壮重实,紧直匀称,色泽嫩黄,满披银白色茸毛;内质香气鲜灵浓烈,芳香扑鼻,极显茉莉花香鲜爽愉快的感受,滋味浓醇鲜爽,汤色微黄泛绿,鲜艳明亮,叶底肥嫩匀润,冲泡四五次后香味仍存。

②茉莉银毫 茶坯原料选用福建早春高级烘青绿毛茶精制而成的茶坯,窨以优质茉莉伏花,经六窨一提而成。产品外形幼嫩肥壮,芽毫显露,毫色银白,故名"银毫";内质香气浓郁、芬芳,鲜灵持久,滋味醇厚爽口,回味清甜,汤色微黄,鲜艳明亮,叶底肥嫩匀亮,是传统出口茉莉花茶中的珍品。

③茉莉春毫 茶坯原料选用福建早春高级烘青毛茶,经精制成茶坯,再以优质茉莉伏花,经五窨一提而成。产品外形紧秀匀齐,细嫩多毫;内质香气浓郁鲜爽,滋味醇和甘美,汤色黄亮清澈,叶底幼嫩匀亮。是传统出口茉莉花茶中的高级产品。

④雀舌毫茉莉花茶 亦称"茉莉雀舌",系经四窨一提制成。产品外形紧秀、细嫩、匀齐、显锋毫,芽尖细小似雀鸟之舌,故称"雀舌毫"。内质鲜灵纯正,汤色黄亮清澈,持久耐泡,为茉莉花茶高档产品。

⑤明前绿茉莉花茶　亦称"茉莉明前"，因采用"清明"前采制的烘青绿茶为茶坯，故称"明前绿"，系三窨的茉莉花茶。外形条索紧直匀伏，锋毫较显。内质香气较纯正鲜浓，亦较耐泡，汤色清黄，为茉莉花茶中档产品。

⑤龙团珠茉莉花茶　亦称"茉莉龙团"，系三窨的茉莉花茶。外形紧结呈圆珠形，故称"龙团珠"。内质香浓味厚，特别耐泡，为茉莉花茶中档产品。

3.5.2　茉莉花茶产品标准

1. 国家标准

GB/T 22292-2008《茉莉花茶》，该标准适用于以绿茶为原料，经加工成级型坯后，由茉莉鲜花窨制（含白兰鲜花打底）而成的茉莉花茶。该标准规定了烘青茉莉花茶、炒青（含半烘炒）茉莉花茶的等级设置（均为特级、一至六级）、感官品质要求、理化指标和卫生指标。

2. 行业标准

NY/T 456-2001《茉莉花茶》，该标准适用于以绿茶为原料，经茉莉鲜花窨制而成的茉莉花茶。该标准将茉莉花茶产品分为特种茉莉花茶和茉莉花茶两类，特种茉莉花茶只设一个质量等级，茉莉花茶分为特级、一至六级、碎茶和片茶，共九个质量等级。该标准规定了茉莉花茶各质量等级的感官品质要求、理化指标和卫生指标。其中卫生指标设置了"大肠菌群数"限量要求，是目前绿、红、白、青、花茶产品标准中唯一一个设置微生物限量指标的产品标准（此外，普洱茶产品标准也设置了微生物限量指标）。

3. 福建省地方标准

(1)DB35/799-2007《烘青茉莉花茶》，该标准适用于以烘青绿茶为原料，经茉莉鲜花窨制而成的烘青茉莉花茶。该标准规定了烘青茉莉花茶的等级设置、感官品质要求、理化指标和卫生指标。

(2)DB35/T 991-2010《地理标志产品　福州茉莉花茶》，该标准规定了福州茉莉花茶地理标志产品的保护范围、等级设置（分为银毫级以上特种茶、银毫级、春毫级、香毫级、特级）、感官品质要求、加工窨次要求、理化指标和卫生指标。

本章小结

茶叶品质，一般是指茶叶的感官品质，即茶叶的色、香、味、形。我国生产的茶类有绿茶、白茶、黄茶、青茶（俗称乌龙茶）、红茶和黑茶六大类，各大茶类又分若干花色品种，具有不同的品质特征与规格要求。茶类的形成，主要是由于初制加工方法不同，使鲜叶中的主要化学成分特别是多酚类中的一些儿茶素发生不同程度的酶性或非酶性氧化，其氧化产物的性质不同，从而形成不同品质风格的茶类。

茶叶标准，是根据一定时期的茶叶科技水平和经济状况而制定的，是在一定时期和一定条件下，对茶叶的育种、栽培、生产、加工、质量和检验等方面所作的"统一规定"。

绿茶是不发酵茶，品质特点是绿汤绿叶，烘青毛茶为条形茶，外形条索紧直、完整、显锋毫,色泽深绿油润;内质香气清高,汤色清澈明亮,滋味鲜醇,叶底匀整嫩绿明亮。

白毛茶总的品质特征是:外形毫心肥壮、叶张肥嫩、叶缘垂卷、芽叶连枝,毫色银白,叶色灰绿(或深绿、翠绿);内质毫香显露,滋味鲜醇,汤色杏黄明亮(或橙黄),叶底嫩匀。

福建乌龙茶分闽北乌龙茶和闽南乌龙茶两大类,因品种和产地工艺不同,品质特征各异。闽北乌龙茶做青时发酵程度较重,揉捻时无包揉工序,因而外形条索条形、壮结或紧结弯曲,干茶色泽较乌润,香气为熟香型,滋味醇厚,汤色橙黄明亮,叶底三红七绿,红镶边明显。闽南乌龙茶做青时发酵程度较轻,揉捻较重,干燥过程兼有包揉工序,因而外形条索卷曲形或圆结形,干茶色泽砂绿油润,香气为清香型,滋味清醇,汤色金黄,叶底绿叶红点或红镶边。

工夫红茶根据产地不同品质有所不同,但其共同的品质特点为,红汤红叶,外形条索紧细匀直,叶色润泽,毫尖金黄;内质香气高锐持久、滋味鲜醇,汤色红亮、叶底红明。茉莉烘青外形条索精细匀整、平伏,色泽绿润;内质香气浓郁鲜灵、纯正、持久,滋味浓醇鲜爽,汤色黄绿、清澈明亮,叶底嫩匀。

思考题:

1. 绿茶怎样分类? 烘青绿茶的品质特征是什么?

2. 红茶怎样分类? 工夫红茶的品质特征是什么?

3. 青茶怎样分类? 铁观音和武夷岩茶的品质特征是什么?

4. 白茶怎样分类? 白牡丹的品质特征是什么?

5. 茉莉花茶的品质特征是什么?

第4章

茶叶感官审评

4.1　审评方法

4.1.1　外形审评方法

将缩分后的有代表性的茶样 200～300 g,置于评茶盘中,双手握住茶盘对角,用回旋筛转法,使茶样按粗细、长短、大小、整碎顺序分层并顺势收于评茶盘中间呈圆馒头形,根据上层(也称面张、上段)、中层(也称中段)、下层(也称下段),按审评内容(包括形状或条索、嫩度、色泽、匀整度和净度),用目测、手感等方法,通过调换位置、反复察看比较外形,记录茶样外形各因子的特点、特征。

1. 毛茶

按上述外形审评方法,用目测审评面张茶后,审评人员用手轻轻地将大部分上、中段茶抓在手中,审评没有抓起的留在评茶盘中的下段茶的品质。然后,抓茶的手反转、手心朝上摊开,将茶摊放在手中,用目测审评中段茶的品质。同时,用手掂估同等体积茶(身骨)的重量。

2. 精制茶

按上述外形审评方法,用目测审评面张茶后,审评人员双手握住评茶盘,用"簸"的手法,让评茶盘中的茶叶按形态的大小从里向外从大到小在评茶盘中排布,在评茶盘中分出上、中、下段,然后目测审评。

4.1.2　内质审评方法

1. 茶汤制备方法与审评顺序

(1)红茶、绿茶、白茶　从评茶盘中称取充分混匀的有代表性的茶样 3.0～5.0 g(一般精制茶 3.0 g、初制茶 5.0 g),茶水比为 1:50,按评茶盘的排放次序依次放入相应的审评杯中,注满沸水、加盖浸泡 5 min,按冲泡顺序依次等速将茶汤滤入审评碗中,留浸泡后的茶叶(叶底)于杯中,按香气(热嗅)、汤色、香气(温嗅)、滋味、香气(冷嗅)、叶底的顺序逐项审评。

（2）乌龙茶　先用沸水将审评杯、碗烫热，随即称取有代表性的茶样5.0 g，置于110 mL倒钟形审评杯中，迅速注满沸水，并立即用杯盖刮去液面泡沫，冲洗杯盖后盖上杯盖。1 min后，揭盖嗅其盖香，评茶叶香气，至2 min将茶汤沥入审评碗中，用于评汤色和滋味，并闻嗅叶底香气。接着第二次注满沸水，加盖，2 min后，揭盖嗅其盖香，评茶叶香气，至3 min将茶汤沥入审评碗中，再评茶水的汤色和滋味，并闻嗅叶底香气。接着第三次再注满沸水，加盖，3 min后，揭盖嗅其盖香，评茶叶香气，至5 min将茶汤沥入审评碗中，再用于评汤色和滋味，比较其耐泡程度，然后审评叶底香气。最后将杯中叶底倒入叶底盘中，审评叶底。

（3）花茶　花茶内质审评目前采用两种方法：

①单杯审评　又分一次冲泡和二次冲泡两种方法。

单杯审评一次冲泡法：称取有代表性的茶样3.0 g，拣除茶样中的花干、花萼等花的成分，然后置于150 mL精制茶审评杯中，注满沸水，加盖，计时，浸泡至5 min，按冲泡次序依次等速将茶汤沥入审评碗中，留叶底于杯中，开汤时先看汤色是否正常，如汤色过分黄暗，说明窨制中有问题，汤色要看得快，接着趁热嗅香，审评鲜灵度，温嗅浓度和纯度并结合滋味审评，上口时评滋味鲜灵度，要花香味上口快且爽口，在舌尖打滚时评比浓醇。最后冷嗅香气，评香气持久性。单杯审评一次冲泡法，对审评技术比较熟练的评茶人员比较适用。

单杯二次冲泡法：称取有代表性的茶样3.0 g，拣除茶样中的花干、花萼等花的成分，然后置于150 mL精制茶审评杯中，注满沸水，加盖，计时，浸泡至3 min，按冲泡次序依次等速将茶汤沥入审评碗中，留叶底于杯中，审评杯内叶底香气的鲜灵度和纯度，然后审评汤色与滋味。接着第二次注满沸水，加盖，计时，浸泡至5 min，再按冲泡次序依次等速将茶汤沥入审评碗中，留叶底于杯中，审评香气的浓度和持久性，然后再次审评汤色和滋味，最后审评叶底。

②双杯审评

双杯二次冲泡法：同一茶样称取两份，第一杯只评香气，分两次冲泡，第一次冲泡3 min，审评鲜灵度；第二次冲泡5 min，审评香气浓度和纯度。第二杯专供评汤色、滋味、叶底，原则上一次冲泡，时间为5 min。具体操作是两杯一起冲泡，第一杯冲泡3 min后，先嗅香气，当香气嗅得差不多时，第二杯冲泡时间刚好到，即倒出第二杯茶汤，如第一杯的香气鲜灵度没有评好，还可继续审评，评好后进行第二次冲泡，并立即审评第二杯汤色、滋味、叶底。如此时第一杯第二次冲泡时间已到，则先将茶汤倒出，仍继续审评第二杯的汤色、滋味、叶底，待第一杯第二次冲泡的杯温稍冷后，温嗅香气浓度和纯度。这样两杯交叉进行，直到审评结束，如意见仍有分歧，可将第二杯也进行二次冲泡，历时5 min。

双杯二次冲泡法较以上三种方法更准确，往往在茶样品质差异小或审评意见不一致时采用。但此法操作繁琐、花费时间较长。

（4）袋泡茶　取一有代表性的茶袋置于150 mL审评杯中，注满沸水并加盖，冲泡3 min后揭盖上下提动袋茶两次（每分钟一次），提动后随即盖上盖杯，至5 min时将茶汤沥入茶碗中，依次审评香气、汤色、滋味和叶底。叶底审评茶袋冲泡后的完整性，必要时可拆开茶袋，检视茶渣的色泽、嫩度与均匀度。

2. 内质审评方法

（1）嗅香气　绿茶、红茶、白茶、花茶审评香气是在茶汤倒出后，一手持杯，一手持盖，靠近鼻孔，半开杯盖，嗅评从杯中散发出来的香气，每次持续2～3 s，嗅后随即合上杯盖，可反复1～2次,仔细辨别香气的纯异、高低、持久程度,并热嗅(杯温约75℃)、温嗅(杯温约45℃)、冷嗅(杯温接近室温)结合进行;乌龙茶审评香气则是在茶汤倒出前,手持杯盖,将杯盖移至鼻端,深吸嗅香。嗅香气时力求做到只吸气不吐气,不能将自己呼出的气体进入杯内。每一次嗅盖香时还应结合嗅叶底余香(在茶汤沥出后),方法是一手持杯盖,一手将审评杯倒翻,把叶底倒扣于杯盖上,移至鼻端深吸嗅香。嗅叶底余香主要是弥补每次冲泡嗅香时体会不足,以增强香气评定的准确性。

(2)看汤色　审评汤色用目测,察看茶汤的颜色种类与色度、明暗度和清浊度等。茶汤中的茶多酚和空气接触后,容易氧化变色,使绿茶汤色变黄,红茶汤色变暗,尤以绿茶变化更快,因此看汤色要及时,要快。审评时应注意评茶用具、汤中残叶碎片对茶汤审评结果的影响,应用网匙捞出,并用茶匙在碗中搅一圆圈,使沉淀物旋转集中于碗中央。为避免受光线的影响,可随时将审评碗的位置相互交换对比。

(3)尝滋味　审评滋味时,用茶匙取适量(约5 mL)茶汤吸入口内,用舌头让茶汤在口腔内循环打转,使茶汤与舌头各部位充分接触,并感受刺激,随后将茶汤吐入吐茶桶中或咽下,分辨茶汤的浓淡、厚薄、醇涩、纯异和鲜钝等。审评滋味最适宜的茶汤温度在50℃左右。

(4)评叶底　审评叶底时,将杯中的茶叶全部倒入叶底盘中,铺开、撤平,其中白色搪瓷叶底盘中要加入适量清水,让叶底漂浮起来。察看叶底的嫩度、色泽、明暗度和匀整度,同时用手感辨别叶质的软嫩粗硬。为避免光线的影响,可将叶底盘的位置相互交换,反复评比。

4.2　毛茶审评

毛茶是指从茶树上采摘下来的新梢芽叶,经不同加工方法制成的初制茶。我国茶叶花色品种多,各类茶品质独特,即使是同类茶的各个花色也有不同的品质特征。毛茶品质的高低优劣,都可从外形内质的特征表现出来。毛茶审评是依据相应茶类标准(文字标准、毛茶标准样)和审评方法,评定毛茶品质的好坏和特征,确定毛茶的等级和精制加工的方法。审评时首先应熟悉各类毛茶的品质特征、特性及等级规格要求,对照毛茶标准样,进行对比评定。

4.2.1　绿毛茶审评

我国绿茶种类较多,因制法不同有炒青、烘青、蒸青、晒青之分。以其形状不同,炒青又分长炒青、圆炒青和特种炒青,烘青又分普通烘青和特种烘青。我国生产的绿茶以炒青和烘青为主。长炒青毛茶一般作为出口珍眉绿茶的原料,烘青毛茶主要供作窨制花茶的茶坯。晒青主要作为普洱茶及紧压茶的原料。

绿毛茶审评分干评外形和湿评内质。评外形先扦取代表性毛茶约250 g,放在评茶盘或评茶篾匾中,经筛转后收拢,使样茶分出上、中、下三段,对照标准样评定优次和等级。评内质时称取样茶5 g,倒入250 mL容量审评杯中,沸水冲泡5 min,茶汤倒入审评碗,按嗅香气、看汤色、尝滋味、评叶底的顺序评定内质优次和归属等别,最后综合外形和内质审评结果确定等级。

1. 绿毛茶外形审评

外形审评嫩度、条索(形态)、色泽、整碎、净度等 5 项因子。以嫩度、条索(形态)为主,整碎、净度为辅。审评时先看面张条索的松紧度、匀度、净度和色泽,然后拨开面张茶,看中段茶的嫩度、条索,再将中段茶拨开,看下段茶的断碎程度和碎、片、末的含量以及夹杂物等。一般上段茶轻、松、粗、长,中段茶较紧细重实,下段茶较细小断碎。上、中、下三段茶比例适当为正常,如面张和下段茶多而中段茶少则为"脱档"。

绿毛茶嫩度和条索一般特点:优质茶细嫩多毫,紧结重实,芽叶肥壮完整;低次茶粗松、轻飘、弯曲、扁平。毛茶色泽特点是:原料嫩做工好的,色泽调和一致,光泽明亮,油润鲜活;原料粗老或老嫩不匀、做工差的,色泽驳杂,枯暗欠亮。劣变茶色泽更差。陈茶无论老或嫩,一般都枯暗。

2. 绿毛茶内质审评

内质审评香气、滋味、汤色、叶底,在香气、滋味正常条件下,以叶底的嫩匀度与色泽为主确定内质等别。优质毛茶汤色清澈明亮,低级毛茶汤色较淡欠明亮,酸馊劣变茶的汤色浑浊不清,陈茶暗黑,杂质多的毛茶杯底有沉淀。绿毛茶香气有花香、嫩香、熟板栗香、绿豆香、清香为优;淡薄、低沉、粗老为差。如有烟焦、霉气等为次品或劣变茶。滋味以浓、醇、鲜、甜为好,淡、苦、粗、涩为差,忌异味。叶底以嫩而芽多、厚而柔软、匀整的为好;叶质粗老、硬薄、花杂为差。原料老嫩不一,叶底大小不匀,色泽也不调和,忌红梗红叶、叶张破碎、焦斑、黑条、生青和闷黄叶。叶底色泽有淡绿黄色、黄绿色、深绿色等,一般以淡绿微黄,鲜明一致,叶背有白色茸毛为好,其次为黄绿色,深绿、暗绿都差。

4.2.2　红毛茶审评

红毛茶主要指条形茶,审评方法和审评因子与绿毛茶相同。外形以嫩度和条索为主,适当结合净度;内质以叶底的嫩度和色泽为主评定等级,香气、滋味要求正常。

1. 红毛茶外形审评

外形的嫩度是重要因子,嫩叶质地柔软易成条,芽毫显露有锋苗,随着嫩度下降,芽毫少而短秃。先看面张条索的粗细、松紧、含毫量、曲直、整碎、净度和色泽是否调和一致或油润,然后拨开面张茶用手轻抓一把翻过来,察看中段茶的细紧、嫩度和重实程度以及下段碎片末茶的含量,对照标准样评比定等。凡中段茶比重多,条细紧、挺直、整齐、金黄白毫多,嫩度好的为佳。并干闻其香气,高香的是新茶或足火茶。劣茶、陈茶或日晒茶或含水分过多的茶,香气必低。有无沾染异味,干闻亦能了解一部分。红毛茶的色泽因老嫩和制工不同,有乌润、乌黑、黑褐、红褐、褐红、棕红、暗褐、枯褐、枯红、花杂等区别。乌、黑、润为上,通常为原料细嫩或初制精良的表现;色泽驳杂不匀、红梗、朴叶多,枯燥的毛茶俗称"花",色泽枯、暗、花为低品。一般春茶色泽乌润,夏秋茶欠油润。暗黑的毛茶通常为火伤或遭霉变或初制粗放所致。轻重主要看细嫩的毛茶,放在手掌中稍觉沉重,表示茶身身骨重。毛茶粗老必然手抓茶感到分量轻。净度主要看毛茶中含有茶朴片、茶梗、茶籽、茶包(未解块)、碎末和初制中混入非茶类夹杂物多少,一般高级茶夹杂物少,净度好,低级茶相对差些。如含碎片末过多的,应拣净或割末后再扦样审评定级。

2. 红毛茶内质审评

(1)嗅香气：高级红毛茶香气常带有甜香、果香或花香；低级茶香低带粗老气。嗅香气要热嗅、温嗅、冷嗅相结合反复闻嗅,辨别香气高低、粗细、清浊、纯正与否,有无异味、劣变,火候如何。热嗅最易辨别茶香的优劣,有无异味,温嗅主要辨别香气的高低,冷嗅主要是辨别茶叶香气的持久性,但不及热嗅的灵敏。霉茶、老火茶、焦茶、烟茶及异味茶在温嗅及冷嗅时重者仍能嗅到,轻者则不易闻到,这种茶叶必要时需重泡。日晒茶香气低且淡薄,带有日腥气,冷后不易嗅到。足火茶热嗅时香气极为浓烈,但也极易消失,冷后也不易嗅到。

(2)看汤色：红茶汤色要求红艳明亮,浅黄、红暗为差。品质好的红茶,汤层与茶碗接触处有"金圈",此圈愈厚愈亮,则汤色愈佳,说明茶汤浓度高,内含有效物质丰富。红茶茶汤的"冷后浑"现象比较明显,冲泡后汤色开始是红艳明亮,茶汤冷后则呈现一种乳状,若再提高汤温便又复清亮,茶汤的"冷后浑"是品质好的表现。

(3)尝滋味：滋味与香气有密切关系,通常香气高的茶叶,滋味必佳,香气低的滋味亦差。红茶滋味要求醇厚而甘甜,审评时要注意区别浓、甜、苦、涩。所谓甜者,指浓而醇,隐约有甜和之感,并非指有明显的甜味;浓者初入口时觉有苦味,但饮后爽口清快,亦即收敛刺激性强;苦涩者因茶中多酚类化合物含量过多,使味觉略有涩敛,一般红茶发酵不足,花青多,有苦涩感。

(4)评叶底：叶底的评比与绿毛茶基本相同,红茶叶底色泽以嫩匀红艳、红亮为好,硬挺、红暗、红褐、乌暗、花杂的差。初制技术对红茶叶底影响很大,如发酵过度,叶底带褐色或呈败坏的猪肝色;发酵不足,则出现花青、青张。

4.2.3　乌龙毛茶审评

乌龙茶(又称青茶)审评以内质香气和滋味为主,其次才是外形和叶底,汤色仅作参考。

1. 乌龙毛茶外形审评

乌龙毛茶外形审评对照标准样评比条索、色泽、整碎、身骨轻重和净度等因子,以条索、色泽为主,兼看净度。由于乌龙茶着重品种,在审评外形因子时必须同时判断属哪一个品种。乌龙茶初制分包揉和不包揉两种,外形条索分成卷曲形和直条形,铁观音、色种、佛手等闽南乌龙茶经过包揉,外形卷曲紧结;岩水仙、岩奇种等闽北乌龙茶没有包揉,呈直条形壮结。同属拳曲形,铁观音重实,佛手壮实圆结,色种是由毛蟹、黄金桂、本山等品种拼和的茶叶总称,外形紧结。同是直条形,水仙比奇种壮大,奇种条形中等,闽北乌龙较为瘦小挺直。根据不同品种要求进行评定,但均以紧结重实的好,粗松轻飘的差。

乌龙毛茶色泽比颜色、枯润、鲜暗,多以鲜活油润为好,死红枯暗为差。依品种不同有砂绿润、乌油润、砂绿间带蜜黄油润、青褐带砂绿、乌褐等色泽。净度主要评茶梗、茶朴、老叶等夹杂物含量多少。乌龙茶的粗细老嫩,应根据各品种要求,不是越嫩越好,过嫩滋味苦涩,过粗老则香低味淡。

2. 乌龙毛茶内质审评

乌龙毛茶内质审评以香、味为主,兼评叶底做青程度和柔软程度,汤色作为参考。

(1)嗅香气：评香气时主要分辨香型、细粗、锐钝、高低、长短等。以花香或果香细锐、高长的为优,粗钝低短的为次。嗅香气分干嗅和湿嗅,干嗅对估计火候有作用。火候足,香气清新;火候稍退,香气钝;火候不足,香中带青气。湿嗅判断高低、长短、细粗。评香气还要仔细区分不同品种茶的独特香气,如铁观音的兰花香、观音韵,黄金桂的蜜桃香,肉桂的桂皮香,武夷岩茶的花香岩韵,凤凰单枞的黄枝花香等。

(2)看汤色:乌龙毛茶汤色有深浅、明暗、清浊之别。以清澈明亮的为好,深暗带浊为差。汤色受火候影响,火候轻的汤色浅,火候足的汤色深。一般高级茶火候轻、汤色浅,低级茶火候足、汤色深。但品种之间的汤色深浅是不可相比的,如岩茶火候较足,汤色也较深,但品质却不一定低。所以汤色只作参考因子。

(3)尝滋味:滋味有浓淡、厚薄、醇涩及回味长短之分,以浓厚、浓醇、鲜爽回甘者为优,粗淡、粗涩、苦涩者为次。评滋味要注意辨别品种特征和地域特征。

(4)评叶底:叶底比厚薄、软硬、匀整、色泽、做青程度等,叶张完整、柔软、厚实、色泽明亮、红边明显的为好,叶底单薄,粗硬、暗张、青张的差。初制工艺特别是做青工序掌握是否适度,能在叶底反映出来,因此,叶底与香、味具相关性。做青适当,叶底红色部分鲜艳称朱砂红,青的部分明亮;做青不当,红色部分发暗,青色部分深暗,甚至“积水”、“死青”呈暗绿色和死红张。

3. 乌龙毛茶品种鉴别

乌龙毛茶品种的鉴别可根据叶态特征及品质特征综合判断。如水仙品种叶张大,主脉基部宽黄扁,外形肥壮,内质品种特征显;毛蟹叶张锯齿深密似蟹爪,白毫显露,有“白芯、蟹爪、倒钩刺”的品种特征;铁观音条索肥壮、圆结、重实,梗皮红亮、壮如鼓槌,香味“音韵”显,叶底肥厚,叶面光滑隆起,似“绸缎面”;武夷岩茶具“岩骨花香”,等等。由于乌龙茶品种繁多,品质特征与茶树品种、加工工艺、地域、季节都有着密切的相关性,即使是相同品种,因加工工艺、地域等因素不同,品质风格也不相同,须靠审评人员长期的实践、训练来掌握。

4.2.4　白毛茶审评

白毛茶依茶树品种和采制方法不同,可分为“大白”、“水仙白”、“小白”三种。白毛茶审评方法同红、绿毛茶,分干看外形和湿看内质,但更偏重外形。

1. 白毛茶外形审评

白毛茶外形审评以嫩度、色泽为主,适当结合形态和净度。嫩度、色泽是白毛茶的重要因子,与品质相关性极高,一般嫩度色泽好,它的内质(香气、滋味)必然是好的。所以嫩度和色泽在很大程度上决定了白茶的品质。审评嫩度,比较毫芽多少、壮瘦及叶张的厚薄。以毫芽多且肥壮,叶张肥嫩为佳;毫芽瘦小稀少,叶张单薄的次之;叶张老嫩不匀或夹有老叶、腊叶的为差。审评色泽,比较毫芽和叶片的颜色和光泽度,以毫色银白有光泽、叶面灰绿、叶背银白,即所谓银芽绿叶、绿面白底为佳;铁板色次之;草绿黄、黑色、红色、暗褐色及有蜡质光泽为差。形态以芽叶连枝,叶态自然平伏舒展,叶缘微向叶背垂卷,叶面有波纹隆起,叶尖上翘不断碎,匀整的为好;叶片摊开,折皱、折贴、卷缩、断碎的差。审评净度,要求不得含有籽、老梗、老叶及蜡叶。

2. 白毛茶内质审评

内质审评以叶底的嫩度、色泽为主,兼评汤色、香气、滋味。评汤色比颜色和清澈度,以杏黄、杏绿、浅黄,清澈明亮的佳;深黄或橙黄次之;泛红、红暗的差。香气则以毫香浓显,清鲜纯正的好;淡薄、青臭、风霉、失鲜、发酵、熟老的差。滋味以鲜爽、醇厚、清甜的好;粗涩、淡薄的差。评叶底嫩度比老嫩、叶质软硬和匀整度,色泽比颜色和鲜亮度,以芽叶连枝成朵,毫芽壮多,叶质肥软,叶色鲜亮,匀整的好;叶质粗老、硬挺、破碎、暗杂、花红、黄张、焦叶红边的为差。叶底嫩度、色泽与品质相关性极高,白茶叶底嫩度、色泽好,一般它的香味一定是好的。

白茶因采摘时间、地区和茶树品种不同,品质各异。由于采摘时间不同,各季茶品质相差较明显,春茶产量高、品质佳;夏茶品质最差;秋茶产量低,品质介于春、夏茶之间。审评时必须掌握其品质特征加以辨别,一般春茶叶张形态垂卷,叶质柔软,芽叶连枝,大小比较整齐,毫心肥壮,色泽灰绿鲜显,茸毛洁白,茶身沉重,净度好,汤味浓厚、爽口。夏茶毫心瘦小,叶质带硬,色枯燥,带花杂,枝梗较细,叶张大小不一,茶身轻飘,汤味淡薄或稍带青涩。

4.3 成品茶审评

毛茶经精制加工后称精(制)茶或成品茶。部分精茶经再加工称为再加工茶,如各种花茶、压制茶、袋泡茶及速溶茶等。成品茶审评包括各类精茶和再加工茶的感官品质审评。成品茶审评时首先应熟悉各类茶的等级规格和品质特征要求,依据相应茶类产品标准,对照精茶加工标准样或茶叶贸易标准样,进行对比评定。

4.3.1 绿茶审评

绿茶成品茶审评项目和审评方法与绿毛茶基本相同,只是侧重点稍有差异。

1. 普通(大宗)绿茶审评

福建以生产烘青为主,烘青毛茶经筛制后主要供作窨制花茶的茶坯。审评时对照花茶级型坯标准样或烘青成品茶标准样,外形着重评比条索、嫩度和色泽,参考整碎和净度,察看各级别规格是否清晰,级距是否明显,各筛号茶拼配比例是否恰当。条索评比松紧、长短、粗细,轻重和锋苗等情况,高档茶要求条索紧细圆直,匀嫩毫显,有锋苗;中等级别的茶叶条索稍粗,锋苗、毫尖较少,手感也轻些;低等级别的茶叶,一般原料偏老,经过精制整理,形状尚平伏、匀称,但较为粗松,或面张茶经过切碎处理,两端粗糙而显粗钝,有较粗长的面张茶和细碎的下脚茶。色泽评比绿润、黄枯,调匀和驳杂,高级茶色泽绿润有光泽,调匀一致;低级茶色泽绿黄、黄枯、花杂。整碎评比匀整度和下盘茶含量,高级茶要求上、中、下段茶搭配适当,体形匀整,下盘茶无碎末;中低级茶下盘茶比例稍大,要求匀称,低级茶可含一定量的碎茶,但比例不能超过规定。净度评比细梗、朴片等夹杂物含量,高级茶要求洁净无夹杂;低级茶略带细梗、朴片。绿茶成品茶内质审评方法与绿毛茶相同,评比香气、滋味、汤色、叶底,要求各级成品茶要具有相应的香气、滋味,级距明显。

近年来,由于"花茶级型坯标准样"换配工作中断,在贸易中,一般以贸易成交样作标准样。同时,根据市场消费需求,毛茶未经严格筛制,成品茶在外形的长短、大小、曲直方面比传统级型"毛"些,等级之间差距较为模糊,但对各等级的嫩度和内质方面的要求则与传统相同。

2. 名优绿茶审评

名优绿茶是绿茶中的珍品,是由特殊的自然生长条件、茶树品种、采摘要求和制茶工艺相结合所形成的,是外形秀丽、品质优异、风格独特、色香味俱佳,市场享有声誉的产品。

名优绿茶外形审评形状和色泽两项因子,要求外形造型有特色,形态优美,色泽要求鲜润有活力,忌枯、暗、花杂。不同的名优茶对形状和色泽有不同的要求,如龙井茶要扁平光滑、挺直,色泽按狮、云、龙、虎、梅不同产地有不同的特色。如狮峰龙井为糙米色,梅坞龙井为翠绿色。碧螺春茶要求卷曲呈螺,条形纤细,色泽银绿隐翠,白毫密布,等等。名优绿茶内质审评香气、滋味、汤色、叶底,要求香气高锐持久,滋味鲜醇,汤色鲜艳亮丽,叶底匀嫩一致。名优绿茶内质审评方法与大宗绿茶基本相同,但冲泡时间比大宗绿茶略短,因为名优绿茶大都比较细嫩,冲泡时间长容易产生闷熟味及使汤色变黄。一般分两次冲泡,第一次 3 min,第二次 5 min,分别鉴评香气、滋味。香气和滋味是名优绿茶内质审评的重点,先审评有无这类名优绿茶的特征性香气滋味,再在此基础上评优次。

名优绿茶的叶底审评大都在白色搪瓷漂盘内进行,先比较老嫩,是否完整成朵,再比较色泽匀度和亮度。

4.3.2 工夫红茶审评

工夫红茶为我国独有的传统产品,历史上以供应出口为主,近年来内销量不断增长,特别在福建省风靡一时,在内销茶类中逐渐占有一席之地。传统闽红工夫与滇红、祁红等外省红茶相比,香气、滋味偏弱,近年来加入金观音、黄观音、梅占等高香型乌龙茶茶树品种采制而成的红茶,内质水平特别是香气有了很大提高。

工夫红茶审评分外形、香气、滋味、汤色、叶底五项。外形的条索比松紧、轻重、扁圆、弯曲、长秀、短钝,嫩度比粗细、含毫量和锋苗,兼看色泽润枯、匀杂。要求条索紧结圆直,身骨重实,锋苗及金毫显露,色泽乌润调匀。整碎度比匀齐、平伏和下盘茶含量,要条索、锋苗完整,上、中、下三段茶拼配比例恰当,不脱档,平伏匀称。净度比梗筋、片朴末及非茶类夹杂物含量,高档茶净度要好,中档以下根据等级差别,对筋、梗、片等有不同程度的限量,但不能含有任何非茶类杂物。工夫红茶香气以开汤审评为准,区别香气类型、鲜钝、粗老、高低和持久性。一般高级茶香高而长,冷后仍能嗅到余香;中级茶香气高而稍短,持久性较差;低级茶香低而短,或带粗老气。以高锐有花香或果香、浓郁鲜甜、高长而持久的好;香低带粗老气的差。品质特别的红茶如高级滇红,具有花香,高级祁红具蜜糖香,川红工夫有橘糖香。汤色比深浅、明暗、清浊。要求汤色红艳,碗沿有明亮金圈,有"冷后浑"的品质好,红亮或红明者次之,浅暗或深暗浑浊者最差。滋味评浓淡、醇涩、鲜钝,高级茶滋味醇厚、甜和、鲜爽度和收敛性强;中级茶味纯和,稍有收敛性;低级茶粗淡、平淡或粗涩。叶底比嫩度和色泽,嫩度比叶质软硬、厚薄、芽尖多少,叶片卷摊;色泽比红艳、亮暗、匀杂及发酵程度;要求芽叶整齐匀净,柔软厚实,色泽红亮鲜活,忌花青、乌条。红茶叶底嫩度随等级高下由软至硬,由细至粗,由卷至摊;色泽由红至暗,由鲜至枯。

4.3.3 乌龙茶审评

乌龙茶审评方法和要求与乌龙毛茶审评大体一致,仅在各级别的品质规格和火候程度上区别于毛茶。福建乌龙茶大宗的精制产品闽北地区有武夷水仙、武夷肉桂、武夷奇种、闽北水仙、闽北乌龙,闽南地区有安溪铁观音、安溪色种、闽南水仙、永春佛手,白芽奇兰、漳平水仙,均分为特级至四级五个级别。

精制产品外形级别的评定,按照各品种各级别的外形品质要求,对照加工样、参考样或贸易成交样,对条索、整碎、色泽、净度四项因子逐项进行评定。形状:乌龙茶有卷曲形、直条形两种基本形状,要求品种形状特征明显、紧结、重实。如闽北乌龙紧细较重实,闽北水仙壮结沉重,武夷水仙、武夷奇种叶端稍扭曲。色泽:评比深浅、枯润、匀杂,铁观音要求砂绿油润,乌褐、黄杂的为次;色种茶要求绿黄润,灰褐为次;闽北乌龙要求乌润,枯燥为次;闽北水仙要求砂绿蜜黄,燥褐的为次;武夷岩茶要求绿褐油润,灰褐油润,青褐带砂绿等。整碎:评比匀整、碎末茶含量,高级茶要求大小、壮细、长短搭配匀整,不含碎末;断碎、长短不一为次。净度:评比梗、片等夹杂物含量,高档茶要求洁净无梗杂,等级较低的含有一定量梗、片。

乌龙茶内质审评分为香气、滋味、汤色、叶底四项因子,以香气、滋味为主,汤色、叶底仅作参考。在此同时,注意火候程度。不同品种、不同等级,火候掌握不尽相同。闽南乌龙茶火候轻,闽北乌龙茶火功足;高级茶火候轻,低级茶火功足。高档茶保持自然香味,要求火候适当,防止"返青",也防止过度而"失香";中低档茶,火候稍重,减少粗、青、涩味。

嗅香气:乌龙茶开汤审评时头泡常感到火候饱满,二三泡才开始透香,这也是乌龙茶要泡多遍的原因。所以,嗅香时第一泡嗅香气高低,有无异气;第二泡评香气类型,有无花香、音韵、岩韵、鲜爽程度、粗细、长短以及有无异气;第三泡嗅其持久程度。

尝滋味:评浓淡、醇涩、鲜钝、耐泡程度。要求滋味醇厚或浓厚带爽。一般高档茶浓厚醇爽兼备;中级茶味浓而醇爽度不足,有的带涩(如夏、暑茶)、粗浓(如闽南地区的梅占)、浓涩(如八仙茶)或带微青(如色种、铁观音);低级茶一般茶味粗,有的粗涩或平淡。

看汤色:鉴别颜色和清浊程度。一般闽南乌龙茶汤色蜜绿、金黄,闽北乌龙茶汤色橙黄、橙红;同一品种,随着等级由高到低、火候从轻到重,汤色由浅入深。

评叶底:评叶质软硬、亮度、色泽、匀整度。一般叶质软亮均匀,叶缘红边显现,叶腹黄绿为佳;叶底粗硬、青绿、枯暗偏红为差。

4.3.4 白茶审评

白茶花色有白毫银针、白牡丹、贡眉和寿眉。除少量白毫银针外,大部分产品为白牡丹和贡眉。白毫银针分特级和一级两个等级;白牡丹和贡眉分特级、一级、二级、三级四个等级;寿眉不分级。

白茶审评重外形兼看内质,审评方法和审评因子同白毛茶。外形主要鉴别嫩度和色泽。白毫银针要求毫心肥壮,具银白光泽;白牡丹要毫心与嫩叶相连不断碎,灰绿透银白;高级贡眉要微显毫心;寿眉由单片、白茶片加工的"粗片"、"细片"拼配而成,不带毫芽,色泽灰绿带黄。就内质而言,白毫银针要求香气新鲜、毫香浓显;白牡丹要求鲜纯,有毫香为佳,带有青气者为次;贡眉内质要求与白牡丹类似,对毫香要求稍低。汤色要求白毫银针明亮呈浅杏黄色,白牡丹、贡眉要橙黄清澈,深黄色者次,红色为劣。滋味则白毫银针要清甜毫味浓,白牡丹、贡眉要鲜爽有毫味,凡粗涩、淡薄者为低品。叶底以细嫩、柔软、匀整、鲜亮者为佳,暗杂或带红张者为低次。

4.3.5　花茶审评

窨制花茶常用的香花有茉莉、白兰、珠兰、玳玳,其次是柚子、栀子、桂花、玫瑰等。不同香花窨制的花茶,品质各具特色,一般茉莉花茶芬芳隽永,白兰花茶浓烈,珠兰花茶清幽,柚子花茶爽纯,玳玳花茶浓郁,玫瑰花茶甘甜。不同茶类各有其适窨的香花,如绿茶宜于窨茉莉、珠兰、白兰、玳玳,红茶宜于窨玫瑰,乌龙茶宜窨桂花、兰花等。

1. 花茶外形审评

外形审评对照花茶级型标准样(或参考样、贸易样等),评比条索、整碎、净度三项因子为主,条索评比细紧与粗松、锋苗与短钝、肥壮与瘦小、重实与轻飘、平伏与弯曲等,窨花后的条索比素坯略松,色稍带黄属正常。整碎评比上、中、下段茶的大小、长短等是否与标准样相近,拼配比例是否恰当,是否有脱挡现象。下盘的粉末、碎茶不得超过标准限量。净度评筋梗、朴片、毛衣、花渣、花蒂等茶、花夹杂物含量以及是否有非茶类夹杂物。一般高档花茶要求匀净,不含有茶、花夹杂物,任何等级的茶叶均不得含有非茶类夹杂物。

2. 花茶内质审评

花茶以茉莉花茶产量最多,内质审评以茉莉花茶为例。内质审评香气、滋味、汤色、叶底四项,先嗅香气,后看汤色、尝滋味,最后看叶底。香气、滋味是构成花茶品质最重要的因子,是花茶感官审评技术的关键。开汤样茶应先拣除茶样中的花干、花萼等花的成分,因为花中含有较多花青素,使茶汤略带苦涩,影响审评结果。

(1)香气:花茶香气主要评它的鲜度、浓度和纯度。鲜度是指香气的鲜灵程度,"鲜灵"是指香气十分敏锐,一嗅即感。浓度是花茶香气的持久性和耐泡度。纯度是指花香、茶香的纯正度,是否纯正或有异劣气。花茶分两次冲泡,第一泡浸泡3 min,主要评香气的鲜灵度兼评纯度。第一泡热嗅要及时、迅速,一嗅而过,即时获得鲜灵与否的印象。第一泡热嗅也最易辨认异劣气,鉴别香气的纯度。高档花茶强调鲜灵度和纯度。第二泡浸泡5 min,辨别香气的浓度和持久性。若第二泡香气浓度仍表现突出,说明该茶耐泡、持久,这种茶在窨花时往往是重头窨,多窨次、下花量足。反之若二泡香气已淡薄,甚至"透素",即使第一泡香气鲜纯,也只是"表面香"而已,这种花茶一般为重"提花"、轻正窨。为了提高花茶香气浓度,常常采用玉兰"打底"的办法。适当的"打底",能起到提高香气浓度的作用,但"打底"过头,则造成香气浓浊,甚至产生"透兰"现象,影响香气的纯度。若第二泡仍有较明显异劣气,说明纯度差,有的甚至为劣质茶;若第一泡有异气,而到第二泡基本消失,说明该茶欠纯。

四级以下花茶一般只经一泡审评,浸泡时间5 min。鲜度、浓度、纯度同时审评。低档花茶对鲜、浓度要求较低,但香气纯正是正常品质的要求。除有低档茶的粗气外,其他异气均为不良的品质表现。

茉莉花茶香气鲜、浓、纯三者是相互关联的:鲜是前提,浓是基础,纯是关键。一般地说:鲜度好的纯度一定就好,而纯度好的鲜度不一定就好,同样,鲜不一定灵,而灵一定就鲜,灵是以鲜为依托的。鲜灵度好的，浓度不一定高(如有的称"表面香")，而浓度高的鲜灵度也不一定就好(如有的称"浓浊"，浓而不鲜)。要在浓的基础上鲜(灵)，在鲜(灵)的前提下浓，鲜浓结合好的才是优质花茶品质应有的特征。

(2)汤色：审评茶汤的颜色、明暗、深浅、清浊。茉莉花茶的汤色应以黄绿明亮为佳，若深暗泛红，往往是品质有弊病的表现，如茶叶陈化、窨花时闷堆太久、烘干不及时等都会影响汤色。

(3)滋味：主要评滋味的纯度、浓度及鲜度，以纯正度为主，结合浓度、鲜度综合评定。滋味与香气具有很大的相关性，一般是香气鲜——滋味醇，香气浓——滋味厚，香气纯——滋味细。在正常的情况下，一般滋味与香气的表现是相一致的。若香气有异常，在滋味上要认真地加以鉴别。

第一次冲泡的茶汤主要评滋味的纯度和鲜度。茶汤一入口首先应细细品尝是否有异常味道，如"兰味、馊酸味"等，如果品不出异常味道说明滋味纯度好；接着品尝滋味是否鲜醇爽口，若窨花时，堆温太高，提花不及时，会产生焖熟味，致使滋味失去鲜活感，这是欠鲜的表现。第二次冲泡的茶汤主要评滋味的浓度，兼评纯度。好的花茶二泡滋味仍浓厚回甘，若淡薄是欠浓的表现。花茶第一泡若有异味，而在第二泡基本消失，说明其滋味欠纯正，若第二泡异味仍较明显，说明其纯度差，甚至为弊病茶。

低档花茶(四级以下)对鲜、浓度要求不高，但要求滋味纯正，不应有异味。对五、六级花茶而言，"稍粗""稍涩"为其正常品质特征，亦属纯正的范畴。

(4)叶底：评比嫩度、匀度和色泽，除观察色泽、壮瘦、含芽量、摊展、短秃等情况外，还应用手指按压叶张的软硬、厚薄及弹性情况。

4.3.6　袋泡茶审评

袋泡茶是指以茶叶为原料，通过加工(拼配、粉碎等)形成一定的规格，用过滤材料包装而成的产品。目前已面市的袋泡茶种类较多，有红茶、绿茶、乌龙茶、花茶及其他茶类。这些产品中，绝大部分采用袋泡茶包装机自动包装，少数用机械结合手工包制。

袋泡茶审评以开汤审评内质为主，外形评滤袋是否完整、牢固，冲泡后不溃破，不漏茶。内质审评汤色、香气、滋味和叶底。汤色评比茶汤的类型(或色度)和明浊度。同一类茶叶，茶汤的色度与品质有较强的相关性。同时，失风受潮、陈化变质的茶叶在茶汤的色泽上反映也较为明显。汤色明浊度要求以明亮鲜活的为好，陈暗少光泽的为次，浑浊不清的为差。香气主要看纯异、类型、高低与持久性。要求香气纯正，具有原料茶正常的茶香，无异气。滋味则主要从浓淡、爽涩等方面评判，根据口感的好坏判断质量的高低。叶底审评茶袋冲泡后的完整性，如有提线，检查提线是否脱离包袋。必要时可拆开茶袋，检视茶渣的色泽、嫩度与均匀度。

4.4　评茶术语

评茶术语是记述茶叶品质感官评定结果的专业性用语，简称评语。评语分等级评语和对样评语。等级评语反映各级茶的品质要求和等级特征,具有级差的特性。即上一级茶的评语一定高于下一级茶。以福建"烘青茉莉花茶"外形条索为例,特级茶用"紧结多毫",一级茶用"紧结有毫芽",二级茶则用"较紧结"等。对样评语是指待评样与对照样(标准样、参考样、成交贸易样等)品质差距的表述,指出哪些因子高于或低于对照样,如用"紧实"这一评语则表明被评茶叶的条索紧实度高于对照样,反之若被评茶叶的条索比对照样粗松,亦可评以"粗松",这并非指被评茶属粗些的低级茶,如用"相符"表明被评茶叶与对照样水平相当,这就是两种评语的区分。

评语所用词汇的含义,除相符者外,可分为两类:一类是表示产品品质优点的褒义词,如"细嫩"、"红艳"、"醇厚"等;另一类是指出品质缺点的贬义词,例如"粗老"、"低闷"、"淡薄"等。

评茶术语有的只能专用于一种茶类,有的则可通用于几种茶类,例如香气"鲜灵"只宜用于茉莉花茶;"清香"适用于绿茶而不宜用于红茶;滋味"鲜浓"则可用于多种茶类等。

评茶术语有的只能用于一项品质因子,有的则可相互通用。例如"醇厚"、"醇和"只适用于滋味,而"纯正"、"纯和"既可用于滋味,又可用于香气,"柔嫩"只能用于叶底而不能用于外形,而"细嫩"则可通用。

评茶术语有的对某种茶类属褒义词,而对另一种茶类则属贬义词。例如条索"卷曲"对碧螺春是应有的品质特征,但对银针则属缺点。又如"扁直"对龙井、大方茶是应有的品质特征,但对其他红、绿茶则属缺点;"陈味"、"松烟香"等对一般茶类均属缺点,甚至属于劣变性质,但普洱茶必须具有陈香味,小种红茶以具有松烟香味为特点。因此,在使用评语时既要对照实物标准正确评比,又要根据各茶类的品质特点结合长期评茶工作中形成的经验标准作出正确的结论。

我国茶类多,花色品种丰富,各类茶的品质受诸多因素的影响,等级、品质状况错综复杂,要想以非常完整、完全统一的评语表述是较为困难的。现将一些常用评语加以整理、归类和注释,供选用时参考。

4.4.1　评语和定义

1. 各类茶叶通用评语

(1)干茶形状评语

显毫:芽尖含量多,并含有较多的茸毛。同义词:茸毛显露。

锋苗:芽叶细嫩,紧卷而有尖锋。

身骨:茶身轻重。

重实:身骨重,条索或颗粒紧结,茶在手中有沉重感。

轻飘、轻松:身骨轻,茶在手中分量很轻。

匀整、匀齐、匀称:上、中、下三段茶的粗细、长短、大小较一致,比例适当,无脱挡现象。

脱档:上、下段茶多,中段茶少;或上段茶少,下段茶多,三段茶比例不当。

匀净:匀齐而洁净,不含梗朴及其他夹杂物。

挺直:茶条平整匀齐,不曲不弯。同义词:平直。

弯曲、钩曲:不直,呈钩状或弓状。

平伏：茶叶在盘中相互紧贴，无翘起架空现象。

紧结：条索卷紧而结实。

紧直：条索紧卷而圆直。

紧实：紧结重实。

肥壮、硕壮：芽叶肥嫩身骨重。

壮实：芽叶尚肥嫩、身骨较重实。

粗壮：嫩度较差，形粗大尚重实。同义词：粗实。

粗松：嫩度差，形状粗大而松散。

松条、松泡：条索卷紧度较差。

松扁：条索不紧而呈平扁状。

扁块：结成扁圆形或不规则圆形带扁的团块。

圆浑：条索圆而紧结。

圆直：条索圆浑而挺直。

扁条：条形扁，欠圆浑。

扁直：扁平挺直。

肥直：芽头肥壮挺直，形状如针，满披茸毛。

短钝、短秃：茶条折断、无锋苗。

短碎：面张条短，下段茶多，欠匀整。

松碎：条松而短碎。

下脚重：下段中最小的筛号茶过多。

爆点：干茶上的突起泡点（烫斑）。

破口：折、切断口痕迹显露。

老嫩不匀：茶叶花杂，成熟叶与嫩叶混杂，叶色不一致，条形与嫩度不一致。

（2）干茶色泽评语

乌润：乌而油润。此术语适用于黑茶、红茶和乌龙茶干茶色泽。

油润：干茶色泽鲜活，光滑润泽。

枯燥：色泽干枯无光泽。

枯暗：色泽枯燥发暗。

枯红：色红而枯燥。用于乌龙茶时，多为"死青"、"闷青"、发酵过度或夏暑茶虫叶而形成的品质弊病。

调匀：叶色均匀一致。

花杂：叶色不一，形状不一或多梗、朴等茶类夹杂物。此术语也适用于叶底。

绿褐：绿中带褐。

青褐：褐中带青。此术语适用于黄茶和乌龙茶干茶色泽以及压制茶干茶和叶底的色泽。

黄褐：褐中带黄。此术语适用于黄茶和乌龙茶干茶的色泽以及压制茶干茶和叶底的色泽。

翠绿：绿中显青翠。

灰绿：叶面色泽绿而稍带灰白色。为加工正常、品质较好的白牡丹、贡眉外形色泽；也为炒青绿茶长时间炒干所形成的色泽。

墨绿、乌绿:色泽浓绿泛乌有光泽。

暗绿:色泽绿而发暗,无光泽,品质次于乌绿。

花青:普洱熟茶色泽红褐中带有青条,是渥堆不匀或拼配不一致而造成。也适用于红茶发酵不足、乌龙茶做青不匀而形成的干茶或叶底色泽。

（3）汤色评语

清澈:清净、透明、光亮、无沉淀物。

鲜明:新鲜明亮略有光泽。

鲜艳:鲜明艳丽,清澈明亮。

深:茶汤颜色深。

浅:茶汤颜色浅。

浅黄:黄色较浅。此术语适用于白茶、黄茶和茉莉花茶汤色。

黄亮:黄而明亮,有深浅之分。此术语适用于黄茶和白茶的汤色以及黄茶叶底色泽。

橙黄:黄中微泛红,似橘黄色、有深浅之分。此术语适用于黄茶、压制茶、白茶和乌龙茶汤色。

明亮:茶汤清净透亮。也用于叶底色泽有光泽。

橙红:红中泛橙色,常用于青砖、紧茶等汤色。也适用于重做青乌龙茶汤色。

深红:红较深。适用于普洱熟茶和红茶汤色。

暗:茶汤不透亮。此术语也适用于叶底,指叶色暗沉无光泽。

红暗:红而深暗。

黄暗:黄而深暗。

青暗:色青而暗。为品质有缺陷的绿茶汤色,也用于品质有缺陷的绿茶、压制茶的叶底色泽。

浑浊:茶汤中有大量悬浮物、透明度差。

沉淀物:茶汤中沉于碗底的物质。

（4）香气评语

高香:茶香高而持久。

馥郁:香气幽雅,芬芳持久。此术语适用于绿茶、乌龙茶和红茶香气。

鲜爽:新鲜爽快。此术语适用于绿茶、红茶的香气以及绿茶、红茶和乌龙茶的滋味。也用于高档茉莉花茶滋味新鲜爽口,味中仍有浓郁的鲜花香。

嫩香:嫩茶所特有的愉悦细腻的香气。此术语适用于原料嫩度好的黄茶、绿茶、白茶和红茶香气。

鲜嫩:新鲜悦鼻的嫩茶香气。此术语适用于绿茶和红茶的香气。

清香:香清爽鲜锐,此术语适用于绿茶和轻做青乌龙茶的香气。

清高:清香高而持久,此术语适用于绿茶、黄茶和轻做青乌龙茶的香气。

清鲜:香清而新鲜,细长持久。此术语也适用于黄茶、绿茶、白茶和轻做青乌龙茶的香气。

清纯:香清而纯正,持久度不如清鲜。此术语适用于黄茶、绿茶、乌龙茶和白茶香气。

板栗香:似熟栗子香。此术语适用于绿茶和黄茶香气。

甜香:香高有甜感。此术语适用于绿茶、黄茶、乌龙茶和条红茶香气。

毫香:白毫显露的嫩芽叶所具有的香气。

纯正:茶香不高不低,纯净正常。

平正、平和:茶香平淡,但无异杂气。

足火:茶叶干燥过程中温度和时间掌握适当,具有该茶类良好的香气特征。

焦糖香:烘干充足或火功高致使香气带有糖香。

闷气:沉闷不爽。

低:低微,但无粗气。

青气:带有青草或青叶气息。

松烟香:带有松脂烟香。此术语适用于黄茶、黑茶和小种红茶香气。

高火:微带烤黄的锅巴香,茶叶干燥过程中温度高或时间长而产生。

老火:茶叶干燥过程中温度过高,或时间过长而产生的似烤黄锅巴或焦糖香,火气程度重于高火。

焦气:火气程度重于老火,有较重的焦烟气。

钝浊:滞钝、混杂不爽。

粗气:粗老叶的气息。

陈气:茶叶陈化的气息。

劣异气:茶叶加工或贮存不当产生的劣变气息或污染外来物质所产生的气息。如烟、焦、酸、馊、霉或其他异杂气。使用时应指明属何种劣异气。

(5)滋味评语

回甘:茶汤饮后在舌根和喉部有甜感,并有滋润的感觉。

浓厚:入口浓而不涩,刺激性强而持久,回甘。

醇厚:入口爽适甘厚,余味长。

浓醇:入口浓有刺激性,回甘。

甘醇、甜醇:味醇而带甜。此术语适用于黄茶、乌龙茶、白茶和条红茶滋味。

鲜醇:清鲜醇爽,回甘。

甘鲜:鲜爽有甜感。此术语适用于黄茶、乌龙茶和条红茶滋味。

醇爽:醇而鲜爽,毫味足。适用于芽叶较肥嫩的黄茶、绿茶、白茶和条红茶的滋味。

醇正:茶味浓度适当,清爽正常,回味带甜。

醇和:醇而平和,回味略甜。刺激性比醇正弱而比平和强。

平和:茶味正常,刺激性弱。

纯正、纯和:味淡而正常,欠鲜爽,无异杂味。

清淡:味清无杂味,但浓度低,对口、舌无刺激感。

淡薄、和淡、平淡:入口稍有茶味。无回味。

粗淡:味粗而淡薄,为低级茶的滋味。

涩:茶汤入口后,有麻嘴厚舌的感觉。

粗:粗糙带钝。

青涩:涩而带有生青味。

青味:茶味淡而青草味重。

苦:入口即有苦味,后味更苦。

熟味:茶汤入口不爽,带有蒸熟或焖熟味。

高火味:茶叶干燥过程中温度高或时间长而产生的微带烤黄的锅巴香味。

老火味:茶叶干燥过程中温度过高或时间过长而产生的似烤黄锅巴或焦糖的味、火气程度重于高火味。

焦味:火气程度重于老火味,茶汤带有较重的焦煳味。

陈味:茶叶陈变的滋味。

劣异味:茶叶加工或贮存不当产生的劣变味或污染外来物质所产生的味感,如烟、焦、酸、馊、霉或其他异杂味,使用时应指明属何种劣异味。

(6)叶底评语

细嫩:芽头多,叶子细小嫩软。

柔嫩:嫩而柔软。

肥嫩:芽头肥壮,叶质柔软厚实。此术语适用于绿茶、黄茶、白茶和红茶叶底嫩度。

柔软:手按如绵,按后伏贴盘底。

匀:老嫩、大小、厚薄、整碎或色泽等均匀一致。

杂:老嫩、大小、整碎或色泽等不一致。

嫩匀:芽叶嫩而柔软;匀齐一致。

肥厚:芽或叶肥壮,叶肉厚,叶脉不露。

开展、舒展:叶张展开,叶质柔软。

摊张:老叶摊开。

粗老:叶质粗硬,叶脉显露。

皱缩:叶质老、叶面卷缩起皱纹。

瘦薄:芽头瘦小,叶张单薄少肉。

硬:叶质较硬。

破碎:断碎、破碎叶片多。

鲜亮:鲜艳明亮。

暗杂:叶色暗沉、老嫩不一。

硬杂:叶质粗硬、多梗、色泽驳杂。

焦斑:叶张边缘、叶面或叶背有局部黑色或黄色烧伤斑痕。

2. 绿茶及(绿茶坯)花茶评语

(1)干茶形状评语

细紧:条索细长紧卷而完整,锋苗好。此术语也适用于红茶和黄茶干茶形状。

紧秀:紧细秀长,显锋苗。此术语也适用于高档条红茶干茶形状。

纤细:条索细嫩而苗条。为芽叶特别细小的高档绿茶干茶形状。

挺秀:茶叶细嫩,造型好,挺直秀气尖削。

盘花:含芽尖,加工精细,炒制成盘花圆形或椭圆形的颗粒,多为高档绿茶之圆形造型。

卷曲:呈螺旋状或环状卷曲,为高档绿茶之特殊造型。

卷曲如螺:条索卷紧后呈螺旋状,为碧螺春等卷曲形名优绿茶之造型。

细圆:颗粒细小圆紧,嫩度好,身骨重实。

圆结:颗粒圆而紧结重实。

圆整:颗粒圆而整齐。

圆实:颗粒圆而稍大,身骨较重实。

粗圆:颗粒稍粗大尚成圆。

粗扁:颗粒粗松带扁。

团块:颗粒大如蚕豆或荔枝核,多数为嫩芽叶黏结而成,为条形茶或圆形茶中加工有缺陷的干茶外形。

黄头:叶质较老,颗粒圆实,色泽露黄。

蝌蚪形:圆茶带尾,条茶一端扭曲而显粗,形似蝌蚪。

圆头:条形茶中结成圆块的茶,为条形茶中加工有缺陷的干茶外形。

扁削:扁平而尖锋显露,扁茶边缘如刀削过一样齐整,不起丝毫皱折,多为高档扁形茶外形特征。

尖削:扁削而如剑锋。

扁平:扁形茶外形扁坦平直。

光滑:茶条表面平洁油滑,光润发亮。

光扁:扁平光滑,多为高档扁形茶之外形。

光洁:茶条表面平洁,尚油润发亮。

紧条:扁形茶扁条过紧,不平坦。

狭长条:扁形茶扁条过窄、过长。

宽条:扁形茶扁条过宽。

折叠:叶张不平呈皱叠状。

宽皱:扁形茶扁条折皱而宽松。

浑条:扁形茶的茶条不扁而呈浑圆状。

扁瘪:叶质瘦薄少肉,扁而干瘪。

细直:细紧圆直、两端略尖,形似松针。

茸毫密布、茸毛披覆:芽叶茸毫密密地覆盖着茶条,为高档碧螺春等多茸毫绿茶之外形。

茸毫遍布:芽叶茸毫遮掩茶条,但覆盖程度低于密布。

脱毫:茸毫脱离芽叶,为碧螺春等多茸毫绿茶加工中有缺陷的干茶形状。

(2)干茶色泽评语

翠绿:色泽青翠碧绿而有光泽,为高级绿茶之色泽。

嫩绿:浅绿嫩黄,富有光泽,也适用于高档绿茶之汤色和叶底色泽。

嫩黄:金黄中泛出嫩白色,为高档白叶类茶如安吉白茶等干茶、叶底特有色泽,也适用于黄茶干茶、汤色及叶底色泽。

深绿:绿得较深(比墨绿稍浅),有光泽。

墨绿、乌绿:深绿泛乌有光泽。

绿润:色绿而鲜活,富有光泽。

起霜:茶条表面带银灰色,有光泽。

银绿:白色茸毛遮掩下的茶条,银色中透出嫩绿的色泽,为茸毛显露的高档绿茶色泽特征。

青绿:比深绿为浅,绿中带青,光泽稍差。

黄绿:以绿为主,绿中带黄。此术语也适用于汤色和叶底。

绿黄:以黄为主,黄中泛绿,比黄绿差。此术语也适用于汤色和叶底。

灰褐:色褐带灰无光泽。

露黄:面张含有少量黄朴、片及黄条。

灰黄:色黄带灰。

枯黄:色黄而枯燥。

灰暗:色深暗带死灰色。

(3)汤色评语

绿艳:汤色鲜艳,似翠绿而微黄,清澈鲜亮,为高档绿茶之汤色评语。

杏绿:浅绿微黄,清澈明亮。

碧绿:绿中带翠,清澈鲜艳。

深黄:黄色较深,为品质有缺陷的绿茶汤色。也适用于中低档茉莉花茶汤色。

红汤:汤色发红,为变质绿茶的汤色。

(4)香气评语

①绿茶坯茉莉花茶香气评语

鲜灵:花香鲜显而高锐,一嗅即有愉快之感。为高档茉莉花茶的香气。

鲜浓:香气物质含量丰富、持久,花香浓,但新鲜悦鼻程度不如鲜灵,为中高档茉莉花茶的香气,也用于高档茉莉花茶的滋味鲜洁爽口,富收敛性,味中仍有鲜花香。

浓:花香浓郁,持久。

鲜纯:茶香、花香纯正、新鲜,花香浓度稍差,为中档茉莉花茶的香气。也适用于中档茉莉花茶的滋味。

幽香:花香文静、幽雅,柔和持久。

纯:花香、茶香正常,无其他异杂气。

鲜薄:香气新鲜清淡,较稀薄,用于低窨次花茶的香气。

香薄、香弱、香浮:花香短促,薄弱,浮于表面,一嗅即逝。

透素:花香薄弱,茶香突出。

透兰:茉莉花香中透露白兰花香。

香杂:花香混杂不清。

欠纯:香气夹有其他的异杂气。

②其他绿茶香气评语

其他绿茶香气术语采用本节 4.4.1 中"1. 各类茶叶通用评语"中的"(4)香气评语"中各款表述。

(5)滋味评语

粗淡:茶味淡而粗糙,花香薄弱,为低级别茉莉花茶的滋味。

熟闷味:软熟沉闷不爽。

杂味:滋味混杂不清爽。

(6)叶底评语

单张:脱茎的单片叶子,叶质柔软。

卷缩:冲泡后,叶张仍卷着成条形。

红梗红叶:茎叶泛红,为绿茶品质弊病。

青张:夹杂青色叶片。此术语也适用于乌龙茶叶底色泽。

靛青、靛蓝:叶底中夹带蓝绿色芽叶,为紫色芽叶茶特有的叶底特征。

3. 乌龙茶评语

(1)干茶外形评语

蜻蜓头:茶条肥壮,叶端卷曲,紧结沉重,状如蜻蜓头。

螺钉形:茶条卷曲如螺钉状,紧结、重实。

壮结:茶条肥壮而紧结。

壮直:茶条肥壮挺直。

细结:颗粒细小紧结或条索卷紧细小结实。多为闽南乌龙茶中黄金桂或广东石古坪乌龙茶的外形特征。

扭曲:茶条扭曲,叶端折皱重叠。为闽北乌龙茶特有的外形特征。

尖梭:茶条长而细瘦,叶柄窄小,头尾细尖如菱形。

棕叶蒂:干茶叶柄宽、肥厚,如包粽子的箬叶的叶柄,包揉后茶叶平伏,铁观音、水仙、大叶乌龙等品种有此特征。

白心尾:芽头有白色茸毛包裹。

叶背转:叶片水平着生的鲜叶,经揉捻后,叶面顺主脉向叶背卷曲。

(2)干茶色泽评语

砂绿:似蛙皮绿,即绿中似带砂粒点。

青绿:色绿而带青,多为雨水青、露水青或做青工艺走水不匀引起"滞青"而形成。

青褐:色泽褐中带青,有光泽,又称宝光色。

乌褐:色褐而泛乌,常为重做青乌龙茶或陈年乌龙茶之色泽。

褐润:色褐而富光泽,为发酵充足、品质较好之乌龙茶色泽。

鳝鱼皮色:干茶色泽砂绿蜜黄,富有光泽,似鳝鱼皮色,为闽南水仙等品种特有色泽。

蛤蟆背色:褐色带蛙皮状砂粒白点。

象牙色:黄中呈赤白,为黄金桂、赤叶奇兰、白叶奇兰等特有的品种色。

三节色:茶条叶柄呈青绿色或红褐色,中部呈乌绿或黄绿色,带鲜红点,叶端呈朱砂红色或红黄相间。

红点:做青时叶中部细胞破损的地方,叶子的红边经卷曲后,都会呈现红点,以鲜红点品质为好,褐红点品质较差。

香蕉色:叶色呈翠黄绿色、如刚成熟香蕉皮的颜色。

明胶色:干茶色泽油润有光泽。

芙蓉色:在乌润色泽上泛白色光泽,犹如覆盖一层白粉。

珲白色:叶表面稍光滑,带粗白粉状,为茶叶摩擦而形成。

(3)汤色评语

蜜绿:浅绿略带黄,多为轻做青乌龙茶之汤色。

绿金黄:金黄色中带浓绿色,为做青不足之表现。

金黄:以黄为主,微带橙黄,有浅金黄、深金黄之分。

清黄:黄而清澈,比金黄色的汤色略淡。

茶籽油色:茶汤金黄明亮有浓度,如茶籽压榨后的茶油颜色。

青浊:茶汤中带绿色的胶状悬浮物,为做青不足、揉捻重压而造成。

(4)香气评语

岩韵:武夷岩茶特有的地域风味,俗称"岩骨花香"。

音韵:铁观音所特有的品种香和滋味的综合体现。

高山韵:高山茶所特有的香气清高细腻,滋味丰韵饱满、厚而回甘的综合体现。

浓郁、馥郁:浓而持久的特殊花果香称为浓郁,比浓郁幽雅的香气称为馥郁。

花香:似鲜花的自然清香,新鲜悦鼻,多为优质乌龙茶之品种香和闽南乌龙茶做青充足的香气。

花蜜香:花香中带有蜜糖香味,为广东蜜兰香单丛、岭头单丛之特有品种香。

清长:清而纯正并持久的香气。

粟香:经中等火温长时间烘焙而产生的如粟米的香气。

奶香:香气清高细长,似奶香,多为成熟度稍嫩的鲜叶加工而形成。

果香:浓郁的果实熟透香气,如香橼香、水蜜桃香、椰香等,常用于闽南乌龙茶的佛手、铁观音、本山等特殊品种茶的香气;也有似干果的香气,如核桃香、桂圆香等,常用于红茶的香气。

酵香:似食品发酵时散发的香,多由做青程度稍过度或包揉过程未及时解块散热而产生。

高强:香气高,浓度大,持久。

木香:茶叶粗老或冬茶后期,梗叶木质化,香气中带纤维气味和甜感。

辛香:香高有刺激性,微青辛气味,俗称线香,为梅占等品种香。

地域香:特殊地域、土质栽培的茶树,其鲜叶加工后会产生特有的香气,如岩香、高山香等。

失风味:香气滋味失去正常的风味,多由于干燥后茶叶摊凉时间太长,茶暴露于空气中,或保管时未密封,茶叶吸潮引起。

日晒气:茶坯受阳光照射后,带有日光味,似晒干菜的气味也称日腥味、太阳味。

香飘、虚香:香浮而不持久,多为做青时间太长或做青叶温和气温太高而产生的香气特征。

粗短气:香短,带粗老气息。

青浊气:气味不清爽,多为雨水青、杀青未杀透或做青不当而产生的香气和浊气。

黄闷气:闷浊气,包揉时由于叶温过高或定型时间过长闷积而产生的不良气味,也有因烘焙过程火温偏低或摊焙茶叶太厚而引起。

闷火:乌龙茶烘焙后,未适当摊凉而形成一种令人不快的火气。

硬火、猛火:烘焙火温偏高、时间偏短、摊凉时间不足即装箱而产生的火气。

馊气:轻做青时间拖得过久或湿坯堆积时间过长产生的馊酸气。

(5)滋味评语

清醇:茶汤入口爽适,清爽带甜。为闽南乌龙茶之滋味特征。

粗浓:味粗而浓。

浊:口感不顺,茶汤中似有胶状悬浮物或有杂质。

青浊味:茶汤不清爽,带青味和浊味,多为雨水青、晒青、做青不足或杀青不匀不透而产生。

苦涩味:茶味苦中带涩,多为鲜叶幼嫩,萎凋,做青不当或是夏暑茶而引起。

闷黄味:茶汤有闷黄软熟的气味,多为杀青叶闷堆未及时摊开,揉捻时间偏长或包揉叶温过高、定型时间偏长而引起。

水味:茶汤浓度感不足,淡薄如水。

酵味:晒青不当造成灼伤或做青过度而产生的不良气味,汤色常泛红,叶底夹杂有暗红张。

苦臭味:滋味苦中带腥味,难以入口。

(6)叶底评语

肥亮:叶肉肥厚,叶色明亮。

软亮:嫩度适当或稍嫩,叶质柔软,按后伏贴盘底,叶色明亮。

红边:做青适度,叶边缘呈鲜红或珠红色,叶中央黄亮或绿亮。

绸缎面:叶肥厚有绸缎光泽,手摸柔滑有韧性。

滑面:叶肥厚,叶面平滑无波状。

白龙筋:叶背叶脉泛白,浮起明显,叶张薄软。

红筋:叶柄、叶脉受损伤,发酵泛红。

糟红:发酵不正常和过度,叶底褐红,红筋红叶多。

暗红张:叶张发红而无光泽,多为晒青不当造成灼伤、发酵过度而产生。

死红张:叶张发红,夹杂伤红叶片,为采摘、运送茶青时人为损伤和闷积茶青或晒青、做青不当而产生。

4. 白茶评语

(1)干茶形状评语

毫心肥壮:芽肥嫩壮大,茸毛多。

茸毛洁白:茸毛多、洁白而富有光泽。

芽叶连枝:芽叶相连成朵。

叶缘垂卷:叶面隆起,叶缘向叶背微微反卷。

平展:叶缘不垂卷而与叶面平。

破张:叶张破碎不完整。

蜡片:表面形成蜡质的老片。

(2)干茶色泽评语

毫尖银白:茸毛银白有光泽的芽尖。

白底绿面:叶背茸毛银白色,叶面灰绿色或翠绿色。

绿叶红筋:叶面绿色,叶脉呈红黄色。

铁板色:深红而暗似铁锈色,无光泽。

铁青:似铁色带青。

青枯:叶色青绿,无光泽。

(3)汤色评语

浅杏黄:黄带浅绿色,常为高档新鲜之白毫银针汤色。

微红：色微泛红，为鲜叶萎凋过度、产生较多红张而引起。

（4）香气评语

嫩爽：活泼、爽快的嫩茶香气。

失鲜：极不鲜爽，有时接近变质。多由白茶水分含量高，贮存过程回潮而产生的品质弊病。

（5）滋味评语

清甜：入口感觉清新爽快，有甜味。

（6）叶底评语

红张：萎凋过度，叶张红变。

暗张：暗黑，多为雨天制茶形成死青。

铁灰绿：色深灰带绿色。

5. 红茶评语

（1）干茶形状评语

金毫：嫩芽带金黄色茸毫。

紧卷：碎茶颗粒卷得很紧。

折皱：颗粒卷得不紧，边缘折皱，为红碎茶中片茶的形状。

粗大：比正常规格大的茶。

粗壮：条粗大而壮实。

细小：比正常规格小的茶。

茎皮：嫩茎和梗揉碎的皮。

毛糙：形状大小、粗细不匀，有毛衣、筋皮。

（2）干茶色泽评语

褐黑：乌中带褐有光泽。

灰枯：色灰而枯燥。

（3）汤色评语

红艳：茶汤红浓，金圈厚而金黄，鲜艳明亮。

红亮：红而透明光亮。此术语也适用于叶底色泽。

红明：红而透明，亮度次于"红亮"。

浅红：红而淡，深度不足。

冷后浑：茶汤冷却后出现浅褐色或橙色乳状的浑浊现象，为优质红茶象征之一。

姜黄：红碎茶茶汤加牛奶后，呈姜黄明亮。

粉红：红碎茶茶汤加牛奶后，呈明亮玫瑰红色。

灰白：红碎茶茶汤加牛奶后，呈灰暗浑浊的乳白色。

浑浊：茶汤中悬浮较多破碎叶组织微粒及胶体物质，常由萎凋不足，揉捻、发酵过度形成。

（4）香气评语

鲜甜：鲜爽带甜感。此术语也适用于滋味。

高锐：香气鲜锐，高而持久。

甜纯：香气纯而不高，但有甜感。

麦芽香:干燥得当,带有麦芽糖香。

桂圆干香:似干桂圆的香。

浓顺:松烟香浓而和顺,不呛喉鼻。为品质较高之正山小种红茶香味特征。

(5)滋味评语

浓强:茶味浓厚,刺激性强。

浓甜:味浓而带甜,富有刺激性。

浓涩:富有刺激性,但带涩味,鲜爽度较差。

桂圆汤味:茶汤似桂圆汤味。

(6)叶底评语

红匀:红色深浅一致。

紫铜色:色泽明亮,呈紫铜色,为优良叶底颜色。

乌暗:似成熟的栗子壳色,不明亮。

乌条:叶底乌暗而不开展。

古铜色:色泽红较深,稍带青褐色。为正山小种红茶所特有的叶底色泽。

4.4.2 感官审评常用名词

芽头:未发育成茎叶的嫩尖,质地柔软。

茎:尚未木质化的嫩梢。

梗:着生芽叶的已显木质化的茎,一般指当年青梗。

筋:脱去叶肉的叶柄、叶脉部分。同义词:毛衣。

碎:呈颗粒状细而短的断碎芽叶。

夹片:呈折叠状的扁片。

单张:单片叶子。

片:破碎的细小轻薄片。

末:细小呈砂粒状或粉末状。

朴:叶质稍粗老或揉捻不成条、呈折叠状的扁片。

渥红:鲜叶堆放中,叶温升高而红变。

麻梗:隔年老梗,粗老梗,麻白色。

剥皮梗:在揉捻过程中,脱了皮的梗。

绿苔:新梢的绿色嫩梗。

上段:经摇样盘后,上层较轻、松、长大的茶叶,也称面张。

中段:经摇样盘后,集中在中层较细紧、重实的茶叶,也称中档或腰档。

下段:经摇样盘后,沉积于底层细小的碎茶或粉末,也称下身或下盘。

中和性:香气不突出的茶叶适于拼和。

4.4.3 感官审评常用虚词

茶叶的品质情况很复杂,当产品样对照某标准样进行评比时,某些品质因子往往有程度上的差异。此时除使用上述等级评语作为主体词外,可在主体词前加用"较"、"稍"、"尚"、"欠"等比较性辅助词以表达质量差异程度,这种辅助词叫做副词,也称虚词。这类词用来比较待评样茶与标准样茶间的质差程度,离开作为对照的标准样,这类词便失去意义。

相当:两者相比,品质水平一致或基本相符。

接近:两者相比,品质水平差距甚小或某项因子略差。

稍高:两者相比,品质水平稍好或某项因子稍高。

稍低:两者相比,品质水平稍差或某项因子稍低。

较高:两者相比,品质水平较好或某项因子较高。其程度大于稍高。

较低:两者相比,品质水平较差或某项因子较差,其程度大于稍低。

高:两者相比,品质水平明显的好或某项因子明显的好。

低:两者相比,品质水平差距大、明显的差或某项因子明显的差。

强:两者相比,其品质总水平要好些。

弱:两者相比,其品质总水平要差些。

微:在某种程度上很轻微时用。

稍或略:某种程度不深时用。

较:两者相比,有一定差距,其程度大于稍或略。

欠:在规格上或某种程度上不够要求,且差距较大时用。用在褒义词前。

尚:某种程度有些不足,但基本接近时用。用在褒义词前。

有:表示某些方面存在。

显:表示某些方面比较突出。

4.5　评茶计分与结果判定

评茶计分是在对茶样进行感官审评的基础上,以分数直观地表示茶叶品质的优劣,并依据评分结果对未知等级的茶样定等定级,或判定某一茶样合格与否,或评定一组茶样的品质名次。

4.5.1　对样审评计分

1. 等级判定

对照一组标准样品,比较未知茶样品与标准样品之间某一级别在外形和内质的相符程度(或差距)。首先,对照一组标准样品的外形,进行干评,从外形的形状、色泽、整碎和净度四项因子综合判定未知样品等于或约等于标准样品中的某一级别(等次),即定为该未知样品的外形级别(等次);其次进行湿评,从内质的汤色、香气、滋味与叶底四个方面综合判定未知样品等于或约等于标准样品中的某一级别(等次),即定为该未知样品的内质级别(等次)。未知样品最后的等级判定结果计算见式(1):

未知样品的级别(等次)＝[外形级别(等次)＋内质级别(等次)]÷2　　　　　　(1)

2. 合格判定

(1)对样评分方法

①评分方法 以成交样品或(贸易)标准样品相应等级的色、香、味、形的品质要求为水平依据,按外形内质八项因子和审评方法,将生产样品对照(贸易)标准样品或成交样品逐项对比审评,审评结果按"七档制"审评计分方法(表 4-1)进行评分。

表 4-1 七档制审评计分方法

七档制	评分	说 明
高	+3	差异大,明显好于标准样品
较高	+2	差异较大,好于标准样品
稍高	+1	仔细辨别才能区分,稍好于标准样品
相当	0	标准样品或成交样品的水平
稍低	−1	仔细辨别才能区分,稍差于标准样品
较低	−2	差异较大,差于标准样品
低	−3	差异大,明显差于标准样品

②结果计算 审评结果按式(2)计算:

$$Y = A_{(外形)} + B_{(色泽)} + C_{(整碎)} + D_{(净度)} + E_{(汤色)} + F_{(香气)} + G_{(滋味)} + H_{(叶底)} \quad (2)$$

式中:Y——茶叶审评总得分;

A、B、C、D、E、F、G、H——各审评因子的得分。

③结果判定 任何单一审评因子中得−3分者判为不合格;总得分≤−3分者为不合格。

(2)简易符号法

一般采用五级标准,评定品质等级,品质对照标准样进行评定。对照结果以高、稍高、符合、稍低、低五级来划分,其符号高——"△"表示品质超过对照标准样半级以上;稍高——"⊥"高于对照标准样但不到半个级;符合——"V"与对照标准样品质大体一致;稍低——"T"低于标准样半个级以内;低——"×"低于对照标准样半个级以上。茶叶对照标准样各项品质属于哪一级,就在项目下面打上那个级的标准符号,综合各项因子,根据品质总水平进行等级判定。

4.5.2 品质排序计分

1. 百分法

以等级标准样为依据,级与级之间的分距均等,都为 10 分,如一级为 91～100 分,二级为 81～90 分,三级为 71～80 分,以此类推。如果每个等级再要分成上下两等,则 96～100 分为一级一等,91～95 分为一级二等,以此类推。通过给分多少即可知等级归属。

2. 权分法

权分法又称加权评分法,是将待评样的外形、内质各品质分别给分,再乘以该茶类各因子所占的权数,所得的总分即为该茶样的总体水平的一种评分方法。茶叶品质中某个品质因子在整个品质中所居的主次地位不同,即权重不同,所以必须按每个品质因子的权重给个评分系数即权数。由于各茶类的品质要求不同,审评因子所确定的评分系数是不同的。

(1)评分的形式

①独立评分:整个审评过程由一个或若干个评茶员独立完成。

②集体评分:整个审评过程由三人或三人以上(奇数)评茶员一起完成。参加审评的人员组成一个审评小组,推荐其中一人为主评。审评过程中由主评先评出分数,其他人员根据品质标准对主评出具的分数进行修改与确认,对观点差异较大的茶进行讨论,最后共同确定分数,如有争论,投票决定,并加注评语。评语应引用 GB/T 14487 中的术语。

(2)评分的方法 茶叶品质排序的样品应在两只以上,评分前工作人员对茶样进行分类、密码编号,审评人员在不了解茶样的来源、密码条件下进行盲评,根据审评知识与品质标准,按外形、汤色、香气、滋味和叶底"五因子",采用百分制,在公平、公正条件下给每个茶样每项因子进行评分,并加注评语。评分表参见本节附录 A。

(3)分数的确定

①每个评茶员所评的分数相加的总和除以参加评分的人数所得的分数;

②当独立评分评茶员人数达五人以上时,可在评分的结果中去除一个最高分和一个最低分,其余的分数相加的总和除以其人数所得的分数。

(4)结果计算

将单项因子的得分与该因子的评分系数相乘,并将各个乘积值相加,即为该茶样审评的总得分。各茶类审评因子评分系数见表 4-2。

计算见式(3):

$$Y = A \times a + B \times b + C \times c + D \times d + E \times e \tag{3}$$

式中:Y——茶叶审评总得分;

A、B、C、D、E——各品质因子的审评得分;

a、b、c、d、e——各品质因子的评分系数。

表 4-2 各类茶品质因子评分系数 　　　　　　　　　　　　　单位:%

品质因子 茶 类	外形(a)	汤色(b)	香气(c)	滋味(d)	叶底(e)
名优绿茶	25	10	25	30	10
普通(大宗)绿茶	20	10	30	30	10
工夫红茶	25	10	25	30	10
乌龙茶	20	5	30	35	10
白茶	25	10	25	30	10
花茶	20	5	35	30	10
袋泡茶	10	20	30	30	10

2. 结果评定

(1)根据计算结果,审评的名次按分数从高到低的次序排列。

(2)如遇分数相同者,则按"滋味→外形→香气→汤色→叶底"的次序比较单一因子得分的高低,高者居前。

附录 A　茶叶品质评语与品质因子评分表

表 A-1　名优绿茶品质评语与各品质因子评分表

因子	档次	品质特征	给分	评分系数
外形 (a)	甲	细嫩,以单芽到一芽二叶初展或相当嫩度的单片为原料,造型美且有特色,色泽嫩绿或翠绿或深绿,油润,匀整,净度好	90～99	25%
	乙	较细嫩,造型较有特色,色泽墨绿或黄绿,较油润,尚匀整,净度较好	80～89	
	丙	嫩度稍低,造型特色不明显,色泽暗褐或陈灰或灰绿或偏黄,较匀整,净度尚好	70～79	
汤色 (b)	甲	嫩绿明亮,浅绿明亮	90～99	10%
	乙	尚绿明亮或黄绿明亮	80～89	
	丙	深黄或黄绿欠亮或浑浊	70～79	
香气 (c)	甲	嫩香、嫩粟香、清高、花香	90～99	25%
	乙	清香、尚高、火工香	80～89	
	丙	尚纯、熟闷、老火或青气	70～79	
滋味 (d)	甲	鲜醇、甘鲜、醇厚鲜爽	90～99	30%
	乙	清爽、浓厚、尚醇厚	80～89	
	丙	尚醇、浓涩、青涩	70～79	
叶底 (e)	甲	细嫩多芽,嫩绿明亮、匀齐	90～99	10%
	乙	嫩匀,绿明亮、尚匀齐	80～89	
	丙	尚嫩、黄绿、欠匀齐	70～79	

表 A-2　普通(大宗)绿茶品质评语与各品质因子评分表

因子	档次	品质特征	给分	评分系数
外形 (a)	甲	以一芽二叶初展到一芽二叶为原料,造型有特色,色泽较嫩绿或翠绿或深绿,油润,匀整,净度好	90～99	20%
	乙	较嫩,以一芽二叶为主为原料,造型较有特色,色泽墨绿或黄绿,较油润,尚匀整,净度较好	80～89	
	丙	嫩度稍低,造型特色不明显,色泽暗褐或陈灰或灰绿或偏黄,较匀整,净度尚好	70～79	
汤色 (b)	甲	绿明亮	90～99	10%
	乙	尚绿明亮或黄绿明亮	80～89	
	丙	深黄或黄绿欠亮或浑浊	70～79	

续表

因子	档次	品质特征	给分	评分系数
香气 (c)	甲	高爽有粟香或略有嫩香或带花香	90～99	30%
	乙	清香、尚高、火工香	80～89	
	丙	尚纯、略熟闷、老火	70～79	
滋味 (d)	甲	鲜醇、醇厚鲜爽	90～99	30%
	乙	清爽、浓厚、尚醇厚	80～89	
	丙	尚醇、浓涩、青涩	70～79	
叶底 (e)	甲	嫩匀多芽,尚嫩绿明亮、匀齐	90～99	10%
	乙	嫩匀略有芽,绿明亮、尚匀齐	80～89	
	丙	尚嫩、黄绿、欠匀齐	70～79	

表 A-3　乌龙茶品质评语与各因子评分表

因子	档次	品质特征	给分	评分系数
外形 (a)	甲	重实、壮结,品种特征或地域特征明显,色泽油润,匀整,净度好	90～99	20%
	乙	较重实、较壮结,有品种特征或地域特征,尚重实,色润,较匀整,净度尚好	80～89	
	丙	尚紧实或稍壮实,带有黄片,色欠润,欠匀整,净度稍差	70～79	
汤色 (b)	甲	色度因加工工艺而定,可从蜜黄加深到橙红,但要求清澈明亮	90～99	5%
	乙	色度因加工工艺而定,较明亮	80～89	
	丙	色度因加工工艺而定,多沉淀,欠亮	70～79	
香气 (c)	甲	品种特征或地域特征明显,花香、花果香浓郁,香气优雅纯正	90～99	30%
	乙	品种特征或地域特征尚明显,有花香或花果香,但浓郁与纯正性稍差	80～89	
	丙	花香或花果香不明显,略带粗气或老火香	70～79	
滋味 (d)	甲	浓厚甘醇或醇厚滑爽	90～99	35%
	乙	浓醇较爽	80～89	
	丙	浓尚醇,略有粗糙感	70～79	
叶底 (e)	甲	做青好,叶质肥厚软亮	90～99	10%
	乙	做青较好,叶质较软亮	80～89	
	丙	稍硬,青暗,做青一般	70～79	

表 A-4　工夫红茶品质评语与各品质因子评分表

因子	档次	品质特征	给分	评分系数
外形 (a)	甲	细紧或紧结重实,露毫有锋苗,色乌黑油润或棕褐油润显金毫,匀整,净度好	90～99	25%
	乙	较细紧或紧结,稍有毫,较乌润,匀整,净度较好	80～89	
	丙	紧实或壮实,尚乌润,尚匀整,净度尚好	70～79	
汤色 (b)	甲	红明亮	90～99	10%
	乙	尚红亮	80～89	
	丙	尚红欠亮	70～79	
香气 (c)	甲	嫩香,嫩甜香,花果香	90～99	25%
	乙	高,有甜香	80～89	
	丙	纯正	70～79	
滋味 (d)	甲	鲜醇或甘醇	90～99	30%
	乙	醇厚	80～89	
	丙	尚醇	70～79	
叶底 (e)	甲	细嫩(或肥嫩)多芽或有芽,红明亮	90～99	10%
	乙	嫩软、略有芽,红尚亮	80～89	
	丙	嫩,多筋,尚红亮	70～79	

表 A-5　白茶品质评语与各品质因子评分表

因子	档次	品质特征	给分	评分系数
外形 (a)	甲	以单芽到一芽二叶初展为原料,芽毫肥壮,造型美、有特色,白毫显露,匀整,净度好	90～99	25%
	乙	以单芽到一芽二叶初展为原料,芽较瘦小,较有特色,白毫显,尚匀整,净度好	80～89	
	丙	嫩度较低,造型特色不明显,色泽暗褐或灰绿,较匀整,净度尚好	70～79	
汤色 (b)	甲	杏黄、嫩黄明亮或浅黄明亮	90～99	10%
	乙	尚绿黄明亮或黄绿明亮	80～89	
	丙	深黄或泛红或浑浊	70～79	
香气 (c)	甲	嫩香、毫香显	90～99	25%
	乙	清香、尚有毫香	80～89	
	丙	尚纯,或有酵气或有青气	70～79	

续表

因子	档次	品质特征	给分	评分系数
滋味 （d）	甲	毫味明显、甘和鲜爽	90～99	30％
	乙	醇厚较鲜爽	80～89	
	丙	尚醇、浓稍涩、青涩	70～79	
叶底 （e）	甲	全芽或一芽二叶完整，软嫩灰绿明亮、匀齐	90～99	10％
	乙	尚软嫩匀，尚灰绿明亮、尚匀齐	80～89	
	丙	尚嫩、黄绿有红叶、欠匀齐	70～79	

表 A-6　花茶品质评语与各品质因子评分表

因子	档次	品质特征	给分	评分系数
外形 （a）	甲	细紧或壮结、多毫或锋苗显露，造型有特色，色泽尚嫩绿或嫩黄、油润，匀整，净度好	90～99	20％
	乙	较细紧或较紧结、有毫或有锋苗，造型较有特色，色泽黄绿，较油润，匀整，净度较好	80～89	
	丙	紧实或壮实，造型特色不明显，色泽黄或黄褐，较匀整，净度尚好	70～79	
汤色 （b）	甲	嫩黄明亮，尚嫩绿明亮	90～99	5％
	乙	黄明亮或黄绿明亮	80～89	
	丙	深黄或黄绿欠亮或浑浊	70～79	
香气 （c）	甲	鲜灵、浓郁、纯正、持久	90～99	35％
	乙	较鲜灵、浓郁、较纯正、持久	80～89	
	丙	尚浓郁、尚鲜、较纯正，尚持久	70～79	
滋味 （d）	甲	甘醇或醇厚，鲜爽，花香明显	90～99	30％
	乙	浓厚或较醇厚	80～89	
	丙	熟、浓涩、青涩	70～79	
叶底 （e）	甲	细嫩多芽，黄绿明亮	90～99	10％
	乙	嫩匀有芽，黄明亮	80～89	
	丙	尚嫩、黄明	70～79	

表 A-7　袋泡茶品质评语与各品质因子评分表

因子	档次	品质特征	给分	评分系数
外形 (a)	甲	滤纸质量优,包装规范、完全符合标准要求	90～99	10%
	乙	滤纸质量较优,包装规范、完全符合标准要求	80～89	
	丙	滤纸质量较差,包装不规范、有欠缺	70～79	
汤色 (b)	甲	色泽依茶类不同,但要清澈明亮	90～99	20%
	乙	色泽依茶类不同,较明亮	80～89	
	丙	欠明亮或有浑浊	70～79	
香气 (c)	甲	香高鲜、纯正,有嫩茶香	90～99	30%
	乙	高爽或较高鲜	80～89	
	丙	尚纯、熟,老火或青气	70～79	
滋味 (d)	甲	鲜醇、甘鲜、醇厚鲜爽	90～99	30%
	乙	清爽、浓厚、尚醇厚	80～89	
	丙	尚醇,浓涩、青涩	70～79	
叶底 (e)	甲	滤纸薄而均匀、过滤性好,无破损	90～99	10%
	乙	滤纸厚薄较均匀,过滤性较好,无破损	80～89	
	丙	掉线或有破损	70～79	

4.6　毛茶常见缺点及原因

　　毛茶品质的好坏,影响因素是多方面的,主要由鲜叶质量和采制技术所决定。鲜叶的质量则取决于茶树品种、自然条件以及农艺技术措施。茶叶初制是决定毛茶品质的关键一环。鲜叶经过不同的初制工艺,可以制成色、香、味完全不同的茶类。如鲜叶经过杀青、揉捻、干燥三道工序,便制成绿茶;经过萎凋、揉捻、发酵、干燥四道工序,便制成红茶;经过做青、杀青、揉捻(包揉)、干燥等工序,便制成乌龙茶。初制技术得当,就能得到与鲜叶质量相当的正常品质的毛茶。反之,初制技术不当,就会影响毛茶品质,轻则降低等级,重则产生次品劣变。

　　在初制中使毛茶产生缺点,除了加工技术措施不当外,茶机性能不够完善或安装不当,茶机数量不足,等等,也都会使品质产生缺点。

4.6.1　烘青毛茶常见缺点及原因

1. 外形条索

(1)粗松、松散:鲜叶粗老或老嫩不匀;揉捻不足成条差;鲜叶杀青不透,揉捻时不易卷紧。

(2)短碎和片末多：杀青不够或太足；揉捻时加压过早、太重、揉时过久、转速太快、棱骨破损等。

(3)条形扁松不紧：杀青水分含量过多或过少(不足或过度)；揉捻加压过早、过重或投叶量过多。

(4)结块、成团：杀青叶水分含量高，扬炒摊凉不足；揉捻加压过重，解块不够不匀。

2. 干茶色泽

(1)暗褐：雨青或含露水过多，未经摊凉即投入杀青；干燥工序日晒；烘焙火温低，揉捻好的茶坯上焙太厚，历时太长；品种原因，如"梅占"、"乌龙"以及福安大茶的色泽一般较暗。

(2)黄暗、枯黄：杀青历时过长"老锅"；杀青"闷炒"时间过长；低级茶青杀青水分含量过少；揉捻时间过长。

(3)红筋红梗、花杂：鲜叶老嫩混杂；鲜叶渥红变质；杀青温度低，翻炒不匀不足；揉捻后未及时干燥或干燥温度低。

3. 汤色

(1)黄汤：鲜叶加工不及时或湿坯干燥不及时，闷黄；杀青闷炒时间长，杀青叶堆积；热揉；烘干温度低，投叶量多，时间长。

(2)红汤：鲜叶破损或受热发生红变；杀青温度低或杀青不及时，产生严重红梗红叶；隔夜"宿青"；揉捻叶干燥不及时或烘干温度低，又摊叶太厚。

(3)沉淀物多：主要原因是杀青锅温度高，叶子灼焦，产生焦末，其次是机械损伤，叶子被轧碎，产生粉末，被包裹在茶条里。另外茶机不清洁，鲜叶及在制品摊放场地不清洁，锅巴没有及时清除等也是产生的原因。

(4)浑浊：杀青不及时引起"败青"；杀青闷炒时间太长；幼嫩芽叶揉捻太重，叶肉组织揉碎，溶入茶汤；揉捻叶没及时烘干；毛茶贮存保管不善，发生变质。

4. 香、味

(1)青气味：杀青不足不匀。

(2)水闷气味：雨水青；杀青闷炒时间过长，杀青叶堆积过厚，时间过长；烘干温度过低、时间过长。

(3)日晒气：日晒干燥。

(4)焦气味：杀青出叶不净，残留叶子烧焦，锅壁茶汁结块没有及时清洗，被烧炭化混入茶叶中；烘焙温度太高，茶叶烘焦。

(5)烟气味：茶灶、烘干机漏烟，烘笼炭火柴头未除净或翻动时茶末掉入地灶(火盆)生烟；锅壁上粘结的锅巴燃烧冒烟。

(6)酸馊气味：揉捻好的湿坯未及时烘干、堆积过久变质。

(7)高(老)火气：烘干时温度过高或干燥过度，糖及果胶类物质焦糖化引起。

(8)味淡、味涩：揉捻不足细胞破坏率过低，冲泡时浸出物少或杀青偏嫩，揉捻中茶汁流失，则味淡。相反如揉捻过度，细胞破坏率过高，则味浓涩。

(9)青涩味：鲜叶不经摊青直接制茶；高温短时杀青，闷杀后扬炒不足，常见于大叶种绿茶。

5. 叶底

(1)红梗红叶:杀青温度太低,或杀青不足;鲜叶挤压破损、鲜叶堆积过久变红。

(2)"死绿"青张:主要是"雨水青"或"露水青"没及时摊凉即投入杀青,形成"煮青"、"蒸青"。

(3)黄暗、黄熟:杀青闷杀时间太长;杀青后各工序加工不及时,积压闷黄。

(4)花杂:鲜叶老嫩混杂,杀青不匀。

(5)叶张卷缩不开展:烘焙火温过高过急,毛足火一次烘成。

(6)焦斑:多是杀青时火温过高灼伤产生。

4.6.2 工夫红毛茶常见缺点及原因

1. 外形条索

(1)松散不紧:鲜叶老嫩不匀或粗老;萎凋偏轻或过度;揉捻不足。

(2)短碎和片末多:萎凋不足;揉捻加压过早、过重或揉捻过度。

(3)卷曲、团块:揉捻加压过久过重,一压到底或松压匀条时间过短;解块不充分。

2. 干茶色泽

(1)灰枯欠乌润:鲜叶粗老,萎凋过度;揉捻不足;发酵过度;烘干温度过高。

(2)花杂:鲜叶老嫩不匀;萎凋不匀;发酵、揉捻不匀。

(3)枯红:鲜叶粗老;发酵过度;鲜叶变质。

3. 汤色

(1)红暗:萎凋或发酵过度,茶褐素增加;烘干温度过高。

(2)浅黄:揉捻或发酵不足。

(3)浑浊:萎凋偏轻含水量高,揉捻加压过重;发酵过度或湿坯积压过久,有酸馊味。

4. 香、味

(1)青气味:多见于发酵不足。

(2)青涩味:萎凋偏轻,发酵不足不匀。

(3)日晒气:日光晒干。

(4)闷气味:原料叶不新鲜;毛火后堆积过厚过久,未及时摊凉散热,足火欠干。

(5)高火气:烘干温度过高。

(6)焦气味:烘干温度过高或翻拌不勤,烘焦,下烘时宿叶未出净烧焦。

(7)烟气味:烘干机漏烟,宿叶燃烧冒烟;烘笼地灶(火盆)生烟。

(8)酸馊气味:发酵过度,毛火后堆积过厚、过久,没有及时烘干;鲜叶变质。

5. 叶底

(1)花青:鲜叶老嫩混杂;揉捻和发酵不足不匀。

(2)乌暗:鲜叶堆积过厚、过久;发酵过度;在制湿坯烘干不及时。

(3)焦黑:烘干温度过高烘焦,烘笼烘焙翻拌不勤。

(4)硬挺卷缩:烘干温度过高、过急。

4.6.3　乌龙毛茶常见缺点及原因

1. 外形条索

(1)松扁:杀青失水过多,揉捻时开始加压过重或投叶量过多;原料粗老,揉捻不足;包揉不够。

(2)断碎:鲜叶老嫩不一;杀青不足,揉捻加压过重;杀青过度后包揉产生断碎;初烘干度过干、后续操作用力过大(条形乌龙茶常见)。

(3)轻飘:晒青过度,摇青不及时、不足或过度,鲜叶粗老。

2. 干茶色泽

(1)青绿、暗绿:无晒青或晒青不足;做青发酵不足,似"芥菜色";雨天的鲜叶,做青走水不足(青味、青涩味,多见于闽南乌龙茶)。

(2)枯红、枯褐:茶青装压太紧发热,鲜叶受伤破损;晒青过度,太阳灼伤;摇青方法不当,发酵过度;晒青或做青过程出现"死青"(死红张,暗红张);杀青叶高温揉捻,烘焙过度。

(3)乌而不润:焙茶温度偏高,足干时间太长;茶青较嫩,晒青过度;做青过度(味浓而不香,多见于闽北乌龙茶)。

(4)枯黑焦赤:复焙温度过高;机具残存宿叶混入;杀青温度过高或翻炒不匀,出锅不净(烟、焦味)。

(5)花杂:不同品种混杂,早、午、晚青混杂,不同批次茶青混杂,导致晒青、做青不均匀。

3. 香、味

(1)青涩、粗涩、苦涩:杀青不足或低温杀青;晒青、做青不足,发酵差的茶叶,带青草气,味涩。原料粗老,味粗带涩。鲜叶幼嫩、做青发酵差的夏暑茶,味苦涩。

(2)青浊味:做青发酵差,杀青不透,有青浊味。

(3)水闷味:杀青前,为了提高叶温,促进发酵,闷堆,或雨青、露水青未凉干叶面水分,就进行摇青,易产生不舒适的水闷气味。

(4)闷黄味:揉捻、包揉时间偏长,未及时烘焙。

(5)酵味:做青程度稍过度,产生发酵味,往往和品种香融为一体。

(6)酸馊味:鲜叶堆积时间过长未及时萎凋;做青过度,杀青不及时;包揉时间太长,烘焙不及时。

(7)热火味:烘焙温度太高,产生火候味,但无焦条,烘焙后摊凉时间不足即装袋。

(8)烟、焦味:杀青、烘焙不当;炉烟污染;烘干机残存宿叶混入。

4. 汤色

(1)泛青:萎凋、做青不足。

(2)红暗:萎凋、做青过度。

(3)黄暗:鲜叶粗老、杀青时闷过度。

5. 叶底

(1)红过少或泛青:萎凋、摇青不足。

(2)过红或死红:萎凋、摇青过度。

(3)暗晦:萎凋、摇青过度,杀青不及时,干燥温度过低。

(4)叶张硬挺:鲜叶粗老;烘焙火温偏高。

4.6.4 白毛茶常见缺点及原因

1. 外形叶态

(1)平板或卷曲皱缩:萎凋后期未及时"并筛"或操作不当。

(2)破碎:干燥掌握不够适度,水分含量低。

2. 干茶色泽

(1)燥绿、枯黄:湿度低、失水速度太快,萎凋全程历时太短,理化变化不足;过早烘焙,萎凋叶水分散失未达到一定程度(7成干以上)即行烘焙(毛茶一般香青味涩)。

(2)暗黑:低温或高湿,失水速度太慢,萎凋全程历时太长,理化变化过度。

(3)红变:芽叶损伤、萎凋过程室温和湿度过高。

3. 香、味

(1)高火、老火:白茶是未经揉捻而制成的片叶茶,叶态相对比其他茶类薄摊展开,在烘干时,火温稍高,或下烘后不及时摊凉、厚堆,很容易产生火高、老火甚至自燃。

(2)轻霉、重霉:白茶要保持芽叶连枝,水分含量相对要比其他茶类高些,否则很容易断碎,因此在贮存过程很容易受潮发生霉变,这是白茶最常见的弊病之一。

(3)青臭气(或称烘青味):由于春天天气多阴雨,白茶初制过程,萎凋失水不够,"生化"变化不理想,即行烘干,鲜叶中保留了青臭气,也是白茶常见弊病之一。

(4)酵味:由于天气炎热,白茶初制过程萎凋时失水快、鲜叶挤压等原因引起萎凋发酵过度,产生似红茶的酵味。

(5)烟杂味:在干燥过程漏烟或环境不干净,被其他异味污染所致。

4. 汤色、叶底

(1)红汤、红张:气温高、芽叶损伤,萎凋发酵过度,使茶汤泛红,叶底出现红边、红张。

(2)青张、暗张:阴雨天或低温天制茶,萎凋时间太长,理化变化过度。

本章小结

茶叶感官审评,是通过专业审评人员正常的视觉、嗅觉、味觉、触觉感受,对茶叶产品的感官特性(外形、色泽、香气、滋味和叶底等)进行鉴定,是确定茶叶品质优次和级别高低的主要方法。茶叶感官审评分外形审评和内质审评。外形审评就是通过把盘按审评内容,用目测、手感等方法,通过调换位置、反复察看比较外形,以审评茶叶外形的嫩度、条索(形态)、色泽、整碎、净度等项因子。内质审评就是从评茶盘中称取充分混匀的有代表性的茶样 3.0～5.0 g,茶水比为 1:50(乌龙茶 1:22),按各类茶的冲泡方法进行冲泡,按香气(热嗅)、汤色、香气(温嗅)、滋味、香气(冷嗅)、叶底的顺序逐项审评。

茶叶感官评定结果要用评茶术语来记述茶叶品质。评茶术语是记述茶叶品质感官评定结果的专业性用语,简称评语。评语可分为两类:一类是表示产品品质优点的褒义词,如"细嫩"、"红艳"、"醇厚"等；另一类是指出品质缺点的贬义词，例如"粗老"、"低闷"、"淡薄"等。

评茶计分是在对茶样进行感官审评的基础上，以分数直观地表示茶叶品质的优劣，并依据评分结果对未知等级的茶样定等定级，或判定某一茶样合格与否，或评定一组茶样的品质名次。评茶计分有对样审评计分和品质排序计分。

毛茶品质常见的缺点依茶类不同而异，影响因素是多方面的，主要由鲜叶质量和采制技术所决定。茶叶初制是决定毛茶品质的关键一环。初制技术得当，就能得到与鲜叶质量相当的正常品质的毛茶。反之，初制技术不当，就会在毛茶色、香、味、形上产生缺点，轻则降低等级，重则产生次品劣变。

思考题：

1. 简述各茶类的审评方法。
2. 毛茶与成品茶的审评方法有何不同？
3. 什么是评茶术语，有哪些？
4. 怎样进行评茶计分？
5. 简述各茶类常见的品质缺点及产生原因。

参考文献

[1]安徽农学院主编.制茶学(第2版).北京:中国农业出版社,2008

[2]施兆鹏主编.茶叶加工学.北京:中国农业出版社,1997

[3]安徽省屯溪茶叶学校.制茶学.北京:中国农业出版社,1980

[4]金心怡,孙云,孙威江等.清香型乌龙茶品质特征与发展现状.中国茶叶,2007(1):12、13

[5]孙云,吉克温,杨江帆等.清香型乌龙茶加工技术与配套设备.中国茶叶,2007(3):9~11

[6]孙云,吉克温,杨江帆等.清香型乌龙茶加工技术与配套设备(续).中国茶叶,2007(4):9~11

[7]杨江帆等.福建茉莉花茶.厦门:厦门大学出版社,2008

[8]施兆鹏主编.茶叶审评与检验(第4版).北京:中国农业出版社,2010

[9]骆少君主编(中华全国供销合作总社职业技能鉴定指导中心组织编写).国家职业资格培训教程——评茶员.北京:新华出版社,2004

[10]陈郁榕主编.细品福建乌龙茶.福州:福建科学技术出版社,2010

[11]GB/T 18797-2002 茶叶感官审评室基本条件

[12]GB/T 8302-2002 茶 取样

[13]DB35/T 148.7-2001 绿茶标准综合体 绿茶(烘青)毛茶

[14]DB35/T 148.9-2001 绿茶标准综合体 绿茶(烘青)成品茶

[15]DB35/799-2007 烘青茉莉花茶

[16]DB35/T 152.15-2001 白毛茶

[17]GB/T 23776-2009 茶叶感官审评方法

[18]GB/T 14487-2008 茶叶感官审评术语